国家社会科学基金一般项目，项目批准号：立项编号10BMZ036。结题证书号20170311。

九州文库

民间习惯法与国家法新型关系研究
——以武陵山区为例

杨程　冉瑞燕　著

九州出版社
JIUZHOUPRESS

图书在版编目（CIP）数据

民间习惯法与国家法新型关系研究：以武陵山区为
例／杨程，冉瑞燕著 . --北京：九州出版社，2024.
9. -- ISBN 978-7-5225-3397-1

Ⅰ. D920.4

中国国家版本馆 CIP 数据核字第 2024XG4357 号

民间习惯法与国家法新型关系研究：以武陵山区为例

作　　者　杨　程　冉瑞燕　著
责任编辑　沧　桑
出版发行　九州出版社
地　　址　北京市西城区阜外大街甲 35 号（100037）
发行电话　（010）68992190/3/5/6
网　　址　www.jiuzhoupress.com
印　　刷　唐山才智印刷有限公司
开　　本　710 毫米×1000 毫米　16 开
印　　张　19
字　　数　337 千字
版　　次　2025 年 1 月第 1 版
印　　次　2025 年 1 月第 1 次印刷
书　　号　ISBN 978-7-5225-3397-1
定　　价　98.00 元

目　录
CONTENTS

绪　论

一、课题前期研究现状与研究意义

（一）国内外研究现状

1. 国内研究现状

随着我国确立市场经济体制，加入世界贸易组织，社会管理上废止收容遣送制度，人口流动加剧，习惯法问题成为学界研究热点之一。严存生、苏力、梁治平、刘作翔、高其才、谢晖、徐晓光等学者从法律多元、法治本土资源、地方性知识、民间法、小传统等法理学视角对习惯法问题进行了深入的学理研究，出版了一系列学术著作。在 2005 年至 2023 年共召开了 19 届 "全国民间法、民族习惯法学术研讨会"，不少知名学者撰文从不同视角研讨民间习惯法与国家法关系这一主题。学者们如梁治平、谢晖、徐晓光、高其才、吴大华、张冠梓、熊文钊、宋才发、方慧、王允武、曾代伟、龙大轩、田成有、周世中、周相卿、李鸣、苏永生等一大批学者，分别从民间习惯法的概念、特征、内容、产生、发展、前景、习惯法对社区治理及与国家制定法的关系等进行了学理和个案研究，取得了丰硕成果。苏力的《送法下乡》（2000 年）《法治及其本土资源》（2004 年）、严存生的《法的 "一体" 和 "多元"》（2008 年）从法治本土资源与法律多元视角探讨了国家法与民间习惯的关系，高其才教授出版了《习惯法的当代传承与弘扬》（2015 年）等专著，主编了习惯法论丛系列丛书；谢晖教授主持了从 2005 年迄今连续 19 届 "全国民间法、民族习惯法学术研讨会"，撰写了《大、小传统的沟通理性》（2011 年）专著，主编了《民间法》集刊 31 卷和 "民间法文丛" 系列著作，对民间法给予了长久的持续研究。不少研究成果关注到了现行法治模式在中国实践中存在习惯法 "被排斥、被放逐" 而国家制定法 "被置换、被扭曲" 的问题。其中，徐晓光的《法律多元视角下的苗族习惯法与国家法》（2006 年）《原生的法——黔东南苗族侗族地区的法人类学调查》（2010 年）、周相卿的《黔东南雷公山地区苗族习惯法与国家法关系研究》（2010 年）、曾代伟的《巴楚民族文化圈研究——以法律文化的视角》（2008 年）、方慧的《少数民族地区习俗与法律的调适》（2006 年）、陈金全与巴且日伙的《凉山彝族习惯法田野调查报告》（2008 年）、陈国光与巴且日伙的《凉山彝族习惯法调解纠纷现实案例》（2012 年）、张晓辉主编的《中国法律在少数民族地区的实施》（1994 年）、田成有的《乡土社会中的民间法》（2005 年）等著作，分别从法律多元、法律文化、民间习惯法个案或个别地区与国家法的关系进行了具体研究。谢尚果教授 2015 年主编了"民族法与区域治理研究丛书"，论证了法的内生性与本土适应性问题，讨论了当前西部农村习惯法的运作及其与国家法的冲突、调适问题和农村多元法律纠纷解决机制；高其才教授的《习惯法的当代传承与弘扬》（2015 年）是他历时十年，前后 23 次深入广西金秀瑶族自治县的田野考察报告，该书详论了瑶族习惯法的今生今世，政府、法院与民间对习惯法的态度、行为，以及民间习惯法面临的问题①。而杜宇的《重拾一种被放逐的知识传统——刑法视域中"习惯法"的初步考察》（2005 年）、苏永生的《刑法与民族习惯法的互动关系研究》（2012 年），对民间习惯法与刑事制定法之间的关系做了全新思考，重新衡量了习惯法在整个刑法理论体系中的角色与意义，极具学术价值。龚卫东等的《西部少数民族民事习惯法治化问题研究》（2016 年）与周世中《民族习惯法在西南民族地区司法审判中的适用研究》（2015 年）则对民事习惯在民族地区的民事关系中与国家法的关系进行了实证研究。这些研究成果及其视野和方法，从不同侧面为本课题研究民间习惯法与国家法新型关系，提供了重要理论积累和部分研究资料，使得研究素材、视野和方法得以丰富。

最引人注目的是，2016 年 7 月由最高法院、国家民委和甘肃省委联合举办了来自理论界与实务界的"民族法律文化与司法实践研讨会"，征集学术论文 218 篇，涉及民间习惯与国家法、民间法文化与司法改革和司法实践关系占了 3 个专题，实务界第一次以官方最高身份关注民间习惯法与国家法和司法实务的关系②，这次会议的成果最终在国家立法上的反映，就是 2017 年颁布的《中华人民共和国民法总则》，正式确认习惯为我国处理民事关系的法源之一，2020 年颁布的民法典继续确认了这一规定。从理论上看，我国台湾学者林端教授在

---

① 高其才. 习惯法的当代传承与弘扬［M］. 北京：中国人民大学出版社，2015.

② 最高人民法院，国家民委. 民族法制文化与司法实践研讨会优秀论文集［M］. 北京：人民法院出版社，2016.

《韦伯论中国传统法律——韦伯比较社会学的批判》（2003 年）和《儒家伦理与
法律文化——社会学观点的探索》（2002 年）中关于中国传统法律的多值逻辑
的研究思维，对笔者思考民间习惯法与国家法新型关系极具启发性，而费孝通
的《中华民族多元一体格局》（1999 年）与张晋藩的《多元一体法文化：中华
法系凝结少数民族的法律智慧》（2011 年）则直接启发了笔者的研究径路。习
近平总书记近年来提出铸牢中华民族共同体意识和社会主义核心价值观，对本
课题研究形成最终成果具有最高的直接指导意义。

　　学界既有研究成果不少，但是问题也很突出，宏观研究的系统性、全面性
不够，对习惯法影响至深的政府行政行为基本没有涉及，微观对策研究仅涉及
立法与司法对策，路径狭隘且深度不足。对"'法'作为制度体系的探讨似乎有
所阙限，程序性行为的溯源仍着重于对族群历史文化隐喻的判断，回归田野的
个体行为记录也依旧执着于想象共同体的变迁"①。在中共二十大报告提出法治
国家、法治政府、法治社会三位一体建设后，如何探求民间习惯法和国家法之
间的契合点，实现两者完美整合，实现从民间习惯法到现代法的过渡，是当下
基层法治社会与法治政府建设的重点诉求。对此问题，学界缺乏系统论述与制
度建构。诚如有学者指出，总体上大都停留在理论分析上，"目前的成果多集中
在两者相互影响、相互补充的关系层面，至于对如何寻找最佳的契合点以及如
何顺利过渡的具体措施的制定，至今都尚未得出明确的结论"②。具体地说，现
有研究主要问题是：

　　第一，对国家法与民间习惯法的矛盾冲突缺乏有说服力的规范法学思维解
释，更缺乏可操作的解决方案。不少研究民族法学的边际学者关注到民间习惯
法与国家法的冲突现象，可是这种冲突的深层次根源在哪里，困境如何破解，
学界既有的研究成果就是具体罗列法条冲突。这种现象罗列，既缺乏案例实证
调研分析，更缺乏多视角的法理破解分析与法律制度建构研究。而主流法学精
英话语下的法制统一原则形而上学化，往往无视天理、国法、人情三者一体是
中国数千年的文化传统，是深深扎根于人们心中的正义观念；无视民间习惯法
存在的特殊地理环境、社会发育、经济状况、历史文化和宗教信仰原因；无视
其作为民间千百年积累的生存智慧所具有的科学性、合理性一面，对民间习惯
法研究不屑一顾，甚至有的还冷嘲热讽，对国家法在民间基层实施中存在的水

---

① 董向芸. 个体行为的制度分析：法人类学叙事结构化探析 [J]. 广西民族大学学报（哲
　　社版），2017（1）.
② 彭谦，韩艳伟. 新中国 60 年少数民族习惯法研究现状及分析 [J]. 西北民族大学学报，
　　2010（3）.

土不服问题视而不见。梦想通过引进、移植西方法律制度，完善国家制定法文本，强化执法强制手段，来解决国家法与民间习惯法的冲突，消灭民间习惯法于无形。这种理论与对策，缺乏对民间社会实际的基本调查研究和制度对接，其结果只能导致国家法规范很完善，但是在一些地区实施中被虚置化，无法满足民间基层社会的真实需求，自然也很难解决基层地区的社会善治问题，法院案件堆积如山，社会秩序却没有得到期望的效果。

第二，国家法在基层地区的实施制度路径单一。学界除依据民族区域自治法对国家制定法在民族地区可进行立法变通达成初步共识，个别学者虽然探讨了通过司法手段解决民间习惯法与国家法的冲突问题①，探讨了共治模式②，但是，这种研究基本上处于点到为止。对司法变通、行政协调、社会调适等多元变通的制度模式的合理选择与整合研究缺失，特别是在我国政府处于社会治理的中心与主导环节，如何利用政府行为协调民间习惯法与国家法矛盾，使行政行为成为化解社会矛盾的主渠道作用，学界缺乏基本关注，除了作者所发表的几篇论文，学界迄今无人问津。

第三，对民间习惯法的现代社会治理价值认识不足。很多研究注重民间习惯法的文化、史学、哲学价值，忽视其现代社会价值——"古为今用"。对民间习惯法为基层社会的立法、司法、行政等改革提供资源，使习惯法中的精华成为今天法治建设、社会治理的重要资源的研究，学界虽已开展，但大多只是点到为止，远远无法满足社会需要。最新的研究如宋才发考虑到了民间法对民事纠纷的解决意义③。

第四，多学科交叉综合研究缺乏整合。民族学、人类学学者关注、研究民间习惯法现象，注重了文化价值，却缺乏制度对策，陷入文化保守主义，好看不中用；规范法学研究注重制度分析，却忽视文化根基，不注意了解和把握有关社会纠纷案件背后的社会背景、前因后果、传统文化、民情风俗等边际事实，研究方法的脱节使现有研究成果难有社会实践价值，不能很好解决民间社会的现实矛盾来为基层社会纠纷解决和法治建设服务。

---

① 比如，李远龙在考察了广西白裤瑶婚姻习惯法之后提出，对于虽不符合国家法但社会危害性不大的行为，"考虑赋予法官适当的自由裁量权，将习惯法作为一种减免因素"。[李远龙、赵知新. 冲突与融合：南丹白裤瑶婚姻习惯法与国家法之互动（上、下）[J]. 广西民族研究，2015（2，4）] 这就是在司法层面具体解决民间习惯法与国家法之间的冲突关系所提出的对策。

② 比如，蒋玮提出了原有的替代型规则交往模式转向规则共治的交往模式 [蒋玮. 少数民族地区国家法与习惯法的冲突与融合 [J]. 发展，2014（2）]。

③ 宋才发. 民间法调解民事纠纷的功能、原则及路径 [J]. 河北法学，2022（5）.

因此，改进研究范式，注重社会实践调查，强化实证研究，将理论推演与实证调研相结合，将共时性和历时性研究相结合，将"文化—制度"研究方法相衔接，对实现顶层设计与底层实际相互融通、制度对策与制度实施相一致，具有现实意义。

2. 国外研究现状

国外研究习惯法问题的，是发端于19世纪末成熟于20世纪60年代的法社会学和法人类学，迄今涌现了大批国际知名学者与学术成果，例如，马林诺夫斯基、埃理希、霍贝尔、格尔茨、穆尔、梅莉、千叶正士等。他们早期主要研究落后地区民族习惯法，现在主要研究本国"法与社会的关系"。今天的国际人类学与民族学联合会有专门的下设机构——民间法与法律多元主义委员会。他们注重以参与性观察的田野调查，强调对特定社会或群体之间的纠纷及其处理方法的考察，肯定习惯法对制定法的补充作用，提出法律多元主义等一系列具有普遍理论指导意义的法理学见解，如埃理希的"活法"理论，格尔茨的"地方性知识"，穆尔的"法律是一个过程"理论，梅莉的"法律的文化力量"理论，巴斯比昔（L. Pospisil）的法的四个属性（权威、普遍适用的意图、权利与义务、制裁）① 理论。其题域、视野、进路、方法等为本课题研究奠定了理论基础，开阔了视野。

直接研究我国民间习惯法的主要是日本学者。早在抗日战争爆发前，日本学者为了服务于军国主义，对我国台湾、海南的少数民族习惯法进行了较为深入的社会调查与研究，出版了大量实地调查研究报告。中日关系正常化后，日本学者西村幸次郎、小林正典、唐立等都曾深入我国西部地区进行社会考察。他们主要选择某一个地方或某一个民族的习惯法作为研究内容，如唐立等主编了《贵州苗族林业契约文书汇编》（1-3卷），小林正典在其论著《中国的市场经济与民族法制——少数民族可持续发展与法律制度的变革》中提出："不能只重视国家制定法，而忽视习惯法的社会功能"，滋秀贺三在《中国家族法原理》中提出了中国人的"衡平正义感"。

中国本土问题的独特性决定了研究课题的特殊性，关于现今中国民间习惯法与国家法整体关系的系统协调研究，目前国外尚无专著出版。

（二）选题意义

理论研究的最终目的是要服务于我国社会工作实践，本课题研究对于基层

---

① 张冠梓. 多向度的法——与当代法律人类学家对话［M］. 北京：法律出版社，2012：229-231.

社会治理、人权保障、文化更新、社会进步以及铸牢中华民族共同体意识，促进法治国家三位一体建设具有重大现实意义。民间习惯法与国家法之间的冲突与协调的制度路径和最佳契合点的探寻，是我国基层法治社会建设面临的重大课题。从制度层面看，国家法是法治社会唯一法源。而实际上，民间习惯作为一种"活法"真实而有力地存在着，并与国家法发生冲突。这种冲突既普遍涉及一般民商事法问题，也涉及基层政府行为的合法性评价，偶尔还涉及司法中定罪与刑罚问题，让基层执法与司法人员在公务中颇为尴尬。解决这种冲突与尴尬是我国基层法治社会建设绕不过去的问题。本课题着力于破解这一困局，探索国家法多元变通实施和民间习惯法内升外连的有效机制，建构二者交流、相融共生、多元一体的和谐新型关系，实现国家法律实施"从规范到习惯"①的转型。

二、基本概念的厘清

（一）国家法

国家法是指由国家权力机关制定的代表国家意志的国家制定法，又称官方法。通常理解为国家中央立法机关所制定的法律，包括宪法、法律、行政法规、部门规章，也包括具有立法权的地方立法主体通过法定程序制定的自治条例和单行条例、地方法规和地方政府规章。因为地方立法的立法权限为中央赋予，立法内容亦需要报上级批准、备案，所以，它们仍然属于国家意志，属国家法范畴。国家法概念在历史场域中的使用，则是指我国中央王朝统治者所颁行的代表统治者利益的以国家意志出现的法律规范，它因时代、政权的更替而废改。

（二）习惯法与民间习惯法

关于什么是习惯法，学界有一元论和多元论之说。一元论认为，习惯法是由国家认可并由国家强制力保障实施的习惯②。一元论强调习惯法的国家认定属性。多元论认为，法律的存在不一定以国家的产生和存在为前提条件，只要有

---

① 西方法律因源于其本土习惯，所以人们适用规范也就是适用习惯，因此，法的实施较好。而我国法律大多数是移植西方的规范，民间习惯则主要源于礼法和地方生存知识，因此，在实施中由于法律与习惯的差异导致很多人不适应。如果能够将法规范与习惯相结合，使规范具有本土习惯性，则实施中大家就不会感到陌生，所以，从规范到习惯是法由强制实施到自发、自觉实施的一个重大转变，是法与社会相适应，真正发挥社会调整作用的关键。

② 《中国大百科全书》总编辑委员会. 中国大百科全书·法学类［M］. 北京：中国大百科全书出版社，1984：87. 孙国华. 法学基础理论［M］. 北京：中国人民大学出版社，1987：41.

能实施物质强制的社会授权的权力机构即可，强调法律的社会属性。

梁治平认为："习惯法乃是由乡民在长期生活和劳作过程中逐渐形成的一套地方性规范；它被用来分配乡民之间的权利、义务，调整和解决他们之间的利益冲突；习惯法并未形诸文字，但并不因此而缺乏效力和确定性，它在一套关系网络中实施，其效力来源于村民对此种'地方性知识'的熟悉和信赖，并且主要依靠一套与'特殊主义的关系结构'有关的舆论机制来维护。"①

高其才认为："习惯法是独立于国家制定法以外，依据某种社会权威和社会组织，具有一定的强制力的行为规范的总和。"②

吴大华认为："习惯法是指由某特定地域群体组织成员所约定俗成或者由该组织中某社会权威所确立而非国家所制定的，具有习惯性和强制力的行为规范的总和。"③

笔者赞同习惯法的社会说定义，首先，习惯法是一种社会规范，主要调整和分配民间乡民之间的权利义务关系，协调他们之间的利益冲突；其次，习惯法来源于各种社会组织、社会权威，规范特定组织、区域的全体成员，具有强制的准法属性；再次，它不是凭空产生，它来源于社会中业已存在的各种习惯，是一种历史文化的传承，是一种地方性知识，具有习惯性，离开习惯，习惯法便无从产生；最后，习惯法是一个动态的概念，它会随着社会变迁而发生调整改变，不是一个僵化的静物。中华法系作为历史悠久的法系，最早的法就是习惯法，以后构成法系主流的内容也包括各地方各民族的习惯法，如元朝法律和清朝法律都包括作为执政者的民族习惯法，同时又大量吸收汉人习惯法律。其中，清代在其"统治中后期在苗疆立法中准许按照苗族习惯法苗例，解决人命斗殴一类刑事案件"④。由此可见，习惯法与国家法关系密切，彼此可以互动、转化、吸收。其中，习惯法是基础、初级法，国家法是高级形态、高级法。国家法因政权改变而改变，习惯法因社会经济结构、文化变迁而发生变化。

随着岁月的流逝，习惯法至今尚在民间发挥作用的传统规则就是民间习惯法。民间习惯法作为准法规范，它有强制性、稳定性、变异性特征，具有指引、强制、评价、预测、教育功能。作为一种文化，它有四个结构：习惯法观念意

---

① 梁治平. 清代习惯法：社会与国家 [M]. 北京：中国政法大学出版社，1996：166.
② 高其才. 中国习惯法论 [M]. 长沙：湖南出版社，1995：4.
③ 吴大华，等. 中国少数民族习惯法通论 [M]. 北京：知识产权出版社，2014：43.
④ 张晋藩. 多元一体法文化：中华法系凝结少数民族的法律智慧 [J]. 民族研究，2011 (5)：8.

识、习惯法规范、习惯法行为以及相应的习惯法的实物形态①。影响民间习惯法内容的，主要是居住的自然地理环境、经济生活方式、历史文化、禁忌与宗教，其中禁忌是民间习惯法产生的最早源头，习俗是民间习惯法产生的主要途径，熟人社会、半熟人社会是民间习惯法适用的社会条件，而经济生活方式则是民间习惯法存在的物质基础。民间习惯法的效力，"来自人们对反复适用，并具有权利义务分配功能和纠纷解决功能的习惯之道德信赖、利益信赖和公正信赖"②。

（三）多元一体

法律多元这个概念始于法律人类学的研究成果，这个概念在当代的认同与法律多元的存在，已成为学界一个不争的事实。国家法作为人类社会唯一具有国家强制力保障实施的法，由于这一被人们确信不疑的本质特征，被正统的一元论法学家简称为"法"。当从社会存在和运作规则进行考察，人们发现除国家法律，还有一些行动中看不见的行为规则发挥着社会评价、规制、指引、保障作用，与"法"一起发生效力，无论它们是相互和谐还是相互冲突，这时，法律多元的概念就自然而然地出现在人们的视野中。国家法无疑是规则多元中唯一有国家强制力保障占据社会主导地位的一元，而某些习惯、规则、准则、公约在被用来实现社会控制时就成了多元法中的多元或其中一元。

在西方坚持法律多元的学者很多，古典法社会学家迪尔凯姆、埃理希、韦伯和现代西方法人类学者格尔茨、穆尔、梅莉等人，都异口同声地反对将法律视为国家立法的唯一产物，认为"应从社会本身、组织化社会和人们社会行为中去探寻法的真谛"③。于是，当关注其权威渊源或管辖范围时，就被称作地方性法、非国家法、非官方法、部落法；当关注其文化起源时，就称初民法、习惯法、传统法、民间法。与此相对照，正统法学中的"法"反过来就要附加修饰词来确定，如国家法、国法、官方法等，或者称为西方法、移植法、继受法、强加的法等，这样一种国家法与非国家法或习惯法的并存构成了"法律多元"这一概念的基础④。

法律的多元一体是指承认多元规则合法存在，以国家法为主导的有关法律基本价值、原则、制度、组织的社会统一性，或者说多元规则中的社会行为共

---

① 高其才. 中国少数民族习惯研究 [M]. 北京：清华大学出版社，2003：237.
② 谢晖. 论习惯法的国家立场与社会立场 [J]. 政治与法律，2023（8）.
③ 陈兴良，周光权. 法律多元：理念、价值及其当代意义 [J]. 现代法学，1996（6）：31.
④ [日] 千叶正士. 重新思考法律多元 [J]. 南京大学法律评论，1998 年秋季号，185.

性制度意志。多元是我国地大物博、人口众多、社会发展不均衡的多民族国家的社会个性化体现，是社会文化、生活方式的多色彩、多样性、特殊性在共性基础下互相联系的规范个性，不是彼此脱离、独立存在的个性。抹杀了多元的法律需求与存在，不尊重和保护各地区、多民族、社会的多元的利益需求与行为差异，一体就会成为一"独"，成为枯干，失去社会调整活力，最终影响一体的实效性、完整性。只有多元而无一体，社会就没有共同意志与行为，就是一盘散沙，国家就不能被称为现代国家，人民的根本利益就得不到保障，所以，法律的一体是人民意志、国家意志在历史长河中的汇聚，是纲，多元是目。一体因多元而丰满、完美，多元因一体而长久。一体，首先是客观存在的国家意志性、国家法的基本价值、原则与基本制度的实际统一以及社会的高度认同。铸牢中华民族共同体，坚持社会主义核心价值观，得到社会的高度认同和制度化保障。其次是国家法所确认和追求的根本利益和长远利益的一致性，历史和文化发展形成的社会基本治理组织体的相对一致性与不可分割性。也就是国家制定法和民间习惯法的内部矛盾和相互冲突通过制度化、组织化整合达到很好协调、统一。最后，一体是指全国各族人民在文化融通基础上最终形成社会高度认同的国家法律文化意识、观念、行为模式的动态一致性，成为一种文化血脉基因、行为习惯。亦如我们使用筷子吃饭，用普通话交流，既是一种客观存在，也是一种行为习惯和生活方式，是法律与社会行为的高度契合。

三、本课题研究的主要内容、基本思路、研究方法

1. 研究的主要内容：（1）武陵山区民间习惯法的现存状态的整体考察，包括现存主要内容及形式（如婚姻与继承、社会交往、物权、债等民商事习惯，社会治安与纠纷处理等社会行为习惯法）；习惯法在现代传承、转型中的新形态（新的族规、村规、乡规民约）、边缘化和异化问题的考察。（2）民间习惯法与国家法冲突的法理解析，包括国家法对待民间习惯法的历史态度与策略分析；民间习惯法与国家法的矛盾冲突由来及法理分析；当代法理学中多元中心秩序与一元中心秩序理论争议；结合我国民间实际的多元一体法理建构。（3）民间习惯法的内升外连可行性研究，包括习惯法非诉讼机制、和谐理念、公众参与与国家法理念的暗合；具有民间特色的和解、调解制度的提升与设计；民间习惯法在司法和解、民事纠纷处理方面的运用路径与相关对策。（4）国家法在民间的多元变通实施研究，包括国家法在民间施行现状评析；多元变通是国家法与民间习惯法共存与互生的路径选择；国家法进行立法变通的限度问题；国家法在民间行政变通可行性、依法行政原则对变通的限度、行政变通的程序规制；

国家法在民间通过地方化司法解释合理实施问题。（5）民间习惯法与国家法多元一体新型关系建构，包括不同制度功能之间的分工；"公民参与式"草根行为的程序、效力与精英话语的互动关系；立法、行政、司法行为对习惯法精华的确认与运用问题与策略；社区公民通过村规民约认同国家法对习惯法影响、引导的相互协调和功能整合。

2. 基本思路：（1）本课题从"文化"和"制度"两个角度切入。法人类学调查重点解决习惯法的承续与发展的文化，并对国家法在武陵山区实施的经济与文化基础进行解释。法学制度分析主要解决民间习惯法与国家法融通对接的制度对策。（2）深入武陵山区开展实地调研，考察国家法实施现状及社会文化背景，研究民间习惯法资源的现实价值以及国家法的立法变通模式的局限性。对国家法在民间变通实施的多种途径以及民间习惯法在国家法实施中的合理利用开展深入研究。（3）梳理多元变通途径之间的关系，探讨其相互协调及功能整合。本课题秉持实践理性和法律多元立场，立足于回应民间社会生活的现实诉求，着眼于法律适用的社会效果，从法律的形式理性与实质理性、一般正义与具体正义、精英话语与地方性知识、法治统一与人权保障等不同向度，构建民间习惯法与国家法多元一体相互融通的新型关系。

3. 研究方法：（1）人类学和法学相结合的方法。对习惯法现状采取实地调查，以民间社区秩序、人际交往、纠纷解决等典型性习惯法行为和案例为标本，对显性和隐性的习惯法规范进行总结与法理分析，内在参与式地理解其法律运行机制。（2）注重多学科知识的综合运用，将理论法学、部门法学理论与法社会学、人类学、历史学知识与理论综合运用于本课题研究中，对国家法实施中的问题进行跨文化比较。（3）注重吸纳当代法哲学思潮的有益成果，把法律作为一种实践智慧，将法律多元、情境性正义观等体现实践理性的思考方法运用于研究中。（4）定量统计和定性分析方法。通过文献资料、问卷统计、案例分析、生活观察，对散在理论做出归纳、总结和提升。

第一章

变迁与转型：武陵山区民间习惯法与国家法关系的流变与现状

"武陵山区"的地域界限在学界、政界、商界、旅游界认识上有共识，也有一定差异。从历史与自然地理看，大体是指历史上属武陵郡，现在以武陵山脉为中心，包括湖南省常德市、张家界市、湘西土家族苗族自治州、怀化市，湖北省恩施土家族苗族自治州、宜昌市的长阳土家族自治县、五峰土家族自治县、秭归县，重庆市黔江区、石柱土家族自治县、酉阳土家族自治县、秀山土家族苗族自治县、彭水苗族土家族自治县、武隆区，贵州省的铜仁市、黔东南苗族侗族自治州等 76 个县市区的湘、鄂、渝、黔四个省（市）毗邻地区，总面积为 18 万多平方公里，总人口为 3450 多万人①。这个地区具有山同脉、水同源、民同俗、经济同类、文化同质的特点，是中国一条独特的"民间文化沉积带"，土家、苗、侗、瑶等少数民族主要聚居区（其中土家族 750 多万人、苗族 430 多万人、侗族 220 多万人），区内有 30 多个少数民族，总计 1400 多万人，约占该地区总人口的 41%。是我国内陆跨省（市）交界面积最大、人口最多的多民族和谐聚居、杂居地。其民间习惯法与国家法的关系自古一直处于矛盾、博弈、融合之中，是国家法向西部民族地区逐步推进的桥头堡和试验田，其变迁与转型自古具有风向标的作用。

---

① 关于武陵山区的具体地理位置，迄今没有确切权威的定论，一般主要从历史沿革、自然地理、和政界行为来界定。笔者所界定的武陵山区，主要是 2011 年国务院关于武陵山片区区域发展与扶贫攻坚规划确定的 76 个州县市，外加黔东南苗族侗族自治州。因为从历史和文化与自然地理上看，黔东南州与武陵山区都有关系，西汉时属武陵郡，文化上与贵州铜仁、湖南怀化、湘西州、湖北恩施州、重庆黔江石柱等同质，民同俗，经济同类。在此特作说明。

第一节　新中国成立前武陵山区民间习惯法与国家法关系

一、改土归流前的对抗与强制、妥协与隔离

罗马人有句法谚说："有社会必有法律"（ubisocietasibi jus），意指凡是有人群居住的地方，必有若干共守的规则以维持团体生活。按照社会法学观点，社会的法律有两种，一是国家的实证法，一是社会的活法，国家制定的法与社会的活法一致或以活法为根据，才能有效施行。

沿着此种思路考察武陵山区国家法与民间习惯法关系，最早可追溯到秦朝。湘西自治州龙山县出土的里耶《秦简》已有"武陵"二字，秦帝国设南郡、黔中郡、洞庭郡，管理这一地区，将其纳入自己管理范围，按照书同文、车同轨、"法出于一"的指导思想，以秦律加之于全国。汉高祖设置武陵郡，作为一个行政区划，管辖今天湖北长阳、五峰、鹤峰、来凤等县，湖南沅江以西，贵州铜仁市、黔东南苗族侗族自治州，以及广西三江、龙胜等地。后行政区划各朝有变，但都将其纳入中央王朝的管辖治理范围。这种行政区划管理的设置说明很早以来中央王朝就将武陵山区纳入国家统一管理，将国家法令统一强制推行到这一地区，但是从效果看不是很理想。历史上武陵蛮多次大规模反叛，在东汉时伏波将军马援带四万人马平叛，因疾阵亡，汉军死伤过半，历时三年才平定叛乱，说明中央王朝法令制度与地方故俗——习惯法规范在强制之下冲突之剧烈。"王法不能绳"，强制并非推行王法的上上策，所以，中国先贤自古主张攻心为上，以德怀远。事实上这种强制主要指的是国家的政治统治，在关涉具体的社会治理时，清朝学者钱大昕说，秦朝"初有郡名，仍领其君长治之"①，而汉承秦制，在设郡县后，汉室也是以其故俗治，并非完全不考虑民间习惯法。

唐代更是明确规定"化外人同类相犯各依本俗法；异类相犯各依法律论"②，明确规定处理社会问题有两套法律制度。五代时天福五年（公元940年），楚王朝马希范战胜武陵蛮夷溪州刺史彭士愁后，铸铜柱于溪州，采取仁德怀柔之策，"叛而伐之，服而柔之，不夺其财，不贪其土"，与彭士愁订立和平

---

① （清）钱大昕. 潜研堂文集·三十六郡考［M］. 上海：商务印书馆，1936.

② 《唐律疏议. 刑名》卷6。

协议，只要一心归顺王化，永事明庭，不乱入诸州四界劫掠人口财物，饮血求誓，承诺"尔能恭顺，我无科徭；本州赋租，自为供赡；本都兵士，亦不抽差。永无金革之虞，克保耕桑之业"①。"溪州铜柱盟约"订立后，"自是群蛮服于楚"②。从此之后，以永顺、保靖、龙山、古丈为中心的区域性地方政权组织很少犯上作乱，每当中央王朝更迭时，彭氏总是顺应时势归顺朝廷。这一历史事实说明给予地方适当自治权，不强制推行国家王法，允许地方适用其传统习惯规则，能很好解决地方治理和社会安定问题。

宋代对武陵山区实行羁縻州制度，元、明时期实行土司制度，中央王朝为避免"王法不能绳"，改换传统治理方式，"绥以恩德"，不以国法绳之，给予地方高度自治权，避免国家法与地方习惯法的正面冲突。国家法与地方习惯法进入博弈、渗透、包容阶段。清代雍正改土归流前，中央王朝只在武陵山区部分地区建立军事卫所，实行军事监控，要求地方设立学校，开设儒学，规定不入学不准承袭土司职，核心就是要求地方土司政权心悦诚服地称臣纳贡，不反叛朝廷。相应对策就是国家的法律制度不硬性全部推行到地方，而是采取让他们逐步了解、学习"君臣父子之道"，"变其土俗同于中国"，中央王朝不直接干预当地社会治理，给予地方土司享有管理地方的经济、军政、生杀的自治、自主权力，实行与中央王朝不一样的各项地方制度。这些地区当时被称为蛮荒之地、化外之地，实行"蛮不出境，汉不入峒"的相对隔离政策。从社会效果看，这一时期地方与中央王朝关系比较和谐，特别是明代嘉靖王朝在平定东南沿海倭寇骚乱，武陵山区的永顺、保靖、容美土司力量都是明朝中央政府依赖的重要力量，嘉靖三十三年（1554 年）冬，"调永顺土兵协剿倭贼于苏、松，明年，永顺宣慰彭翼南统兵三千，致仕宣慰彭明辅统兵两千，俱会于松江……及王江泾之战，保靖犄之，永顺角之，斩获一千九百余级，倭为夺气，盖东南战功第一云"③。

经过 800 多年的社会发展和中央王朝的逐步渗透与教化，隔离国家法的土司制度走到了历史的尽头，打开寨门，实现社会的平等、交融与统一治理，破除地方的阻隔，全面实施国家法成为时代需要。1403 年，明成祖在溪州首先实行流土共治，拉开改土归流的序幕，雍正四年（1726 年）开始实行改土归流，十三年（1735）完成后，武陵山区宣告正式纳入中央王朝流官统一治理，国家

---

① 湖南永顺溪州铜柱铭文，全文参见：中国少数民族社会历史调查资料丛刊修订编委会. 土家族社会历史调查 [M]. 北京：民族出版社，2009：107-109.

② 司马光. 资治通鉴（卷282）[M]. 北京：中华书局，1956：9210.

③ 《明史. 湖广土司列传》.

法宏观架构上取代地方政权"家法"与习惯法，成为社会治理的主流规则，一些习惯规范被宣告"违法"，法制统一成为社会的基本理念。但是这种强制做法在有些地区问题不少，声势浩大的以"逐客民、复故土"为口号，延续12年的湘黔乾嘉苗民起义（1795—1807年），坚持18年的雷公山咸同苗民起义（1855—1872年），反映了清王朝在推行国家法，实行法制统一遇到的国家法意志与民间习惯法冲突问题，并没有因改土归流的一次性政治行动而彻底解决。反而是因为推行国家法打破了原有习惯法调整的利益格局而加剧了彼此的矛盾冲突，湘西凤凰腊尔山、黔东南雷公山有些"生苗"地方，完全纳入国家法治理是新中国成立后才得以全部实现。

武陵山区民间习惯法与国家法的关系，可以改土归流作为分界线。

改土归流前，主要是地方习惯法占主导，国家法基本不介入地方具体事务治理，地方社会治理主要是传统民间习俗和土司"家法"。民间习俗所受约束甚少，社会行为规范有限，社会组织性较弱，公众行为相对宽松，个人较自由，男女交往较少社会约束。容美土司地区"男女同行，不分亲疏，道途相遇，不分男女"，"半室高搭木床，翁姑子媳联为一榻，不分内外"，在婚姻上面，"娶妻不论同姓，异姓姑舅姊妹罔顾服制，否则指云让亲，更有不凭媒妁"①；湘西苗族跳月，男女结队对歌"通宵达旦，歌毕杂坐，欢饮谑浪。甚至乘夜相悦，而为桑间濮上之行，名为放野"②，"有男近女而女去之者，有女近男而男去之者，有数女争近一男，而男不知所择者，有数男竞趋一女，而女不知所避者，有相近复相舍，相舍复相盼者"③。

但这一时期土司"家法"极其严苛，土民赋税劳役极重，土司杀人不请旨。"杀人者死，常刑也，土民有罪被杀，其亲属必输数十金，谓之垫刀金……土司一娶子妇，则土民三载不敢婚。"④ 容美土司"其刑法重者径斩……次宫刑，次断一指，次割耳。盖奸者宫，盗者斩，慢客及失期会者割耳，盗物者断指，皆亲决。余罪则发管事人棍责，亦有死杖下者。是以境内凛凛，无敢犯法。过客遗剑于道，拾者千里追还之"⑤。由此可见，改土归流前武陵山区除了政治归属

---

① 乾隆版《鹤峰州志》毛峻德文告，毛峻德纂修，乾隆六年刻本。

② 湘西自治州宣传部.湘西读本［M］.长沙：湖南人民出版社，2011：146.

③ （清）陆次之.峒溪纤志［A］//湘西自治州宣传部.湘西读本［M］.长沙：湖南人民出版社，2011：146.

④ （清）王履阶.改土归流说［A］//鄂西土家族苗族自治州民族事务委员会.鄂西少数民族史料辑录［G］.恩施：鄂西土家族苗族自治州民族事务委员会，1986：200-201.

⑤ （清）顾彩.容美纪游［M］.吴柏森，校正.武汉：湖北人民出版社，1998：84-85.

确认皇权至上，地方社会治理规则基本没有国家法的影子，处于一种无国家法的土司家法控制之下。这种社会秩序表面看来很安定美好，道不拾遗、夜不闭户，男女交往、性爱自由，婚姻没有宗族姓氏禁忌。但是，这种社会秩序是建立在社会极其封闭、经济极不发达基础之上的，这种所谓自由与安定所带来的社会本身凝聚力极差，社会组织力羸弱，生产力低下，家庭不稳定，加之土司家法的严苛与随意性，使人们基本的生存权利得不到社会保障，特别是老人与孩子的社会保障性差，因此，它体现的是历史落后，而不是田园牧歌！

二、改土归流后的渗透、磨合与共生相容

改土归流之后武陵山区社会行为与治理规则发生了根本变化，国家法与地方民间习惯法关系处于强制、渗透、磨合与共生相容的开放状态，国家法逐步占据社会治理主导地位，成为社会行为的最高准则，而相当完备且自成体系的民间习惯法则成为地方社会控制系统的必要补充，二者并行不悖，和谐共生，形成在法制统一框架下的官方法与民间法有机结合的"多元、多层次的法律体系"①。

一是清代中央王朝派出流官强制推行国家法，废止土司法令，国家法成为武陵山区社会主流行为规则，呈现出社会治理的法制统一化特征。

武陵山区先后进行的改土归流，就是打掉原有土司及其自署职官，设立州、府、厅、县等行政辖区，由中央王朝派出流官进行治理，流官到任后的首要任务就是废止土司法令，强制推行国家法实施。雍正八年（1730 年），永顺第一任知府袁承宠颁布了《详革土司积弊略》文告，大力革除陈规恶习：禁革土司出老戥、禁苗土凶徒捉拿人畜、禁止蜂蜜黄蜡陋例、禁绝谢恩赎罪、禁革官员到任受礼、禁派送食物、禁保正乡约擅受贺礼、禁骨种坐床恶习、禁外来农民送土舍礼物、禁土官下乡令民妇侑觞、禁杀牲饮血、禁每年土民馈送土官礼物、严禁火坑钱，革除土兵、弛不许盖瓦之禁，除商旅馈送土官礼物，土民客家一例编里，雇觅民夫酌情定价，服饰宜分男女、公媳内外宜有别，等等②，大力推行中央王朝法令，取缔原有土司强加在土民身上的各种苛捐杂税、劳役负担、等级特权，禁止土司时的各种与礼制不合的行为习惯和管理规则，减免原有税赋劳役，减轻土民社会负担，设乡，编户入里甲，强化社会组织管理，实行公

---

① 李鸣. 中国民族法制史纲［M］. 北京：民族出版社，2016：368.

② （清）张天如等修，顾奎光纂：乾隆《永顺府志·檄示·详革土司积弊略》卷 11，清乾隆二十八年（1763）抄刻本。

平等价有偿交易，改变传统婚姻形态，实行"父母之命、媒妁之言"，禁止姑舅表婚，促进社会经济发展。

容美土司改流后，鹤峰州第一任流官知州毛峻德颁发了很多文告、禁令、条约，内容包括：婚姻方面，行父母之命、媒妁之言，两姓男女年龄相当、无亲属服制关系，年龄上男要满16岁以上、女要满14岁以上，禁止已婚妇女背夫私逃娘家；家庭方面，实行男尊女卑、男女有别，禁止分家、分火另居不管祖父母、父母；宗族方面，禁止立异姓子嗣乱宗，要求嗣后无子应先立同胞子侄，即使有女婿也不得例外；社会行为关系上，禁止端公邪术、乘丧讹诈和轻生，对涉及谋杀、劫杀、故杀、斗殴杀、戏杀、误杀、过失杀等人命案子，要求缉拿归案按照国家律法处理，对户婚田土及斗殴事故允许控告官断；赋税方面，实行轻赋政策，减免3年，以后按亩摊征，同时还推广内地先进生产方式，鼓励耕织和使用农家肥①。

乾隆在新开苗疆虽然确定苗民内部案件按"苗例"处理，但这"实质上是一种'化导苗习'的渐进式改革方式"②。因为，他同时还规定了重大犯罪及苗民与内地民人、熟苗之间的案件要照大清律例处理，此后又规定苗民凡剃发且衣冠与民人无异者也要按大清律例办理。这实质上就是为了不断缩小"苗例"适用范围，让苗民逐渐熟悉和服从官法，最终达到统一适用大清律例。

所以，在某种程度上可以说，改土归流本质上就是一个以国家法取代武陵山区习惯法成为社会主流规则的过程。清廷法令通过流官以文告、禁令、条约进行传播及流官宣讲、强制推行与身体力行，在武陵山区大部分地方得到一定贯彻执行，成为社会控制的最高行为准则，并逐步成为社会主流行为规则。原来土官对土民享有的各种特权被消解，土民社会地位有了较大提高，人身依附关系得以解除，按照封建宗法制度确立的婚姻家庭、亲属关系得到稳固，不少命案、盗窃、抢劫、斗殴、讹诈等重罪行为通过官府解决，部分民事案件也由官府介入，官府开始主导社会司法权。例如，光绪二十八年（1902年），熊宾出任利川知县时，亲自讯结的案件达430余件，其中民事案件占多数，他"每讯一案，必反复开导，使其服输具结，是以民无上控"，对重大复杂民案还亲去查验、回访，审结了不少老大难案件，树立了官府权威，使社会秩序得到相对安宁。"治法既殊，民风一变。"③ 历史上"以掳掠致富"的清代台拱厅的"黑

---

① 乾隆版《鹤峰州志》毛峻德文告，乾隆六年刻本。
② 潘志成. 清代贵州苗疆的法律控制与地域秩序 [D]. 重庆：西南政法大学，2010.
③ （清）何蕙馨修：同治《利川县志·风俗》，同治四年刻本。

山苗"，"近皆宁戢"，"如男不能抢劫者，女则不嫁之"的清江、台拱厅的"黑脚苗"，"近亦畏法，已改矣"①。

国家法的统一实施，使地方族群阻隔的"蛮不出境，汉不入峒"的社会藩篱被打破，促进了社会经济文化交流、发展和进步。社会在生产方式、经济类型与规模、人口总数等方面改流后都有大幅增长与变化，中华一家亲的格局成为社会共识，如湖北来凤，"贾人列肆，所卖汉口、常德、津、沙二市之物不一，广货、川货四时皆有，京货、陕货亦以时至"②。社会生活方式的改变带来了人们行为规则的转变，清廷很多国家法内容通过长期的渗透与浸淫，逐渐转化为民间意志，成为人们新的习惯法。例如，来凤改土归流前土民间有同姓为婚、停丧火化习惯，改土归流后全都改为异姓为婚和土葬；湖南湘西改土归流前男女自由"道途相遇，不分男女，以歌声为奸淫之媒，虽亲夫当前，无所畏避"③，改土归流后，父母之命媒妁之言成为主流，2010年前后我们调研的一些高龄妇女回忆说"我们出门前，没有见过丈夫"，主要是由媒人撮合婚姻，按照双方是否"般配"考虑，即按照双方长相、个人品德、能干、勤劳、双方家庭、住地等因素考虑；贵州铜仁松桃红苗昔日以对歌寻找异性的自由恋爱婚姻，改土归流后逐步改为"婚姻用媒妁"④。

二是既有民间习惯法没有被清代国家法一概否定，仍然发挥社会规范作用，成为民间自我解决社会内部争议的行为规则与裁判依据。

具体表现为四方面：首先，清代国家法明确肯定民间地方、宗族有限度的自治权力，承认家法、宗族法的法效力。雍正时族长入律，享有保甲之权，雍正五年（1727年）发布上谕：对那些偷窃奸宄、凶恶不法之人，"为合族之所共恶者，准族人鸣之于官，或将伊流徙远方，以除宗族之害。或以家法处治，至于身死，免其抵罪，著定议具奏"⑤，支持宗族组织利用家族法维护族内治

---

① 李汉林. 百苗图校释 [M]. 贵阳：贵州民族出版社，2001：99.

② （清）李勋修：同治《来凤县志·风俗志》卷28，清同治5年刻本。

③ （清）张天如等修，顾奎光纂：乾隆《永顺府志·檄示·详革土司积弊略》卷11，清乾隆二十八年（1763）抄刻本。

④ 1836年的《松桃厅志》对当地的苗族婚姻描述："苗婚姻用媒妁，名曰牙郎，先议定财礼，将娶，牙郎照议送至女家，受之名曰接财礼，至日，女家姊妹等送女归男家，贫富均不用轿，但以伞罩新妇步行至男家，不辑不拜，即登火铺，与新婚对坐，苗巫喃喃致祝，授以饭，亦庶几共牢遗意，间有新妇不愿奔回本家者。"这段记载形象地反映了苗族婚姻习惯法受到国家法的影响行媒妁婚姻，同时还保留自由婚习惯法的情形。（清）徐鉽修，萧琯纂：道光《松桃厅志·苗蛮》卷6，道光十六年松高书院刻本。

⑤ （清）典馆会. 钦定大清会典事例·刑律·斗殴（卷811）[M]. 北京：中国藏学出版社，2006：659.

安，允许宗族组织利用本族法规范族人言行，调解族内纠纷，协调族内家庭、家族和宗族关系，这就明确地肯定了民间地方、家族习惯法的国家制度生存空间。其次，一些汉化程度高的区域不因为改土归流后王法的进入一下子全部改变原有生活方式与行为规则，很多民间习惯规则作为活法仍在发挥作用，规范着人们的行为，习惯法没有自行消亡。例如，1830年重庆市酉阳县大涵乡宝剑村第四组的"宝剑石碑"，规定对杀人、抢劫、流氓、偷盗"危害百姓安宁者，必须严加惩处"，其中，对盗窃罪轻者处以高额罚款、体罚，重者抛入唐崖河淹死①。即使有的被王法视为恶习，也没有一下子改变，保持着旺盛的生命力，如武陵山区广泛存在的收继婚习惯一直持续到20世纪80年代。再次，有些区域更因为汉文化渗透不够，传统习惯法明显居于主流地位，对改土归流后按照国家法规范的社会生活明显不适应，对王法有明显的抵触和反抗，清政府经过认真考虑，决定不全部适用王法。例如，清乾隆时期在平定黔东南雷公山苗族聚居区的反叛后，就没有采取一般地区的保甲制度，而是采取屯军制度，不干涉苗族村寨内部管理，由村寨内部头人按习惯法管理，同时还豁免地方全部赋税，使当地百姓享有充分的自主权，同时又感受到皇恩浩荡，这保证了当地苗人后来未卷入湘西乾嘉苗民反叛朝廷。湘西乾嘉苗民起义主力被平定后，嘉庆二年（1797年），清政府在湘西苗区实行屯田制，设立苗官制度，实行以苗治苗、苗汉分治政策，按照习惯法管理苗区，当局严禁汉人擅入苗地，在苗区"设立苗守备、千总、把总、外委，责令管束苗人。凡苗人格斗、窃盗等事，即着苗弁等缉拿办理，所有递送公文，应付差使，催收租谷，亦皆由苗官经管"②，这种制度一直持续到1938年湖南省主席张治中"废屯升科"才结束。最后，有些地区适用国家法不能很好地解决当地社会问题，民间仍决定使用习惯法解决。徐晓光教授2008年在三穗县（清代为邛水县）档案馆发现了清光绪十九年（1893年）该县村寨议定的《邛水上里各洞合款各条》，这个款约指出，当地在国家法管辖下，盗窃案件送官后"不过责押，所以贼盗如此充斥"，上里各洞与苗疆毗邻却没有苗疆安宁，实因"近蛮地而不能学蛮法"，才使盗贼肆无忌惮。所以各洞合款议定："凡遇捕盗有敢拒捕者，照例格杀勿论。"另外跟踪追获证据确凿，要按照本次议定的"大款"处理，共同用"苗疆水火二法"，即沉塘（水法）、烹死（火法），不使一个盗贼生还，如此盗窃之风可绝迹。对窝藏盗贼之家亦应

---

① 杨兴坤，张晓梅. 乌江流域少数民族习惯法的当代变迁——以依法治国方略为视角 [J]. 长江师范学院学报，2010（2）.

② 凌纯声，芮逸夫. 湘西苗族调查报告 [M]. 北京：民族出版社，2003：73.

准此办理①。这个款约说明了习惯法在治理盗窃方面的优势，国家法在惩戒盗窃方面的文明化比习惯法高，但是对解决社会盗窃问题显得不足的问题。

从国家法视角看清代武陵山区民间习惯法在适用范围与效力上，主要是涉及家族内部违法与犯罪，基本按照民间习惯法处理，国家法不予干预，给予家族、村寨高度自治权。雍正十年（1732年）贵州按察使方显奏报，新开苗疆不知国法，"每有命案，多不报官，或私请寨老人等理讲，用牛马赔偿，即或报官又多于报后彼此仍照苗例讲息，将尸掩埋，相率拦捡，不愿官验"②，因此，方显提出区别对待，对汉化较好的按国家法处理，对汉化不够的新开苗疆，允许按习惯法处理，雍正批示："伊所论甚是。"乾隆元年（1736），乾隆颁布上谕："苗民风俗与内地百姓迥别，嗣后苗众一切自相争讼之事，俱照苗例完结，不必绳以官法。"③ 承认民间习惯法在解决苗族自相争讼上的效力。到乾隆五年（1740年）颁布的大清律例《刑律·断狱下》更明确规定："凡苗夷有犯军、流、徒罪折枷责之案，仍从外结，抄招送部，查核其罪。应论死者，不准外结，亦不准以牛马银两抵偿，务按律定拟题结……其一切苗人与苗人自相争讼之事，俱照苗例归结，不必绳以官法，致滋扰累。"④ 到光绪时《大清会典》卷53规定："苗夷犯死罪按律拟题结，不准以牛马银两抵偿。其自相争讼之事，照苗例断结，不必绳之以官法。"这里前后一脉相承，明确区分了国家法与民间习惯法的适用范围，针对苗夷，除死罪按国家法处理，其他的照"苗例"断结。这里的"苗例"显然不是清王朝制定的国家法（官法），而是民间习惯法。所以，在清代民间习惯法仍然具有相对的社会地位，处于与国家法博弈共生的状态，成为社会控制规则的重要组成部分，是国家法的必要补充。

三是民国时期国家进一步强化了对地方的控制与国家法令的贯彻执行，但是同样没有彻底否定民间习惯法，还在制度上预留了习惯法的应有自主空间。

民国时为强化中央集权与专制，进一步强化了国家法律对地方的控制。以湖北利川为例，在完善行政建制与社会管控上，1932年编组保甲，1942年设立乡警察派出所，1949年县府有公务员30名，1940年建立了利川地方法院，1940—1948年，利川法院审结刑事案件1767起，民事案件3009件，注重治理

---

① 徐晓光. 贵州黔东南地区苗族、侗族习惯法特征比较 [J]. 西南民族大学学报（哲社版），2015（1）：162.

② 中国第一历史档案馆. 雍正朝汉文朱批奏折汇编（第22册）[M]. 南京：江苏古籍出版社，1991：715.

③ 中华书局. 清实录（高宗实录卷22）[M]. 北京：中华书局，1985：528.

④ 《大清律例》卷三十七，《断狱下. 断罪不当》。

盗匪和烟毒，1944 年在治理烟毒中实行"纵横连坐法"，关、杀了一批烟毒案犯①；征兵方面，从 1937—1945 年，利川县②国民政府合计征兵 14842 名，在税赋上，仅仅抗战期间，利川战时公债 121236 元，国币公债 94600 元，美金公债 6240 元，同盟胜利公债 1050000 元，抗战经费 4118 元，节俭储蓄 1586000 元，征购军粮仅仅 1941—1945 年就征收稻谷 307967 石，玉米 13828 石，此外还有劳役（运粮、修路、修机场）、劝募 1268917 元等③。这些社会管控措施的力度明显强于清，在税赋劳役上更是比清代重很多，这些作为国家法的行为大大压缩了民间习惯法的生存空间。

但是，从民国颁布的法律看，一是从来没有明确规定习惯法无效，甚至在有些条文中还明确肯定了习惯的法律效力，规定民间行为在一定程度上可以依据习惯。二是民国法律以西方欧陆法律为蓝本，以"个人"与"权利"为基础，超越当时社会发展现实，加之民国政府本身的无能与腐败，先是军阀混战，后是抗日战争，再后是解放战争，社会一直处于动荡不安之中，所以民国时期国家法施行以后，"并未真正发挥规范社会生活的功效，一般人民仍多以法律以外惯用的规则——也就是过去所谓的礼——作为社会生活的实际准绳"④。很多法令在实施中看人打发，1943 年曾经发生过被抓获的龙山县烟毒贩向致福在利川被判死刑，其同伙吴景轩向司法人员与警察行贿，买命后在今重庆万州游玩时被认出，《万州日报》发表"利川枪毙烟毒犯，死人复活"的新闻⑤，但是最后还是不了了之，因此，这些国家法并没有给广大人民带来福祉，"衙门八字开、有理无钱莫进来"，民国宪法所谓"在法律上一律平等"⑥ "保障人权，伸张正义"带给老百姓的只是社会动荡不安，例如，湘西在"民国 38 年中（1912—1949 年）有 33 年处于危机状态，动荡率高达 89.2%"⑦，使人民更加苦不堪言，所以，国家法的有效实施程度、范围非常有限。社会秩序对民间习惯法的依赖不可或缺，习惯法仍然在民间发挥着调整社会普通生活的作用，规范着普通社会公众的行为，维护着社会的基本生活秩序。

---

① 利川市地方志编纂委员会．利川市志［M］．武汉：湖北科学技术出版社，1993：340．
② 即今天的利川市，利川县 1986 年改县设市。
③ 利川市政协文史资料研究委员会．利川文史资料（第 2 辑）［G］．利川：政协利川文史委，1987：70-79．
④ 马汉宝．法律思想与社会变迁［M］．北京：清华大学出版社，2008：132．
⑤ 利川市地方志编纂委员会．利川市志［M］．武汉：湖北科学技术出版社，1993：341．
⑥ 1946 年《中华民国宪法》第 7 条。
⑦ 成臻铭．改土归流与社区危机——主要以 1505-1949 年湘西土司区危机事件为例［J］．怀化学院学报，2005（1）：2．

四是大量的儒家伦理道德规范通过清代、民国学校教育，内化为地方民间思想观念与家规、族法和民间规约，成为民间新的行为习惯法。

明朝洪武二十八年（1395年）下令"诸土司皆立县学"，弘治十年（1497年）更规定："土司应袭子弟，悉令入学，不入学者，不准承袭。"此后，各土司纷纷办学，土司学校得到一定发展，但是有明一代教育主要在土司上层，一般老百姓受教育极少。改土归流后，清政府将开办学校视为社会长治久安之策，在武陵山区设置了大量的书院和府、州（厅）、县学，同时鼓励私立义学和私塾。根据朝廷规定，府、州、县各设官学一所，有厅、卫、所的，设厅学、卫学、所学，传授儒家经典。依托政府强制与科举诱惑，儒学教育在有清一代得到大发展，仅仅清乾隆到光绪年间，施南府（今恩施州）就先后设了20多所书院，19所义学；今湘西州设有21所书院，义学18所①。通过学校教育的发展与外来人口的大量进入，汉语得以普及，成为武陵山区通用语言，"操官音者十之七八，近日操种音者十不一二"，"惟乡间间有蛮声"②。"文治日兴，人知向学……寒俭之家，亦以子弟诵读为重。"③ 封建王朝国家法背后的高级法——儒家学说与伦理得到广泛传播，社会公众尤其是精英阶层受到了良好的儒家文化熏陶，"士习诗书，旧习渐易，与郡城大率相同"④。强化了文化认同与国家认同，"今则彬彬焉，与中土无异"。民国时教育也有进步，据不完全统计，民国时期，今恩施州、五峰县有私塾2439馆，学生29029人。从1912年到1946年，湘西古丈、龙山、保靖、张家界、桑植和贵州印江，有私塾381馆⑤，民国教育较清代教育虽然加入一些现代知识，但是基础内容仍然是儒学教育。

儒家教育的发展直接推动了以儒家伦理为基础的清王朝国家法及后来的民国部分国家法获得民间社会的认同和一定的遵守，很多的民间规约与家规、族法，反映了一些过去不好的习惯法规则被淘汰，中央王朝有利社会发展的一些法律制度下沉民间，成为社会普遍遵循的行为规则。如清咸丰四年（1854年）重庆西阳《冉氏家谱》里的族规：孝顺父母，尊敬长上，友于兄弟，亲睦宗族，和睦邻里，敦肃闺门，禁止争讼，勤习正业，定正名分，慎选婚姻，教约子弟，慎重继嗣；族禁：禁当差、禁为匪、禁入会、禁从教、禁出家、禁自贱。恩施

---

① 黄仕清. 土家族地区教育问题研究［M］. 北京：民族出版社，2003：17-21.

② 谭必友，贾仲益. 湘西苗疆珍稀民族史料集成：（同治）永顺县志（第10册）［M］. 北京：学苑出版社，2013：184-185.

③ 同治版《恩施县志. 风俗》，麟溪书院藏版。

④ 道光版《鹤峰州志. 风俗》。

⑤ 黄仕清. 土家族地区教育问题研究［M］. 北京：民族出版社，2003：20.

州咸丰县尖山乡龙洞村的现存完好的严家祠堂"敬宗收族"碑，记载的族规明确规定：乡约当遵，族类当辨，宗族当睦，谱牒当重，闺门当重，蒙养当豫，姻里当厚，职业当勤，赋役当供，争讼当止，节俭当从，守望当严，邪巫当禁，四礼当行。要求族人孝顺父母、尊敬长上、和睦乡邻、教训子孙，异姓不得乱宗，祠内有嫖赌、盗窃、危揽词讼、会匪土豪、一切不务正业者，或国法或家法处理①。而修于1916年的长阳鱼峡口镇《张氏族谱》所载族训16条则是康熙教民谕旨——"上谕16条"，修于光绪七年（1881年）的资丘镇的《田氏族谱》所载族训与《张氏族谱》基本一致，只有个别文字的差别②。从这些族规、族禁、族训的内容看，基本是儒家伦理学说的翻版和国家王法的民间化，帝王的教民谕旨已经成了普通百姓的思想与日常生活行为的圭臬。同时，这些族规族训又有各家族自身的特点与要求，因此，它们是民间习惯法与国家法和儒家伦理的有机融合载体。从效力看，它不单是孔孟圣贤学说，而是具有规范家族成员的拘束力与执行力的作用，是家族成员必须遵循的最重要行为准则，所谓"国有国法、家有家规"，不得违反，它上有地方政府的认可，下有家族长的监督与执行，成为具有权威性、强制性的民间规范，违者将受到严格处罚，轻则打板子、罚款，重则坐私牢、被烧死、溺死、活埋。不同于今天一些地方的村规民约，说是"严禁"，却没有任何执行组织，也没有任何强制处罚措施。

三、20世纪50年代前民间习惯法的趋同化

上述民间习惯法、清代民国国家法与族群吸收儒家伦理的新的家规族法，这三种社会规则通过改土归流后近两百年的冲突、博弈、渗透、磨合到相融共生，在新中国成立前使武陵山区社会行为规范有了趋同化特征，大同而小易。"从前苗有生苗熟苗之分，今日均已成为熟苗，汉苗分治政策，亦早无形消灭"③，体现为多元一体的法文化形态。

在婚姻、家事制度方面：婚姻上，整体上男女婚配服从"父母之命，媒妁

① 王晓宁.恩施自治州碑刻大观［M］.北京：新华出版社，2004：144-156.
② 孙秋云.社区历史与乡政村治［M］.北京：民族出版社；2001：87.
③ 凌纯声，芮逸夫.湘西苗族调查报告［M］.北京：民族出版社，2003：73.

之言"，遵循订婚、结婚仪式，婚礼之前男方要向女方支付彩礼①，姑舅表优先婚，婚姻关系的确立以举办婚礼为标志。禁止同姓婚、同宗婚。结婚忌讳单日。结婚后不轻易离婚，如果离婚子女留男方。仍保留着传统的少量的自由婚、童养媳、买卖婚、族群内婚。家庭方面，男女有别、男尊女卑、孝顺父母。子女成年分家时父母留有养老田，普通人家父母年老随老大或老幺居住，大户人家则有多代同堂；父母去世财产继承遵循谁养老谁继承原则，女儿没有继承权（无儿子例外）。在丧葬方面，实行土葬，墓地讲究风水，下葬择吉日（禁忌如民谚说"七不葬父，八不葬母"），亲戚邻里无论亲疏都要去吊唁或守灵，民谚说"人死众人丧，一打丧鼓二帮忙"。

在民间商业交往上，涉及不动产交易，如山林、土地、房产，要求双方有契约，契约中有中人见证，"有契约有业，失契约失业""官有政法，民从私约"②。涉及动产交易的，有固定墟场、场期和强制性的集市管理与交易商业行规，有具体的山货贸易、盐业贸易、木材贸易规则③，保障公平议价交易，维护交易市场秩序。例如，贵州沿河土家族自治县淇滩乡场镇上有一块刻于 1908 年的"化行俗美"石碑，严禁赌博、打架、磕碰、抢劫、窝藏匪患、酗酒等恶劣行为，"倘若故违，扭送公庭，清治重罪，休怪无情"④。形成了短则三天、长则五天的场期，场期内有专人管理，有约定俗成的进货规则，专事计量的"行夫"，为防止匪患的"保商队"，公平的定价和议价标准。例如，牛马以拳数多少论价，禽蛋、水果、蔬菜以"个""把""堆"论价，少有论斤议价，桐油实行定价，每篓 75 斤收领，用钱 24 文⑤，在交易中强调和气生财，不坑骗，生意不成仁义在。

---

① 关于婚姻习惯法在民谚中表现很多，如，婚恋确定，民谚说"天上无云不下雨，地上无媒不成婚"；关于舅权婚，民谚说"姑家女，舅家要，隔河叫"；关于禁止同姓婚，民谚说"同姓是一家"，"乱亲不乱族"，"亲三代、族万年"；关于结婚彩礼，民谚说"亲家隔壁住，人亲礼不清"。20 世纪 50 年代的民族调查也真实记录了当时的婚姻整体上是父母之命媒妁之言，只有很少人是自由婚。参见国家民委五种丛书《苗族社会历史调查（一、二、三）》《湖南瑶族社会历史调查》《土家族社会历史调查》中有关婚姻部分。

② 郭建. 中国财产法史稿［M］. 北京：中国政法大学出版社，2005：185.

③ 石伶亚. 近代苗疆商事习惯法研究——基于湘鄂渝黔边区集市贸易的考察［J］. 史学月刊，2013（4）：103-105.

④ 田永红. 走进土家山寨——贵州土家族风情录［M］. 贵阳：贵州民族出版社，2002：253.

⑤ 来凤县百福司镇前街《卯洞油行碑》，碑文详见：王晓宁. 恩施自治州碑刻大观［M］. 北京：新华出版社，2004：140.

在民间借贷债务上，一般小额或日用生活品的短期借贷为无偿借贷，大额金钱或粮食借贷存在高利贷，一般是加半付还，强调讲信义、重脸面，"有借有还、再借不难""父债子还、天经地义"，债权人对欠债不还的债务人可以牲畜、土地、粮食、房屋清偿债务。

在山林、土地物权权属上，山林、土地物权归私人家庭所有，同时存在社会共有物权。在他人未设围栏的田地、草场、山林割取杂草、采取枯枝树叶，或采集野生生物，或放牧牲畜、取水、打猎，并不违反他人土地物权。当时有永佃权，一田二主习惯，地租以实物地租为主，出租土地一般按半交租，肥田熟地六四开，生地贫地四六开，"荒田不荒租"。雇工上，长工、短工报酬很低，长工年薪 10 担谷①，民间帮工一般是互助无偿。风水林、风水树禁止砍伐、破坏。

在罪与罚上，实行重罚主义。对杀人放火、行凶抢劫、偷牛盗马、杀猪牵羊、打家劫舍、撬仓割壁、偷谷盗财、隐藏土匪、勾生吃熟、六亲不认、惹是生非等行为视为重罪，民间可处以死刑，主要方式有乱棍打死、活埋、沉水等，也可扭送官府处罚，对其他行为则民间自行处理。在处理标准上对盗窃实施重罚与体罚，有罚款罚物、驱逐出寨、进驻违犯者家中吃喝，对不知名的外地盗窃者主要采取体罚殴打，对其他行为以恢复性处理实现社会和谐为主。

在社会纠纷方式处理上，有私了、调解、众议处罚、神判等多种方式，其中，调解是化解民间纠纷最主要的方式。"调解的目的不仅仅是为了解决争端，更重要的是为了维护亲友相邻之间的感情纽带，维护和睦无争，上下有序，礼仪井然的宗法社会秩序。"② 疑难案件采取神判，方式有吃血赌咒、抬天王菩萨游行、告阴状等，也有民间最后解决不了的送官府裁判，"大则送官究治，小则公众议罚"。在与国家法组织（官府）关系上，遵从"民不与官斗"，彼此既区隔又联系，奉行"民不举、官不究"。

在宗教信仰、禁忌与民族节日行为上，自然崇拜、祖先崇拜、鬼神崇拜明显，信仰白帝天王、土地菩萨、梅山神，还傩愿、盘王愿。风水林、风水树禁止砍伐，三月三、四月八、端午、六月六、七月半、中秋、过年等成为大家共同节日。

这些相同又有一定差异的行为规则，是包括扬弃了传统的本土习惯法、地

---

① 湖南省花垣县地方志编纂委员会 . 花垣县志［M］. 北京：生活·读书·新知三联书店，1993：112.

② 王学辉 . 从禁忌习惯到法起源运动［M］. 北京：法律出版社，1998：256.

方化了的国家法、"活法"化了的儒家伦理三方面内容的整合，是更新、融合地方千百年的思想观念、自身生活经验与民族智慧，顺应社会发展潮流，吸纳儒家伦理文化，而形成的具有鲜明族群与地域特色的社会活的行为规范。这些行为规范在观念上以族群、地域集体主义至上为原则；在外在表现形式上主要是家规、族法、村规民约、民间谚语；在名称称谓上，国家称"苗例"，苗族称"议榔"，侗族称"侗款"，瑶族称"石牌律"，土家族称老规矩；在修订与执行组织上主要是宗族组织或村寨理老、榔头；在处罚方式上实行重罚主义，有斥责、喊寨、罚款、抄家、开除家族或寨籍、活埋、沉水等。

它们在我国传统文化虽然名称不叫"法"，过去一般称为风俗习惯、宗教信仰、老规矩、禁忌等①，但是为我国民间社会秩序的构建确立了较为理性的行为规则，普通社会公众习以为常，奉为行为准则，是实实在在的"活法"。特别是在国家法制缺失和社会发生大的变故与战乱时，为维护乡土中国基层社会基本生活秩序起到了不可磨灭的历史作用，使之成为无讼、无为的礼治社会。

四、余论

20 世纪 50 年代前民间习惯法与国家法的相克、相容与共生的开放交流发展历程，是一个国家普世价值与地区特殊价值随着社会发展逐步一致的过程，是制度的普遍性与特殊性、进步与落后如何调适、逐步一致的过程。也是一个生产关系、上层建筑与生产力和经济基础如何有效协调的过程。

不能说自由的没有等级差别的民间习惯法一定比专制的等级明显的封建法制优越。有的人往往看到民间习惯法保护的武陵山区在没有纳入封建专制法制统一前，男女交往自由、性爱自由、婚姻自由、长幼无序，是否就是一个自由的美妙世界？有的学者今天谈到习惯法总是把它想象为理想世界。其实不然，人们往往将我们今天个人享有的这种自由与传统自由画等号，然而，他忘了今天个人的自由是建立在国家法治维护社会安定团结的大环境下，本人又受到良好的教育，有相当的经济基础，想当然地认为没有限制的自由是何等美好。而传统族群内的所谓自由，是在缺乏社会整体安全、老百姓绝大多数为文盲、生存环境恶劣与经济基础极其低下的情况下的自由，这种自由是打引号的。20 世纪 50 年代的《西南少数民族雷山黑苗概况调查表》显示，在黔东南雷山苗族地区民间基本保留习惯法治理，有纠纷请士绅讲理，"行歌坐月"，婚恋十分自由。

---

① 武陵山区的这些老规矩、风俗习惯、宗教信仰，在 20 世纪 50 年代国家民委组织的民族调查和各地地方志中做了很好记录，现在也有大量学术著作研究总结这些习惯法。

但是因为不懂医学知识，早婚多育，人口素质极其低下，"每年死亡人数相当多，尤其婴孩及产妇孩童占大多数，如逢瘟疫及天花流行，男女的死亡率更不计其数了"，"妇女一般的都是未老先衰及一般子女多是矮小"①。可见，缺乏国家组织性、保障性的自由，其实是愚昧、落后的代名词。

不能说进步的法律制度一定对落后的社会生产力有利。当进步的法律制度超越了经济发展基础时，进步的法律制度对经济、文化落后地区而言也许就是灾难。改土归流推行的封建国家法制，让老百姓摆脱了对土司头人的人身依附，土司杀人不请旨的时代结束了，这对汉化程度高、经济发展较好的土家族和部分苗族而言就是进步，使他们很快发展到与内地无异；但是对汉化程度不高、文化较差的"生苗"地区则是灾难，乾嘉苗民起义提出"驱客民、复故地"口号，希望保留自己的习惯法，固守其传统生活方式，根源在于改土归流打破民间流动壁垒后，他们因语言障碍和不识汉字，无法与自由的汉人和其他人自由竞争，其土地、财富被骗被洗劫一空，使他们失去了生存资本，所以他们反对国家法普遍实施，对此，清廷后来就采取了以苗治苗相对隔离的对策来化解。

因此，民间习惯法与国家法的相容共生，其根本要解决的问题就是法制如何与各地社会经济文化发展相适应问题。民间习惯法与国家法的多元一体也就是要将法治的普遍性与特殊性有机衔接，从而更好地推动地方社会协调发展，维护国家和地方长治久安。就这个意义上说，武陵山区纳入国家统一治理，每一次大的国家法制变革与推行都是一次以法律完成社会重大变迁的进步。但是在推进国家法时也一定要照顾到地方发展的不均衡性，要允许其固有习惯法在一定范围内发挥社会治理功能，衔接好彼此关系，坚持多元一体，不能简单地一刀切让谁取代谁。其实，谁也取代不了谁，但是彼此可以有机融合。

第二节　新中国成立后武陵山区民间习惯法与国家法关系

一、国家法制对民间习惯法的态度

（一）从新中国成立到"文革"结束的彻底否定：民间习惯法的冬眠期

新中国成立后宣布废除国民党六法全书，在国家法制上另起炉灶。

---

① 周相卿. 黔东南雷公山地区苗族习惯法与国家法关系研究［M］. 北京：民族出版社，2014：325-334.

武陵山区从国家法制运作看，首先是推翻国民党地方政权后建立新的地方政权机关，实施剿匪反霸，清除国民党残余势力，在地方建立治保会，组织群众维护社会秩序。其次是贯彻新的土地法，实施土地改革，按政策将地主的五大财产：土地、房屋、耕牛、农具、浮财进行没收，征收富农出租的土地，然后分配给贫雇农和补足中农，巩固共产党政权的经济基础。最后是打击普通刑事犯罪，主要是铲除烟毒、流氓、盗窃、诈骗、抢劫、强奸、放火等严重刑事犯罪，维护社会治安正常秩序。在利川，1952 年贯彻国家《关于严禁鸦片烟毒的通令》开展禁烟毒，两个月收捕烟毒犯 83 人，其中杀 1 人，判刑 74 人，管制 5 人，教育释放 3 人；登记悔过 400 余人；缴获鸦片烟 150 余两，毒具 900 余件，1954 年在团堡镇经过月余打击烟毒犯 18 人，根除了猖獗百年的烟祸。同年，在利川收捕各种刑事犯罪分子 45 人，集训 65 人①，此后，从 20 世纪 50 年代到 20 世纪 70 年代，国家在基本政策措施上否定法制，照搬苏联的计划经济模式，通过社会主义改造实行"一大二公"。然后，"文化大革命"等一系列以阶级斗争为纲的强制手段，使国家权力的触角渗入社会每一个角落，国家动用政治力量摧毁了武陵山区古老的民间社会结构，废除了代表传统的宗族制度、理老制度。民间原有的宗族观念、宗教神明观念被当作四旧受到批判，祠堂、寺庙、道观、神像、古书绝大部分被捣毁，国家意志以政策、领导人讲话出现，取代旧的国家法与民间习惯法，成为社会主流行为规则，社会公众被严格束缚在计划经济行为之中，"民族地区处于高组织性和强意识形态的管理和控制之下，习惯法几乎不具备生存空间"②。民间习惯法在"横扫一切牛鬼蛇神"的政治运动中被列为"四旧"之列，成为封建的落后的旧思想、旧文化、陈规陋习，被国家意志整体否定，作为民间习惯法外在表现形式的村规民约、乡规民约、款约、族规在明面上基本消失，民间习惯法进入前所未有的冬眠期。

（二）从 20 世纪 80 年代初的短期放任到 2007 年物权法初步确认：习惯法的苏醒与夹缝成长

历史进入 20 世纪 80 年代后，随着"文革"的结束，计划经济下的人民公社解体，农村土地承包到户、村民自治的推行，使国家对民间社会控制较人民公社时期有明显减弱，国家公权力开始从人们日常生产和生活的空间收缩，农民个体重新获得了基本的生产资料和生活方式的自由，思想有了新的解放，与

---

① 湖北省利川市地方志编纂委员会. 利川市志［M］. 武汉：湖北科学技术出版社，1993：343.

② 侯斌. 少数民族习惯法的历史与现状［J］. 云南民族大学学报（哲学社会科学版），2008（2）：39.

此同时，国家新制定的法律也不完善，在这新旧交替之际，社会生活与矛盾需要规范和调整，于是，原来为大家所熟悉的民间习惯法规范很快出现复苏。各村、寨、小组为了填补国家权力收缩后的权力真空，纷纷制定村规民约，各式各样的村规民约如雨后春笋遍地开花，在这些新制定的村规民约中出现了大量的原生习惯法规则与适应新形势重塑的习惯法规则，以此解决社会矛盾与纠纷。但是，这种自发复苏的民间习惯法很快在国家新的法制里再次成为非法行为与打击对象。根本原因是我国无论新中国成立后的前三十年还是改革开放后四十年，从国家理念上看都是高大上的，前期的计划经济是要奔向共产主义，自然容不得落后的习惯法；后来的改革开放是要发展社会主义市场经济，因此在对待法从何而来的问题时，我们高层与精英的眼睛盯着的是那些市场经济成功的西方发达国家的法治，于是国家采取了拿来主义，借鉴西方发达国家的做法，所以，国家法除了有关国体政体问题，在其他的社会行为规范上基本是移植西方法治。这些拿来的法律不能说完全没有考虑我国国情，但是在制度构建上确实很少考虑我国民间本土法律资源，这应该是不争的事实。此外，民间习惯法就其原生性而言，本身就有其自发性而固有的先天不足，它们原来调整和所反映的主要是自然经济状态下的社会关系，所以，这种本土地方性知识难以进入国家立法者的法眼。可以这样说，新中国国家法首先从整体上是否定与反对民间习惯法的，国家法既不容许在其体系外另存一个法律体系，又本能地排斥习惯法进入其体系内，因此，习惯法不构成国家法的渊源，未经国家立法确认的习惯法没有国家法律效力。

当然，这并不意味着，新中国成立后就能够让国家法彻底消灭散在各地的民间习惯法。现实中存在的一大堆问题需要解决，因此，早在 1949 年的共同纲领就有第六章"民族政策"专门规定，其后的 1954 年宪法、1975 年宪法、1978年宪法也都有民间风俗习惯和民族方面的规定，肯定民族区域自治和地方自治机关的自治权，肯定保持和改革风俗习惯的自由，这些规定证明我国从来也没有公开禁止民间习惯法。特别是 1982 年宪法第四条明确规定：各民族"都有保持或者改革自己的风俗习惯的自由"。第九十五条规定："自治区、自治州、自治县的自治机关行使宪法第三章第五节规定的地方国家机关的职权，同时依照宪法、民族区域自治法和其他法律规定的权限行使自治权，根据本地方实际情况贯彻执行国家的法律、政策。"1984 年《中华人民共和国民族区域自治法》进一步明确规定民族地区实行区域自治，"保障少数民族都有保持或者改革自己的风俗习惯的自由"，这些规定从内涵看，包含有各地各民族可以保持和改革调整自己生活方式的习惯法规范的行动自由。

那么，是否可以由此推出民族地区可以"自由"运用民间习惯法作为裁判规则呢？答案是否定的。首先，全国人大从来没有做过这样的解释，也没用相关法律做过具体规定。按照我国宪法作为母法的原则，在没有具体法律明确规定之前，不能以此条文做裁判解释。其次，从民族区域自治法规定的自治机关与自治权看，一是习惯法只有被自治机关制定成自治条例或单行条例才有法的效力，而如果制定成了自治条例与单行条例，那习惯法就是国家法了，而不再是习惯法。二是国家上级机关的决议、决定、命令和指示遇有与习惯法明显不和，自治机关可以报请变通或停止执行。这里也没有规定习惯法具有任何规则效力，特别是在遇有案件纠纷需要解决时，由于民族地区司法机关不是自治机关，因此，它们无权报请国家法停止执行，这就从根本上否定了民间习惯法在民族地区司法中的适用效力。最后，除民族区域自治法外的民法通则、婚姻法、继承法、立法法、刑法、行政诉讼法等法律均有民族自治地方变通立法的授权性规定，这些具体法律都明确规定了习惯法只有通过自治机关立法变通上升为国家法后才能取得执行与裁判适用资格。所以，刘作翔教授认为，所有"有关习惯概念的法律条款，都是作为法律调整的对象或法律保护的内容而出现的，而作为一般规范意义的习惯概念在法律中并没有一个明确的表达"①，因此，不具有法的规范作用。

苏力曾分析过我国法律对习惯的态度：在从 1949 年 10 月到 1998 年的 2500 件制定法中，有 24 件文件（31 条）提及"风俗习惯"，还有 73 件文件（91 条）提及了"习惯"；又有 39 件文件（46 条）提及"惯例"一词。在这些制定法中，最具有法律意义的是有关中国少数民族或外国人的习惯。2500 件法律文件中，没有任何法律明确提出"依习惯"②。相反，《中华人民共和国民法通则》第六条明确要求法律没有规定的应当遵守国家政策，明确肯定国家政策的法律效力。可以说，中国当代的国家制定法很长时间是轻视习惯（法）的，没有肯定习惯法的法源地位，只规定了一个习惯法可能成为法源的程序途径——立法变通。

当然，这并不排除国家法在实施运作中有关国家机关酌情考虑没有立法变通的习惯法实际运用问题。例如，20 世纪 80 年代以来，最高人民法院曾就典权问题作出批复和解答，表明典权习惯被国家认可。2004 年 4 月 1 日生效的最高

①　刘作翔. 传统的延续：习惯在现代中国法制中的地位和作用 [J]. 法学研究，2011（1）：52.
②　苏力. 当代中国法律中的习惯：一个制定法的透视 [J]. 法学评论，2001（3）：22.

人民法院《关于适用〈中华人民共和国婚姻法〉若干问题的解释》（二）第十条规定："当事人请求返还按照习俗给付的彩礼的，如果查明属于以下情形，人民法院应当予以支持：（一）双方未办理结婚登记手续的；（二）双方办理结婚登记手续但确未共同生活的；（三）婚前给付并导致给付人生活困难的。适用前款第（二）、（三）项的规定，应当以双方离婚为条件。"习惯法中的典权规范、彩礼规范通过司法解释成为国家确认的司法裁判规范。

新中国第一次明确习惯法的法源地位是 2007 年通过的《中华人民共和国物权法》。物权法第八十五条规定："法律、法规对处理相邻关系有规定的，依照其规定；法律、法规没有规定的，可以按照当地习惯。"物权法第一百一十六条第二款规定，"法定孳息，当事人有约定的，按照约定取得；没有约定或者约定不明确的，按照交易习惯取得"。这一规定表明国家法开始走向务实态度，承认法的本土资源，承认习惯法的社会调整功能，为习惯法中的公序良俗作为社会执行与裁判规则的补充规范起到开路先锋的作用。换一句话说，随着我国 1982年宪法与民族区域自治法的实施，国家法对于民间习惯法的态度有了一种宪政框架的包容，虽然一直受到立法变通的限制，但是司法实践中有关案件的解决使国家充分认识到不能无视习惯法作为社会规范的直接运用作用。物权法"按照当地习惯"的规定指明了习惯法直接进入司法适用的路径，第一次确认了习惯法在物权关系中的可能法源地位。

（三）从 2007 年在物权关系中确认到 2020 年民法典正式规定：习惯最终获得民事关系的一般补充法源地位

有了物权法的试水，国家发现习惯作为补充法源有利于解决物权纠纷。于是，2017 年 3 月 15 日通过的《中华人民共和国民法总则》在第十条规定："处理民事纠纷，应当依照法律；法律没有规定的，可以适用习惯，但是不得违背公序良俗。"该规定为习惯法进入所有民事关系提供了可能，为习惯法成为民事司法裁判补充法源提供了普适性法律依据。自此，习惯法成为我国民事活动的补充法源地位得以最终确立，为习惯法的生存与发展提供了制度性保障，为习惯法与国家法关系的和谐建构提供了制度空间。

2020 年通过的《中华人民共和国民法典》第十条照搬了民法总则第十条规定，这就在我国基本法里第一次确立了习惯法的补充法源地位。此后，民法典总则编司法解释对习惯的认定标准，及如何取得、如何证明和适用边界进行了规定，解释第二条："在一定地域、行业范围内长期为一般人从事民事活动时普遍遵守的民间习俗、惯常做法等，可以认定为民法典第十条规定的习惯。当事人主张适用习惯的，应当就习惯及其具体内容提供相应证据；必要时，人民法院可以依职权查明。适用习惯，不得违背社会主义核心价值观，不得违背公序良俗。"2024 年 1 月 18 日，《最高人民法院关于审理涉彩礼纠纷案件适用法律若干问题的规定》发布，专门就民间习惯"彩礼"法律适用问题进行解释，针对借婚姻索取财物、结婚后"闪离"等情形彩礼如何处理，婚约双方的父母能否作为诉讼当事人等情形加以明确，既打击借婚姻索取财物，又保护妇女合法权益，协调习惯法与国家法在适用上的冲突。

二、习惯法的生存现状

习惯法在民间还存在吗？从世界最发达法治国家看，国家法也不是一切社会生活调整的唯一依据，民间社会还有大量的习惯规则、民间规则在发挥社会治理作用，存在"无须法律的秩序"①。德国法社会学家卢曼说："所有的法从来不可能一下子得以变化，法的发展是在历史演进的缓慢过程中进行的，而不是在革命性的行动中完成的。"② 当我们深入武陵山区调研后发现，国家法在民间实施没有整合原有习惯法，"导致当地法治状况一直是两张皮，只不过是国家法这张皮盖过了习惯法之皮，二者并未融合"③。大量活生生的、大家都在自觉遵守的老规矩、老办法、习惯与风俗，是人们的思维定式、行为准则、是非标准，是活生生的行动中的"法"。当我们在调研访谈中偏重于对个人、婚姻、家庭、丧葬、财产、继承、买卖、借贷、纠纷等涉及人与人关系如何处理时，我们发现，那些被称为老规矩、习惯、风俗，甚至没有名称的规矩，如民谚，在现实中不仅大量存在，而且在某些方面还是社会行为的真正主流规则，国家法并没有规定说的那么有用，官员口中的严格"依法办案"，其实在很多时候内含依习惯法办案，民间习惯法作为"地方性知识""小传统"与"活法"，隐藏在当地普通老百姓的日常生活与民风、民俗、民情之中，甚至司法人员的司法行

---

① ［美］罗伯特·C·埃里克森. 无须法律的秩序——邻人如何解决纠纷［M］. 苏力，译. 北京：中国政法大学出版社，2001.

② ［德］托马斯. 莱塞尔. 法社会学导论（第 5 版）［M］. 高旭军，等译. 上海：上海人民出版社，2011：128.

③ 曾代伟. 巴楚民族文化圈研究——以法律文化的视角［M］. 北京：法律出版社，2008：101.

为之中①，国家法与习惯法二者的关系更像是"做的不说，说的不做"。可以说，国家法的态度可以决定民间习惯法兴衰的命运，却无法决定其存在与否的命运。

为了调查武陵山区习惯法现状，笔者根据调查的代表性与便利条件，选择点面结合，以恩施自治州利川市的人民法院、团堡镇法庭、黄泥坡村、元堡乡的司法所、毛针坝村，南坪乡营上村，作为多年跟踪观察点，时间起于2005年截至2024年4月。以恩施州中级人民法院、州司法局，恩施市法院、咸丰县法院、来凤县法院、建始县法院，建始县长梁乡大树桠村，来凤县政法委、三胡乡黄柏村，重庆市石柱县法院，宜昌市长阳县政府、司法局、龙舟坪镇司法所，五峰县司法局、湾潭镇的红烈村，湘西自治州的花垣县雅酉镇冬尾村，黔东南自治州雷山县西江镇脚尧村、黎平县侗族村寨等为重点随机调查点，集中调查时间在2008年7月到2014年8月的每年暑期②，现将武陵山区调查的民间习惯法现状概述如下：

（一）婚姻、家庭习惯法现状③

武陵山区在改土归流后婚姻习惯法主要内容包括：禁同姓为婚，禁五服内为婚；议婚、订婚、结婚的方式和程序；姑舅表婚、兄终弟继的转房婚等多种婚姻形态。最具地方特色的婚姻习惯，是结婚程序中的"哭嫁"与"陪十弟兄、陪十姊妹"。从目前调查看，"哭嫁"与"陪十弟兄、陪十姊妹"已经基本绝迹，姑舅表婚、姨表婚仍然少量存在，当地的婚姻、家庭、宗族习惯法主要有如下内容：

1. 恋爱、婚姻关系习惯法

自由恋爱与父母之命并存。历史上，武陵山区在婚姻缔结上既有自由也有父母之命，其中以父母之命媒妁之言为主的习惯法，现在仍然保存完好。黔东南、湘西一直保持着三月三跳月、"游方"等可供自由恋爱的规则，恩施州的"女儿会"是当地历史上自由恋爱行为，今天成为地方节日的现代代表。过去青

---

① 2015年湖南棺材匠卖"铁钉棺材"，触犯恩施州利川市丧葬禁忌——不用铁钉习俗，警方以诈骗立案侦查，检察院提起公诉、一审判决被告无罪后再抗诉，2017年恩施州中级人民法院终审判决被告无罪。该案民间禁忌虽然不是司法的依据，但是公安、检察人员在司法活动中对民间禁忌的事实认可确是不言而喻的。具体案件参见 http://www.thepaper.cn/www/v3/jsp/newsDetail_ forward_ 1641510. 2017年3月18日访问。

② 文中的案例和调查数据材料，除特别注明，均为作者2005—2024年5月之间在武陵山区陆续调查的第一手材料。以下不再一一注明。

③ 本节部分内容曾以《清江流域公民行为习惯法研究》，发表在《中南民族大学学报》2012年第1期。

年男女多利用"游方"交往与赶场集会等各种社交场合，各自去相"意中人"，彼此满意就交换信物，一般以手巾为凭证物，今天信息方便，一般是留下手机号码、微信号，彼此交流满意后再由男方象征性地请媒人到女方家说和，告知父母，也有不请媒人直接告知父母，特别是男方父母基本不干预，一般会尊重子女的选择。如果女方父母反对，有的女方就私奔男家，女方父亲自然会到男方家去寻找，但是如果女儿态度坚决，父亲为面子关系会口头宣布断绝父女关系。对于没有恋爱对象或男方父母认为两人各方面明显不般配的通常由父母做主，四处托人请媒介绍。当地人认为，媳妇娶进门，女儿嫁出门，是父母对子女的应尽职责。从调查情况看，农村中，女的没有嫁不出去的，但是男的单身很多，男的适婚年龄在 18~25 岁之间为最佳，28 岁还未婚就会被人认为年龄太大而成为困难户；男的过了 30 岁还未婚，基本上只能找外貌条件很差的或者二婚女人，否则就是一辈子光棍，为此，做父母的在儿子未婚前都尽量托媒替儿女决定婚事，同时努力挣钱，为儿子结婚创造外在条件，特别是为儿子盖新房或者在城镇买房。

在择偶标准上普遍遵循"同姓不婚"，底线是"同宗不婚"，重人品、德行、能力，不重门第，姑舅表婚、姨表婚有极少数。民谚说："同姓是一家"，"乱亲不乱族"①，淡化母系血缘，强化父系血缘。婚姻中父系宗亲世系不能乱，母系亲属关系可以乱，现实中不仅有同姓兄弟娶姊妹，也有同姓叔侄辈分娶姊妹、同姓爷孙辈分娶姊妹、兄弟娶姑侄之类的情况，因此，原则上男女只要是同姓都不可以结婚，是异姓就可以结婚，这是武陵山区绝大多数人迄今都遵循的择偶原则。现实社会中有个别的同姓结婚的夫妇到一个不熟悉的地方就一定有人会当稀奇事进行盘问，在恩施州和长阳、五峰土家族自治县对同姓恋爱结婚的个别人，民间鄙称"背锅铲"。民谚说"会选的选人，不会选的选家"，男选女"不要一枝花，只要会持家""娶妻娶德不娶色"；女选男"会选的选儿郎，不会选的选家当""有女莫嫁赌钱人"。从问卷调查看，当今选择婚姻对象标准第一位：男看重女"人品德行"的有 58.8%，"良好性格"的有 19.4%，"容貌"的有 17.5%。女看重男"人品德行"的有 50.6%，"良好性格"的有 15%，"能力"的有 35%。婚姻对象标准第二位：男看重女"良好性格"的有 37.9%，"人品"的有 19%，"容貌"的有 17%。女看重男："良好性格"的有

---

① 本文所引民谚大部分出自恩施州民委和文化局所编《鄂西谚语集》，四川民族出版社，1993 年第 1 版。该书特别注明谚语来源地。但是，经笔者多年在湘西州和恩施州及宜昌市长阳县调查验证，这些谚语是在武陵山区普遍通行，只是在文字表述上有差别，意思一致，故下文中不再注明出自某一特定小地域。

34%，"能力"的有 30%，"人品"的有 20%。从以上数据可以看出："人品德行""良好性格""能力""容貌"等标准，男女在选择婚姻对象上都比较关注，其中，男方更注重女方的"人品德行"和"容貌"的选择，而女方更关注男方的"人品德行""能力"。对一些城市人比较关注的如"学历""经济收入""家庭住房"等也有所考虑，但是不起决定作用。下面是三个婚恋典型案例。

案例 1：同姓恋爱案

2009 年，黔东南州雷山县吴甲（男，23 岁），爱上邻村的女孩吴乙（19岁，与吴甲的血缘关系较远）。两人恋爱公开后，不料受到周围村民嘲笑，双方父母均觉得脸上无光，因为两人同宗同姓，按民间习惯法"同姓不为婚，同宗不联姻"的老规矩，这是辱没祖宗、伤风败俗的事，更不能结婚。所以，无论两人如何向邻居、亲友解释，说明他们符合婚姻法的相关规定，可越抹越黑，邻居们背后还是指指点点，说他们没有家教，畜生不如，双方父母也坚决不同意，无奈之下，二人只好棒打鸳鸯散，放弃爱情，一年后各自重新订婚组建新家。

案例 2：姑舅表婚无效案

2011 年，恩施州咸丰县人民法院清坪人民法庭依法宣告了一起表妹起诉表兄婚姻无效纠纷案。王先生与李女士于 1992 年 7 月自愿办理结婚登记手续，次年 4 月生育一子。婚后双方共建木房转角一间、沼气池一口，共同抚育小孩成长。后李女士外出务工，王先生在家照管家庭和接送小孩读书。2009 年，李女士打工回家与王先生协议离婚，不成后向法庭提起离婚诉讼。因王先生没有到庭参加诉讼，庭审中李女士也没有向法庭陈述及举证证实双方是表兄妹关系，法庭便以缺席判决不准双方离婚。2011 年 5 月 16 日，李女士再次向法庭提起离婚诉讼，王先生答辩称：同意离婚。法庭同时查明了李女士之母与王先生之父系同父同母兄妹。

法庭审理后认为，李女士与王先生之间系三代以内旁系血亲，双方这种"亲上加亲"的婚姻违背了法律的禁止性规定，虽然双方的婚姻关系维持了将近20 年，但这种婚姻从一开始就是无效的。法庭遂依法判决双方婚姻无效。同时，经双方请求，法庭还对双方的共同财产等进行了调解，在法官的主持下，李女士与王先生自愿达成协议：李女士享有其婚前财产，放弃共同财产分割，同时给付王先生经济帮助费 5000 元①。

---

① http：//hubeigy. chinacourt. org/public/detail. php？ id＝21711. 2011 年 9 月访问。

案例3：姨表婚无效案

恩施州咸丰县申请人肖某（男）与被申请人张某（女）系姨表亲，即肖某男之母与张某女之母系同胞姊妹。两人从小相识，1995年3月25日，双方隐瞒了法律上禁止三代以内血亲结婚的亲属关系，在婚姻登记管理机关办理了结婚登记手续。1995年9月18日，双方生育一男孩。之后，双方因家庭琐事发生矛盾，肖某男离家外出打工不归。2008年2月18日，张某（女）以双方系三代以内的旁系血亲，有禁止结婚的亲属关系，向法院起诉，请求法院宣告其与肖某（男）之间的婚姻无效。审理中，双方经合法传唤，无正当理由均未到庭参加诉讼。

2010年，咸丰县人民法院查明双方当事人之间具有法定婚姻无效的事实，对本案直接判决，宣告其婚姻无效①。

女性早婚普遍存在。武陵山区传统有早婚习俗，民谚说："早生儿女早享福"，在观念上认同早婚。新中国成立后随着国家婚姻法的推行，特别是20世纪80年代后，国家计划生育政策在地方政府工作中有一票否决权，政府对计划生育实施了严格管控，顺带对婚姻登记也进行了严格管控，到2003年前杜绝了早婚，一般都按照婚姻法规定的法定婚龄领取结婚证。2003年后，由于国家收容遣送条例的废止，中国农民重新获得迁徙自由，大批农民工外出，很少受户籍地的地方政府社会约束。外出务工的农村女青年在外自由恋爱，在外地、外省结婚，加之20世纪80年代后很长一段时间武陵山区因与外面社会发展差距，拐卖未婚女青年严重，这导致两个结果，一是有的女青年在外地婚姻并不幸福，父母牵挂却因交通不便、路途遥远无能为力，有的甚至死在外地了，父母也因自身条件（信息不通、无钱、不识字不认路等）不能见最后一面；二是大量本地男青年因自身家庭条件和环境比不上外地男青年，在本地女孩纷纷外嫁后面临单身危险，于是，这两种合力促使已经消灭的早婚习惯法重新死灰复燃，获得社会普遍认可。现在农村女青年在初高中毕业不上学后回到家里，如果自己没有选好恋爱对象，基本由父母包办订婚，然后半年内按照传统习惯法举办结婚仪式完婚，结婚年龄一般在15~20岁之间。有的为了领取结婚证，不惜找人冒名登记②。只有那些在外上学和少数初高中毕业后就外出打工的其结婚年龄可

---

① http：//hubeigy. chinacourt. org/public/detail. php？id＝18813. 2012年8月访问。

② 2024年5月9日人民日报新媒体平台"人民号"曾以"利川检察：冒名23年，错误婚姻登记终被撤销"为题，报道利川市杨某23年前因不到法定婚龄而找人杨某娟冒名与徐某登记结婚，导致2023年与丈夫徐某为置房产无法办证，请求利川市检察院检察监督，最后民政部门根据检察监督意见撤销徐某与冒名杨某娟的婚姻登记决定书。

以达到法定婚龄。

案例 4：被强奸后的早婚案

2015 年 4 月，利川市某村 N××不满 15 周岁，因家里父母外出不在家而自己一人在家时被人强奸，公安派出所接到报案后将犯罪嫌疑人抓获，后办案民警就劝说、动员 N××的父亲，尽快将女孩许配他人，并做媒介绍自己的一个远房亲戚。随后一个月，该女孩刚满 15 岁就被父亲做主，嫁给民警远房亲戚——当地另一个乡村一个年满 35 岁的单身汉，二人按照民俗举行结婚仪式后双方外出打工。

礼金与陪嫁同在。武陵山区传统上结婚要支付很高的礼金，即使"文革"时经济极其不好都是如此，只是因经济条件限制，金额上较少。20 世纪 80 年代后，看人户、拿八字、订婚、看期、给彩礼、迎娶，这六个环节男方都是要支付礼物与礼金，而女方主要是出嫁时一定要有陪嫁（主要是衣物、木质家具与床上用品）。现在，在礼金支付形式上相对简单，自由恋爱的男方礼金较少，女方陪嫁也可以没有，双方主要从未来过日子考虑安排金钱，不讲面子上的礼金与陪嫁。但是，对于双方是由父母决定的，或者是请媒人介绍的，则一定要有礼金与陪嫁，否则，会被人看不起。首先是双方定亲时男方要向女方支付"打发钱"（彩礼）8000 或 1 万，最后结婚迎娶时最少要礼金 8 万、10 万、12 万，必须双数，取意八方来财、十全十美、月月进万。湘黔地区的苗族侗族也有女方索要银两的。总的计算下来，现在男方娶一个媳妇最少也得 10 万左右，多的有二三十万的。当然，女方拿到礼金后也要置办大量的陪嫁物品，主要是床上用品、家电和交通工具（冰箱、洗衣机、彩电、摩托车、小轿车等），一般标准以略低于男方礼金金额为准。个别家庭女方条件很好，且对男方十分满意的，也有倒贴现象。如订婚后又反悔的，一般是男方反悔的女方不退礼金、礼物，女方反悔的要退还收取的礼金与贵重礼物（如金银首饰等）。

案例 5：彩礼返还纠纷案

利川市汪营镇原告向某（男）与被告余某（女）2004 年 6 月经余某（女）舅舅介绍相识，7 月双方举行订婚仪式，原告向某（男）给被告余某（女）礼金 10000 元，见面礼 400 元，随行人员打发钱 570 元，2007 年 9 月双方未领结婚证，按照农村习俗原告向某（男）给被告余某（女）给礼金 15000 元，价值 3715 元的肥猪一头，被告方余某（女）购置了高组合柜等嫁妆送到原告家，双方举行了"结婚"仪式，2008 年 1 月被告余某（女）出走，4 月原告诉至利川市人民法院，认为被告骗婚，要求被告余某（女）退还原告礼金 25000 元，结婚时财物折价款 3715 元，见面礼 400 元和随行人员打发钱 570 元，原告精神损失费5000元，法院经审理，认为原告向某（男）按照农村习俗订婚和结婚时给被告余某（女）的25000元及价值3715元的物质属于"彩礼"，其他的970元属于赠与行为，依据《最高人民法院关于适用〈中华人民共和国婚姻法〉若干问题的解释（二）》的规定，判决被告余某（女）返还原告向某（男）彩礼钱共28715元，驳回原告的其他诉讼请求。

类似案件还有，利川市忠路镇原告冯某（男）诉许某（女）退婚要求返还订婚彩礼10000元和其他礼物折价2070元案件，利川市人民法院判决被告返还彩礼10000元，驳回其他诉求①。

结婚仪式与婚姻登记并存，婚礼程序趋向简洁，经济因素增加。恩施州过去结婚仪式较复杂，最有特色的是结婚举办仪式有"哭嫁"与"陪十弟兄、陪十姊妹"，基本程序在利川市有："哭嫁"—"行拦门礼"—"背亲、发亲"—"抢房、闹房"—"回门"②。现在结婚很多人因未满结婚年龄，结婚不领结婚证，只按习惯法举办一个结婚仪式——办婚酒，来证明婚姻的"合法性"。但是，结婚仪式内容从复杂到简洁。从笔者实际参加的多场婚礼看，宣示意义大于内容。新娘子被男方请的接亲队伍接来家里前，男方将家里房屋布置一新，大门两边贴上红色对联，门中间贴上囍字，用高音喇叭播放现代流行音乐，制造热闹气氛。新娘被男方接走前的一天，女方家也会招待亲朋好友和左邻右舍办酒宴，正式婚礼那天，新娘辞别父母亲人，换新鞋被男方家车队接走后，女方家的酒宴结束。新娘由女方家的两名送亲客陪同，到男方家后，新郎新娘双方多穿红色新衣举行一个拜堂仪式，随后酒宴完毕，婚礼仪式就基本完成。结婚仪式的主要内容是结婚当天的酒宴聚会，远方三亲六戚在受到邀请后，左邻右舍在提前得知消息或听见高音喇叭的音乐后，都要来家里喝喜酒，送礼金。根据个人经济能力、关系亲疏、既往交情、未来需要等决定送礼多少，现在最少100元，最多5000元，一般200~500元不等，为了增加喜庆气氛，新郎的姑爷、舅舅都要送大量的烟花、鞭炮，有的还专门请乐队来家里表演，人情费成了社会公众一个较重的负担，一场结婚酒宴可收不少礼金，至少30000元以上。再婚一般不办结婚仪式。

结婚仪式是民间生育合法的标志。"未被文化认可的生育是绝对禁止的。一对男女可以不去履行法律手续而同居生育，但决不能不按照文化习俗举行婚礼

---

① 案件详情参见湖北省利川市人民法院民事判决书（2008年）利民初字第4××和4××号。

② 湖北省利川市地方志编纂委员会．利川市志［M］．武汉：湖北科学技术出版社，1993：487-488.

就同居生育子女。"① 否则在民间会受到舆论的严厉谴责。只要履行了民间结婚仪式，无论是否履行婚姻登记民间都不会追问，所以，现在武陵山区没有婚姻登记而同居、生育情况普遍。这种仪式婚姻在正常情况下没有社会问题，但是当一方要求解除婚姻关系时，则会因为仪式婚的国家不承认，而导致一方权利受损，特别是不利于小孩权利保护与成长。

案例6：同居关系析产、子女抚养纠纷案

2011年3月，咸丰县人民法院的清坪法庭审理了一起同居关系析产、子女抚养纠纷案件。

2008年11月，刚满20周岁的男青年覃某与女青年李某按照民间习俗举行结婚仪式后，以夫妻名义开始同居生活。次年9月生育一女。双方未办理结婚登记手续。2011年1月，覃某向法庭提起诉讼，要求解决同居期间的财产分割和子女抚养问题。

通过法官的释法解疑，双方在法庭的主持下，最终自愿达成了小孩由覃某抚养并随其生活，李某按200元/月支付小孩抚养费，至小孩18周岁止；李某只负责偿还共同债务5万元的利息（2011年度），共同债务5万元的其余本息由覃某负责偿还的协议②。

案例7：离婚后同居建房 起纷争诉请析产案

2011年8月，利川市人民法院文斗人民法庭审结了原告杨某诉被告李某同居关系析产纠纷一案，判令被告李某一次性给付杨某房屋分割款371190元，共建房屋归李某所有。

原告杨某与被告李某原系夫妻关系，因感情不和，于2005年9月办理离婚登记手续。离婚后，双方考虑到女儿尚未成年，决定仍在一起同居生活。2008年2月，双方在利川城区征地建房，2009年6月竣工，并于同年7月按当地习俗举办落成庆典。其后，杨某发现李某与别的女人有染，且李某为防其干涉，竟然将共建的房屋门锁更换掉。杨某为维护自身合法权益，诉至利川市人民法院，请求分割同居期间共建的房屋。

法院经审理认为，杨某、李某离婚后均未再婚，也未进行复婚登记，却以夫妻名义共同生活，应按同居关系对待，同居生活期间双方共同所得的收入和添置的财产，应按一般共有财产处理。考虑到李某已在房屋原有基础上进行了

---

① 刘伦文. 母语存留区土家族社会与文化——坡脚社区调查与研究［M］. 北京：民族出版社，2006：159.

② http://hubeigy.chinacourt.org/public/detail.php? id=20990. 2011年8月访问。

添附，且实际居住，故判决房屋归李某所有，由李某支付杨某房屋分割款371190 元。一审判决宣判后，双方均未表示是否上诉①。

从夫居为主，夫妻关系较平等。武陵山区基本是传统的"从夫"居。只有两种情况"从妻"居：一是女方家庭无子的招婿婚，一种是女方属于智力残障者的招婿婚。在夫妻关系上，名义上"男主外，女主内"，实际上很多家庭是按照男女的能力决定谁当家，村民之间都清楚，哪家有事应该找谁才能决定。但是不管谁当家，夫妻之间仍然讲究平等对待，民谚说"上床夫妻下床客""男以妻为室，女以夫为家""堂前教子，枕边教妻""好妻不骂夫，好夫不打妻""一家之计在于和""家中不团结，黄金变毛铁"，认为夫妻双方要互相尊重、爱护、齐心协力、彼此忠诚，在处理夫妻矛盾和分歧时应注意方式、方法，民谚说"忍嘴能少债，忍气家不败"，彼此给对方脸面与台阶，只有家庭团结才会兴旺发达，夫妻不忠是家庭的最大障碍，"野老公上床，家破人亡"。从问卷调查看：在农村"家庭关系和谐"的占 55.5%，"过得去"的占 36.5%，"很差"的占 8%，离婚率 3.5%。对于家庭中出现矛盾，实践中选择"争吵几句而已"的男性有 41%，女性有 60%。而选择"暴力压制"的男性有 12.5%，女性有5.6%。采用理性选择"忍让"的男性有 41.2%，女性有 34%。这说明民谚反映了当地人的行为规则，家庭中夫妻关系较平等，家庭关系呈良性状态运行，少数家庭男的有暴力倾向。

离婚较自由，财产归小孩。武陵山区过去离婚极为罕见，男女双方实在过不下去了，通常是分家不离婚。现在年老的分家单过不在少数，但是都没有办离婚手续，也不再婚。但是，现在离婚的年轻人比较多，民谚说"强扭的瓜不甜"，有的年轻人离婚很随意，两个人过不好就离，离婚的方式有两种：一种是有结婚证的多到法院办理，一种是没有结婚证的通常是两人申明离婚，分开就算离婚。离婚时有孩子和财产的，公认的民间处理规则是，男孩必须跟随父亲，女孩可以协商，财产一般跟着小孩走，不得财产一方也不承担孩子以后的抚养责任。没有孩子的离婚，婚前个人财产归个人，婚后财产分配情况：（1）女方要求离婚，财产归男方，女方净身出户，无法带走属于自己的共同财产。（2）男方要求离婚的，一般财产平分。（3）男方如果是上门女婿，女方要求离婚的应补偿男方生活费，男方要求离婚的男方净身出户，不能获得任何补偿。

2. 家庭关系习惯法

家庭中父母与子女关系，分阶段确定权利义务。

① http：//hubeigy. chinacourt. org/public/detail. php? id=21927. 2012 年 3 月访问。

第一阶段，子女未成年时父母应好好教育和爱护，子女未结婚成家前父母是当家人。民谚说"儿女是接不来的客"，因此，在武陵山区基本没有遗弃子女的现象，即使是先天残障人员，也会得到父母的细心关爱。民谚说"养子要读书，养子不教如养猪""养子不教，长大不孝"。在我们调查的家庭中，几乎所有家庭都把孩子教育成才，长大后有出息看得很重要。而教育中普遍认为品行比能力更重要，对品行的培养要从小抓起，民谚说"三岁看大，七岁看老""娇子如纵虎""小时偷针，长大偷金"。因此，当地人特别注意小孩的品行教育，在教育上也舍得投入，有70%的家庭的一半收入花在孩子教育上，绝大部分家长渴望孩子能读到高中、大学。调查时，当问及孩子们的学习时，他们总说："孩子能读到哪里，我供到哪里，哪怕砸锅卖铁都愿意。""如果孩子读不得了，那是没办法的事，绝不会因为缺钱而让孩子辍学。"当问及家庭决策权时，基本上所有的家长认为，子女在未结婚前不管多大，是不能掌管家里财权的，即使在外打工挣的钱也要上交，当然，父母会为他们积攒起来用于以后结婚开销。

第二阶段，儿女结婚后财产按人均分，"拈阄决定"，分家析产单过。民谚说"儿大分家，树大分桠""儿孙自有儿孙福，莫替儿孙作马牛""好儿不要爷田地，好女不穿嫁时衣"，当地人认为操办儿女结婚成家是父母的应尽之责，结婚后父母就尽完了养育责任，子女再不能指望得到父母的无条件资助，而应该独立奋斗，自办家业，否则，会被人瞧不起。据调查，儿子结婚后少则十天半月，多则半年就进行分家。分家往往伴随着析产，一步到位。按照家庭现有人口，按人平均分配好家庭财产后，通过"拈阄决定"每个人具体所得份额，如责任田、山林、房屋、牲畜、主要的劳动工具、现金，未结婚的暂时留在父母家中，其应得份额等到将来结婚后再分出。如家庭原有债务，会按债务形成原因和彼此经济能力在财产分配后分部分给儿子媳妇。大多数家庭为避免日后兄弟扯皮，在具体分家析产时会邀请家族有威望的长者充当见证人，并且立下书面分家协议，载明分家过程与协议内容，要求在场人全部签名盖手印。

第三阶段，养老、送终与财产继承，以儿子为主，以女儿为辅，家族补充。武陵山区传统养老、送终都是以家庭为主，这种习惯法迄今没有多大变化，民谚说"七十不当家，八十不管事""养儿防老，积谷防饥""忤逆不孝遭雷打"。据调查，当地习惯法认为养老、送终是儿子儿媳的责任和义务，不管老人与子媳是住在一起，还是分灶独居，吃穿用度等基本生活资料都是由子媳提供。如果多子女的，以儿子平均分担父母口粮、零用钱、医药费及死后安葬费用。没有儿子的则入赘女婿和女儿是当然的责任人，以女婿、女儿为依靠。外嫁的女儿只有尊老的责任，在言行举止中体现出孝道，在老人生日或节庆时来家里买点衣物、烟酒、点心，以表孝心，无须承担生养死葬责任，因此，女儿也没有财产继承权。从我们在法院调查中了解到的遗产继承纠纷案件中，主要是兄弟纷争，女儿一般都放弃继承，不参与诉讼，即使法院硬性列为第三人，女的也不出庭参加诉讼。对于无儿无女的单身汉，年老时通常依靠本家族血缘最近的兄弟或者侄儿养老，民谚说"有侄不为孤"，为此，他们需要在还有劳动能力时为兄弟家庭承担相应的责任——出钱出力。从调查看，现在当地有一些特殊的行为习惯体现尊老，其一，按照"贺九不贺十"规则，在父母将满60岁和以后近整数生日时，有养老义务的子女应为老人办寿酒，邀亲朋好友和左邻右舍到家贺寿；其二，在人生最后阶段，老人希望看到子女对自己的后世做出安排，所以，子女会视老人的健康状况和自己的经济能力尽早为老人缝制好寿衣和准备好棺木。从抽样调查看，尽管老年人们在生活能够自理时喜欢独立生活，但绝大多数老年人赞成家庭养老，视进入社会福利院养老为耻。乡村93%的中年人在老人基本丧失生活自理能力后与老年人能和谐地住在一起，特别是媳妇能担负起照料老人生活起居的职责；85%的老人在去世前有子女置办好的棺木，99%的老人去世后能得到亲人较体面的安葬。虐待、遗弃老人的情况很少，从我们抽样统计看不到1%。当然，今天也有多子女因个别儿媳不孝而相互扯皮导致老人状告子女赡养的案件发生。恩施市屯堡法庭2008年曾受理过75岁瞎眼老母状告4个儿子赡养费案件①，还有因"赡养之争兄弟相残，弟砍伤哥判刑赔钱案件"②。

3. 宗族习惯法：从强盛到松散

武陵山区传统上聚族为寨，宗族强盛，宗族内部有家规、族规、族禁，具有明显的强制性和惩罚性特征，形成较封闭的族内社会管理。现在，聚族而居的格局没有发生明显变化，很多自然村基本仍是同一家族居住，但是明显的宗族强权已不存在，宗族意识、集体行为也比较淡薄，宗族内纠纷矛盾有时比外族还尖锐。但是宗族意识仍然存在，民谚说"亲管三代、族管万年"，姻亲关系是"一代亲，二代表，三代四代认不到"，而宗族则不因代际关系而疏远，族内称谓不论年龄大小，一律按字派的辈分称呼，否则，会被社会视为无家教而受到谴责，这种形式迄今未变。我们在调查时经常看到，有白发长者叫小孩子

---

① 李姓老母养了四子三女，因四子中一人媳妇不尽赡养义务，导致兄弟扯皮老母无人赡养。李母状告四个儿子赡养案时，坚决不同意法庭列三个女儿为被告，四个儿子在诉讼中也认为三个姐妹没有赡养责任，反对将姐妹列为共同被告。

② 樊斯坦 姚志全："赡养之争兄弟相残弟砍伤哥判刑赔钱" http://hubeigy.chinacourt.org/public/detail.php? id=21830。2011 年 8 月 7 日访问。

"您""叔叔""爷爷"或者统称"老辈子"的,在家族聚会时不是论年龄,而是论辈分安排座位与先后,以体现辈分尊卑。在一些大事发生时,往往激活宗族内在凝聚力,即使宗族内部有矛盾,但是在对外时会形成集体力量,一致对外,不让外人看笑话,民谚说"肉拿给别人吃,但是骨头不拿给别人啃",这里的"别人"就是宗族外的外姓人。所以,一是在涉及本宗族成员的核心利益时,宗族往往聚合发挥集体力量和社会压力,如农村家庭"整酒"(即因为家里发生婚丧嫁娶等大事而举办家庭聚会所办的酒宴,民间统称为整酒),帮忙的人主要是周围同姓家族成员;二是在涉及全部宗族成员尊严、名誉、利益时发挥作用,如村干部选举,从各地各村干部名册上看,各村大姓干部明显多于小姓,且村委会主任或党支部书记一般是大姓人担任。笔者调查的一个案例说明宗族力量不可小觑。

案例8:吴某某建房案。

2012年,利川市元堡乡的毛针坝村新大乡村公路硬化通车后,吴某某在临近乡村公路边的自家责任地建房,一楼建好后,冉某某也为了交通方便,在位于吴某某正在建房的前面自家责任地上也想建房。因该位置与吴某某建房位置明显太近,冉某某建房后会完全遮盖吴某某的房屋视线、采光,于是吴某某反对,在口头反对无效后,首先联合本家族成员十多人采取行动,几次阻拦冉某某搬运建材。由于冉某某平时为人本不厚道,其家族成员没有谁愿意为他出头。吴某某高兴之余,公开得意地宣称,"不怕你冉某某家族大,不让你建房就不让你建,没有谁能够搞得过我们吴家"。这时,冉某某家族认为吴某某说话太伤人,是明显的仗势欺人,欺负冉氏家族,损害了本族尊严,于是冉氏家族30多人主动聚集,多次集体出面帮助冉某某建房,吴某某迫于冉氏家族人多势众,只好放弃阻拦冉某某建房行为。最后冉某某的三层楼房建好了,吴某某因冉某某建房后自家的房完全被遮蔽而无法居住,只好在公路对面另择屋基,重新建房,原建的一楼毛坯房子已废弃,现在长满杂草、小树。

(二)丧葬习惯法现状

从清朝到民国期间,武陵山区各族丧葬都要经过送终、停丧、坐夜、安葬、复三(或烧坟纸)等议程。新中国成立后,尽管政府提倡丧事新办,开追悼会,但是,在县城外的民间乡下基本仍然按照传统办理。改革开放迄今,据笔者调查看,现在丧葬习惯法的内容与程序主要有以下内容:

到堂送终。老人快死时,与老人生活在一起的人要提前通知不在身边的儿女到堂送终。民间认为,儿女能亲眼看到自己的父母去世,"送终"了,证明有孝心,否则为不孝。老人死亡,民间称为白喜,孝家(跟老人在一起生活的人)

要燃放鞭炮通知周围邻居的人，对身处远处的直系、旁系亲属等和需要请来专门帮忙的人，要派人上门或者电话通知，通知了如果没有人来，则表示这家人为人有问题，人缘不好。

停丧守孝。老人去世后要穿寿衣入棺，棺木放在堂屋中央，全家居丧，大门贴上"当大事"字样，大门两边贴上白字对联，死者的儿女、儿媳、女婿要用麻线白布包头，披长孝布至脚跟，其他的孙子与侄子辈亲人则发一尺宽两尺长的白布，戴与不戴并不强求；为了给亡者超度，要请道士到家做道场法事——"打绕棺"，如果是母亲过世，还要请道士做特别的法事——"破血河"，以感恩母亲生育子女的不易。

选安葬吉日。老人死后必须请人选择安葬吉日，常规是放在棺材内停尸三天安葬。有两种情况不能安葬，一是老人的儿女没有回来，正在赶往回家的路上，二是没有黄道吉日，不宜安葬的，这两种情况都要等待，2003年"非典"时期，利川元堡乡毛针坝村冉某某去世，其子在福建打工，得信后赶回家，但是因沿途隔离，15天后才到家，冉某某也就在家停尸15天才安葬，还有的老人死后因没有黄道吉日，放在家里最长达21天。如果是夏天放的时间太长，尸体都腐烂了，发出很臭的味道，即使如此，孝家也要等到黄道吉日才出殡。

坐夜（办丧酒、唱孝歌）。死后在出殡前夜孝家要办丧酒，安排招待所有的亲朋好友、左邻右舍来家里祭奠亡灵，民谚有"丧事不见面，日后不好看""一家有事、百家帮忙"，在这样一个整酒场中，来宾都要向丧家送礼金，现在最少100元，一般200元，多者5000元，送礼时间在恩施州利川市不得超过安葬当日的零时，即前一天的夜里12点，如果没有赶上，事后不能补情，否则，视为不吉利。一般的家庭在这场丧酒中可收入3万左右礼金，多的有五六万。为了娱乐来宾，现在一般会请一个民间乐队到场表演两三个小时的歌舞，之后是传统唱孝歌的祭祀歌舞，民间俗称"唱孝歌"或"打绕棺"。孝歌先是一人独唱，到夜里12点前后就改为一人击鼓领唱，二人或四人在棺前合唱，载歌载舞，内容有20多种套路，包括祖先崇拜、狩猎、农耕、猜谜、情歌等，唱孝歌一直到天明出殡才停止。"打绕棺"是一种在武陵山区流传最广的丧祭歌舞，由5~7人组成，"引领"手执红灯，从者鸣锣击鼓，绕棺而歌，飞转起舞，成为祭奠丧葬活动高潮。在恩施州巴东县有跳"撒尔嗬"。

土葬与墓地选择。武陵山区农村普遍实行土葬，成年人死后用杉树棺木殓尸（未成年的小孩夭亡，用木匣子当天傍晚掩埋，不搞纪念仪式）。只有县城内的人实行火葬，安葬于公墓，县城外的人都是土葬。棺木是土葬必不可少之物，在恩施州利川市对棺木有特殊的要求，强调棺材板的盖板与墙板要整墙整盖，如果拼装则一定不能用铁钉。2015 年，湖南平江县棺材匠在利川市卖"铁钉棺材"，触犯当地民间丧葬禁忌——棺材不能有铁钉的习俗，曾经引发公检法三家司法争议①。农村绝大多数老人在 65 岁后，有儿子的就由儿子准备，没有儿子的由女儿女婿准备将来土葬的棺材，当地把儿女是否给老人准备棺木视为是否孝顺的标准之一。实行土葬没有固定的墓地，但是讲究墓地的风水。当地人认为好的墓地要背有靠山，前面开阔，坟头对着远处的大山包要延绵起伏，认为这样的坟场能保佑后人子孙兴旺、发家、发福。由于现在山林、田土到户，因此，在墓地选择上受到很大限制，很多墓地需要花大价钱购买，少则一万元，多则七八万，如果别人不愿出售，也不能强求，只好在自家责任地上安葬。

案例 9：占地埋坟纠纷案

重庆市石柱土家族自治县临溪镇李家村，原告张某之夫陈某 1998 年冬去世，张某找被告谢某商量换地安葬陈某，当时两家关系较好，谢某同意提供金竹林荒地安葬，无须用地交换，第二天被告不在家，原告请人将死者陈某安葬于被告斑竹林承包地，被告知道后要求原告将坟迁往金竹林，原告以刚安葬为由不同意迁坟。1999 年 4 月第二被告谢某之妻唐某与原告张某发生矛盾，双方协商迁坟未果，之后张某与唐某矛盾加剧，发生吵骂打架，第二被告唐某于 2000 年 10 月 6 日将原告张某之夫陈某的坟头石掀掉。乡村两级调解未果，原告张某与其子女将谢某夫妇告上石柱县法院，要求被告恢复原告之夫陈某之墓，并赔偿精神损失费。石柱土家族自治县人民法院邀请 2 名人民陪审员参加审理，判决认为原告擅自变更被告同意的埋坟地点，行为侵犯了被告的土地承包经营权，原告应承担民事责任，被告负气自行掀掉原告之夫的垒坟石头，有违农村风俗，也应承担民事责任，判决原告自行修坟，由被告补偿工资 20 元，原告赔偿被告土地承包经营权 300 元损失。

被告谢某不服，上诉到重庆第四中级人民法院，中院审理认为，上诉人谢某的"斑竹林"承包地应依法受到保护，被上诉人张某及其子女擅自占用耕地建坟，侵犯了上诉人的土地使用权，上诉人要求迁坟，恢复土地耕作是正当请求，应予支持，原判有被上诉人赔偿上诉人因耕地占用所造成经济损失 300 元系无诉之判，且损失缺乏事实依据，应予纠正，为此，二审判决撤销石柱县法院一审判决，要求被上诉人在三个月内，将埋坟从上诉人谢某、唐某的"斑竹

① 具体案件参见 http://www.thepaper.cn/www/v3/jsp/newsDetail_ forward_ 1641510。公安、检察认为被告构成诈骗犯罪，法院判决无罪，检察进行抗诉，法院终审维持原判。2017 年 3 月 18 日访问。

林"承包地内迁走，恢复其土地原状。

该案件进入执行程序后，因执行涉及民间风俗习惯，在一审原告不愿意自觉履行生效判决后，无法按照判决书执行，最后，一审法院——石柱县人民法院只好由执行法官组织原被告双方调解，一审原告向被告方支付1500元土地补偿费后，被告同意不再要求迁坟，实现原被告和解结案。

送葬。选好坟场后，天刚亮时，孝家安排帮忙的人去挖井（埋棺材的地方），快挖好后，由八个男子把棺材从堂屋里抬出出殡，边抬边"喊山歌"，其他人敲锣打鼓、放鞭炮、撒纸钱，放鞭炮后用扫帚扫地，意为把晦气扫走。出殡时孝子在最前面抱灵牌，如果天色不好，路途远，抬棺材的人要临时休息，孝子要对着棺木下跪，停下等待。出殡路上孝家要安排人沿路放鞭和撒"买路钱"。到坟地棺木入穴后，由孝子亲手执锄连挖三锄后，其他人才一起动手埋葬，安葬完后送葬的人回到孝家吃早饭，孝家将死者过去用过的衣物、床上被褥等烧掉，观察燃烧的烟尘走向，以判断死者转世投生方位。

送三天水饭。孝家要在死者被安葬后的三天里每天傍晚给死者送水饭，送饭的碗不能拿进屋，只能放在屋外，第三天送完后直接把碗摔碎。

"复三坟"。死者安葬后的第三天早上，天刚亮不久，死者成年子孙必须到死者坟前，亲戚朋友自愿，每人往坟上添一些新土，将坟垒好后放鞭、烧纸，民间称为"复三坟"，这样整个安葬过程才算完成。

此后，在死者葬后的第一年的清明与大年三十，家人必须相聚上坟扫墓；平日家庭大的聚会吃饭前要洒酒、奉菜，请逝去的先人品尝，以示祭奠，同时祈求亡灵保佑子孙平安幸福。

因此，祭奠死者在武陵山区是大事，利川市曾发生因祭奠权而引起的诉讼。

案例10："祭奠权"纠纷案件

亲生母亲去世两年，两个女儿尚不知情，后将同胞哥哥告上法庭。2011年4月21日，利川市人民法院汪营法庭受理了这起"祭奠权"纠纷，经法院于2011年6月3日依法主持调解，矛盾得以成功化解。

原告是汪营镇偏远村庄的胡氏姐妹二人。起诉状诉称，自父亲去世后，哥哥就千方百计阻止她们看望自己的亲生母亲。直到今年清明节给父亲扫墓时，她们才得知母亲早已于2009年2月去世。两姐妹认为，哥哥没有尽告知母亲已去世的义务，使她们丧失了"祭奠权"，给她们造成了精神上的痛苦和伤害，感到终身遗憾。特此起诉到法院，请求法院判决自己的同胞哥哥赔偿姐妹俩的精神损失费各2万元。

法庭开庭审理后认为，胡氏姐妹与哥哥胡某某关系虽然不和睦，但母亲去世，哥哥没有尽到告知义务，使姐妹俩没有参加祭奠和葬礼，这是作为当哥哥的有错误，应当赔礼道歉。但是对于赔偿精神损失费的请求目前于法无据，法院无法支持。"祭奠权"在我国现行法律中没有明确规定，只能依照公序良俗原则进行调解。经过法庭作耐心细致的思想工作，兄妹之间终于达成了谅解与共识，由哥哥分别赔偿两姐妹精神损失各5000元①。

财产继承：谁安葬，谁继承。武陵山区老人的主要财产在儿子结婚后的第一次分家析产中已经基本分割完毕。老人去世后所涉及的财产继承仅仅是原来留下作为自己活命的养老财产，数量极其有限，因此争议不大，一般的处理规则是：谁养老送终安葬，谁继承最后的财产。如果是多兄弟共同承担的则平均分配。女儿因不养老、不承担安葬费用，自然也无遗产继承权。对于无子女者的财产继承民间一般按照"谁安葬，谁继承"来处理。

案例11：向某某遗产继承案

恩施州利川市元堡乡大井村民向某某无儿无女，系五保老人，生前由其侄子们共同管护，2010年腊月死亡，为了较好安葬死者，由村里组织他所有侄子向甲、向乙、向丙及家族代表协商安葬事宜，后达成"关于大井村向某某五保老人的管护协议"，由其侄子向甲安葬，其所有的房屋、责任地、山林均由向甲继承。向甲按照农村风俗安葬后，要求继承向某某的全部遗产，但是向乙以各种借口拒不履行协议中所涉及的死者生前的退耕还林3.8亩补偿款及林权转移手续，后向甲向元堡乡司法所申请调解，司法所最后调解的结果是向乙依照协议向向甲转移3.8亩林权证和国家惠农补偿款3800元，向甲同意向乙分享1000元，调解后经回访双方已经按照调解协议执行完毕，无争议。

（三）物权与民事交往习惯法现状

武陵山区传统物权与债权、生产、交换的习惯法内容极其丰富，其现状经调查可概括为以下几方面：

1. 物权方面

山林、土地、房产私有。新中国成立后，1950—1952年武陵山区各地完成土地改革，没收地主山林和土地分给农民所有，1953年土改复查结束后，向农民颁发了山林土地所有证，山林、土地归农民个体所有，一直持续到1957年。虽然后来的人民公社化予以取消，改革开放后农村实行的农村土地承包制与此有根本不同，但是这种符合民心民意，为农民衷心拥戴的土地改革，迄今成为农民主张物权的主要依据，现实中如果有人对山地林权主张权利，最远的就会

---

① http：//hubeigy. chinacourt. org/public/detail. php? id=21538，2012年8月访问。

扯出土改颁发的权利凭证。加之1981年实施的农村土地承包制外在与私有没有区别，农民拥有自主经营权，所以，公众大多认为他们今天所拥有的责任田、责任山和自家的房产无异，都是自家所有，与他人、集体无干，"现在，乡村两级都无法随意动用村民从法律上只有使用权而没有所有权的土地，土地在村民心中似乎是一种不动产，在直系血缘亲属之间上下继承分割"①。

在处理物权关系时按照习惯法办理。民谚说"物各有主""田是主，人是客"，在山林河川、田土分界上，"山分梁子，水分泾""田管上，土管下"，山林田地界限明确，产权关系确定，一般以栽石头、栽树为界，任何人不得随意侵占他人的所有权。在涉及相邻与共有关系时，对于山林、田地其占有权、处分权、主要使用权及主产林木、庄稼的所有权是主权利，归所有人。其他权利则是次权利，可以共有，民谚说"放牛割草不分疆界"，因此，在他人物权的山林田土上通行、放养牲口和家禽、割草、采集枝叶与野果、使用自然流水、打猎等，只要不妨害他人主要权利行使和享有，均可自由使用，不被视为侵权。有关房产历来私有，在今天政府还主动给他们办理了产权证，因此，权属关系明确，在涉及共有房屋分房析产时，不因拆迁行为而影响他人房屋使用，民谚说"搬走一方要让三尺水"，这就是习惯法规定。

物权交易立协议（房产、土地）。涉及土地、山林权属转让和房子出售问题，在一般群众心中，无论是房子买卖还是土地流转都是大额交易，买卖、流转风险大，为了避免日后纠纷，需要留下书面凭证。民谚说"事前先写帐，忘了后悔难""口说是假，落笔为真"，交易时双方不仅要请专人写详细的书面合同，明确房子、山林、土地的边界四至、权属、价金、附权利和后续协作等问题，而且要求第三方介入，主要是双方家族能人、村委会干部参加见证，并将合同副本留村委会备案被查，避免后来反悔。笔者调研的重庆市石柱土家族自治县黄水镇，镇上村民出售自家的私有房子都要请镇司法所的法律工作者写契约并加盖司法所印章见证，以保证交易的完整性，避免日后纷争。

案例12：卖房搭地反悔纠纷案

原告向甲、向乙、向丙系第一被告向某某之子女，原告杨某某系第一被告向某某之妻，2005年9月，被告向某某与原告一家在利川市团堡镇黑皮樟村共同承包了4.66亩旱地，承包方代表为被告向某某，后因被告一家在本市团堡镇上购买了新房并开家具店，2008年10月30日，被告向某某与被告冉某签订房

---

① 刘伦文. 母语存留区土家族社会与文化——坡脚社区调查与研究［M］. 北京：民族出版社，2006：92.

屋买卖契约，将其在黑皮樟村的房屋卖给冉某，并将该房屋的土地使用权证交给了被告冉某，11月27日，被告冉某与被告向某某经过协商，在村委会的主持下签订了《土地转包协议》，被告向某某将其全家承包的土地除了提取地块为"团凹坑"的1.4亩旱地由自己耕种，其余的全部转包给了被告冉某，并将农村土地承包经营权证交给被告冉某。2011年2月，四原告诉至利川市人民法院，要求确认二被告签订的《土地转包协议》无效。法院审理中被告向某某辩称自己卖房时没有与家人商量，一人做主将房屋作价15000元卖掉，现在家人反对，房屋我不卖了，第二被告冉某辩称，原被告之间是在买卖房屋的前提下形成的土地转包协议，买房价里内含土地转包价格，双方意识表示真实有效。法院邀请某村支书人民陪审员参加合议庭审理，判决认为双方合同合法有效，且已经履行完毕，不支持原告要求确认二被告双方签订的《土地转包协议》无效，驳回原告诉求，判决后原被告没有提出上诉。

2. 债权债务方面

在借贷债务上遵循"有借有还、再借不难"，讲究诚信，对欠债不还的，债权人可以强制对债务人的牲畜、粮食及其他一切动产采取清偿措施。

小额借贷按口头，大额借贷立协议。武陵山区民众私人之间的借贷情形很普遍，借贷内容在过去既包括现金，也包括物质，尤其是在没有解决温饱的经济困难时期，粮食借贷是经常发生的民间借贷。一般情况下，村民之间借贷数目不大，一次借现金几百或粮食几百斤，已经可以满足生产生活的急需，只要出借人同意，双方达成借贷口头协议并交付，即可完成借贷，这种小额借贷都是发生在熟人或亲戚间，也基本没有利息，出借人要是信不过借贷人就不会出借，借贷人能借入也知道感恩出借人，彼此知根知底，没有谁会立下字据，否则会被人视为小气。现在已经没有谁会借贷粮食，借贷主要是现金与用具，用具是随借随还，现金借贷通常发生在建房、婚丧嫁娶、生产、经营等需要较大现金支出时，借钱数额上万，为了让出借方放心，利益不受损失，借款人会主动给对方出具借款凭条，并会根据借贷时间长短主动与出借方约定利息，出借人一般对短时间借贷不收利息，如果时间超过1年，会按照事前约定收取本金与利息，相对于银行较高，利息通常为月利两分。

父债子还。传统社会里父亲是家庭的代表，儿子没有独立的法律地位。即使到了今天，农村实行家庭联产承包责任制，只要没有分家，父子之债很难厘清，因此，传统观念中无论父债还是子债大多情况下都是家庭之债，无论是父还是子，是夫还是妻，其债务都需要互为代偿。如果借钱的是父亲，当父亲没有能力或者去世时，武陵山区有父债子还的习惯法。但如果没有儿子或者儿子家徒四壁，实在没有能力偿还，那针对父亲所欠的债务，债权人就没有办法要求其他人代为偿还。但是从民间看，儿子如果不还，不仅会受到自己良心谴责，而且会因此失信于社会公众，成为社会破产人，以后无法获得周围人认可。至于子债是否父还，得看情况而定：如果儿子所欠的是正当的债务，父亲就有偿还的义务，而如果是非正当债务，父亲可以不还。如果儿子与父亲分家单过，且为当地社会所公知，对于正常父债则子女有偿还义务，而子债则父亲没有偿还义务。否则，会受到社会舆论谴责。民谚说"欠债还钱，有借有还；欠债不还，再借就难"。

"人情不是债，顶起铺盖卖。"武陵山区有一种特殊的债——人情债。在婚嫁、老人去世、寿诞、小孩出生、新房落成等大事发生时，事主会挑选黄道吉日置办酒宴，邀请亲朋好友、左邻右舍来家里聚会，俗称整酒，主家备好酒宴，大开宴席款待来宾。"整酒"规模大的可能涉及上百户人家，规模较小的起码要请自己所在的村民小组和周边邻居，酒席一般也有二三十桌，有钱的或者亲戚多的甚至要开七八十桌。来宾要依据主家不同"整酒"原因、与自家的亲疏关系及未来与自家的利害关系等因素，送上不同的礼品、礼金，俗称送人情，金额从 50~5000 元不等，一般在 200 元左右。人情是一种互惠行为，是一种生活其间的人必须履行的特殊之债，是传统分散个体社会互帮互助，聚集集体力量解决个体家庭困难的社会行为，虽然没有明文的社会强制力，却是生活在其中的人必须遵从的行为规则，民谚说"宁荒门前田，莫欠人情钱"。人情债循环起到了现代农村信用社的功能，零存整取，具有积蓄作用。送人情也是扩大交往圈，建立社会关系网的途径。因此，每一家在"整酒"时都有一个收礼的人情账本，记录所有送礼人员名单和礼金与礼品多少，所以，人情账本实际就是一个现实社会关系亲疏图，是一个人际交往圈，同时也是将来社会关系发展图，每一个生活其中的人到别家"整酒"时都会把人情账本拿出来翻看，看自己以前收别人多少，欠人家情的必须还，否则，彼此关系就因此而破裂，并延伸到与其他人的关系，所以有"人情不是债，顶起铺盖卖"的民间说法。人情债在市场经济发展后的一段时间内发生异化，有的人利用这种民间规则行经济行为之事，整无事酒，借机敛财，加重社会公众负担，成为社会公害。2012 年，恩施州域内鹤峰县、利川市、恩施市等地政府对此进行了专项整治，规定只有婚、丧、嫁、娶四种情形可以"整酒"收礼，使传统民俗回归良俗（有关个案调查分析参看后面第七章）。

3. 社会、经济交往方面

从帮工到雇工。新中国成立前只有有钱人家才雇工，普通百姓之间是帮工，不需要付费。新中国成立后消灭了剥削,一般老百姓之间因为生产生活需要,都是免费换工搭伙。20世纪80年代农村实行生产责任制,为了解决农忙季节生产,克服家庭分散劳动的局限性,普遍存在换工和帮工,彼此之间轮换帮忙,形成集体合力。只要能腾出时间,不论金钱,不论对等,那些劳动力多而自身田地少的家庭在忙完自家的生产后都无偿帮助左邻右舍少劳力的家庭,接受帮工的家庭只需安排一日三餐伙食即可。现在,由于传统农业不挣钱,农村主要劳动力都出外打工,剩余劳动力成为稀缺资源,再进行无偿帮工已不可能,那些因故不能出外打工而在家生产的劳动力就成为需要劳动力家庭雇工的对象,据调查,现在农村已经基本没有帮工了,即使像传统的婚丧嫁娶帮忙是绝对无偿的,在今天也要支付报酬——红包(一般100元或者120元,取意十全十美或月月红),只是比正常雇工付酬要少。现在雇工付酬已经成为常态。请女工较少,一般是200元每天,雇男劳动力按天论价,纯体力劳动最差的也是150元一天,一般的280元一天,涉及技术生产的劳动力(如建房和装修的技术工)通常是实行承包制,平均算下来大约一天350~600元,此外,雇工的家庭除了支付工钱,还要按照过去的惯例,为来家里干活的人提供免费中餐,因此农村现在的雇工按照日工资计算比城里用工还昂贵,只是由于雇工的时间是临时的,所以大家还是纷纷出外打工。

经济交往上,买卖公平,交易点在约定俗成的场。武陵山区各地乡镇都有从清朝改土归流后形成的民间贸易场所,各有场期,迄今不衰。场期以农历为记,或一、四、七,或二、五、八,或三、六、九,毗邻县镇场期交错而不重复,到期集会,公平交易,交易以农副土特产、社会生活日用品为主,名曰"赶场"。"文革"时政府曾强令禁止,但是收效甚微,到了场期,民众就会自动聚集交易,遇有干部驱赶,就会在"场"附近路边角落进行物质交易。农历1975年腊月27日,利川市元堡乡红椿村的"乡场"曾发生赶场的农民因反对人民公社的市管会干部制止农民交易,没收农妇黄豆,而群起殴打2名市管会干部致其重伤,成为当年震动湖北的所谓"反革命事件"。今天的市场交易较过去更加频繁和繁荣,交易的品种与内容更丰富,各色物质一应俱全,交易中较过去更加讲究公平交易,"喊价齐天、还价齐地";交易排除人情因素,"亲戚莫交财,交财不往来""是友别交财,交财两不来";在必须出现人情关系中的财产交往,也必须做到"路归路,桥归桥",彼此一清两楚,"先小人,后君子",做到"亲兄弟,明算账"。

大宗牲口按头论价。过去民间习惯法规定了一些比较特殊的计量单位、计价方式。出售干鲜杂货用"估推法"定价、计价,如卖水果蔬菜时,以"堆"

"捆""把"为计量单位。卖猪时，因猪的大小而卖法不同。仔猪论个，肥猪论"拃"，一"拃"是拇指尖与中指尖的最大距离。一般情况下，肥猪的价格按照拃的总数来计算。现在，从调查看，一般商品已改为按斤论价，但是大宗牲口仍一定程度保留传统计价方法，对于出栏的肥猪既有论"拃"估价的，也有论斤计价的，对于牛马一律采用按头论价，买卖双方主要根据购买目的（宰杀或者喂养），按照牛马的年龄、长相、公母、肥瘦等因素决定价格。在交换的纯洁性上，由卖方负责物品权属纯洁性，采取钱货两清，不留尾巴。

案例 13：偷牛案

2011 年，利川市元堡乡大井村一个长期做牛马买卖生意的人冉某购买了团堡镇一吴姓村民的一头黄牯牛，然后转卖给湖北荆州的一个牛商，不料第三天有一姓朱的人找来，认为那头牛是他家被盗的，要求冉某赔偿朱某损失，冉某认为自己是按照正常价格支付买牛款，并不知道自己所买之牛是盗窃来的，因此，不同意赔偿，朱某于是向公安报案，公安立即追查，冉某积极协助，告知牛转卖的人与地方，等公安人员赶到荆州，牛已经被宰杀，公安最后确认吴某所卖之牛系偷盗而来，于是依法追究吴某盗窃法律责任，并赔偿被盗村民朱某损失，两个买牛的人因无过错而无责。

（四）民间治安规则现状

武陵山区传统社会治安规则包括两部分，一是对犯罪行为的认定与处理，主要治理对民间村寨生活构成根本威胁的内勾外引、勾生吃熟的土匪行为，杀人放火、行凶抢劫的危及人们生命财产安全行为，撬仓割壁、偷牛盗马的重大盗窃行为，六亲不认、惹是生非的大逆不道行为，对这些犯罪行为都实行重处罚，其中包括生命刑，如《侗人苗人共同擒拿坏人》中说："七成拿去杀，八成要他死。柴棒打额头，木棍打脑后，使他全身是血，让他一命归阴。"二是对日常小偷小摸、失火、打架斗殴等违反一般社会安定秩序行为的处罚规则，主要是游街喊寨、罚款、罚酒肉、放炮洗脸等。

现在，对前一类重案行为按照国家法属于犯罪行为，基本由国家掌控，民间习惯法极少介入。而对于第二类违反一般社会治安的行为，我国虽然在 1957 年颁布了社会治安处罚条例，但是由于国家法律没有照顾到武陵山区民间地区的特色要求，习惯法仍然在民间治安上起作用，对小偷小摸行为采取游村喊寨、罚款、罚酒肉这类习惯处罚在 20 世纪 70 年代还相当普遍。2005 年正式颁布《中华人民共和国治安管理处罚法》后，习惯法在社会治安的村规民约中发生较大变化。

笔者在恩施州和长阳、五峰自治县等地区所收集的 20 多份村规民约里，虽然也保留了大量有关治安行为规范，但是民间习惯法的处罚措施在新的村规民约里不再保留，看不到任何民间处罚制裁措施。例如，利川市南坪乡2004年《营上村村民自治章程》第三十一条规定了本村村民维护社会治安不得有的十种行为"（一）不得打架斗殴，搬弄是非，制造事端，造谣中伤，辱骂他人。（二）不得用下流言行调戏妇女或有其他伤风败俗的行为。（三）不得参与赌博或为赌博提供条件。（四）不得制造销售假冒伪劣商品。（五）不得乱砍滥伐国家、集体或他人林木，损害他人庄稼、瓜果及其他农作物。（六）不得在水渠埂、公路或电线杆等公共设施附近取土自用。（七）不得在鱼塘炸鱼、毒鱼、用电打鱼。（八）不得损坏集体建筑物或水利、交通、通讯、供电等公共设施。（九）不得以任何手段偷电、偷用自来水。（十）不得欺行霸市，强买强卖，严禁欺负外来客商"。第三十二条规定对违反上述各款行为者，"情节严重且构成犯罪和违反治安处罚条例的，移交司法机关处理。情节较轻尚不够治安处罚的，由村人民调解委员会对其进行批评教育，责令赔偿损失，对受害人公开赔礼道歉"。团堡镇《野猫水村村民防火公约》只规定了严禁易引起火灾的行为："4. 严禁乱烧山，烧荒或烧火灰；禁止随意燃放烟花爆竹。5. 不乱扔烟头；不乱倒未熄灭的火灰。6. 不乱倒液化气残液；严禁私自买卖、存放、倾倒易燃易爆危险物品。7. 不违章用电和私拉乱接电线；严禁使用铜铝线代替保险丝。8. 房前屋后堆放的柴草要与房屋保持安全距离。"建始县2011年《新溪村村规民约》"十四、认真搞好安全生产、交通安全、防火安全、用电安全、食品安全，未经有关部门批准不进入不安全地带生产，证件不全不用交通工具，不安全区严禁用火，不准私自暗转电路设施，违者后果自负；十五、严禁在乡村公路旁破坏和砍伐风景绿树，侵占公路设施；十六、严禁在村组公路上侵占、倒垃圾、抛物、放水等破坏性行为，违者罚款或责令修复；十七、严禁在电路设施线路上影响线路安全通行地方种树或开挖破坏性作业"。来凤县《黄柏村村规民约》有关社会治安有8条，其中"4. 严禁盗窃、敲诈、哄抢国家、集体、个人财物，严禁赌博，严禁替罪犯藏匿赃物。5. 严禁非法生产、运输、存储和买卖爆炸物，经销烟火、爆竹等易燃易爆物品须经公安机关等有关部门批准，捡得枪支弹药、爆炸物品，要及时上缴公安机关……对违反社会治安条款者，触犯法律法规的，报送司法机关处理，尚未触犯刑律和治安处罚条例的，由村委会批评教育，责令改正"。五峰县2002年《红烈村村规民约》第10条："不准横不讲理，持恶称霸，寻衅滋事，欺行霸市，刁难诈骗他人，要讲文明礼貌，平等交易。"长阳县龙舟坪镇《刘家冲村村规民约》规定"严禁村民盗窃、赌博，严禁非法生产、运输、存储和买卖爆炸物品，严禁非法限制他人人身自由或非法侵占他人住宅，严禁乱砍滥伐和携带火种进入林区"。从上述笔者所收集的村规民约可知，在鄂西南地区，所有的村规民约明面上均没有规定任何国家法以外的处罚制裁措施，只规定了情节较轻，未触犯刑法和治安处罚法的，由村委会批评教育、责令改正，触犯刑法和其他法律法规的报送公安、司法机关处理，这种不痛不痒的措施，其实反映了村规民约的无所作为。

但是，现实中发生的治安案件，特别是盗窃案件，民间仍然畅行习惯法的传统处理办法，基本没有谁送公安机关，通常是当场抓住后痛打一顿放行，因为民间有"偷盗无死罪"的习惯法，可打伤不可打死。但是现实中也有把盗窃者打伤致死的案例。

案例 14：三男子打死小偷抛天坑案

50 岁的彭甲、彭乙和 47 岁的彭丙均系利川市柏杨镇柏林村农民。1996 年的一天晚上，彭甲、彭乙、彭丙等人在彭甲住房附近抓获一小偷，3 人将该小偷捆绑后打伤。次日凌晨，彭甲发现此小偷在屋后路边生命垂危，于是叫彭乙、彭丙等人将其抬到树林中藏匿，当晚发现此人死亡后，彭甲叫上彭乙、彭丙、樊某、郑某（二人被取保候审），几人一起把死者丢入彭丙山林中的一天坑内。2011 年警方告破，利川市人民检察院对涉嫌故意杀人罪的犯罪嫌疑人彭甲、彭乙、彭丙批准逮捕。

类似案例还有，1988 年初夏夜里十点半，利川市团堡镇镇长曹村黄甲、黄乙、黄丙三兄弟相约到该镇较远邻村张某家附近盗窃药材杜仲树，被张某家人发现，张某拿扁担追赶，黄乙、黄丙逃走回家后不见黄甲，一周后在张某家附近发现黄甲的鞋，于是向派出所报案，派出所派人从张某家旁边油菜地的天坑中找到黄甲尸体，张某当时在现场承认用扁担打过盗窃者，但是又说因天黑看不清是谁，不确认打的人就是死者黄甲。据参与打捞黄甲尸体的黄乙说，黄甲尸体上到处是伤，应该是被打死后丢入天坑，不像是跌落天坑受伤死的。但是，后来派出所很快将涉嫌犯罪的张某放回，理由是黄甲是受伤后自行逃跑中跌入天坑，张某的殴打不是其死亡的直接原因。

而在黔东南苗族侗族自治州，迄今对违反社会治安的行为按照民间习惯法在村规民约中明确规定了严格的处罚措施，其中重罚和喊寨是最具特色的习惯法处罚措施。苗族地区针对危害社会治安的行为，例如，结伙打架斗凶、赌博、拐卖妇女儿童、失火、各种盗窃、破坏公物等，在相关村规民约中虽然强调要向上级报案，但更多的是规定了对各种不法行为的罚款处罚，如 1996 年雷山县大塘乡《掌批村村规民约》①，雷山县《丹江镇乌东村村规民约》、剑河县 2005 年《柳川镇巫堆村村规民约》、台江县 2005 年《台盘乡大寨村村规民约》，都对各种不法行为规定了罚款处罚，其中最引人注目的是罚 3 个 100（或 120）元②。1999 年 7 月雷山县虎羊村一名妇女因偷 10 斤李子，后被村里组织村民到她家强行拿走 120 斤米、120 斤酒，拉走 4 头猪，全村老少会餐一顿，以表示对盗窃和抵赖行为的惩处③。在黎平县，笔者收集的 7 份村规民约中涉及社会治安的，主要针对盗窃、失火规定了以罚款和"喊寨"为主的处罚措施。由于黎平当地大多是传统木质且连片建筑，因此，火防与森防规定尤其引人注目，例如，2008 年的《岑鱼村消防和森防村规民约》规定：森林防火期内携带火种进入森林或者在野外吸烟的，处以 200 元罚款，擅自野外用火，未造成损失的处以 200 元以下罚款，造成损失的应当赔偿损失，并处 200 元以上 1000 元以下罚款，故意放火烧山的，赔偿损失之外处以 1000 元以上 5000 元以下罚款。2012 年的《永从村村规民约》规定："发生村寨火警一次（只要是惊动了邻居的）每次罚款 100 元，并勒令鸣锣喊寨三个月，发生寨火，罚款 1000 元，并勒令鸣锣喊寨一年。"2012 年的《九潮镇九潮村村规民约》规定："对盗窃家畜、电器、林木、粮食、鱼，除赔偿失主损失，每次罚款 300 元，对盗窃家禽以及衣物者，除赔偿失主损失，每次罚款 200 元，对盗窃瓜果蔬菜类作物者除赔偿损失，每次罚款 30 元。对发生山火、寨火、电火的人（户），每次罚款 100 元，对造成经济损失的，实行议价赔偿，如火灾损坏房屋 5 户以下的，罚款 500 元，防火喊寨一年；5 户到 30 户的罚款 10000 元，防火喊寨三年；30 户以上的罚款 20000 元，并上报有关部门处理。"这种喊寨处罚，既是对违法者的名誉罚和行为罚，更是对社会公众的警示教育，其社会效果很好。在黔东南州最引人注目的是，锦屏县县政府所推出的《标准版村规民约》也承认民间习惯处罚行为，只不过将习惯法中的罚款改名为"承担违约金"，违约金 50 ~ 1000 元不等，如第 22 条"严禁盗窃财物，盗窃成鸡鸭鹅，除退回或承担赔偿责任，每只承担违约金 50 ~ 200 元。盗伐林木、果树、果品等经济作物，盗窃田鱼，除退回或承担赔偿责任每株（次）承担违约金 50 ~ 100 元"。第 29 条"谨慎用火用电、用气，发生一次火警责任人

① 曾代伟. 巴楚民族文化圈研究——以法律文化的视角 [M]. 北京：法律出版社，2008：305-309.

② 周相卿. 黔东南雷公山地区苗族习惯法与国家法关系研究 [M]. 北京：民族出版社，2014：338-353.

③ 徐晓光. 从苗族罚"3 个 100"等看习惯法在村寨社会的功能 [J]. 山东大学学报，2005（3）：10.

或监护人承担违约金100~500元，并接受村内通报批评，必要时可责令责任人鸣锣喊寨"①。由此可见，在黔东南州有关社会治安按照民间习惯法处罚是一个普遍存在的客观事实。当然它与该地苗、侗历史上传统习惯法相比，已经有了很大进步，其中最大的进步是在村规民约中没有了涉及人身伤害的刑事制裁，涉及犯罪行为的大多交由国家司法机关处理。而传统习惯法中有关人身伤害则是基本罚则②。

在湘西花垣县雅酉镇，笔者2011年9月收集的《冬尾村村规民约》，对涉及社会治安的盗窃、流窜、投毒等违法行为，也和黔东南一样保留了民间习惯法以罚款为主要形式的处罚措施。"关于偷盗扒窃的规定。小偷：罚款100~200元。大盗：进屋取财1000~1500元的罚款。耕牛罚款3000~5000元，羊只罚款1000~1500元，鸡、猪、鸭、狗等罚款800~1500元。""关于社会治安的规定：（1）凡是天黑后进行闲游的外村人，经询问后说不清来由者，联防队有权罚款100~200元，有权搜身。（2）凡是来本村的客人，天黑后不允许偷偷摸摸。（3）凡是本村男女青年天黑后不能随意外出游玩。（4）联防队人员必须按时轮流值班，成立小组。关于河流的管理规定：严禁往河里投放毒药、炸鱼、电具或拦网等违法方式捕鱼，违者将处以3000~5000元的罚款。"从笔者访谈与走访看，实施习惯法处罚措施后，基本解决了很长一段时间以来当地社会治安恶化的问题，民间重归安定祥和的社会局面。

（五）民间纠纷解决机制现状

武陵山区改土归流后的传统社会属于礼治中含有神治的秩序，有关社会纠纷解决只有极少数通过官府，绝大部分是村寨内部调解，疑难案件采取神判，如请端公打卦、吃血赌咒、告阴状等，程序简单，宗教神明特征明显。现在的情况，据调查大体可以概括为：协商和解是主要，调解次之，势力压制与忍让并存，通过国家司法解决作为补充，极个别的有告阴状。

村民之间涉及利益矛盾的，首先是私下协商和解，绝大多数问题基本上通过民间私下协商就能够解决。村民生产、生活的大部分是与社会其他人打交道，由于村民长期在社会交往中基本依靠民间既有礼法与习惯法，彼此之间早已形

---

① 相关标准版村规民约，参见：李向玉．黔东南苗族婚姻习惯法与国家法的冲突与调适［M］．北京：知识产权出版社，2011：226-229.
② 如侗族传统习惯法——约法款中涉及犯罪的"六面阴"有生命刑、肉刑、自由刑、财产刑等罚则，具体包括：开除寨籍、抄家、吃猪狗粪、活埋、水淹、吞食乱棍、点艾、吃枪尖肉，详见：吴大华，等．侗族习惯法研究［M］．北京：北京大学出版社，2012：169-176.

成一种良好的社会关系，所以，遇到利益纷争也能够理性对待，彼此让一步，互相行个方便，看重长远关系，能够达成协议。笔者在利川市元堡乡毛针村调研时亲眼看到村民为解决修桥进行的民间协商。

案例15：路桥集资案

2015年8月初，元堡乡政府将毛针村列入扶贫村，答应出资8万元在该村8~9组之间的拦河所在地修一个联通沿河两岸村级公路通车的桥梁，解决村民出行方便。但是，从沿河桥梁到另一侧公路之间是农田，仅有桥无法连通两边的路，而乡政府并不打算出钱解决占地修路问题，只答应修桥，并且说，如果村民不能解决修路问题，那桥也不修。村主任将乡政府的意图带到村民后，希望村民自行解决。修路涉及占用四家农民的责任地，实质就是如何协调解决四位村民的补偿问题。当地有三位热心村民出面协调，首先了解每一位村民土地补偿要求与要价，然后召集上下村民开会，对修桥与修路的必要性形成共识，之后进行集资动员和土地置换，并承诺将每一位出资人名单与金额在桥边立碑，于是，短短三天有58户村民出资，最少200元，最多1000元，共凑资32400元，解决了修路的土地与资金问题，于是修桥与修路很快同时进行。

类似的案例有，2023年元堡乡政府决定对大新线乡村公路路面由老路3.8米扩到5.8米，该路总长5.6公里，政府出资110万用于路面扩宽和硬化。但是，对扩路所占沿线农家的土地、山林、院落一概不予补偿，而扩路增加的桥梁、堡坎经过测算要32万元，需要民间集资。村委会在各小组开会动员，最后，村民共集资30多万，捐资最多的家庭有11900元，最少的也有100元。在占用沿线各家各户的土地、林木和门前院落中，涉及上百户家庭切身利益出让问题，主要是民间自发组织和村支两委通过情理协商解决占地与林木砍伐问题，2024年5月完成全部路面扩宽硬化工程。

其次是人民调解。村民因利益纠纷如果私下协商不成而导致矛盾激化，一般会先找宗族内的民间权威或者村寨寨老调解，如果不满意再找村支书、村主任解决，少部分村干部解决不了的，再由村民向乡司法所内设的人民调解委员会申请调解。由于村干部只是一种村民自治组织，因此村干部对于村民纠纷的处理只能是调解，在矛盾双方之间进行说理劝服。从调查看，引起调解的村民多数纠纷都是婚姻家庭内部、邻里矛盾，基本属于鸡毛蒜皮的事情。这种邻里矛盾相对难以处理的是因责任田地和房屋使用、宅基地导致的纠纷，因为这是村民主要财产的处理，在这类调解中只要能够调解成功，能当场履行的村调解员都会要求双方当场履行；不能当场履行的，要求双方立下字据，保证不再反悔。大部分民间纠纷在村委会干部介入后基本能得到解决。如果村里调解不成功，村里就会动员村民向乡里民调组织申请民调，尽量不激化社会矛盾。人民调解虽然从程序上纳入了国家法调整范围，但是在实体方面，作为纠纷解决方式是一个软硬兼施、多管齐下的说理劝服的过程，适用的依据当然包括国家法，但是，绝不是仅有国家法，实际上，传统习惯规范、新型村规民约、社会公理、法理等都是调解的说理依据。如果说理不能得到双方接受，法律和政策就起到压力作用。根据各地村委会的大致统计，目前村民之间产生的矛盾纠纷90%可以通过各种调解解决，且能做到案结事了。例如，2007年利川市元堡乡人民调解受案232件，其中，成功224件，履行135件，居前四位的纠纷是：婚姻家庭51件，邻里纠纷41件，房屋宅基地纠纷29件，土地承包纠纷26件。2009年受理调解民事纠纷149件，成功142件。2010年第一、二季度调解受案93件，其中，成功90件，履行40件，前四位的纠纷是：婚姻家庭30件，邻里纠纷16件，土地承包9件，合同纠纷7件。从2007年到2010年调解成功率都达96%。2009年湖北长阳土家族自治县司法局统计该县民调受案3353件，其中，成功3285件，履行3133件，纠纷前四位的是：邻里纠纷710件，婚姻家庭689件，赔偿纠纷419件，土地承包纠纷388件。同年，五峰县司法局统计该县民调受案3069件，其中，成功2979件，纠纷前四位是：邻里纠纷684件，婚姻家庭纠纷670件，赔偿纠纷386件，土地承包354件。2009年两县人民调解成功率达97%。在黔东南州，据抽样调查，认同非讼解决纠纷占比54.9%，在非讼中认同民间调解的占比59.2%，而在民间调解中由村主任调解的占比43.7%，寨老、族人占比37%，在是否适用民间法问题上，48.5%的受访者认为应灵活把握，认为民间法有很大作用的占比30.5%，对民间调解结果满意的占比为62.1%[1]。

从调查数据和个案访谈看，和解、调解这种无讼解决社会争议的传统习惯法，仍然是绝大多数人的首要选择。"调解的目的不仅仅是为了解决争端，更重要的是为了维护亲友相邻之间的感情纽带，维护和睦无争、上下有序、礼仪井然的宗法社会秩序"[2]，因此，万事和为贵。不仅民事矛盾如此，官民关系矛盾的解决，和解也是首选，这说明民间习惯在公务员中也有独特价值。

案例16：土地用途行政处罚和解案

2019年，利川市某机动车检测公司租用某环保科技公司的工业用地建设机动车检测项目，后利川市自然资源和规划局认为该公司应该使用商服用地，使

---

① 周世中，等.民族习惯法在西南民族地区司法审判中的适用研究［M］.北京：法律出版社，2015：242-251.

② 王学辉.从禁忌习惯到法起源运动［M］.北京：法律出版社，1998：256.

用工业用地违反土地管理法的土地用途管制，于 2023 年 11 月对出租土地的某环保科技公司进行行政处罚，一是责令企业交还土地给政府，二是对企业罚款 288 万。出租方不服，申请行政复议，市政府维持原处罚决定，原告依法向利川市人民法院提起行政诉讼，2024 年 3 月 6 日开庭。原告举证自然资源部官网公示的 44 家使用工业用地和其他公共设施用地建设机动车检测项目的实例，证明自己合法，同时，对被告认定原告违法的推荐性国标依据，质疑其不是法律依据。庭后法官研究认为被告处罚没有法律依据，于是给被告出具了司法意见书，被告集体研究后决定撤销原处罚决定书，原告随后申请撤诉，3 月 19 日法院作出同意撤诉裁定书。该案按照法定程序应该是法院因被告行为没有法律依据而直接判决撤销被告处罚行为，但是，法官采取的是劝告被告自撤，然后劝原告撤诉，以此实现原被告和解，维持法院、原被告三方和谐关系。

再次是势力压制与忍让并存。村民之间有的纠纷通过调解无法达成协议，有两种处理，一是找政府上访或上法院解决，这主要是涉及可以一次性解决的或者民间确实无法解决而其中一方又不甘心忍让的案件。二是势力压制与忍让，民谚说"忍一时之气，省百日之忧"，这是习惯法思维下的民间智慧，对维持一定区域内长期的社会秩序有好处。不解决也是一种传统解决纠纷争议方式，今天采用此种方式解决的主要是，纠纷牵涉其中一方输理在先而另一方人员太多，而且不能一次性彻底解决的问题，下列案例即是。

案例 17：强收过路费案

2012 年，元堡乡某村 9 组联合上下 5 个村民小组相关村民集资、征地、出力，将原有沿河乡间人行路扩建成一条村级公路，但是，在集资中本村村民 RZJ 等人拒绝出力、出资。等路修好后，RZJ 首先在靠近公路边的自家承包地为儿子建了一套 120 平方米的平房。9 组以 RZH 为首的人组织村里其他参与修路、集资的十余人，禁止 RZJ 使用任何车辆工具通行。无奈，2013 年 RZJ 将建好的平房转卖给同样未出力出资的 8 组村民 RGQ，RGQ 自视自家兄弟多，买房后 2014 年准备在原平房上增建新房，RZH 等十余人再次阻拦，首先开口要 RGQ 出资 6000 元，RGQ 答应交清后他们又反悔，要求 RGQ 再补交 20000 元，否则，不让他的运送建材车辆通行，此事双方僵持达一年之久，其间村委会多次出面调解无效，2015 年年初，RGQ 被迫补交 20000 元后才获得车辆通行权，将自己的新房建好。事实上，除了 RGQ，现在经常有外地车辆通过此地时被 RZH 等人强行拦下索要过路费，一般在 500~1000 元之间，不少人也被迫缴纳。

该案的问题主要是，修路本是社会公益问题，由于政府缺位，既没有组织，也没有出资，民间集资修路占用了部分农民上好的责任地，部分农民既出钱又出力，有的人既不出钱也不出力，路修好后大多数人受益。当这种利益纠葛出现时，政府如果还不能及时有效出面解决，一旦出现权力真空，导致农民私力救济成功，继而就会演化出豪强化趋势。

上述案例8吴某某建房案，明显也是一个势力压制与忍让案例，笔者在调研中曾询问相关公民为何不找政府组织或者上法院解决，村民的回答是，这个案子牵涉两个家族，如果当初两家发生矛盾没有涉及家族，那既可以私下协商、由村里调解，也可以上法院，因为两个家族都没有卷入。而现在不同了，吴家家族势力明显弱于冉氏家族势力，你说法院怎么判？"清官难断家务事"，法院判了也要考虑执行问题，即使法院判了吴家赢，那法院能天天到你家来守护你？冉家家族人多势众，吴的行为首先是得罪了冉氏家族，如果他家族人员时刻找你麻烦，你还活不活？所以，吴某选择忍让而没有通过司法解决，则是最好的解决！

最后是通过国家司法解决在发展。随着市场经济在民间的发展，普通百姓的法治意识在明显增强，个体间的利益冲突在加剧，以往能够通过调解解决的纠纷因彼此互不相让而走向司法途径来解决的事时有发生。根据利川元堡乡各村委的大致统计，目前村民之间上报的矛盾纠纷有15%最后走上司法程序。主要涉及的是一次性解决的案件，例如，侵权赔偿案件、离婚案件、刑事自诉案件，其中离婚案件是主要，略占一半。离婚案件之所以上法院解决，主要是男女双方一方坚持要离，一方不同意离，则必须通过法院解决，还有很多人可以协商离婚但不知道可以通过民政部门办理而走向法院。当然从结案看，通过司法解决的案件大多数仍然是以司法调解告终。2010年，利川团堡法庭共审理案件508件，结案420多件，其中60%是通过调解解决，其中，婚姻家庭纠纷案件占312件，调解、撤诉281件，调撤率达到该类案件总数的91%以上。主审法官该庭长在总结调解经验时，认为很重要的一条是"晓之以理，动之以情"，"晓之以理既指情理，也指法理，包括伦理道德、国家法律、党的政策"[1]。由此可见，司法解决也离不开民间习惯法。

总体上看，乡村村民在一般民事纠纷解决过程中，国家法还没有成为解决村民纠纷争议的主要依据。天理、人情这种以习惯法为主的规范才是乡村秩序稳定的主要来源，村民之间多数纠纷依靠习惯法说理，通过调解、相互妥协来解决。主持调解的既有村委会，也有"民间精英"，调解的说理依据主要不是国

---

[1] 杨春桃：《调解工作的技巧与方法》，恩施新闻网 http：//www.enshi.cn 2011年02月23日访问。

家法如何规定，而是大家认可的习惯规则和道德良心，法律只是调解工作中的依据之一，主要用于振威。复杂而烦琐的法律规定对于农村居民更多的是可望而不可即的奢侈品，因为通过司法维权成本太高而且收益不明，所以，习惯法仍然有相当的市场。当然，在某些新的社会矛盾纠纷领域，习惯法明显力不从心，需要仰仗国家法律规定，即使在习惯法调整的传统领域，由于今天习惯法在国家法要求下不具有明确的惩罚性，其约束力明显下降，导致农村出现权力真空，个别地区出现豪强化倾向，社会成员对自身财产、人身安全、人际关系产生焦虑感，这是我们应该关注的问题。

三、小结

从上述民间习惯法的存在形式看，有有形（民谚、新的村规民约、族规）与无形（行动中的法）两种形式，但是其传统执行组织与惩罚性强制在逐步趋向消失，大部分习惯法制裁性不足。从外在特点上看，更多表现为一种人们自觉自愿的行动中的法，它的内容特点延续了传统的"情""理""和"价值需求，以构建社会"和"的秩序为其追求目标，其"民族性、地域性、群体性、实践性保持不变"①。从效力特点看，主要取决于人们内心的认同和自觉地行动，其效力依据是习惯法文化的内核——良心，即人性的本体，它既是道德规范也是社会行为规范，既约束每一个个人自我的行为，也规范社会成员整体，成为全体成员行为的目标期待与衡量每一个成员行为的标准。但是由于国家法的排斥，习惯法现在也面临效力边缘化的危险，极少部分人在行为中以国家法的"合法"标准对习惯法的"良心"标准提起挑战，只讲合法不讲良心，严重危及习惯法权威，这种现象说明民间习惯法总体趋于转型衰退状态。

然而，民间习惯法的存在又是一个不争的事实，它不是通过国家一纸命令就能摒弃、取消的，它自身蕴含着强大的生命力，其存在既有与国家法相通、协调的一面，也有对国家法适时提出挑战，与国家法产生冲突，使国家法在民间个案实施效力上表现为僵硬化与虚置化，不能成为社会公众生活的普遍意识流的一面。对上述习惯法所形成的社会秩序，如果从国家法的中心主义视角出发看，不少会被视为落后的愚昧的陋习，有很多案例所揭示的社会问题甚至是我们用国家法规范判断所不能容忍的，比如，15 岁少女被强奸后被迫出嫁的问题，强制建房和收取过路费问题，私刑与刑事犯罪私下和解问题，等等。但是，如果从习惯法的边缘视角看，则并不是那么糟糕，事实上习惯法是一种义务嵌

---

① 高其才. 当代中国少数民族习惯法［M］. 北京：法律出版社，2011：329.

套式的法律规则，是一个动态分类体系，每个个人都处于其亲自构建的关系网的中心，"他们必须通过精心计算那些互惠的、协商的以及讨价还价的关系来服务和维持这种关系网"①。社会争议的解决从程序上看侧重于社会背景和社会后果，目标是要人们返回到运转的社会关系中去，而非为了解决问题不顾将来的关系。这从社会秩序的长远建构来看也并不太坏，因为他们有内部的平衡机制，而这个机制恰恰是掌握在每一个长期生活其中的个人手中，具有明显的可预期性，相比国家法更具有能长远平衡矛盾的优势，回归理性生活状态。

从上述调研看，武陵山区习惯法保留与运行最为充分的首先是丧葬习惯法，其次是婚姻家庭习惯法，这不难理解，因为从国家法视角看，这些都属于私权范畴，从古到今都是国家法干预最少的部分。变化最大的是社会交往部分，很多原有习惯法已经失去法的约束力，这主要是由于今天社会生产方式和经济结构在变革，引起社会观念和行为规则变化，其实质是传统习惯法建构的社会关系网络被撕开，新的社会正常关系没有完全定型化，调整日常社会关系的规则本身处于调整更新状态。目前农村最大的问题是政府行为跟不上社会发展变化，导致国家法无法落地生根，传统习惯法得不到有效伸展，从而地方出现正当权力真空而衍生地方乱象和豪强化趋势，这是我们应该警惕的。当然，这也从另一个方面说明习惯法在新的历史时期是会发生变异与异化，这种变异与异化实质是习惯法为了适应新的社会变迁而主动改变自己，使自己得以保留和发展，这需要我们进行理性引导。

上述调研说明"那种认为中国传统的法律已随着旧制度的废弃而无效了的论点是天真的；而那种认为人们无知、愚昧、不懂法的看法是贵族化的"②。因此，厘清习惯法与国家法关系的矛盾原因，找到解决二者困境的法律对策，克服现行法治模式在中国民间基层面临的习惯法"被排斥、被放逐"，国家法"被置换、被扭曲"的问题，实现习惯法的规范化与国家法的本地化，协调、衔接好二者关系，使之互动融通，成为互融共生的有机整体，实现国家法与习惯法"完全可以而且必须结合成既一体又多元的文化复合体"③，成为社会公众的普遍行为与思维模式，是我国建设武陵山区法治政府、法治社会的客观要求与理想状态。

---

① 张冠梓. 多向度的法——与当代法律人类学家对话［M］. 北京：法律出版社，2012：326.

② 苏力. 法治及其本土资源（修订版）［M］. 北京：中国政法大学出版社，2004：58.

③ 陈金全. 西南少数民族习惯法研究［M］. 北京：法律出版社，2008：350.

第二章

民间习惯法与国家法的互动困境

第一节　什么是困境

一、什么是我们所面临的困境

什么是我们所面临的困境？当我们试图对民间习惯法与国家法关系互动展开研究时，这是我们首先需要自问与反思的问题。我们如何认识、理解、厘清、描述二者的互动困境，这一系列的分析过程也许本身就会使我们陷入迷惑之中：

不仅因为二者互动所牵涉的社会事实——冲突与调适，激起学术领域内的强烈关注①，而且着眼于中国语境下的法治现代化发展与要求，民间习惯法作为维护地方社会秩序的重要"资源"，能否合法地、正当地被视为国家法治理下的"法秩序"一员，乃是本课题面临的现实困境②。更进一步地说，法治社会建设，是应该建构在国家法视域下的法律正式机制的运行下，还是应该更为广阔地建构在民间自治场域下的非正式机制中，抑或是二者兼而有之，是理论与现实急

---

① 近些年来，学界对于民间习惯法与刑事制定法、民事制定法以及政府行政行为的互动与沟通，均予以相关程度的关注与热议。从与刑事制定法的互动层面，个案的研讨主要集中民间习惯法关于罪与非罪、习惯法中关于"罚"的规定与运行。从与民事法律的互动层面，问题较为集中的讨论是民间的婚姻习惯法与国家法的冲突，个案的研究指出，少数民族的婚姻习惯法中存在"早婚""重婚""不予登记""抢婚"等现象，由于遵从民间婚姻习俗，导致按照当地婚姻习惯法与国家法对冲时，产生一系列啼笑皆非的法律事实认定，使二者关系陷入窘境。从与政府行政行为的互动层面，主题的思考主要集中在地方政府如何有效地介入乡村治理，对习惯法产生影响力。这是由于司法在当地的"弱势"运行，导致政府的介入实际是替代了法官的"送法下乡"。参见：苏永生．刑法与民族习惯法的互动关系研究［M］．北京：科学出版社，2012．徐晓光．原生的法——黔东南苗侗族地区的法人类学调查［M］．北京：中国政法大学出版社，2010．吴大华等著．侗族习惯法研究［M］．北京：北京大学出版社，2012．杜宇．重拾一种被放逐的知识传统——刑法视域中"习惯法"的初步考察［M］．北京：北京大学出版社，2005．王允武，吴大华．法律人类学论丛（第2卷）［M］．北京：民族出版社，2014．巴且日火，陈国光．凉山彝族习惯法调解纠纷现实案例——诺苏德古访谈记［M］．北京：中央民族大学出版社，2012．张冠梓．文化多元与法律多元［M］．北京：知识产权出版社，2012．石伶亚．国家制定法与民族习惯法相冲突的实证研究——西部乡村少数民族婚姻现象透视［J］．湖北民族学院学报（哲学社会科学版），2003（2）．李向玉．黔东南苗族婚姻习惯法与国家法的冲突与调适［M］．北京：知识产权出版社，2011．冉瑞燕．论少数民族习惯法对政府行政行为的影响［J］．中南民族大学学报，2006（4）．

② 关于该议题——民间习惯法与国家法的互动关系，长期被学界置于"国家与社会"的二元框架下进行反思。其基本构想在于建构国家与社会的共治图景，不可偏废其中任何一方的势力。对此研究进行反思的作品可以参见：梁治平．清代习惯法：社会与国家［M］．北京：中国政法大学出版社，1996．卞利．国家与社会的冲突与整合——论明清民事法律规范的调整与农村基层社会的稳定［M］．北京：中国政法大学出版社，2008．张镭．论习惯与法律——两种规则体系及其关系研究［M］．南京：南京师范大学出版社，2008．

迫需要面临的抉择①。

从西方法哲学的观念出发，我们认识二者的关系，乃是将国家法律视为社会的普遍性规范，而将习惯法视为社会的特殊性规范；从社会科学与人文科学的角度出发，我们将主张国家法统领社会秩序的观点视为"法学家派"，而把主张不可废弃习惯法社会治理的观点视为"非法学家派"，即多为社会学家、人类学家的审美与主张。无论这两种二分法观念如何演变和转换，它实际上都致力于追问法人类学不可回避的两个问题。

其一，作为文化的法律，如何理解与表达不同于主位自我的"他"者②？关于"他"者，实际上是在强调文化差异的基础上提出来的，往深层次说，乃是地方性知识下的文化相对主义。美国人类学家梅尔维尔·赫斯科维奇（Melville Jean Herskovits）说："文化相对主义的核心就是尊重差别并要求相互尊重的一种社会训练，它强调多种生活方式的价值，这种强调以寻求理解与和谐共处为目的，而不去评价甚至摧毁那些不与自己文化相吻合的东西。"③ 然而，现实中充满着悖论，因为西方社会对"他"者的关注，其目的就是评价，为了使其被殖民化。何为他者？从社会学视野下"中心与边陲"的关系本质来看，此处的"他"者，乃是基于"边陲"的"他"者，是一种统治（domination）的社会关系，即德国社会学者齐美尔（Georg Simmel）曾指出，在任何社会互动的情境之中，人与人之间都可能有优势（superordination）与劣势（subordination）之不同处境的区分。亦即"居优势地位的成员具有影响、决定、控制居劣势地位之成员的能力和机会"。因此西方的英美法（中心）相对于土著民的习惯法（边陲），诚如我们的国家法（中心）相对于民间习惯法（边陲）④。此处举例

---

① 田钒平指出："为妥善协调少数民族习惯法与国家刑法的冲突，《刑法》第90条赋予了省级人大对刑法规定进行变通的权力。但迄今为止没有一个省级人大制定过刑法变通规定，对习惯法与国家法冲突的协调，主要是民族自治地方的司法机关在个案裁断中对刑法规定予以变通而实现的。"由此可见，目前通过国家法视域下的正式立法机制达致变通效果，尚处于"空白"阶段。参见：田钒平：《罪刑法定约束下民族自治地方刑法变通的边界辨析——以少数民族习惯法与国家刑法之间冲突的协调为分析视角》，载《民间法》第13卷，第198页以下。

② 关于他者，乃笔者借用王伟臣的表述，但在具体使用时，其内涵与意义已经发生了变化。所以，此处使用"他"者，已经不完全是"格卢克曼与博安南之争"语境下的他者。参见：王伟臣. 法律人类学的困境——格鲁克曼与博安南之争［M］. 北京：商务印书馆，2013.

③ 陈涵平. 文化相对主义在比较文学中的悖论性处境［J］. 外国文学研究，2003（4）：135.

④ 叶启政. 社会理论的本土化建构［M］. 北京：北京大学出版社，2006：29-30.

并在法系背景下的对比，旨在说明中心与边陲的社会互动关系。在以一种优越姿态来审视处于边陲的"他"者时，如何进行恰当的理解与表述，不仅关系着其社会身份与地位，更为重要的是它关系着一种怎样的社会互动模式，即使二者处于一种统治与被统治关系，但他们又是怎样的交错较量，是我们极为关切的核心。下文的分析，我们将通过主、客位视角的理论，来把握中心与边缘——国家法与民间习惯法的互动。

　　其二，如何界定法律？当我们谈到中心与边陲关系时，关于如何在中心话语权的视域下把握边陲事物性质，成了一个不可避免的话题。在这个英美法（中心）相对于土著法（边陲），国家法（中心）相对于民间习惯法（边陲）的特定语境里，他们都试图在问：土著法是否具备英美法的特征？民间习惯法是否具备国家法的要素？这一古老而常新的话题——什么是法？一直不断地被界定，也一直不断地被否定，更甚者认为我们不需要去界定什么是法律，我们需要关注的是法律在做些什么，如 Simon Roberts 就主张放弃对法律下定义，从更为广阔的社会学视野来理解秩序①。但在西方法人类学的"规则研究范式"下，关于界定法律是什么成为不可避免的话题，并因此常常受困于法律的定义。因为"格卢克曼和博安南所从事的经典时期的法律人类学有着特定的研究目的和分析方法，他们通过个案研究观察非西方社会的纠纷解决，试图去弄清楚是否所有社会都有法律或类似的制度，正如格卢克曼在 1965 年《部落社会的政治、法律和仪式》中所说，这涉及的是一个引发百年争论的疑问：什么是法律"②。博安南（Paul James Bohannan，美籍人类学家）研究提甫（Tiv）族的法律，站在主位视角纂写《提甫族的正义与审判》（*Justice and Judgement among the Tiv*）。书中他扬弃西方法律术语，而引用该族人自用的术语。他区分"土著的体系"（folk system）与"分析的体系"（analysis system）：前者是土著们自行发展，针对行为目的的民族志事实而建构的概念体系；后者则是科学家为了研究目的而发展的概念体系。"土著的概念体系，是无法用研究者（身为西方人的博安南）所处的西方社会的法律术语来正确描绘的。"③ 因此，博安南在理论上主张用主位视角，即从文化的内部去理解，亦是通过该族的民俗体系把握他们的法律。但那只是博安南在理论上的做派，究其实践研究时，仍然会使用西方的法律范

---

①　[英] 西蒙·罗伯茨. 秩序与争议——法律人类学导论 [M]. 沈伟，张铮，译. 上海：上海交通大学出版社，2012：1-28.

②　王伟臣. 法律人类学的困境——格鲁克曼与博安南之争 [M]. 北京：商务印书馆，2013：225.

③　林端. 儒家伦理与法律文化 [M]. 北京：中国政法大学出版社，2002：28-29.

畴为法律下定义，得出"因为提甫族人没有西方意义上的'法律'，所以提甫族人就没有法律。这仍然是一种典型的西方中心主义的法学观"①。与此同时，撰写《北罗得西亚巴罗策人的司法程序》（The Judicial Process among the Barotes of Northern Rhodesia）的格卢克曼（Max Herman Gluckman，英国人类学家）认为洛兹人有法律，因为他认为被社会成员广为接受的规则即可视为法律。这与博安南所认识的不具有西方法律规则形态的法律就不是法律的结论完全不同。由此可见，关于什么是法律的界定，很大程度上取决于研究者的视角、立场与理解、表达方式。正如我们研究我国民间习惯法一样，也会追问民间习惯法虽然可以成为他们自己的行为准则的杠杆，遇到纠纷时也会成为有效的裁判规则，但它是否具有国家制定法的要素，成为真正意义上的法呢？再者，各地都有自己的方言文化、民俗体系，用国家法去理解他们的秩序价值观，经常会发生所谓的"特殊正义"与"普遍正义"之争，此时，又该如何协调二者的衡平正义？对于这个问题的探索也使得我们不得不去追问何为法律，该从哪些不同的角度去解释法，或者索性放弃对法的定义，转向对过程研究的关注上。综上所述，我们将试图在以上两个理论视角下，回答民间习惯法与国家法互动所面临的困境。

二、主位视角与客位视角

法人类学的百年之争与现实困境，起始于英籍格卢克曼与美籍博安南主客位视角下不同的认识论与方法论。就格卢克曼的客位视角而言，他所主张的乃是通过英美法的体系、术语架构"没有文字"的巴罗策人的法律。他主张放弃对巴罗策人本土语言的纠缠，从具有渗透性与吸收性的法律概念着手，把西方法律中既有的法律术语和概念应用于巴罗策的整个社会，并试图对这些法律概念做出不同的假设与推定。形象地说，格卢克曼是借助西方法律概念的"形"去建构一个无文字社会的法律体系，而关于巴罗策人的法律的"神"则需要做出不同历史与内涵的解释。通过此种研究方法，他试图希望找到一个特定社会制度中的规范性与观念性的关联，从而将相似的制度在不同社会中进行跨文化比较。然而，博安南对此持相反态度和立场。就博安南的主位视角而言，他所主张的乃是通过提甫族人自己的民俗体系去解读他们的法律，他重视本土语言的感知与表达，认为某些词汇本身不具备替代性，不能通过翻译来塑造这个词

---

① 王伟臣. 法律人类学的困境——格鲁克曼与博安南之争 [M]. 北京：商务印书馆，2013：225.

的"真实面目"。他期望对法律民族志的描述能秉持客观的方式，即用本土语言来抒写。遗憾的是，人类虽具备建构与区分能力，却无法在对一个事物进行描述时放弃分析，正如我们不能完全将事实与价值分开一样，这两种事物的混同与综合才是科学的常态①。

从上述分析可以看到，所谓主位视角指的是通过本土文化去理解本土的法律，即在所处的既有的民俗体系下理解土著习惯法，不对制度环境进行变迁。而所谓客位视角是指本土的法律被他文化的土壤所移植，实际上是更改了理解本土法律的制度环境，主控权由具有中心地位的英美法所决定。格卢克曼和博安南关于主客位视角的争论，其核心问题是想说明应该如何理解与表达他者，这个他者的身份与位置乃是建立在以西方法律为中心的强势话语之下的表述。即使是博安南的主位视角下的民俗体系建构，也无法从根本上逃脱西方法律范畴的中心辐射。面临这种悬而未决的困境之争，现实中二者的互动——西方的英美法与土著法，呈现出规范性与理念性之差时，是否造成阻碍而无法沟通了呢？答案是否定的。在这里，我们需要注意的是，虽然主客位视角对于认识、理解和表述他者具有重要意义，但是，如果我们对主客位视角的关注仅停留于博格之争的历史中，是毫无意义的，它并不能促成我们对这种研究范式的意义思考。博格之争是"非此即彼"的哲学立场，因此成了法人类学的百年困境，无法自解。

因此我们需要追问的是，如何"即此即彼"，游走于主客位视角之间，通过两种视角的相互转换而达到我们所需要解决的实际争议。换句话说，我们应该从博格之争的如何认识与如何表达，转向笔者所说的如何去做——解决现实的纷争。此种纷争的研究乃是关于如何在西方英美法与土著习惯法交错时，进行有利的互动。美国著名人类学家劳伦斯·罗森在《法律与文化——一个人类学家的邀请》里为我们提供了一个绝佳的个案描述，使我们清晰可见主客位视角在司法运作中是如何转换的。

一个法律寓言："20 世纪 50 年代，一位名叫姆达鲁巴（Muddarubba）的澳大利亚原住民用长矛刺死了一名原住民妇女，因为这位妇女用男性生殖器官的称谓辱骂了这位男子。白人法官在指示一个完全由白人组成的陪审团时说道：你可以裁决这位原住民被告无罪。可是，如果你认为，即使按照他自己部落的标准，他也不应该杀害这位妇女，那么你必须认定其谋杀罪成立。然而，尽管

---

① 关于格卢克曼与博安南争论的具体内容，详见：王伟臣. 法律人类学的困境——格鲁克曼与博安南之争［M］. 北京：商务印书馆，2013.

在我们自己的信仰看来，这种杀人行为是不对的，但是如果你认为该男子的所作所为在其部落的观念中是可以接受的，那么你可以认定其罪行不是谋杀，而是不太严重的过失杀人。最后，这位法官总结说，这个原住民有罪与否的判决，完全取决于你们"①。

在这一段并不复杂的寓言描述中，法官的智慧展现得淋漓尽致：首先，他深刻地认识到，作为文化的法律，首先是一种地方性知识。此时的法官已经站在文化相对主义的立场来审视这桩杀人案，而没有直接认定该原住民因为杀人就构成谋杀罪。其次，他充分地意识到，应该指引白人陪审团成员，站在原住民所处的部落立场，即他者的主位视角与场域中去解释原住民用长矛刺死妇女的行为。再次，他还保持着一种客观的理性，警示陪审团成员，即使按照自己的信仰不能完全认同原住民的杀人行为，但如果这种因男子尊严被侵犯后而做出的杀人行为是该部落视为可接受、可理解的，那么陪审团可以酌情降低入罪的标准。即此时，陪审团重新站回自己的客位视角——普通法的规范与理念，进行合理的法律事实认定。最后，法官回归到中立的听审位置，告诉陪审团，选择何种标准为正当，完全取决于你援用的法律与自身的信仰。进而言之，无论采纳主位视角还是客位视角，都能做出一个合理的审判结果。

我们发现，法官在这件案子中的演绎手法是高超的。因为他不但善于把握法律的文化之维，深刻懂得离开原住民所在部落的民俗体系，是无法理解用长矛刺死妇女的行为，因此首要考虑的是原住民内部法律事实的认定问题。从另一个侧面也说明了原住民所处的部落具有权威性的习惯法。同时，我们也从这位法官身上看到指引白人陪审团的艺术手法。白人陪审团相对于原住民而言，是一个真正的外来者，所受的文化熏陶与信仰也与原住民完全不同。从普通法的立场来看，故意杀人行为定然构成蓄意谋杀罪，且根本不能认可仅因为"尊严受损"就生起侵害他人生命这样不对等的恶性报复。如果此时，陪审团按照普通法立场做出裁决，显然不是法官所希望结局。因此，法官指引陪审团能站在自己的客位立场，对原住民的罪行认定能降低一个入罪标准——从谋杀罪到过失杀人罪，即对原住民的判决网开一面。关于这则寓言故事，虽然我们无法查清前因后果，即为什么原住民最终没有在部落内被裁决，而走上了法庭。但有一点值得肯定的，从故事的叙述中，我们充分地认识了法官是如何进行主客位视角的转换，是如何利用部落的规则与理念，平衡普通法要求的。

----

① ［美］劳伦斯·罗森. 法律与文化：一位法人类学家的邀请［M］. 彭艳崇，译. 北京：法律出版社，2011：导言第 1 页以下.

在经历前述西方法人类学的历史与故事的铺陈之后，我们似乎该问：上述的讨论对于我们看待中国的民间习惯法与国家法互动具有怎样的启发与意义？的确，关于西学中的背景、概念、体系乃至假设、推定的起始点都可能完全与我们的不同，那么又如何借鉴西方的覆辙？此处，我们需要做的不是跨文化的制度比较，而是借用这种分析的思维框架，一种研究范式的"形"，来分析我们自己的制度研究。

事实上，民间习惯法研究的学者一直秉持着"文化相对主义"的立场，期待主流法学（国家法）的学者能以平等、尊重的态度看待习惯法在民间的存在价值①。研究习惯法的学者认为：首先，中国的传统文化不可废弃，其中就隐含了对习惯法的传统价值的认可。在论述民间习惯法与国家法关系时，传统与现代成了一对无法逃离此框架分析下的范畴。传统观是主位视角，现代观是客位视角。其次，就地方性知识视角来看，民间习惯法乃是一种本土化的法律资源，国家法是一种西方移植的产物。此时，本土资源论成为主位视角，法律移植论成为客位视角。我们由此看到：传统与现代、本土与外来这两对范畴成为长期以来学者分析二者互动关系时，所不可避免的对立。这种二元对立的研究范式，应用于许许多多个案延伸上，形如囚徒困境一样，陷入无法自救的危机之中。这种研究范式使我们不得不去反思，是否我们的个案研究要一直陷入这种不能融合与阐释的境遇之中。

与此同时，研究习惯法的学者在表达习惯法时也采用了格卢克曼式的方式，进行了语言的翻译工作，借用了国家法的概念运用于习惯法规则上，期望展开跨制度的对比研究②。有趣的是，我们大多时候是采用了客位视角的形式表达，内壳里却装着主位视角的立场态度。因此，我们所谓的游走于主客位视角之间，乃是一种"人在曹营心在汉"的做法。我们寄希望于习惯法能穿上"现代"形式的外衣，以符合国家法律的审美与认同；同时又怀着不能"忘本"的信念退回"传统"的避风港里，以保存日渐式微的习惯法影响。

综上所述，民间习惯法与国家法的互动困境，首先是我们容易陷入传统与

---

① 比如研究侗族习惯法学者吴大华，就曾经指出"对少数民族习惯法的研究应当秉持'法律多元'的立场和'文化相对主义'的观点"。参见：吴大华，潘志成，王飞. 中国少数民族习惯法通论［M］. 北京：知识产权出版社，2014：5.

② 比如研究凉山彝族习惯法的学者李剑就采取了此种研究方式。他把彝族习惯法中关于"伍兹节威"作了翻译与解释，认为它属于本土（彝族）法律的规范与判例。与此同时，他还指出："'伍兹节威'在思维方式、运作方式和法律形式上，均与普通法系有许多暗合之处。"参见：李剑. 凉山彝族纠纷解决方式研究［M］. 北京：民族出版社，2011：98.

现代、本土与外来的二元对立的主客位视角中。当民间习惯法与国家法发生冲突时，我们习惯用"文化"这个大帽子来统摄所有关于二者关系不和的最终理由。的确，法律是一种文化，文化也深受法律的影响。我们从来无须质疑传统与现代的二分价值，也不可否认本土与外来的既存事实，因为它是社会变迁中不可抹去的社会实在。其次，关于我们对于"文化相对主义"的实践，其本质上也没有实现真正的平等，而是一种不对称的合作。我们的国家机关，比如，法院、公安在介入纠纷时，往往实行的是"以习惯法来利诱，以国家法来振威"的方式达到定纷止争，但最后的裁判书上仍然是洋洋洒洒的"依据国家法的相关规定…"。这一方面原因是我们的制度中没有给法官预留司法裁量权的空间，另一方面，也是国家法强势话语对民间习惯法造成了挤压。导致这种畸形的主客位转化运用在我们的实践中比比皆是。但这种做法长此以往所带来的问题是：民间习惯法无法得到正式的发展，而国家法也因此失去了扎根民间成长的机会。这些可以逐步修正的法理念与法规范，无法通过有效的渠道获得公开，使以国家法为研究中心的法学家们没有机会关注这个边缘的学术市场。最后，我们需要反思的是，倘若我们模仿格卢克曼式的方式来叙述民间习惯法，我们的制度对比研究——民间习惯法与国家法关系互动能走多远，这是另一个值得深思的问题。

三、规则中心范式与过程主义范式

规则中心范式与过程主义范式，是西方法人类学又一个二元对立的范式研究困境。之前所谈到的格卢克曼与博安南，虽然在研究非西方社会的"法律"时，存在主客位之争，但就二者所研究的目的而言，都是在替西方社会寻找非西方社会是否存在法律这一事实。无论是格卢克曼的代表作《司法程序》，还是博安南的《正义审判》，以及霍贝尔与卢埃林的著名代表作《夏延人的方式》，都是规则中心范式下的研究作品。颇具讽刺与戏剧性的是，一方面卢埃林对霍贝尔当年的困惑——到底土著人的不成文规范是不是法律，做出回避式的伪指导①；另一方面，他又将英美法的案例研究方法嵌入式地植入了人类学的实证研究，开启了个案研究分析方法的法人类学时代，并因此导致法人类学陷入规则中心范式的窠臼中。因此，在《夏延人的方式》一书中，他们回避了对法律的定义，但事实上霍贝尔对此有不同的主张，他认为应当对法律下一个定义，这一做法在他接下来的作品《原始人的法》中予以彰显。因此，霍贝尔被划入法人类学的"法学家派"。

在规则范式的研究下，存有两个基本议题：其一，主张用西方的法学观念去检验非西方社会是否存在法律，例如，土著民的习惯规范到底是不是法？其二，如何界定法律？主张对法律下定义的，属于"法学家派"，其代表人物有霍贝尔（Hoebel）、巴斯比昔（L. Pospisil）、格卢克曼、卢埃林。而主张放弃对法律下定义的属于"非法学家派"，代表人物博安南、罗伯茨（S. Roberts）、古利佛（P. H. Gulliver），"后者批判前者是'削足适履'，前者则批判后者，把法律跟其他社会规范混在一起而不分"②。

那么"法学家派"是如何界定原始法呢？美国著名法人类学家巴斯比昔提出了法的四个属性理论。他认为，所谓法，应当具有四个属性：一是权威；二是普遍适用的意图，用于区分法律决定与政治决策；三是 obligatio，他使用拉丁语来表达此种属性，指的是一方负有义务，一方享有权利；四是制裁，它包含物质制裁与精神制裁。具体来说，所谓权威，实际上指的是一种决定，用于区分习惯。他认为："法律的形式是一个决定，而不是规则。"③ 那么，这个权威的决定由谁做出呢？他接着说："权威可以是一个正式的部族社会的首领，也可

---

① "1933 年 6 月，霍贝尔与卢埃林一见面就告知了他的困扰：印第安土著的科曼契人有所谓的'法律'吗？如果没有，这岂不成了一个伪命题；如果他们的'法律'就是习惯性规范，那么如何研究这些不成文的规范？卢埃林略做思考后，立刻给出了解决方法：定义问题可以绕开，因为所有社会都存在纠纷，所以只需要关注那些解决纠纷的制度和方法就可以了，不管它们能否被称之为'法律'；方法论问题可以通过研究实际的纠纷来解决，而不需要去判断究竟存在那些规则。"转引自：王伟臣. 法律人类学的困境——格鲁克曼与博安南之争［M］. 北京：商务印书馆，2013：39.

② 对此作出分类与评判的是德国柏林自由大学教授乌韦·威塞尔（U. Wesel），他在 1985 年专著《国家社会之前的早期法律形式》一书中使用了"法学家派"与"非法学家派"的说法，并由台湾大学社会学系教授林端翻译引进。参见：林端. 儒家伦理与法律文化［M］. 北京：中国政法大学出版社，2002：21. 以及关于是否存有两种学派的实情，详细阅读"林端的解答"，参见：王伟臣. 法律人类学的困境——格鲁克曼与博安南之争［M］. 北京：商务印书馆，2013：230-232.

③ 张冠梓对 Pospisil 的私人专访："什么是法——法的四个属性。"张冠梓. 多向度的法——与当代法律人类学家对话［M］. 北京：法律出版社，2012：229-231.

以是一位头人——这是非正式的权威，也可以是一位裁判者，还可以是一位政治人物等。权威也还可以是一群人，三四个人共同做出决定。"① 因此在巴斯比昔看来，所谓的权威实际上是指可以做出具有实际效力决定的决策人，权威的把控取决于该群体中的政治魅力性人物。那么，什么又是普遍适用的意图？他说："当权威做出一个决定时，他宣称这个决定是基于一个原则做出的。他不断地重复这个原则，并指出这是人们的通常做法。他也许会引用一条规则，按照这个规则，案子就应该这样判。又或者他会引用一个与此案类似的先例，按照已有的先例做出决定。或者他仅仅是根据一个习惯做出某个决定……法律决定是可以适用于所有案件的，包括过去已发生的案件。"② 由此，我们也可以清晰地理解，在巴斯比昔看来，普遍适用的原则，是一种非常重要的原则，它不可以朝夕令改，需要有一个可以参照的先例或者惯常做法支撑法律的公正裁决。它不同于一般性的政治决策，可以随时做出内容或者程序上的变更。接下来，是 obligatio，它不同于英语 obligation，后者指的是对某人负有责任，前者是双方当事人联系到一起，作为一个整体，一方负有义务，一方享有权利。因此，在这里，他希望表达的是："当你做出了一个决定，在这个决定中，只有权利的享有方，却没有确定的义务的承受方，那这就不是法律。又或者，如果一方当事人是鬼魂或神灵，而不是活着的人，那也不是法律，而是由活着的人来代表超自然力的宗教法。在一个纯宗教现象中，人们对上帝负有义务，但是没有人来代表上帝。所以，权利义务可以把法律决定同宗教现象区分开来。"③ 最后一个属性是制裁，其中除了物质制裁，还有精神制裁。"所谓精神制裁，就像是中世纪欧洲的示众台。那时候，罪犯必须在星期日站在教堂前面，并把他的所作所为写下来，放在他面前，人群就会过来围观。换句话说，示众台是一个羞辱犯人的地方。"④ 事实上，巴斯比昔所讲述的精神制裁实际上是一种非正式的社会制裁方式，诸如流言蜚语、羞辱、施加压力等手段，在熟人社会中非常行之有效。然而，巴斯比昔认为，提出制裁的属性是为了区分道德，一个法律决定必须具有有效制裁，但从精神制裁来看，它是无法做到与道德完全区分开的。

---

① 张冠梓对 Pospisil 的私人专访："什么是法——法的四个属性。"张冠梓. 多向度的法——与当代法律人类学家对话 [M]. 北京：法律出版社，2012：229.

② 张冠梓对 Pospisil 的私人专访："什么是法——法的四个属性。"张冠梓. 多向度的法——与当代法律人类学家对话 [M]. 北京：法律出版社，2012：229-230.

③ 张冠梓对 Pospisil 的私人专访："什么是法——法的四个属性。"张冠梓. 多向度的法——与当代法律人类学家对话 [M]. 北京：法律出版社，2012：230.

④ 张冠梓对 Pospisil 的私人专访："什么是法——法的四个属性。"张冠梓. 多向度的法——与当代法律人类学家对话 [M]. 北京：法律出版社，2012：230.

理论上，关于如何界定法律，还有一个重要的视角——法律的社会功能。林端说："法律是动态的文化现象。"接着，他引进绍特（Schott）的观点进一步阐明，法律的社会功能到底指的是什么。绍特认为：法律的社会功能分为初级功能与次级功能。初级功能里包括秩序功能——用于维持社会行为，还有控制功能——用于制裁。次级功能涵盖"教育的、治疗的、宗教的、巫术的、经济的、政治的，甚至娱乐的功能"①。林端进一步指出："初民社会有赖法律与风俗等维系社会的安宁，控制偏差的行为，任何对这种原始社会的想象，正面如无争的和谐社会，负面如无法律无规范的野蛮社会，都是违背事实而必须摒弃的。"②

通过上述两位学者对初民法律或者原始法的界定和分析，我们可以得出以下结论：第一，他们认为，非西方社会中存在的法律具有法属性，同时体现其社会控制功能。第二，他们认为，对于初民社会的法律，应当以该社会既有的事实与情形作为基础来理解，而不应当罩在"西方法律"的笼子里去幻想他们。因此，规则范式下的研究重心，实际关于是否有发现初民社会的法律，以及它们具有怎样的社会功能是问题的一方面。但其中很重要的目的就是对原始法进行改造，通过再制度化，为殖民政府服务。这也是为什么巴斯比昔会认为许多法人类学家研究的地区法律实际已经遭到殖民统治的肢解，部落中的原始法律制度已经遭到破坏，很难窥视到该部落的整体文化与法律体系的原因。

另一方面，放弃做定义的学者，即"非法学家派"主张：不要关注法律是什么，而应该去关注法律到底在做些什么，即不需要关注小型社会、少数族群中到底是否存在"法"，是否具有西方英美法的特征与样貌，而应当去关注现实中哪些社会资源、关系在维持着他们的社会秩序，探寻什么是有效的社会运行机制远比"什么是法"要重要。持此种观点的代表学者如西蒙·罗伯茨，他在1979 年出版的《秩序与争议：法律人类学导论》一书的前言部分写道：尽管本书的副标题是"法律人类学导论"，但我必须在开头就指出这不是一部关于法律的著作。在"法律人类学"标签下已经形成两个迥异的学术传统；一个明确的与法律相关，另一个与社会中的秩序这一更广泛的问题相关③。从罗伯特的观点可以看出，他认为，法人类学应当重点关注过程范式研究——纠纷解决过程，如此便可以从动态中把握纠纷与秩序的关系。

---

① 林端．儒家伦理与法律文化［M］．北京：中国政法大学出版社，2002：40.
② 林端．儒家伦理与法律文化［M］．北京：中国政法大学出版社，2002：41.
③ ［英］西蒙·罗伯茨．秩序与争议——法律人类学导论［M］．沈伟，张铮，译．上海：上海交通大学出版社，2012：前言 2.

那么过程范式，是否真的摆脱了法学的束缚呢？答案是否定的。根据Francis G. Snyder 的介绍，"过程范式在民族志和理论方法上有两个不同的面向，被区分为'纠纷处理过程（processing）'和'纠纷过程（processes）'"①。"纠纷处理过程"是面向法规范与法程序的关注：仍然是双方当事人分居两边，类似于法官的第三人居中裁断或调解，实践的亲历者可以出来作证或反驳，纠纷的处理结果主要依赖于习惯法规则。"纠纷过程"是面向文化人类学的视角：强调在冲突的程序中审视社会关系，尤其关注于纠纷纳入公众竞技场之前的怨恨阶段（grievance stage）。纠纷发生之前，双方当事人有着何种关系，对纠纷有何影响？纠纷发生之后，面临公众之前，双方当事人会运用何种社会资源选择何种解决方式来为自己谋取最大利益？因此，我们可以得出结论：过程范式下的纠纷与争议，有两个考察点。其一是从法律的角度观察法规范与法程序是如何运行的。其二是从文化的角度考查社会关系与网络是如何影响法律运行的。换句话说，对法律的强烈关注，仍然是过程范式下不能回避且必须直视的问题。

综上所述，我们可以看到，规则范式与过程范式所面临的困扰与争议，都是由于"法律与文化"的互动关系所导致的。法律的文化之维，迫使我们思考如何表述他者，如何转换主客位视角，如何定义法律等问题；文化的法律之维，亟须我们考查纠纷过程中的竞技与博弈，以及阐释法文化等问题。

综合地看，西方法人类学的困境——规则范式与过程范式，对于民间习惯法与国家法的互动困境有着重要启示。从规则范式层面看，我们的民间习惯法也存在着"法律"界定问题；从过程范式层面看，民间习惯法在面临纠纷解决问题时，也具有无法回避的"法律"正当性问题。

首先，从国家法视角出发，民间习惯法的认知问题始终存有争议。规则中心范式在西方社会语境中存在的两个面向，我们无一例外也相似地存在。其一，西方社会按照自己的想象去认识初民法律；我们是从国家法体系、规范、理念的视角去检验民间习惯法。其二，西方社会对原始法的调查是为了使其再制度化，用于整合社会需求；我们对于民间习惯法的研究也本着将异文化同质化，实现法律的整合化一。民间习惯法从其本体特征来看，属于一种自发秩序的产物，"所以它在组织结构上显得非常粗糙、松散、零乱，在运行程序上显得非常简单、随意、主观，在权利义务安排上显得非常模糊、杂乱和不成体系。很显然，与国法之精致复杂之结构、严谨冗长之程序、高度发达之技术、明确宏达

---

① 王伟臣. 法律人类学的困境——格鲁克曼与博安南之争 [M]. 北京：商务印书馆，2013：292-293.

之目标相比，民间习惯难免被人们误认是原始、野蛮、封建、落后之产物"①。因此，当我们用国家法视域来审视习惯法时，其负面的评价和认知就在所难免。再者，民间习惯法生存于小型社会中，强烈的地域性、民族性以及经验性决定了它的多样性，想将多元文化整合为一体，本身就是巨大的挑战。因此，国家法与民间习惯法的互动困境在规则范式下，首先需要应对的是如何认识习惯法。

其次，从社会功能的角度来看，民间习惯法在国家法长期浸淫之下自治能力受到质疑。从法社会学角度来看，不是只有国法才能维护社会秩序，相反，民间社会的自治规则，才是社会得以有序的根本。但不得不承认的是，国家法多年来对基层社会的逐步下行，使得原有自治的习惯法转向半自治的法律自主状态。尤其是宪政视野下的村民自治——村规民约，更是习惯法日益式微的象征。因此，民间习惯法原有的法律自给、自足、自治的状态被逐步瓦解后，其"残兵实力"开始备受质疑。但是，现实的困境是，国家法总想包揽和控制基层社会，但事实上总是力不从心，失去习惯法的后备军，社会秩序会陷入灾难之中。

最后，从纠纷解决的语境下审视，习惯法下的民间调解、裁决与国家法下的官方调解、裁判形如"竞技场"。过程范式下的研究，给予我们的启示是，我们不仅要观察纠纷中的法律，还要观察纠纷中的社会关系与文化，这一点在习惯法的运行中体现得淋漓尽致。我们过去谈的是习惯法与国家法的冲突与互补，却少有谈论形如"竞技场"的二者博弈，或者说对二者的博弈状态分析不足。我们缺乏的不是过程范式下的法律分析，阙如的是如何从文化角度分析当事人评估自己所处的社会关系优劣势，与法律做"交易"。进一步地说，习惯法与国家法之间的互动态势，本身成为纠纷人的利益杠杆，谁有利，就选谁。这和我们以往谈论对法律的忠诚与信仰，有着完全不同的理解，因为，处于法人类学的观察视野下，就不得不对人类学所真正关注的问题予以重视。

第二节 秩序的合法性与正当性差异

如果说，我们对法律的研究，是为了帮助社会实现更好的社会秩序，那么反过来，我们对秩序的关注，却不仅仅是因为法律，因为秩序所包含的内涵与

---

① 李可. 民间习惯进入国法的本体障碍——以当代中国法治为背景 [J]. 青海民族研究，2012（2）：48.

外延远远超过法律的范畴。也许正因此，西蒙·罗伯茨才说，他对法人类学下的秩序关注，是指更为广义的社会中的秩序，而不是法律秩序。在习惯法与国家法关系的特定语境下，选择"秩序"作为核心切入点，是透视二者关系的又一个重要视角，它能由表及里地观察到二者冲突的对立点，且能从本质上看到二者无法互相取代的理由。所谓互动困境，不是我们刻意塑造出来的假象，而是由于这两种制度本身存有不同的秩序观所导致的"错位"。关于有序与无序的评判，已经不是由一种标准所决定，而是需要在思辨之下，即动态的、变化的、情景化之下才能展开合理的讨论。民间习惯法所遵从的是当地的习俗与经验，因此，习俗和历史经验才是他们心目中秩序的来源，这样的秩序才被视为合乎情理，视为正当。也正是因为如此，习惯法所坚守的秩序观也会当然地不同于国家法。由于对秩序理解的不同，习惯法在与国家法互动中，总是面临各种困难，因此，我们的分析将着眼于拨开这一层层迷思，试图解构互动困境的实质。

一、思辨下的秩序：有序与无序

"秩序乃是一切事物依照一定的规则或规律呈现出的和谐状态。从人类可以观察到的现象和经验看来，无论在自然界、动物世界还是人类社会，秩序都是普遍的、绝对的、衡长的、确定的和连续的，而无序状态则是特殊的、相对的、暂时的、不确定的和非连续的。"① 没有人愿意生活在一个无序的社会里，因为在一个安全、可靠、稳定和可预期的社会里，人们可以安于习常，虽然事情不一定会变得更好，但是也不会变得更加糟糕，对有序世界和社会的有意建立，根植于人类心理的社会需求。

民间社会根据自我的心理需求和社会需求，在长期的社会生活中，自生自发地形成了一套属于自己的规则体系，用于维持地方社会秩序。倘若没有国家法体系的存在，没有国家对基层治理的介入，所谓的"无序"之论，也就缺失了参照的对象。无论是国家法体系，还是民间习惯法体系，都会在所属管辖范围内存在不同程度的社会无序现象，但此种"无序"现象的评价是建立在同一的社会准则体系之下，和我们讨论的国家法视野下的民间习惯法中存有的"无序"有着完全不同的语境。从主位视角来看，民间习惯法依照自己的民俗体系，维护社会秩序，此体系具有合理性与正当性，并没有无序观的存在。但从国家法客位视角来看，习惯法反照国家法理念与规范，则存有许多"违法"之处，被视为无序状态。

---

① 尹伊君. 社会变迁的法律解释 [M]. 北京：商务印书馆，2003：271.

我们以习惯法中最为常见的"处罚法"为例说明。在黔东南苗族社区，最常见的罚则就是当地的罚"3 个 100"，或罚"3 个 120"。它一般出自习惯法或者村规民约之中，指由于当事人触犯了村庄共同制定的契约行为，被罚从自家拿出 100 斤肉、100 斤米、100 斤酒，供全村寨的人吃喝。有的村庄罚得更多，在此基础上各增加 20，俗称罚"3 个 120"。例如，黔东南雷山县郎德镇也利村村规民约第三十五条规定："（触犯村规民约）第二次以上的，由其家长或监护人拿出肉 100 斤、米 100 斤、酒 100 斤，请村干部和全村寨老共同进行教育，并由寨老带其巡回全村喊寨一次。"锦屏县三江镇潘寨村村规民约 4 条："引起火灾事故的，罚大米 120 斤，米酒 120 斤，肉 120 斤，后果严重的，送交司法部门处理。"还有的村寨的村规民约虽然没有明确规定"罚 3 个 100"或"罚 3 个 120"，但所罚实际数量已经超过这个数目，如雷山县郎德镇报德村村规民约第四十四条："故意造谣诽谤他人，如某家有老虎鬼或某人有蛊等，致使其声誉狼藉或人格受辱的，除罚款 200 元，还要诬陷者供全村每个人口 5 两肉、半斤米和 3 两酒集体吃一餐，以此辟谣和消除隔阂；罚款 50%归受害者，50%交村委会。"[①] 一般村庄对当事人处以这样严苛的惩罚，只有一个目的——罚得他倾家荡产，不敢再犯。涂尔干曾经有力地指出，犯罪有利于维护社会团结，因为它能激起共同体成员的集体情感。"惩罚的作用在于使共同意识得到满足，因为共同意识为集体的一个成员的犯罪行为所伤害，它要求补偿，对罪犯的惩罚就是对所有成员的感情给予补偿。"[②] 因此，当有人做出集体成员所共同否定的社会行为时，村庄共同体就会全体讨伐之，以财产罚复原集体情感，这就是罚"3 个 100"或"3 个 120"的社会效果。

然而这种用以恢复村庄秩序的"罚"，却在一定程度上僭越了国家法度，因为出于对个人财产权的保护，这种民间惩罚力度已经达到国家法所规定的民事侵权程度，这种处罚权的设定与行使也侵犯了国家行政处罚法的所谓"处罚法定"的垄断地位。更为有趣的是，苗族习惯法随着法律变迁——国家法的下行，在原有惩罚的基础之上，不仅区分罪与非罪，而且在罪的基础上加处，实行双罚制。比如，在苗族传统观念中没有强奸和通奸的区别，只有行为结果与行为人身份的区别，即使是在青年男女游方（自由恋爱）中发生两性关系，致使女方怀孕的，也要赔偿女方 1 头水牛，并责令男方娶该女子为妻。因为苗族恋爱

---

① 徐晓光. 原生的法——黔东南苗族侗族地区的法人类学调查［M］. 北京：中国政法大学出版社，2010：140-143.

② ［法］雷蒙·阿隆. 社会学主要思潮［M］. 葛智强，胡秉诚，王沪宁，译. 上海：上海译文出版社，2013：304.

虽然自由，但是以结婚为目的，游方是婚姻的前奏曲。一般来说，"男子与有夫之妇通奸要赔偿三四头牛"①。但现在的苗族社会区分了行为性质，有了强奸和通奸的区别，前者属于犯罪行为，后者属于道德规范。因此村规民约规定："对强奸和通奸行为，一经发觉，除供全村人吃一餐（数量另定）作消邪，对强奸者押送司法部门依法惩处。"② 我们可以看到，对于强奸行为，不仅要进行习惯法处罚，还要移送国家法处理。从这种双罚制度，可见苗族习惯法的势力不因为国家法的介入而递减，反而更加增强了其正当性，使其效力更有依据性。

那么这里就出现两个问题，一个是过去的"单罚"，一个是现在的"双罚"。这两种罚，如果从习惯法的角度来看，都是一个罚，因为同样是作用于村庄共同体。但是从国家法的角度来看，是从内部处理转向了内外部同时治理。这种"双罚"是否也是社会乱象的表现——因为它可能失去法的公平性，对一事二罚，一事再处理。是否只要交由国家法处理，就实现了法秩序的要求？还是如果国家法惩罚了，习惯法就不再介入？这又需要回到有序与无序的世界观中进行反思。

苗族习惯法可不可以对"强奸和通奸"不处罚？答案是否定的。虽然国家法将强奸视为犯罪行为，对通奸不予干预，但从习惯法角度来说，二者具有同等的社会邪恶性，都会让村庄弥漫着社会失范的社会风气。习惯法以惩罚为手段，但以教化示人，习惯法内部的处置，宣示着苗族人的禁忌，警示着同族人不要重蹈覆辙。因此，地方秩序的恢复通过习惯法惩处得以实现。与此同时，将强奸另行交予国家法处置，乃是出于对国家法的遵守，对国家法秩序的维护。它的根本目的乃是希望通过国家与社会同治，更加巩固习惯法在当地的社会权威，其意并不在于削弱自我。

因此，虽然苗族习惯法中的"罚"，某种程度上超越国家法度，但我们不能忽视它的存在，仅以"法度"来度量习惯法的"无序"是不符合秩序的正义性要求的。国家法在民间社会治理中，其局限性仍然不可回避，其有效性也处于半真空状态。因此，我们大多时候，还需要依赖民间社会实现自我管理、自我教育。在衡量民间习惯法到底是不是"无序"时，我们的衡平原则，不是其是否完全僭越国家法度，而应当诉诸秩序的正当性，即秩序的正义性。当民间习惯法所实现的正义性与国家法所要实现的正义性具有价值重叠或较为一致时，

---

① 徐晓光. 原生的法——黔东南苗族侗族地区的法人类学调查 [M]. 北京：中国政法大学出版社，2010：147.

② 徐晓光. 原生的法——黔东南苗族侗族地区的法人类学调查 [M]. 北京：中国政法大学出版社，2010：148.

我们应当对习惯法予以支持，或者是有的学者说的"睁一只眼闭一只眼"。国家法对习惯法的"无序"的容忍，应把握"度"，但"度"是一门艺术，因此我们还需要把握一些具体的原则，如正义。那么如何把握正义，那就是在动态中、在情景化之下衡量习惯法是否做到了维风导俗的社会效果。因为，对于"善"的追求，无论是国家法还是习惯法，都不会拒绝和阻挡。

二、秩序的正当性：依据的不同

亚里士多德曾将法治定义为："已成立的法律获得普遍的服从，而大家所服从的法律又应该本身是制定得良好的法律。"① 获得普遍的服从，指的是法的权威性。良好的法律，指的是法的正当性。因此，亚里士多德告诉我们，要实现法治，良法才是实现的保障基础。那么，何为"正当"？"在社会领域，'正当'一词是指人们基于特定价值尺度对社会秩序、制度与人的行为、思想所作出的判断：符合人们所认同价值的秩序、制度、行为和思想，被认为具有正当性，反之，则被认为不具有正当性。"②

我们为何要追问秩序的正当性？首先，"秩序内含人们治理社会的目标与方略，而这些目标与方略无疑同人们的基本需要相关联。脱离需要，就无法理解人们的目标与方略。人们要实现特定的目标与方略，必须首先证明它们具有正当性"。其次，"缺乏正当性依据的秩序，便会面临危机，难以长期存续。因此，寻求合适的正当性依据，对于秩序的存续至关重要"③。

在上述中，我们阐述了习惯法中关于僭越国家法度的问题。我们认为：对民间习惯法的合理性检阅，应当从法的正义性、秩序的正当性入手。习惯法与国家法的互动焦点源于法观念的差异，换句话说，受型构世界观、秩序观的文化影响，族群对来自土生土长的社会生活和文化的洗礼与来自国家法文化的辐射，有着不同的情感意识与生命体验。正因为如此，我们需要试图了解，是什么影响着族群的价值判断，是什么导致了它与国家法相互冲突。进而言之，我们要追问习惯法的法秩序的正当性问题，即什么才是他们所认同的民间秩序，哪些依据是其秩序用于维护的目标与方略，什么是他们的真正需求，什么又是他们需要与时俱进，使其符合"正义"的时代需求。

简而言之，习惯法的秩序正当性依据主要有以下几个：一是社会习俗，二

---

① ［古希腊］亚里士多德. 政治学［M］. 吴寿彭，译. 北京：商务印书馆，1981：199.
② 高鸿钧，等. 法治：理念与制度［M］. 北京：中国政法大学出版社，2002：144.
③ 高鸿钧，等. 法治：理念与制度［M］. 北京：中国政法大学出版社，2002：146.

是权威人物，三是超自然力量的神判，四是民意基础。这种秩序正当性与国家法独居垄断地位而理所当然地具有正当性有着根本不同。下面我们将对这四方面进行简要阐述。

第一，社会习俗。习俗，是习惯法的秩序维持的重要依据。所谓"依俗而治"，就是按照当地的民风民俗来治理地方。"国法易改，民俗难移"，民俗作为一种被世代传承的文化，经历了长久而缓慢的社会变迁，有些习俗在认知变化中逐步得到修正，有些习俗因为不合时宜被废弃，而有些习俗却得以延续至今。在黔东南地区，苗族习惯法保留了较为完整的婚姻习俗。我们将以此为例，阐释其作为某种特定的社会习俗，是如何交织在习惯法中支配人的行为，又有哪些负面或隐性的因素对现行婚姻法制运行造成困境。主要而言，苗族的婚姻习俗在现代还有所影响的有以下几种：

其一，"抢婚"，也被称为"偷婚"。和我们现代常见的婚姻仪式所不同，苗族在传统上，把"抢婚"习俗作为婚姻缔结的一种仪式：一般都是女方瞒着娘家人，让中意的男方"抢去"成婚，先去男方家举行结婚仪式，然后再由男方拿"彩礼"回女方家告知已经结婚的事实。一般而言，"自愿"被抢婚的，无外乎出于两种原因。一种是女方为了回避传统上的"舅权"，"苗族大都实行家族外婚制，一般同性与异性同宗不婚，这种家族外婚制最突出的特征，就是姑舅表单方的优先婚，同时又严禁姨表姐妹通婚"①。因此，苗族的婚姻习俗鼓励姑舅婚优先，即舅家的儿子有优先娶外甥女作为儿媳的权力，属于"还娘头"的传统，意思是说当年姑妈出嫁时，家里拿出部分财产作为嫁妆送了出去，分了舅舅家的钱。因此，姑妈的女儿长大后嫁回舅家，把当年的嫁妆钱还了回来。如果外甥女不嫁给舅舅的儿子，而嫁给了别人，则外甥女婿需要出一大笔舅爷钱给舅舅家作彩礼，俗称"舅爷钱"，是对"舅权"的一种妥协形式，而抢婚则可以逃避这种舅爷权。另一种是男方为了避免漫长地从恋爱到婚姻过程中的巨大开支。苗族传统上对从恋爱到结婚的身份认同有长达三年之久的时间，其间，男方多次登门女方家，花销巨大，许多男方因承担不起，考虑通过"抢婚"来结束这场漫长的等待与认同。然而，苗族的抢婚习俗不仅有善意的还有恶意的。所谓"恶意抢婚"是男方违背女方当事人的意愿，利用暴力胁迫等手段，强行与之缔结婚姻关系，通过把"生米煮成熟饭"，威逼女方家人强行嫁女儿。事实上，这种恶意的抢婚行为并不为苗人所认可与接受，但大多时候出于无奈与颜面，又不得不以"和解"的方式得以了结。倘若感到不服气，向当地公安

---

① 刘柯. 贵州少数民族风情［M］. 昆明：云南人民出版社，1989：38.

举报案情，可能还会遭遇"因俗而治"而不予立案的处理。这种尴尬的境遇，似乎暗示着苗族的抢婚习俗因"原罪"而自食其果，所以当因其遭遇险境时，当地的公安、司法部门囿于习惯法的根基，选择迂回处理，看似合理实则谬误。抢婚作为一种传统习俗被保留下来，成为苗族婚姻习惯法的组成部分，有其特定的历史成因，当世事变化时，人们的观念也随之发生改变。当恶意抢婚被苗族人自我否定时，国家法需要有"亮剑"的精神，斩断这种不符合时代的恶习俗，从而保留习俗中"善"的一面作为苗族婚姻习惯法的遗产文化，使之得以传承。与此同时，国家法的正义与权威也在处理这类案件中获得实效，起到良好的疏导国家法与习惯法关系的作用，从根本上瓦解二者的冲突。

其二，"游方"。苗族有谚语："后生不学唱，找不到对象；姑娘不绣花，找不到婆家。"传统上，游方都是以对歌的形式展开，它是青年男女们自由恋爱的方式。苗族习惯法对"游方"进行了相关规定。例如，有些村规民约规定，外来的青年到本村寨游方，应当到指定的场合进行，若超出了地方范围，则会被视为强盗而罚款。又如，在村里进行游方的时间也有所限制，一般不能过夜，如需留宿，需要报村委会登记。若外村男子在本村期间发生一切事故，将追究当事人责任，还会处以罚"3个120"①。我们可以通过以上规则看出，"游方"作为苗族青年男女自由恋爱的方式，从某种程度上受习惯法规训。有学者指出，这种"规训"与国家法中不禁止人身自由、不干涉他人自主婚姻行为有所冲突。我们认为，这类"规训"好比一个外人进入自家的门，总需要一点规矩才妥当的强制程度。虽偶有因"过界"发生打架斗殴事件，但一般也能通过民间自治得以妥善处理，倘若国家法插手管理，势必会激起不必要的愤怒情绪。

其三，"早婚"与"事实婚"。从武陵山区的婚姻现状来看，"早婚"与"事实婚"，并不是个别地方特有的现象，而是普遍现象。总的来说，民间重"事实婚"远胜"法律婚"的立场，以及对"早婚"持肯定态度的实情是不可否认的。这大抵与我们认识婚姻的"意义"有关。"《昏义》说：'婚姻者合二姓之好，上以事宗庙，下以继后世。'从这两句最古的，同时也是最典型的关于婚姻的定义，婚姻的目的在于宗族的延续及祖先的祭祀。完全是以家族为中心的，不是个人的，也不是社会的。"② 我们从传统中国的婚姻观可以看出，婚姻以家族本位为重，它既不完全属于个人的私权，也不属于社会的公权，而属于

---

① 周相卿. 黔东南雷公山地区苗族习惯法与国家法关系研究［M］. 北京：民族出版社，2014：155.

② 瞿同祖. 中国法律与中国社会［M］. 北京：中华书局，2003：97.

传统文化中的孝道。由此，我们不难理解，为何在民间，结婚酒宴被视为双方缔结婚姻的合法性依据，只有家族的人都吃喝了，见证了，才被视为合法的婚姻。倘若只是去民政部门办理了登记，而没有办婚酒，就会被人笑话和歧视。父母早早替子女安排好了婚姻，也出于对子女的负责，认为子女只有结了婚，才会收心走正道。上慰祖先，下安父母心，是婚姻的正道。但现行婚姻法制的规定与传统的婚姻观相左。虽然民法典规定，当事人有结婚和离婚的自由，但无论是结婚或者离婚都有强制性的程序办理以及由于离婚事实所引发的财产分割与子女抚养义务的分配。现代婚姻观念认为，婚姻不仅有"私"还有"公"，一部民法典虽然基于自由、平等、协商的契约精神，但实质也赋予了婚姻双方当事人无条件的社会强制性规定，比如，必须办理结婚登记领取结婚证才视为合法婚姻，必须遵守法定婚龄才能结婚等。这些新的婚姻观念，其实也是为了回应现代社会人们的新需求：作为一种法定程序，它宣示着现代婚姻的合法性，保障了婚姻关系存续期的权利与义务关系，也为婚姻变故提供了最后的保护屏障。但不平衡的社会发展，确实需要为婚姻习惯权做出相应的变通，这种变通的回应不只局限于法律规定上，还应重在司法实务上，更要着力于政府行政行为的便民与有力执行。对于诸如苗族习惯法中离婚的形式"破竹"，侗族习惯法中"割腊肉"等事实，应注重它的习惯法依据，不能盲目视为无效，否则，许多婚姻被视为重婚或者无效，会引发许多新的社会问题，只结案不解案，国家法的实效性将受到折损。

　　第二，权威人物。制度的形式总要和人之间建立某种必要的联系。正如国家法的裁判权控制于法院和法官，民间习惯法的裁判权则由当地的精英人物或权威人物所支配。国家法视法官断案为正当，民间习惯法以权威人物主导的裁判过程和结果视为正当。法官熟识国家法精神和规定，却疏于对地方性知识和情况的掌控。因此，关于习惯法的秩序维护仍然离不开当地的权威人物。所谓权威人物，在不同的地方有不同的称谓和说法。例如，"苗族侗族村落社会的法律裁判者，由那些熟知古理榔规、侗款而又能言善辩的人担任，一般是有威望的老人、族人、寨老、款师、款首等；苗族习惯法中称为'理甲'或'理贾'，由'理老'行使职权，一般由暗习古理、榔规、处事公正的寨长和鼓社头人担任"。苗族侗族习惯法中的纠纷解决方式有"调解"和"裁决"两种形式。在苗族社会内部，对民事纠纷和轻微刑事案件仍然主要通过调解方式解决，调解解决不了的，即由"理老"进行裁决，裁决主要由理老通过列举有关"理"来裁决①。传统上，民间的权威人物一般须德、才、贤三者兼备，只有这样的人才能被集体所认同和信服。一般而言，乡间领袖还主要从在该社会里有势力的大家族中推选出来。因此，权威人物的诞生，并不都是"民主"的化身，有些时候，也是社会势力角逐的结果。但无论如何，权威人物对于民间的社会治理，确实起到了积极的作用。从纠纷解决的层面来看，法官与当地的权威人物对于争议的处理方式最为不同是：法官诉诸规则，乡村精英诉诸利益。偏向规则适用的法官往往棘手于如何在诉诸公平正义时能平衡双方的利益需求，即既不让弱者吃亏，也不让强者借国家法"敲竹杠"。能做好二者关系协调的调解人莫过于大家所认同的权威人物：一方面，用习惯法规则讲述民间情理；另一方面，用国家法规则震慑社会。于情于理于法，都只有乡村精英可以做到二者的博弈与平衡，是自下而上的社会治理中不可或缺的权威型人物。因此，我们可以从中认识到，人才是制度实施的主体，缺失诱导制度良好运行的人，社会秩序建立将无从谈起。基层社会治理，有着传统上信赖权威人物的意识和信仰，它是秩序正当性实现的一个重要因素，也是秩序正当性的重要源泉。社会纠纷能否得以抚平，不仅仅是利益的平衡，还有人心是否能落定的问题，苏力教授在社会调查中曾目睹过现实中非常普遍的法庭婚姻调解，一个坚持要离婚的青年妇女在法庭上无论青年女法官如何劝说都不肯让步，而半天不说话的中老年妇女主任陪审员最后只说了几句话就让原告放弃离婚决定，这就是青年女法官与中老年妇女主任在原告女青年心中的权威不同。对调解结果的"信服"，才是社会秩序得以维护的考量指标，从这个意义上来说，权威人物是民间习惯法秩序正当性的重要依据之一。

第三，超自然力量的神判。"神判法是各民族原始时代所通用的一种方法。当一嫌疑人不能以人类的智慧断定他是否真实犯罪时，便不得不乞助于神灵。"② "人们认为自然界存在某种超自然的力量，这种力量决定着自然秩序，同时也决定着人类的社会秩序。"③ "古之神判既为原始宗教迷信超自然力量的产物，同时也是不得已而为之的补救人力之不足办法。"④ 因此，神判作为一种

---

① 徐晓光. 原生的法——黔东南苗族侗族地区的法人类学调查［M］. 北京：中国政法大学出版社，2010：14.

② 瞿同祖. 中国法律与中国社会［M］. 北京：中华书局，2003：270.

③ 高鸿钧，等. 法治：理念与制度［M］. 北京：中国政法大学出版社，2002：146.

④ 龙大轩. 乡土秩序与民间法律——羌族习惯法探析［M］. 北京：中国政法大学出版社，2010：156.

"非理性的"方法，用于查明事实，成为一种举证模式，其目的也是让法律与事实相结合，寻求正义。这种看似荒诞不经，实则背后隐藏着人们对查明事实的理性与主动干预，此乃神判的真正目的和意义。

民间习惯法中运用神判处理案件的例子很多，大体上虽然方法和程序各异，但求助神判的目的都相同。在湘西，苗族尊神白帝天王的神判权威，为苗族、土家和当地汉族所共同信奉，千百年来当遇有疑难案件时，当地人就采取去吉首雅溪天王庙吃血赌咒、抬天王菩萨游行、告阴状等方式来了结纠纷争议，迄今仍有大量事例存在①。

在国家法的举证模式下，很多案情既无法调解，也无法判决，有时法院硬性判决，最后制造的就是一个错案，在民间留下法院其实并不公平的印象。正因为如此，神判作为一种人力方法不足时的补救方式，成为习惯法中的一种断案依据，我们不能因为它的"非理性"而拒绝它，事实上，在这"非理性"的背后，正是人们定纷止争，使社会恢复正常秩序的一种理性行为。习惯法正是试图通过这种方式，探寻案情的事实，寻找到案件的处理结果。尽管，神判并不当然地都会带来完全公正的裁判结果，有些时候也可能被"欺骗"过去，但通过神判这种程序或是仪式，足以让双方当事人内心状态恢复平静，极具冲突的社会矛盾得以化解，毕竟没有人可以左右"上天"的意志，因此，神判的正当性在此得以彰显。

第四，民意基础。民意的基础源于民情，没有对民情的体察，也就没有集众意的规则。习惯法对比国家法，无论是法律的制定还是适用都有着完全不同的程序和方式。作为一种自生自发的法律规则，倘若无法深入民情，无法体现民意，那它最终也会形同虚设。习惯法对于民意的收集和回馈有着国家法无法比拟的效率，因而其规则在制定上也能及时有效，在运行过程中发生偏差也能及时讨论获得修正。所以，民意或改革或修正，都随时处于动态的社会变化之中，使得习惯法规则获得长久稳定的实效性。

---

① 石伶亚. 西部乡村民间公众利益表达引导机制研究 ［M］. 武汉：华中师范大学出版社，2012：293-299.

我们以黔东南苗族在无文字社会状态下的一种立法活动"埋岩"为例①，窥视一下"埋岩"对婚姻习俗的改革，是如何围绕民意与民情展开的。

其一，最为重要的是婚姻彩礼改革。苗族的婚姻习俗有着"重"彩礼的传统。埋岩歌唱到："远古那时候，结婚要七牛，妈用竹竿量，不平妈不要。"由于苗族当地贫富差异较大，能用七头牛娶到媳妇的人只是少数。后来通过改革后，苗歌如是唱："七头牛彩礼，富人才得妻，穷人受孤凄。聚众做埋岩，富人才牵牛，穷人送鲤鱼，人人都成婚，天下人欢喜。"② 苗族人通过从"重"到"轻"彩礼的改革后，实现了结婚的低门槛准入，从某种程度上说，这项婚姻习俗的改革也实现了穷人和富人在婚姻上的平等，减少了苗族社会中贫富差异所带来的潜在矛盾。这种根据社会发展状况的不平衡而做出的"立法"改革，极大地改变了苗族的"重"彩礼风气，深受苗族人的拥护，是民情体察后的规则变迁。

其二，是对"同姓不婚"的传统婚姻原则进行改革。苗族一致遵循着古老传统上的同宗不婚的制度，即使同宗不同姓，也会遭到族人的反对。这给苗族的生存发展带来诸多的不便，有些人迫于习惯法的压力，在两人相爱后，因为无法"合法"结合而倍受折磨。在群众集体的要求下，"埋岩"的头人决定通过"埋岩"的方式进行改革，破除了同姓不婚的规则，允许同姓不同宗的人可以相互结婚。

其三，破除了"丧偶不可再婚"的规则。苗族传统上，实行"一夫一妻"制度，认为夫妻关系是长存永续的，即使丧偶也不可再婚。但苗族人后来发现，丧偶后的家庭生活凄凉和困苦，通过与外部社会的信息的交流得知，再婚的现象已经在社会上普遍存在。于是，头人通过埋岩"宣布丧偶可以再婚，但彩礼

---

① "埋岩"，在大苗山称为"依直"，过去译为"理岩"或"竖岩"。苗语"依"，即岩石，"直"即种植之念。所谓"依直"，其含义是竖岩为标志，议事立公约。其过程和形式是在一定时间、地点、地域范围内，就一定的内容，举行一个或若干个鼓社（或寨），乃至几个苗寨的寨老、寨民的集会，讨论制定有关生产生活的规约或决定某项大事，一旦形成决议，就杀鸡饮血酒盟誓通过，同时用鸡血淋在一长条岩石上，将其竖立在地，半节露出地面，以此为标志。每一块"竖岩"，都代表了若干规约或某件村寨大事，其规约的修改、补充、废除也通过这一形式进行。久而久之，"埋岩"就逐步演变成为苗族的民族"立法"形式和社会组织形式，苗族也就有了自己的一套古理古规古法。参见：周世中，等. 西南少数民族民间法的变迁与现实作用——以黔桂瑶族、侗族、苗族民间法为例［M］. 北京：法律出版社，2010：283.

② 徐晓光. 原生的法——黔东南苗族侗族地区的法人类学调查［M］. 北京：中国政法大学出版社，2010：38-39.

要比初婚高一倍"的规定①。由此可见，苗族人再次通过修正习惯法规则，使
"永续婚姻"的合法性获得解放，破除成规，实心为群众的生活需求做考虑，并
能通过对乡间内部与外部的考察做出变更传统的判断，是一种难得的魄力。

这种有"破"有"立"，是习惯法得以不断发展与进步的象征。即使是在
没有文字记载的社会状态下，人们也能通过一种"埋岩"的方式进行习惯法的
立法活动。在特定的地域环境下，社会秩序要得以稳固，不仅需要权威，更需
要能及时调整社会生活与法律规则之间的张力关系。民意基础是习惯法所不可
或缺的正当性依据，所谓"水能载舟，亦能覆舟"，亦即群众可以维护习惯法秩
序，但当它极度不合民情民意之时，也会被人们所推翻和架空，使秩序沦为真
空。正是这种决定程序的公开公正，使习惯法具有了权威性，促成了人们自觉
服从这种民间规范。

第三节　比较视角下的事实与规则差异

从比较的视角来审视作为事实与规则的习惯法与国家法，是一场辩证关系
的视域融合。倘若，习惯法没有被视为一种地方性知识，丧失了"特殊性"的
属性，那么此刻，作为"普适性"的国家法也就失去了与其比较的意义。然而，
格尔茨是这样教诲我们认识普遍性与特殊性的"分层"处理：普遍性是顶层，
特殊性是基层，二者原本不存在矛盾对立②。从文化相对主义立场出发，我们认
可习惯法"特殊性"的存在，但另一方面，我们也同样接纳国家法的"一体普
同"。我们将视野往返于二者互动的"内核"之中——事实与规则，其目的是更
为细致地观察、更为敏锐地捕捉、更为深切地感受它们的问题指向。且不论
"多元"的民间习惯法之间有多少的异同，就算同一个民族的习惯法在不同地区
也会有差异。再具体到每个纠纷每个个案，不同之处和特殊性也几乎难以重样。
因此，单以人类学文化阐释的方式进行叙事和建构二者的关系，是一个永无止
境的过程。作为"厚描"（thick description）的民族志，可以采用文学的语言、
自由的笔法叙述整个故事。并且，运用叙事来从事研究，"在化解经验与理论之

①　徐晓光.原生的法——黔东南苗族侗族地区的法人类学调查［M］.北京：中国政法大
学出版社，2010：40.
②　纳日碧力戈.格尔茨文化解释的解释（代译序）［A］//［美］克利福德·格尔茨.地
方知识——阐释人类学论文集［M］.杨德睿，译.北京：商务印书馆，2014：9.

间的张力、展开和组织对象的复杂性以及达致复杂化的理论再思考方面"具有卓越的成效①。但我们的分析，是既要融入"厚描"的情景之中，也要从中抽离、理性回归"实证"的窠臼里来，才能实现比较视野下不同规则与事实之间的对应关系。

通过这种比较研究，我们旨在回答这样一系列问题：习惯法与国家法在法律层面的互动存在何种不同？从法的效力来看，为何习惯法有效，而国家法下行效力容易受阻或者无效？国家法在基层社会的下行，到底是正义的化身，还是某种程度上与习惯法形成了"法律竞技场"，为人们诉诸利益的"杠杆"。

一、事实的建构："厚描"与"实证"

为什么是建构事实？为什么我们不说"发现"事实或是"承认"事实？劳伦斯·罗森（Lawrence Rosen）回答说："如果我们——作为具类别建构能力的生物——是在不断地塑造构成我们自身经验的各个单元，那么'事实'——如同其他事物一样——也必定经过清楚地编织、联结和描述。"② 同样，"如果文化是由定义建构而成的，那么法律也必定是复杂型构的产物，而非简单形成的产物"③。作为文化的法律，习惯法与国家法在纠纷个案中的冲突，与其说是与非的界定不同，毋宁说是界定"法律事实"的不同。因为，事实的建构，乃是关于他们如何查明事实的行为，以及如何判断事实与结论之间的因果逻辑关系。进一步地说，关于事实与规则之间的关系，在习惯法与国家法的对话中，可以相当地转换为人类学和法学的特定语境下进行："在法学方面，它关系到司法裁判之证据面与规范面之间的关系，即'发生了什么事情'和'这事情是否合乎法律'两者间的关系；而在人类学方面，它关系到实地观察所见的'实际行为模式'与'理论上支配着这种行为的社会惯例'之间的关系，即'发生了什么事情'和'这事情是否合乎常理'两者间的关系。"④

困境，似乎就是从这里开始的。在乡间，人们几乎不会说，这件事是否合

---

① 吴毅. 总序：在情景化的叙事中编织学术 [A] //谭同学. 桥村有道——转型乡村的道德权力与社会结构 [M]. 北京：生活·读书·新知三联书店，2010：5.

② [美] 劳伦斯·罗森. 法律与文化：一位法人类学家的邀请 [M]. 彭艳崇，译. 北京：法律出版社，2011：8.

③ [美] 劳伦斯·罗森. 法律与文化：一位法人类学家的邀请 [M]. 彭艳崇，译. 北京：法律出版社，2011：9.

④ [美] 克利福德·格尔茨. 地方知识——阐释人类学论文集 [M]. 杨德睿，译. 北京：商务印书馆，2014：196.

乎法律，而大多情况会说，这件事情是否符合常情常理。当纠纷发生时，处在习惯法孕育地区的人们，还是会乐意接受当地习惯法的处理方式，它容易亲近、处理方式灵活、制裁上也能满足人们对精神和物质的需求，一般调解过后不容易翻案和反悔，十分有利于和谐秩序的稳固。反观国家法在乡间的实行情况，各式各样的问题层出不穷。首先，乡民对国家法"知"而"不懂"，只大致知道这个事情国家法肯定能管，但具体怎么个管法，会不会管出个事与愿违的结果，则一概不知。其次，国家法重证据，有时候一个司法鉴定的结论就能完全颠覆是与非、罪与非罪的结果，往往让本是抱着能让对方当事人受到比习惯法更重惩罚的心情变为泡影。再次，当纠纷中的事实无法通过一般人力方法查明时，乡间的权宜办法则是采用神判的方式获取"真相"，这在国家法看来就是封建迷信和落后的表现。但国家法自知无法平定纠纷，所以也不得不从中退出。最后，国家法的诉讼期限长，效率低下，使民间纠纷的赔偿得不到强而有力的执行，常常把事情拖黄，成为许多民间纠纷不愿走进法庭的原因。正如某些乡间的调解者所说，我们现在一般不会调解杀人、放火、毒品之类的刑事犯罪，但是涉及民事调解，还是我们去说比较牢靠。

乡间的调解者（如彝族村寨的"德古"或土家族地区的宗族头人与苗族地区的寨老等乡村权威人物），他们可能既不懂国家法是怎么回事，也不完全通晓自己祖辈传下来的古老法则，为何他们对民事纠纷能说得比较牢靠？这大抵上，可能源自格尔茨对地方知识或是法律之文化的一种表述叫作"法律的感性"（legal sensibility）。什么是法律的感性，它类似于一种文化的腔调，是蕴藏在这种法律里面的一种思维与感受的模式，是处理法律问题时的一种风格与内涵，同时它还是一种力量左右着这种法律生活的方式。习惯法就具有这样一种"法律的感性"，感染着生活在这个法则里的人们。在这种感性里，乡间的调解人是"自己人"，他是否有能力，是否公正，是否真的能调解好，为人口碑如何，在熟人社会里的地位怎样，都一清二楚，无须调查，当事人若信得过，就找他来调解，若信不过，即使调解了也能重新找新的人重调，一切关于调解的程序都是灵活可变的。在这种感性里，没有"外人"的插足，纠纷中的所有问题都可以商议着办，赔得起的就尽量赔，倾家荡产也赔不起的，还是要给对方留条活路。在这种感性里，规则和事实不会被分裂，它永远都是共生的、一体的，是整体性看待纠纷的"前因"和"后果"，不会随意切割事实中的某个部分。

因此，当"整体性"连接规则与事实的习惯法，与"实证"式的、切割式的、"割裂式"的事实建构方式的国家法混合在一个具体的个案中时，这两种不同的法律感性就发生了碰撞，形成互动困境。

为了能清晰地展开叙述，我们将借用一个发生在彝族地区的案例详细说明。该案例选自《凉山彝族习惯法调解纠纷现实案例》中的田野调查，具体地点在美姑县城，口述者是该县的县人大副主任恩扎维基老先生，也是当地有一定影响力的德古（调解人）①。从人物背景来看，恩扎维基既是土生土长的彝族人，也是在彝族习惯法的熏陶和训练下长大的"德古"，同时他还见识了"外面的世界"，到大学进修，到政府工作，是乡间精英的典范。我们下面讨论的案例就是由恩扎维基所调解的一桩人命案②，为了便于我们分析个案中的事实建构以及规则与事实关系，在夹叙夹议过程中，我们尽量遵循案件原貌，但是仍然可能会简化案情相关场景以及重述某些故事情节，特此说明。

"1992年6月17日下午，美姑县武装部参谋斯都斯铁与农民吉日格佳在美姑街上碰到一起，就约到一个小饭馆里喝酒，由于两人都喝醉了，离开饭馆后在街上动手打起来。吉日格佳抱起斯都斯铁的头往街边的一铁栅栏上撞，斯都斯铁的头就被栅栏上面锋利的铁尖刺破头皮，刺进头颅，伤势严重。后送往美姑县医院，又转西昌的凉山州一医院，但由于伤势过重，经抢救无效而死亡。"

"斯都斯铁死亡后，凉山彝族自治州中级人民法院的法医没有立即给出鉴定结论。负责刑侦的美姑县公安局刑警当时口头表示，这个人是被打死的，凶手应负责任。20多天后，法医出的鉴定书上鉴定：死者死于脑膜炎，肇事者没有任何责任。"

"斯都斯铁所属的海来阿莫·斯都家支（家族人）得到这个鉴定结果很不满，他们认为，在死亡当时，县公安局刑警队就已表示过凶手要负责任，现在却又变成死者自负责任。死者家支闹得很厉害。这个案件随即也在全县被传得沸沸扬扬，顿时各种传言也在飞快流传。为此，美姑县委还专门召开县'四大班子（县委、县政府、人大、政协）'和公、检、法干部大会，协调此事。在公安局召开的大会上，刑警队出示了死者接受治疗的照片，也出示了法医拍摄的死者开颅照片，以及法医鉴定书。法医的鉴定结论是：死者死于脑膜炎，不管死者是否被殴打，都会死亡。公安局提出，法医鉴定结论是客观科学的结论，

① 恩扎维基1931年出生，美姑县井叶特西乡人，由于曾祖父、父亲、叔叔都是有一定影响的德古，他16岁开始经常跟着这些长辈德古们四处调解纠纷旁听，逐步熟悉了解习惯法，17岁时开始在一些调解的场合发表自己的看法。1955年8月，政府曾派他到成都的西南民族学院学习，民主改革以后参加政府的工作，后来被选为政协委员，曾任美姑县政协副主席，后任县人大的副主任。

② 巴且日火，陈国光. 凉山彝族习惯法调解纠纷现实案例——诺苏德古访谈记［M］. 北京：中央民族大学出版社，2012：60-63.

我们必须相信科学，严格依照科学结论处理此案。"

案情叙述到这里，我们可以看到，从表象事实来看：吉日格佳把斯都斯铁的头往铁栏上撞，导致头破血流，因医治无效而死亡，责任本来由吉日格佳所承担的事实，却因为一份"客观性"证据——法医鉴定结果，而阻却了法律事实与法律责任之间的因果关系。然而，正是这个"实证"的法律事实遭到了人们的普遍质疑。

"参会的各领导和干部对此议论纷纷。有的认为，当时为什么不做结论，20多天才出鉴定报告，莫非有诈？或是法医从中受贿作假？有的认为，应当以科学权威为依据，支持鉴定结论。"

鉴于诸多说法，县委通过开会决定到死者家支所在地的瓦侯区去调解该纠纷。但调解的责任划分前提是：吉日格佳没有责任，死者死于脑膜炎。四大班子和公检法组成调解小组，并邀请当时作为县政协的党外副主席，具有黑彝身份的德古恩扎维基一同参加调解。然而，恩扎维基并不情愿，同时也认为根据国家法的事实依据来调解，不具有合理性。

此时，由于来自"实证"事实的结论并不能使受害方信服，为了平息该纠纷。政府机关决定作出民间调解的策略。然而此时，他们还没有意识到，想通过一份法医鉴定书的结论来解决纠纷是行不通的，因为恩扎维基已经表明，通过"实证"建构的事实不符合彝族人认定的"事实"。这种"割裂"事实的做法，只关注鉴定结论不关注事情"前因"的理论逻辑，注定是一场失败的谈判。

于是，在第一次调解交锋时，政府机关以及公检法就败下阵来，由于在死者家属所在地进行调解，海来家支的人聚集的越来越多，许多人大喊大叫。最后，县法院院长和县检察院检察长悄悄对恩扎维基"德古"说："他们可能不会打你，你再进去做工作，这工作没人做肯定不行。"

恩扎维基德古再次返回会议室对死者家属说："他们都说，你们不会打我，所以只有我敢进来，他们不敢进来。现在，我们再沟通一下。"死者的父亲立即站起来，大声吼道："恩扎维基德古，您的名字我听说过，但是您是不应该参与调解这个案子的，这是个奇怪的案子！"死者的妹妹也瞪着死者的遗像，噙着眼泪说："德古啊，您看这就是我的哥哥，请您不要管我们，我们和对方决一死战！"德古劝解道："这个鉴定是省上、州上法医作出的，上头决定的事情，无论如何也说不过去，翻案也翻不了的。依我看，现在说钱（赔偿）的问题要实际得多。否则，再多的说法省里、州里也会用鉴定结论来搪塞，你们再闹也起不了多大作用。"死者弟弟高声喊道："我们不要钱，钱能救活我哥哥吗？再多的钱也没有用！"于是，当天的调解没有任何结果。

从上述案情描述来看，死者的家属首先并不认可恩扎维基德古来调解此事，因为他们认为这是个奇怪的案子，明明人是被打死了，却说是病死的。这也是为什么当政府邀请恩扎维基德古过来协助调解时，恩扎维基德古不情愿的原因，根据他们的常情常识常理，"实证"的结论怎么样也是无法被接受的。此外，他们认为恩扎维基德古是"自己人"，不应该丧失彝族习惯法的法律感性，为"外来"汉族人的法律说话。但恩扎维基德古，不仅是"自己人"，他还是"国家的人"，因为他头顶着政协副主席的官帽。

由于调解不成功，他们只好第二天返回。"在返回的路上，许多人对公安局副局长海来说，你自己是海来家支的，为什么不劝劝死者家属，该副局长回答：我肯定无法说服他们，但是，我相信恩扎维基德古下次再返回来，用彝族习惯法一定能解决这件事。"恩扎维基德古也立即表达了自己的看法："这件案子对方（指吉日格佳）应该负责任，不管死者患有什么病，另外，吉日格佳怎么都不应该抱起斯都斯铁的头往铁栏杆上撞，无论如何，吉日格佳都脱不掉责任。"

一星期后，恩扎维基德古又展开了第二次调解前的动员。"人死就是案件，案件解决就是钱，彝谚道：'毕托打死了龙，赔偿的却是小黄猪；什莫这地方触怒天，献的却是小白羊。'"现在调解的目的就是为了赔钱，不能一命抵一命。海来家支最后经过商议，同意按照彝族习惯法来解决，请德古选定日子和地点。恩扎维基德古立即派人通知吉日家支："人家海来家同意调解了，你们要买好牛、准备好粮食。"后来，恩扎维基又叫上另外一个有威信的黑彝德古一起去调解。在去调解前，县委副书记告诉德古，只有调解好了，才敢将关在拘留所的吉日格佳放出来，否则，问题就麻烦得很！

从县委副书记的嘱托中，我们可以猜测，虽然依照国家法，吉日格佳没有犯杀人罪，但毕竟是死了人的案子，没有个"合适的说法"，总是没有办法向死者家属交差的。政府部门同意启用当地的习惯法进行"二次司法"，是为了给"实证"的事实以外，寻找另外一个"合情合理"的事实了结此案。经历了第一次失败的"实证"调解之后，此时他们必须为纠纷当事人双方重新建构一个新的"事实"，一个合乎他们法律感性的"事实"，才能平息这场命案。正如县委副书记所叹，如果没有调解好，吉日格佳不敢被放出来。因为很可能一旦放出去就被打死，那将会是一波未平一波又起的麻烦事。

接下来，按照彝族习惯法调解的程序开始了。在做完"吱嘎嘎"仪式后，德古开始调解了。恩扎维基德古提出他的看法："我本人认为，斯都斯铁是被吉日格佳打的，有人认为这个人是病死的，不是打死的。这个人没有病，退一步说，就算有病，只要你不打人家，人家怎么会死，这个案件应该以黑彝人命案的黑案即'色确'来处理裁决，而且规格也按黑彝命案来赔偿。因为对方不是过失而是有意弄死的。你们海来家要听我的调解。人死是一命案，但也不能发展到无限制的膨胀，你们要接受把这个命案提升到黑彝命案的处理办法，让对方多给你们几匹赔命马给兄弟姐妹，而且需要对家支内每一分支也都有表示，舅舅家当然也要考虑，还要杀牛来做'依嚓'（热汤）请你们。要知道，中华人民共和国成立前，你们白彝是没有享受杀牛做热汤喝的待遇的，现在让你们提升待遇了。对此，你们也应该安心了，再商量一下吧!"

此时，恩扎维基德古的这一套说辞，将这个命案里的事实进行了重新建构。他拒绝了鉴定书得出的事实，而完全站在整件事情发生的"前因"（吉日格佳动手打了斯都斯铁的事实）和"后果"（斯都斯铁死亡的事实），联结了一个自然的事实因果关系，因为动了手打架，所以才有人命死亡的结果。重新建构的事实，是德古和死亡家属可以接受的情理事实，倘若没有这个事实基础，调解将无法进行，彝族习惯法也无从适用。然而，仅有"现在发生的事实"是不足以做出调解结果的，恩扎维基德古需要将"过去发生的事实"摆出来，才能让死者家属感受到这次利益赔偿是否合算。什么是"过去发生的事实"，它是存于黑彝德古脑子里的判例，是过去彝族习惯法关于这类相当等级命金赔偿的事实。在彝族习惯法里，常把马命人命相提并论，因此除了人，就只有马可以赔命金，同时赔命价的最高规格就是"杀牛赔礼"。最后，恩扎维基德古为了让受害者亲属（白彝）感到自己已经获得了至高无上的赔偿礼遇，还搬出了新中国成立前，黑彝是统治阶级，而白彝只是农奴身份的社会阶级事实（虽然没有明说，但话里话外已经暗示着这层意思），提醒海来家支的人，根据习惯法，赔命价已经到顶，不可无限制地索要。

半个小时后，海来家回话：让对方再加一笔向死者魂魄赔礼道歉就完全答应。恩扎维基德古立即拒绝："不能如此，两人打架死的，并不是侮辱对方或使对方被裸露身体等有羞辱含义的行为而死的。猪蹄骨头12节，节节不相同；案件12种，件件不一样，没有毁容、侮辱就不能有此项目。"海来家支经过商议后，最后同意了德古的说法。

随后，德古将调解结果告知吉日家，吉日的父亲很是不高兴，认为"杀牛赔礼"规格太高，不符合传统彝族习惯法的做法。此时，德古劝解道："你的儿子是农民，被打死的是国家正式干部；人家没过错，没有伤害你家，却被你的儿子打死，你们应该杀牛。你儿子的责任可被判处无期徒刑的。我调解前县里的领导已说，只有接受调解和好了，你的儿子才能被放出来，否则这地越犁越深，时间越拖越久，你自己看着办吧!"最后，吉日家支同意配合德古，按照调解的结果进行赔偿。

从上述德古对两方不同的劝辞，可以看出，恩扎维基依据彝族习惯法，不仅就"过去"与"现在"的事实进行了重构，也对"事实"进行了时间、空间的重塑。在过去，吉日家是黑彝，是彝族社会身份地位最高的人，如今，奴隶阶级社会被取缔，黑彝不再是统治阶级。吉日如今的身份是农民，而斯都斯铁却是新中国的国家干部，虽然干部与农民并没有等级划分，但在农村人心里，干部就是官，社会地位自然不一样。恩扎维基德古正是抓住了"身份事实"在时空中的转变，才得以使过去的事实"黑彝地位高于白彝地位"转换为现在的事实"农民身份与国家干部身份"。当"事实"发生变迁后，过去的习惯法规则也要做出相应的变通，即平等地位的白彝可以享受最高规格的"杀牛"赔命价。但恩扎维基德古在事实与规则的联系间也坚守了应有的底线。当海来家支提出"魂魄费"时，恩扎维基德古以彝族习惯法中没有以此行为（侮辱或羞辱）致对方死的理由回绝了。在他看来，没有这样的事实，就不存在这样"破格"的规则运用。最后，德古虽然摒弃了国家法"实证"的事实结论，却没有当然地规避国家法所可能造成的影响。他虽然不认可国家法的"事实认定"，却不得不接受这样的结果，只是当场域发生转换时，知识与观念也随之发生改变。在彝族习惯法的场域之中，恩扎维基德古可以认定因为吉日动手打人，所以斯都斯铁才会死亡的事实；因为是人为造成的死亡，所以必须有人出来负责的结论。

那么国家法的"实证"事实，在习惯法纠纷调解中又扮演了什么样的角色？很明显，它不是调解开端的"前提"事实，却成了调解结果的"砝码"事实，其功能在于"振威"。为了让吉日家支心服口服地"杀牛赔礼"，德古不得不拿出国家法的强制威力来震慑凶手家支，以换来日后不被翻案，不再"生事"的局面。这也许正是应验了彝族的古训："德古觉得维克阿觉。"（有德古的地方没有纠纷。）

上述案例里，恩扎维基德古依照彝族古老的习惯法规则，重新建构了"现在"和"过去"的事实，他通过"厚描"的方式，巧妙地重塑了事实的"情理"与"意义"。通过在地（on ground）的经验和信念，重构了事实与规则之间的联系，并且通过不可或缺的文化媒介实现了法律建构的意义。法文化是习惯法的建构性要素，它是一种思维方式，一种法律感性的体现。习惯法不仅仅是纠纷清理的规则，同时也是对人们日常行为的界定。它不仅在界定何者为正确，同时也在界定何者为可能。在所预设的意义框架之内建构的法律事实才不会被虚置，沦为摆设之物。

我们由彝族习惯法调解的赔命价纠纷案，展开了对习惯法与国家法在事实建构层面以及事实与规则之间关系的分析。其重点陈述对象是事实的建构：我们把习惯法的事实建构方式称作"厚描"，它不仅有字面意思即"深度描述"，也有格尔茨所指向的"意义阐释"。通过上述个案，我们已经清晰地描绘出德古是如何对事实进行"深描"的，他不仅以"整体性"思维把握案件的事实性因果关系（因为……所以……），而且通过"整合性"思维联结"过去的事实"与"现在的事实"。他如数家珍一般地重述古老的习惯法规则，同时还重新塑造了旧规则的新适用（让白彝享受了黑彝的赔偿规格），并且他还善于巧妙运用"事实变迁"的事实（从黑彝到农民身份与从白彝到国家干部身份）。这一系列的事实建构过程，已经将"深描"展现得淋漓尽致。在"深描"的过程中，德古也将事实的建构意义阐释其中。建构"吉日应当负责"的事实，是因为只有这样的事实才符合"情理"，才能让人们接受，才可以开启古老规则的适用；建构"身份与社会地位"的事实，是为了适应时代的要求，为彝族习惯法的新适用找到"公平正义"的依据，这种意义无时无刻不在规则与事实之间闪烁着，流动着，显现着。最后，我们对比了国家法的事实建构方式，即通过"实证"式的、切割式的、割裂法律事实与其他事实之间关系的方式。在这种绝对逻辑的推理下，国家法的裁判结果已然在个案中形同虚设，为了平定流言蜚语，被迫进行了"民间二次司法"。这样的结局不得不让人唏嘘。因为，国家法在这起个案中已经面临"失效"的风险，尽管德古调解时，仍然拿出国家法来振威，但它终归也只是权宜之物。

二、规则的效力：有效与无效

马克思·韦伯指出：规则的有效取决于人们主观上是否认同规则的效力，并在行动中遵守规则。即："一项规范是否或者在多大程度上确实得到实施？也即它是否成了人们决定其行为方式和社会采用某一行为模式的原因？"[①] 具体而言，规则的有效又分为"行为有效"与"制裁有效"。从"行为有效"的角度出发，需要考量以下因素：其一，规范的适用对象是否自觉并且有意识地遵守规范。其二，他们是否出自自身利益的考虑而做到这一点。其三，仅仅是由于担心违反规范而可能受到制裁的惧怕心理或只是出于习惯而遵守法规。其四，

---

① ［德］托马斯·莱塞尔.法社会学导论（第5版）［M］.高旭军，等译.上海：上海人民出版社，2011：214.

可能还没有意识到规范的存在就遵守了①。所谓"制裁有效"，指的是通过强制措施或者通过惩罚方式强迫其行为符合规范，它包括物质制裁和精神制裁两方面。但是，无论是行为有效或是制裁有效，都需要规则具备有效的前提因素。

习惯法和国家法在互动过程中，常常发生"行为有效"与"制裁有效"的双重危机。从"行为有效"的层面看：一方面，作为底层群体，他们容易陷入传统思维的窠臼中，喜欢按照"老办法"行事，如前面提到的婚姻习惯法中的"抢婚""游方""事实婚"等，这些由习惯法所养成的长期行为模式，恰恰和国家法所要求的行为方式相抵触。从国家法层面看，人们的某些行为（如婚姻行为）在一定程度上无法实现法律的行为有效。究其原因，就是底层群体还没有养成遵守国家法律的意识，而这种意识的培养，确是一个长期潜移默化的过程。另一方面，由于国家法下行程度的不断深化，习惯法在民间也有日渐式微的趋势，有部分生活在民间的人开始学着"外面"的方式行事，在遇到纠纷时，不再按照过去"熟人社会"的生存法则进行调解，而转向国家法方式谈判。如过去发生一点交通事故，如果没有大碍，就赔礼道歉请人吃酒，如今有些人"良心不再淳朴"，一开口就是几万、十几万甚至几十万。这使得原本生活在同一文化下的人们变得难以共处，因为一部分人不再遵从过去的行为模式，而另一部分人却仍然还在信仰旧有的习惯法。这种现象表明，在乡村社会经历这种法律变迁过程中，同时也伴随着这种不平衡的发展矛盾。遵守习惯法的行为模式还未完全蜕变，国家法的行为方式却已经影响到了部分人，在这两种法律行为模式的混同下，"行为有效"将变得困难，因为社会规则的预期变得不再确定，人们的心理预期也变得不再一致，所以社会秩序的维系也变得不再容易。

然而，更大的危机还来源于"制裁有效"方面。当人们把过去用习惯法处理的民事争议，诉诸法庭时，戏剧性的反讽就发生了。例如，根据民事诉讼的证据规则"谁主张、谁举证"，原告因为"无法自证"导致败诉，因而不得不承担败诉风险。徐晓光曾经讲述一系列"涉牛"案件，案件之一：偷牛抑或民事纠纷案件，原告为了向被告索要自己丢失的牛，要求法院重新为这头牛分配所有权的归属，然而原告因为无法获取盗窃的有力证据，因而没有机会重新获得小牛的所有权。原本经过国家法裁判后，案件应该结束。可是，不久小牛就莫名其妙地死于圈中，虽然村民们猜测是原告为了报复被告，但最后此案也就

---

① ［德］托马斯·莱塞尔. 法社会学导论（第5版）［M］. 高旭军，等译. 上海：上海人民出版社，2011：214.

不了了之①。这件由国家法裁判的案件，虽然作出了"有效"的判决，但是最终的社会效果令人大跌眼镜，原告没有通过国家法获得"实质"正义，于是转向"以牙还牙"的古老规则发泄了心中的不满，这种虽"判"却"无效"的结案命运，使"制裁有效"变为落空。再例如，我们在前一小节讲述的彝族"赔命价"案，也是国家法"制裁无效"的典型案例。国家法根据法医鉴定的证据，证明原告斯都斯铁的死亡原因不是由于犯罪嫌疑人吉日格佳殴打致死，而是因为脑膜炎病发死亡，因而吉日格佳无须承担故意杀人罪。这一既定的刑事终结案件，最终也并没有赢来有效的制裁结果。出于畏惧和害怕，政府不得不出面请乡村精英恩扎维基德古按照彝族习惯法进行"二次司法"。在此，国家法只能"结"案不能"解"案的社会效果，使其司法效力受挫，规则有效也再度受到质疑。所以，习惯法在民间的"二次司法"行为，实际是对国家法效力的抵制与反抗。

还有一种常见的情形，就是习惯法依照规则裁判后，国家法不承认其效力，或反将按照习惯法进行民间制裁的人判刑。例如，在侗族地区曾发生一起因为婚姻习俗而引起犯罪案。

案例18：1980年2月，贵州省锦屏县黄门乡黄门村侗族居民吴某某（当时16岁）与同村少女王某某（当时14岁）经双方父母包办按照当地民间习俗订婚。1982年，因王某某之父病故，吴某某按照当地习俗送礼祭奠，1983年，按照当地习俗送王家彩礼。1984年，吴某某多次与王家商量结婚，但女方均未答应。1985年，王某某与青年杨某在赶集时认识并建立恋爱关系。1986年，王某某与杨某公开同居。吴某某在得知王某某出走后，先后三次到王家询问王的去向，王母均假称不知。1986年1月19日，吴某某邀本村四十多人去找王母要人。王母仍说不知。吴某某等人便将黄牛一头、猪二头拉走，打坏板壁一扇、房门一块，还扬言要捆吊王母。后又到作为王某某与杨某关系的中间介绍人石某家去抄家，拿米拿酒，杀猪牵牛②。

在上述案情中，关于进家吃喝、抄家是习惯法的处罚规则，适用于受到"不公平待遇"情形。但习惯法的处罚规则无法获得国家法的认可，反而要诉诸其犯罪行为。这样的情形出现，并不仅限此案，在很多地区，有许多这样依照习惯法规则制裁后，反被视为国家法的犯罪行为成为常态。这种情况所引发的

---

① 徐晓光. 原生的法——黔东南苗族侗族地区的法人类学调查［M］. 北京：中国政法大学出版社，2010：160.

② 吴大华. 民族法学前沿问题研究［M］. 北京：法律出版社，2010：225.

最大问题就是"制裁有效"的危机。一方面，习惯法的民间制裁变得不再奏效，因而民间自治的社会秩序也会逐步瓦解。重罚是民间习惯法的效力之所在，虽有不当之处，但正因为人们惧怕被罚（如抄家、罚 3 个 100 等）的心理，所以才会遵守习惯法规则，使行为有效。但失去具有强制惩罚的罚则后，共同体成员对于破坏秩序的人，无法进行有效约束，因为一旦进行管束，又可能会触碰国家法的红线，但国家法对民间的"偷鸡摸狗"等事也是远水解不了近渴，于是乡村秩序就容易真正沦落于无序之中。另一方面，国家法对"有罪"情形进行处理后，也会让很多人喊冤和困惑，明明是他不对，我只是替"天"行道，为何我还有错、有罪？此时，理论逻辑与生活逻辑发生碰撞，国家法作为一种理论知识，期望修正的正是民间习惯法中的自然正义观。

我们通过以上行为有效与制裁有效的层面，分析了习惯法与国家法在互动中规则的效力（有效或无效）情形。接着我们需要追问的是：习惯法为何容易在民间有效，它有时为何也会失效；国家法在民间自治（或半自治）场域中为何容易陷入窘境，其规则效力为何容易受损？进一步地说，下面我们需要探寻的是规则有效的前提因素。我们认为，可以分别从两种不同规则在制定与运行过程中所展露的实质面向进行分析。

习惯法的规则制定与运行，是一整套完整的逻辑衔接，不同于国家法理论有所谓的立法论与运行论之分。究其根本，乃是因为习惯法不是一套依据科学体系建立的实证知识，而是一套来自经验的设计或自发的产物。根据自发形成的理论，社会成员是在长期与其他人反复互动中来解决他们的社会秩序问题。在反复的互动过程中，集体或个人逐渐意识到，某种"公正、正义"的规则将会对秩序的侵犯带来改善作用。于是，在慢慢地试验过程中，参与者开始把某种行为方式视为该秩序建立的标准。最后，当这种惯例稳定下来后，社会成员即把这种规则视为正当的行为方式。民间习惯法有相当一部分规则是在社会生活中自发形成的，难以追溯其形成的具体原因与机制。但也有相当一部分习惯法规则是通过"经验"设计和建构出来的。因此，才会有苗族、侗族习惯法中的"埋岩""议榔""立约"之说，即习惯法的规则制定。传统上，习惯法的规则制定（或规则或判例），都是一件极为严肃、庄重，充满神圣与威慑的大事情。规则或决定的事项通常诞生于一场盛大的仪式或集会，在仪式或集会中，人们会备好酒肉、牲畜（通常是鸡、猪或牛），并请一位主持者（可能是鬼师或者自然领袖或者具有其他意义的人物代表）主导仪式过程，在这项活动中，人们热衷于将即将做出的某个决定、某项命令、某条规则的权威诉诸鬼神或者某种象征崇拜（如祖先），以起到规则的神圣性（即一种规则效力）。当规则的具体内容落实后，全体参与人员都必须吃仪式中准备好的酒肉，以示其认可新规则并且遵守新规约。在整个活动中，规则的制定既有内容也有程序，既有宣告也有普法，同时还给新规则打下了威慑的烙印。"多管齐下"式的法律功能整合，使习惯法在效力获取时，变得容易而有效。

反观现行国家法内容的制定和运行，则完全不同于习惯法。首先，它来自另一种知识体系，一种远离乡村生活的规则体系。它的内容起草出自法律专家或法律精英之手，它渊源于西方的法律制度与理念，但缺乏深厚的本土衔接，因此其制度本身属于舶来之品。这是它很难贴近或容纳民间生活内容的重要原因。其次，它由草案转为正式法律文件是通过国家权力机关实现的，因此它很难具有民间习惯法的"民众共知与共识"基础。这也是为什么国家一直致力于"送法下乡"但收效甚微。再次，由国家法主导的司法制度，对于民间群体而言，是一种极不合算的纠纷解决机制。从诉讼时效到举证模式，无一不消耗着人们的时间、精力与金钱，同时还容易失去熟人的关系圈。然而，最坏的还不是这些，而是隐藏在制度背后的"公平与公正"。人们虽不喜诉讼，但为了一个"理"字舍弃了可能和气的社会关系，最终没有赢来内心的"正义"，使人们在国家法的体验中受挫受困，从而抵制其效力。最后，由国家法参与的民间纠纷，因为将纠纷的着眼点诉诸规则（即法律事实与法律规则的相适宜），所以无法实现纠纷中的"利益"复原。从而，国家法在案件处理的实际社会效果上远不如习惯法。这是民间进行二次司法或者反悔既有判决、调解的重要原因。

因此，"一套规则要成为一个制度，相关团体和社会的每个成员都必须了解这些规则"①。民间习惯法与国家法作为两种不同的社会制度，其规则的建构方式、互动群体、追求目标、运行机制以及社会信仰，都有着不同程度的差别。这些差别，是二者在互动时容易制造冲突、形成困境的原因所在。从法律规则的形成来看，习惯法是一套社会生活的智识结晶，通常从社会需求中形成秩序，而国家法作为一种具有强制性组织所保障的规范，一般源于法学家的有意设计。从法律规则所面向的群体来看，习惯法的互动群体具有特定性，主要针对各民族地区的少数族群；而国家法作为一种统治意志，所面向的是整个国家的公民，其普适性是国家法的重要特征。从法律规则所追求的目的看，习惯法侧重在社会秩序的恢复，所以偏向于对过错方的惩罚，使受害方权益较快得到恢复，而国家法则侧重在国家统治秩序的维护，所以强调公平，即使是犯罪分子也不例

---

① ［美］杰克·奈特. 制度与社会冲突［M］. 周伟林，译. 上海：上海人民出版社，2009：2.

外，结果导致受害方权益往往难以得到恢复。从法律规则的运行机制来说，习惯法由于适用熟人社会，其规则在采用时，通常也具有模糊性、灵活性、任意性等特点；而国家法作为一套完备的科学体系规则，在运行时需要遵循内容与程序的法定性、规范性等要求。最后，从法律规则所透视的社会信仰来看，习惯法的秩序观被所孕育的社会习俗、道德伦理、宗教信仰、情感意识、生命体验所型构，这些事物内化于习惯法之中，成为国家法难以逾越的鸿沟。

三、在规则与事实之间：法律的"竞技场"

当我们暗自窃喜国家法在民间悄然生根时，其实表象的背后已经暗藏着人心与人性的各种心机。当国家法的下行力度，已经成为一种势不可挡的趋势与力量时，人们只能学着慢慢适应由法律变迁所演化的乡村变迁——一种不再由旧有的习惯法主导的乡村秩序，而是由国家法与习惯法混合治理的乡村模式。尽管国家法在民间遭遇了各种不同程度的"窘状"，但有一点不容置疑也不能忽视的是，关于涉及刑事犯罪的问题，乡村已经有了相当程度的意识与认识。同时，人们也认可了国家法在刑事法律上的处理态度。正因为如此，一场关于习惯法与国家法的法律竞技也悄然发生。法律竞技，亦是一种法律博弈，它是一种策略行为，由纠纷当事人或选择或主张用两种或多种不同的法律规则中的某一种作为自己诉求的适用对象，以期获得最大或最为有利的利益结局。

有趣的是，关于这场法律竞技，并不如我们想象一样，是经过严密的逻辑部署作出的决定，它反而更像一部戏剧，充满着跌宕起伏的故事情节与出乎意料的故事结局。我们的分析重点，是通过法律竞技的过程，着眼于两种不同规则与事实之间的交错关系，观察争议双方当事人是如何利用两种不同的法律知识进行利益商谈。为此，我们将再次借用彝族地区发生的一个案例"以案说法"，使读者能从感性与理性上获得认识。

这是由一起民间债务引发的人命案，具体发生时间是 2006 年 4 月，纠纷地点在凉山彝族的布拖县，调解人即德古比布牛黑，具体案情材料选自《凉山彝族习惯法调解纠纷现实案例——诺苏德古访谈记》。同样，为了方便讨论，会对原案情进行相关的场景处理（简化）①。我们选择这个"人命案"作为研讨个案，一方面是为了说明习惯法（彝族习惯法）是如何与国家法进行法律竞技的；另一方面，也是想将前述的"赔命价案"和这起"人命案"做一个个案上的比

---

① 巴且日火，陈国光．凉山彝族习惯法调解纠纷现实案例——诺苏德古访谈记［M］．北京：中央民族大学出版社，2012：96-98.

较，试图说明一些新的问题。

"在火烈乡约嘎洛波村，同一寨子的比节家和阿硕家因为欠债一事而吵架。阿硕家的儿子可能染上了毒品，他就找比节家借了700元钱。但久久不还，因此比节家就去找阿硕父母要钱，但阿硕家表示，因为自己的儿子吸毒，已经向大家说明了不要借钱给他，你们自己自愿借给他，这不关我们的事。为此，两家就动手打起来。比节家两口子被阿硕家打得住进了医院，但阿硕家的老婆被比节家打得更重，没来得及送医院抢救就死了。"

"阿硕家老婆是且沙家的，如果阿硕家当时把她火化了，那比节家可能被阿家收拾惨，但当时他们为了把死者的尸体抬到比节家来要挟比节家，没有立即将她火化，而是将她抬到西溪河医院进行鉴定。死者平时就有心脏病史，鉴定结果说，她死亡的原因不是由于她头上的伤，而是由于心脏病发作导致的。阿硕家不服，又把死者抬到县城，由公安局请法医鉴定。法医鉴定结果也说，这个人不是由于被打死而死亡的，而是由于平时的老毛病——心脏病发作死亡的。"

"比节家两口子的伤还没有好，就被抓进了公安局。等查明阿硕家的老婆不是被打致死，公安局说，她的死与比节家两口子没有直接的责任后，比节家的两口子也被放了，公安局要双方用彝族民间习惯法调解解决。双方的当事人和家支来到火烈乡，请火烈乡民间调解委员会调解。调解委员会调解失败，后又到区上找领导调解，最后也无果。后来阿硕家的女儿到县城去喊德古比布牛黑来说这个事。德古比布牛黑说：我一般不说人命案，既然上次公安局法医鉴定说，你们的人不是比节家打死的，我只能去了。"

我们通过上述案情可以看到，当事人阿硕家和比节家，因为一笔700元的债务发生了"人命"纠纷。被"打死"老婆的阿硕家为了要挟比节家，首先放弃了彝族习惯法的赔命价传统，转而选择国家法作为处理纠纷的方式。究其原因，可能有以下几点理由：首先，国家法的相关规范已经深入乡民的心中，比如，故意伤害或杀人。人们已经由过去传统的"赔命价"思维转换到故意伤害和杀人是犯罪犯法的行为，是国家法律明令禁止的行为，因此国家法可以管这件事。其次，由国家法主导的社会秩序里，传统习惯法中的"赔命价"不再可能出现以命换命的可能。倘若当事人阿硕家首先想要得到的不是"命金"而是"人命"，那么，只有国家法可以正当化形式对加害者进行罪刑相适用的处理。这可能是当事人阿硕家弃习惯法投奔国家法的原因之一。但戏剧的是，法医鉴定结果表明：人不是被打死的，而是心脏病发作死亡的。于是，这种预先设定的心愿顿时落空。此时，公安局却主动出面表示，希望双方当事人能利用传统彝族习惯法的方式重新进行"私力救济"。至此，我们可以看到，在习惯法与国家法法律竞技的第一回合中，国家法出示的"实证事实"颠覆了当事人的"预谋"，使得本想以鉴定结果为筹码要挟对方的期望落空。由于这份鉴定结论对加害人认定无罪，因此二次处理，即调解不得不回落到习惯法的话语权中。

与恩扎维基德古不同的是，比布牛黑德古一直对调解的案子类型有所选择，关于人命案，他一向不会去参与调解。因此，在他打算接手此案时，意味深长地说道："既然不能算是人命案，法医鉴定认为人不是被打死的，我只能去了。"此时，德古比布牛黑在调解前，已经将案件的事实基调定性。因此，接下来的调解内容也一定会不同于恩扎维基德古。

"经过比布牛黑等人的调解，比节家被说服同意赔阿硕家 35000 元，但起先阿硕家开口要六七万，并不同意以 35000 元结案。德古比布牛黑说道：阿硕的老婆既然不是被打死的，你们这就不能算是人命金，也不能按人命金的惯例来赔。我们一家一家地算只算出 35000 元。比节和阿硕是当事人，阿硕老婆的娘家是且沙家，娘家人要找女儿的人命金，阿硕老婆又是依勒的外甥女，依勒家要找外甥女的人命金，而死者的妹妹嫁在依古家，依古家说死的是姐姐，他们家也十分愤怒。"

从上述描述我们可以看到，德古比布牛黑按照当地彝族习惯法在处理这起纠纷时，并没有按传统的赔命价案件进行处理，而是使用了鉴定结论作为谈判砝码，即阿硕家老婆不是被打死的这一结论，使"人命金"从传统赔命价的项目中被剔除。这和前面恩扎维基德古处理的赔命价案，有着完全不同的认知与处理方式。在恩扎维基德古看来，即使鉴定结论认为受害者的死不是因为加害者直接侵害所致，也不能认定受害者的死与加害者无关。所以在二次民间调解时，恩扎维基德古仍然援用了赔命金的传统。在这两个命案中，尽管二者都出具了鉴定结论，并且都认为死者与加害者的侵害无关，却因为德古对案件看法的不同而产生了完全不同的民间调解效果。在恩扎维基德古调解的人命案中，国家法的介入并没有成为民间调解中的参照对象，反倒是将案件事实全部推翻，重新洗牌。而在比布牛黑调解的案件当中，国家法从一开始就成为双方较量的重要依据，当国家法不能给受害方带来实质利益的时候，他们又不得不转向民间习惯法进行重新磋商，解决纠纷。在恩扎维基德古调解的纠纷案中，鉴定依据没有成为二次调解过程中的事实对象，而是依据他们的认识重构了法律事实；在比布牛黑调解的纠纷案中，鉴定结论被视为该案的法律事实，是赔命价案中的重要依据，因此在调解中取消了赔命金的做法，取而代之的是对死者的相关家支给予一定的抚慰金。

　　同样是赔命价案，二者在国家法层面的处理结果几乎是一致的，因为国家法通过实证说话，通过证据证明事实与规则之间的因果关系。但习惯法的事实认定与规则适用之间则有着相当的任意性存在。因为，通过习惯法处理的纠纷过程，不仅有规则，还有人情、社会网络、家支家族的势力、个人的信誉、声望等诸多因素掺杂其中。和传统习惯法纠纷调解不同的是，无论国家法是否成为民间二次司法的事实依据，都会或多或少地对二次司法的调解过程产生一定影响。例如，在恩扎维基德古的调解案中，尽管他们推翻了鉴定结论的法律事实，依照自然事实重构新的事实，但是在重构的过程当中，死者的国家干部身份也或多或少地成为调解中的博弈砝码，使得赔命价的民间规格达到最高。

　　综上所述，习惯法与国家法的互动关系，已经在相互博弈过程中发生了相互渗透，这种渗透具体体现在规则与事实之间的犬牙交错之中。由此，习惯法或者国家法在纠纷当事人看来已经成为一种法律武器，即选择哪一种武器更有利于自身的利益，才是纠纷调解的最终目标。因而，法律竞技关乎的是一场工于心计的成本计算，法律的零和输赢只是国家法片面追求的效果，却不是纠纷当事人最为在意的结局。他们所在意的乃是关于受害后所获得的实质补偿与原状恢复以及社会关系的重新修复。因此，所有为了实现实质利益的因素和条件，都会成为法律博弈的考量因素，尤其是在事实认定与规则适用之间。

第三章

民间习惯法与国家法的互动可能

第一节　卢曼法社会学的可能启示：一种观察法律体系的框架思维

一、卢曼法社会学的建构基础

要理解卢曼①的系统理论，就必须回溯卢曼对理论思考的起始点，即在卢曼学术生涯的早期，当自创的系统理论还未应用于社会学时，卢曼是如何逐步建构相关概念，为自创的系统论铺陈基础的。

首先，卢曼关于社会系统论的反思与批判是从社会学大师帕森斯的结构—功能论开始的。

霍布斯提出一个古典的理论问题：人类的共同生活以及由此而来的社会秩序如何可能？帕森斯回答：以意愿论的方式来解决。什么是意愿论？意愿论是指"社会的成员不是单单给予个体的利益以及外在的强迫而生活在一起的，反而是在一个规范性的关联范围内，自愿地同意一起生活。也就是说，一个意愿论式的秩序既不是纯粹的强制性秩序，也不是纯粹自利主义的利益考量的作用结果。反而，社会秩序是建立在一个一般的价值共识之上，这种共识在社会生活中深深地被制度化；同时，社会以约束的方式，让行动者在社会化的过程中

---

① 尼克拉斯·卢曼（1927 年 12 月 8 日－1998 年 11 月 6 日）是德国当代最为重要的社会学家之一，他的主要贡献是发展了社会系统论，法学著作有《社会的法律》等。

学得这种共识"①。随后，帕森斯为进一步思考社会秩序的可能发展了他的社会系统理论，即结构—功能系统论。他认为，社会系统以某种社会结构为前提，并且某些结构（规范范式、价值范式）被提供出某种功能的成效，这些成效使社会系统得以持续进行。由此，帕森斯的理论被从静态结构—功能论证成社会现状，但也因此忽视了社会转变与冲突的理论面向。

卢曼就是从上述的出发点开始反思结构—功能系统论的症结所在。和许多批评帕森斯的学者不同的是，卢曼的批判旨趣并不是走到帕森斯理论漏洞的对立面去，因为在他看来，这是走不出什么新的解决方式的。卢曼要做的是试图克服帕森斯的理论缺陷，将系统理论进行重新梳理与普遍化。因此，卢曼创造性地将结构—功能进行了翻转，以功能—结构的范式重塑了社会系统理论，以此修正了帕森斯的两条理论途径的内容。

其次，卢曼构建了自己的功能—结构理论。

卢曼不再以帕森斯所主张的社会秩序可能的意愿论为出发点，即社会系统是通过具有约束性的、集体所共有的规范与价值范式所存在。在卢曼看来，社会的高度分化导致现代社会中，难以形成统摄的价值观，因此他希望通过调转功能—结构的概念，为社会系统的存续寻找一个非规范性概念，即彼此相互指涉的诸社会行动的关联。其具体含义是指只要当多个个人的行动相互连接在一起时，社会系统或行动系统就出现了，"这个系统把自己与一个环境区隔开来。所以以意义相互指涉的行动都属于当下的社会系统，而所有其他无法与当下的意义关联取得关系的行动，则是属于系统的环境。而且，所有非社会的实体与事件同样是属于环境的。因而，是一个使内与外分化成为可能的界限想法，将系统这个概念建构起来。某个东西要不是系统（并且属于系统）就是环境（并且属于环境）"②。

卢曼抛弃了帕森斯在结构—功能论中主张的社会系统的存续需要依附于特有的社会结构，即一种无法取代的社会成效。卢曼认为，社会系统具有这样一种可能性，即当某种社会成效消失时，系统可以寻找到另外的成效来取代已然消失的成效继续存活。进一步地说，"从结构—功能过渡到功能—结构的系统理论之后，所关乎的再也不是哪些具体的贡献对系统的持存起着因果性的影响，

---

① ［德］克内尔，［德］纳塞希. 卢曼社会系统理论导引［M］. 鲁贵显，译. 台北：巨流图书公司，2000：46.

② ［德］克内尔，［德］纳塞希. 卢曼社会系统理论导引［M］. 鲁贵显，译. 台北：巨流图书公司2000：50.

并因而对系统的未来提供了保证。问题反而是，特定的系统成效执行着哪一个功能，并且，这些成效可以被哪些功能上对等的可能性取代掉。帕森斯的因果功能论——它企图在某些系统成效与系统维持这两者之间制造出关联——被所谓的对等功能主义取代了。卢曼认为，功能分析的旨趣并不在于发现原因与影响之间的因果关系，反而是以问题与问题解决这两者的关联作为取向。并且，对于原初的问题来说，功能分析开启了'多种解决问题的替代选项'这样一个可能性空间，这些解决问题的替代选项是可以相互比较的"①。

是故，在帕森斯那里，结构—功能是社会系统持存的理由，但在卢曼那里，由于结构—功能被翻转成功能—结构，因此其理论重心也相应地发生了转移。以系统/环境的区分观察社会系统，所有的事物要么是环境要么是系统，但世界是一个例外。因为世界没有区隔之分，它既不属于系统，也不属于环境，反而覆盖了所有可能存在的社会系统和环境，因此是系统与环境的统一体。所有关于系统的运作与持存都发生于世界之中，因而卢曼选择世界作为功能分析的最高联结点。

世界是复杂性的，纷繁的事物以及状态使人们所须应付的能力长期超载，因此卢曼的功能—结构系统论就是致力于探讨社会系统如何发挥其功能以化约世界复杂性这个任务。"化约复杂性"作如何理解？是指"消除或减少可能的状态及事件。社会系统借由排除可能性，来简化世界的复杂性。并不是世界之中所有的可能事件及状态都能够在系统中出现。反而，社会系统只允许世界之中非常少部分的可能事物进入系统里，大部分其他事物仍被排除在系统之外……所以，在一个社会系统中被允许进入的事件及状态，是少于环境中事件及状态。社会系统借着化约复杂性而替参与其中的个人找到互动方向"②。由此我们可以看到，世界较之于系统复杂许多。卢曼说："系统的秩序比起它的环境的秩序是较不可能出现的，而且前者的程序程度比后者高。要稳定住系统与环境的界限，系统才能建立起来，在这个界限之内，一个具有较高价值的秩序可以透过较少的可能性（也就是，透过化约了的复杂性）而维持稳定。"③ 简而言之，所谓世界的复杂性，在他那里并不是一个存有状态，也就是说世界本身并不是原来就

---

① ［德］克内尔，［德］纳塞希. 卢曼社会系统理论导引［M］. 鲁贵显，译. 台北：巨流图书公司 2000：50.

② ［德］克内尔，［德］纳塞希. 卢曼社会系统理论导引［M］. 鲁贵显，译. 台北：巨流图书公司 2000：53.

③ ［德］克内尔，［德］纳塞希. 卢曼社会系统理论导引［M］. 鲁贵显，译. 台北：巨流图书公司 2000：53.

复杂，而是相对于社会系统而言，从系统试图化约世界复杂性的观点来看，世界是复杂的。系统作为化约世界复杂性的事物，只有本身具有相当的复杂性，才能具有使世界从纷繁到简明的能力。继而，系统越复杂，就越能面临外在环境多变的可能性。

上述，我们将早期卢曼关于社会系统论的主要观点进行了说明，我们的目的旨在阐明卢曼对社会系统理论的思考是如何起始的，他如何通过继承与修正帕森斯的结构—功能系统论，建立系统/环境的区分来观察世界。因为系统/环境范式是卢曼观察社会系统乃至法律体系的重要理论之一。接下来，我们将介绍卢曼是如何获得自创生理论的灵感与启蒙，为进一步理解自创生的法律体系做出铺陈。

二、卢曼的社会自我再制理论

在早期批判帕森斯的结构—功能系统论时，卢曼关于系统/环境的输入与输出关系仍然停留在帕森斯的理论模式中，即将系统视为一个开放的构成体，系统与环境之间保持着相互交流的状态。但自此以后，智力生物学家以及神经生理学家马图拉纳（Humberto R. Maturana）和瓦列拉（Francisco J. Varela）的理论，为系统/环境的范式转化提供了新的灵感与起始点，即开放的系统理论被自我再制的封闭性系统论所取代。

自我再制（Autopoiesis），这个被造出来的字是由两个希腊字 auto（＝自我）及 poiein（＝制作）所组成的。此外，这个字主要是受马图拉纳的影响，其主要意涵是自我制造、自我制作。"自我再制系统是具有生命的构成体，它们自己生产自己并且维持自己。自我再制的进行方式是，这些构成体自己生产及制造出构成它自己（即构成体）的组成部分，也就是说，构成体持续地透过自己特有的运作来制造出特有的组织。"[①] 是故，在两位科学家眼里，自我再制的系统首先必须是一个生命的构成体，非生命体是不具有自我再制的可能性的。其次，所谓自我再制，实际上是由生命体内的既有元素通过自我运作产生新的元素。最后，自我生产的元素既从生命体中产生，同时也维持生命体的存在。

由此可以看出，生命有机体基于封闭性，在系统内使自己与自己发生关联，所以自我再制系统的运作是自我关联的或是自我指涉的。以"递回性"概念来描述生命体的自我关联，是指"再生产过程，这个过程持续地将其运作后的产

---

① ［德］克内尔，［德］纳塞希. 卢曼社会系统理论导引［M］. 鲁贵显，译. 台北：巨流图书公司，2000：63.

物及结果当作继续运作的基础。因此在组织方式上，自我再制系统是没有输入及输出。自我再制系统自己制造出要维持其组织所需的一切"①。

但自我再制的系统同时又是开放的系统，生命体透过外部物质的吸收获取能量和物质，即系统通过与外部环境的接触，获得生机。那么，如何理解开放性与封闭性之间的矛盾关系呢？其实只需要考虑到自我再制的构想，就能顺利理解二者关系并不是对立的矛盾体，毋宁说是封闭性是开放性的前提条件。即"具生命的系统所拥有的环境接触（开放性），只有透过自我再制的组织方式（封闭性）才成为可能"。"我们也可以以自主性及自足这两个概念来说明上述的两种性质。自我再制系统是自主的，但不是自足的。当系统是在特定的环境、处境之中，依赖环境所供给的物质与能量时，系统并不是自足的。但是，当系统的运作单独地按照自己特有的规则来决定能量与物质的接受与释放时，系统是自主的。"②

概括地说，对马图拉纳和瓦列拉而言，自我再制这个概念是运用在规定具有生命的系统中。他们将自我再制的系统理解为自我制造及自我维持的单元。"自我再制系统在组织上是封闭的，并因此是自主的。同时，具有生命的系统在物质及能量上是开放的。这是说，自我再制系统，在与其组成部分相关联之下，并没有输入与输出。自我再制系统不会被环境的影响力所决定，充其量只会被激扰。所以，系统的具体状态不是由环境，而是由系统本身来规定的。据此，自我再制系统在运作上是受结构及当时状态所决定的。"③

卢曼受马图拉纳和瓦列拉关于自我再制理论启发，试图将此移植于社会系统中，构想社会系统是一个自我指涉、自我再制的封闭系统。他认为，无论是生命的、神经的，还是社会的、心理的系统都是自我再制的，它们只是以不同的方式来实现其特有的自我再制。因此，社会系统是一个自我再制的系统，它们在一个递回的封闭体内持续地通过沟通产生沟通，据此社会事物就建立起一个独立的、苗生的秩序层次。在他看来，政治、经济、法律系统也都是自我再制、自我指涉的系统。

---

① ［德］克内尔，［德］纳塞希. 卢曼社会系统理论导引［M］. 鲁贵显，译. 台北：巨流图书公司，2000：66.

② ［德］克内尔，［德］纳塞希. 卢曼社会系统理论导引［M］. 鲁贵显，译. 台北：巨流图书公司，2000：63，67.

③ ［德］克内尔，［德］纳塞希. 卢曼社会系统理论导引［M］. 鲁贵显，译. 台北：巨流图书公司，2000：73.

三、法律自生理论对本课题研究的启示

学者杜健荣在谈及卢曼法社会学理论对当代中国的法学研究和法治建设的可能性及限度时，指出：首先，卢曼的这一理论并不试图为社会实践提供一种确定的指引，该理论没有提供任何实质性的规范性论断，而只是进行观察和描述，因而无法用以直接回答或解决我们在法律实践中所遇到的问题。其次，虽然卢曼在其理论中阐发了关于法律与社会间的一般关系理论，但是就法律自创生理论而言，其所主要关注的是高度功能分化的现代西方发达社会。而当代中国正处于社会转型时期，因而这一理论对于中国社会现象具有多大的解释力，也是一个值得思考的问题①。事实上，卢曼也意识到这个问题，他曾说过，在一些发展中国家，法律系统尚未真正实现运作封闭并因此抵御来自政治或其他社会领域的直接影响，在这种情况下法律就有可能成为政治的符号性工具②。由此可知，卢曼法社会学理论的旨趣并不在于为我们提供法律困境的解决路径，且关于这一套理论在中国语境下的解释力也是一个值得商榷的问题，卢曼毋宁说是为我们思考法律体系以及法律与社会的关联提供了一种框架性思维。即系统/环境的区隔，为观察社会中的法，提供了新的理论范式，它致力于阐明法律作为社会次级系统与社会（环境）之间的界限，以及它与其他社会子系统（政治、经济、道德）间相互耦合的关系。

至此，卢曼的法律自生理论实际上是促使我们思考，用什么样的框架思维分析国家法与民间习惯法的互动可能最为有益。就目前来看，国家法是当代中国社会不容置疑的权威性法律体系，民间习惯法由于其地域性、分散性、不成文性、宗教性等特征而无法形成一个科学的完备体系。因此，民间习惯法之于国家法，更像是一种零星式的外部元素，但这种零星式的存在样态，由于其特殊性、模糊性、不确定性使国家法在具体运作时遭遇困境。倘若，我们能将二者的关系放入系统/环境的范式中进行一个试探性分析，也许有助于我们重塑二者互动可能的新型关系研究。

从新中国对民间问题解决的长久经验来看，国家法对底层社会治理的处理方式，主要采取的是国家法体系内的修正与变通，因此国家法结构的封闭性，

---

① 杜健荣. 卢曼法社会学理论研究——以法律与社会的关系问题为中心［M］. 北京：法律出版社，2012：263 以下.

② Niklas Luhmann. Law as a Social System［M］. NewYork：Oxford University Press，2004：410.

即作为一个系统，便有了可以研讨的空间。与此同时，从民间习惯法与国家法的互动关系来看，国家法并没有忽视习惯法的真实存在，反而是将其作为重要的社会信息反馈于国家法的运作之中，因此国家法在法律体系的开放性上也予以充分的彰显。最后，法律结构的封闭性与认知能力的开放性，在卢曼理论中并不是非此即彼的关系，而是即此即彼的耦合关系，所以民间习惯法与国家法的互动可能在此种意义上也得以成立。

从系统/环境的角度来看，倘若将习惯法视为环境，将国家法视为系统来看，则可能产生如下看法：其一，作为环境的民间习惯法，其状态相对于自身而言，并不具有复杂性，毋宁说是透过作为系统的国家法视角进行观察时，才被理解为复杂。其二，作为系统的国家法，受其产生激扰的外部环境有许多，民间习惯法只是诸多中的一种激扰，因此从根本上它无法对国家法造成全面影响。其三，由于作为系统的国家法接受作为环境的民间习惯法的情形是十分有限的，因此进入国家法体系调整的事件也是少许的，是故国家法之于民间习惯法而言（即在民族地区），效力的有限性也毋庸置疑。其四，由于作为系统的国家法与作为环境的民间习惯法在秩序上具有相当的落差性，因此，国家法通过吸收习惯法中的部分情形进行系统内部的操作，即化约习惯法作为外部环境的复杂性，使一种具有较高价值的秩序透过较少的可能性维持国家法作为系统的稳定与平衡。

从法律结构的封闭性与认知能力的开放性层面来看，习惯法与国家法的互动，则可能作出以下解释：其一，国家法结构的封闭性使其自身实现了自主，即国家法在法律结构封闭的前提下，获取了独立性、自治性、权威性，为开放吸收民间习惯法的激扰提供了条件。其二，国家法结构的封闭性决定了它在吸收习惯法的信息后，只能通过国家法体系内的特有运作（规则、程序）产生新的规则、程序，实现国家法体系在民族地区运作的动态平衡。其三，国家法正是通过沟通产生了系统运作，由运作区分了国家法系统对乡村地区设计的特殊制度、规范与民间习惯法之间的界限。其四，国家法结构的封闭性以及对习惯法的开放认知性，说明了国家法体系虽然是自主的，但不是自足的。进而言之，习惯法对国家法的影响，使国家法通过系统内部自我再组织的方式实现其稳定发展。其五，法律认知能力的开放性，使国家法体系将习惯法中的部分要求转为体系内的自我参照、自我指涉，通过自我生产与再生产，原有的民间习惯法中的内容变为国家法规范与程序，同时这些产生出来的新规范与程序也建构丰富了国家法体系。其六，国家法与民间习惯法的互动是相互关联的结构耦合。一方面，民间习惯法与国家法之间相互渗透，彼此依赖，因此彼此都不是自足的；另一方面，民间习惯法与国家法在各自场域中的运作又都相对独立，即官方与民间各有各的自主性与自治性，因此从运作上说又可以彼此独立，不能以一方取代另一方。

上述，我们通过卢曼自生法律理论的两个层面，即系统/环境与法律的封闭性与开放性的角度，展开了对民间习惯法与国家法的互动可能的解释与说明。作为一次尝试性的分析，我们的原意不是为了证明卢曼理论在本研究语境中的解释力，而是通过卢曼法社会学的分析框架与思维，重塑民间习惯法与国家法新型关系研究的思路。我们的旨趣在于提供一种可能的解释，即国家法为何在体系内接受对民间习惯法的变通与修正，而不是在法律体系外。那是因为国家法体系从根本上由于其实证性、自主性、权威性，都需要通过界定自身的意义而实现。因此，通过国家法系统内的操作，划分了习惯法与国家法的界限，实现了国家法体系的独立价值。下面我们将讨论国家法系统是如何具体操作，如何与习惯法进行沟通，从而获取有效的互动。

第二节　民间习惯法与国家法互动的自主空间：立法融通

如前所述，国家法为了实现其自身的稳定与平衡，需要不断从外部环境中获取信息，从而参照自身、反思自身、改造自身。作为自主的国家法体系，只有通过体系内的修正与改变才能维持其自身法律结构的封闭性，才能界定自身与外部环境的界限，才能为外部环境的开放性提供前提条件。从这层含义出发，法律变通作为习惯法与国家法互动可能的自主空间，具有符合法律结构之封闭性的特点。是故，国家法在民族地区的法律变通，是法律结构的封闭性与认知能力的开放性的实证注脚。

一、法律是沟通的自生体系①

从社会系统的自我再制到法律系统的自我再制，卢曼始终强调的是尽管系统运作是封闭性的，但是这并不意味着系统与环境之间的关联被割裂。从功能—结构的法律系统论到自我再制的法律系统论，卢曼对法律的认识也逐步发生修正。

---

① Autopoiesis 可以翻译成自我再制，也可以翻译成自生，在这里为了表述上的简明，因此将前述中的自我再制翻译成此处的自生。

在功能—结构系统论阶段，卢曼认为："社会规范是使行为期待趋向稳定的机制，法律为规范的行为期待之一般化、普遍化。"这是因为：首先，"现代生活是偶发事故充斥、失望频繁、挫折纷生的不确定性之生存状态"①。由于社会功能的高度分化，人们对他人的行为期待变得难以确定与信任，人际交往也因此变得难以适从。由此，社会规范的目的旨在改进行为的无常性、风险性与不确定性，以利于人们降低对行为预期的失望程度。其次，行为期待的一般化、普遍化之必要性，是因为行为期待牵涉三个重要的向度，即时间、社会与事物。"在时间的向度中，透过规范化使得期待结构防止失望，而趋向稳定。在社会的向度中，透过制度化，众人达成共识，也就是使行为期待走上稳定的方式。在事物的向度中，期待的结构依赖意义的认同，而获得彼此的证实认可，便利彼此的沟通。由于这三个向度中行为机制在发挥功能时有重大的落差，以致造成在社会结构中的矛盾难容。法律便在这个社会出现前后不一致、矛盾难容的情形下挺身而出，而企图把行为之期待，特别是规范的行为之期待加以普遍化、一般化，而且是圆融的、连贯的普遍化、一般化。"② 因此，在卢曼早期的法律观中，主张法律构成社会体系的一种结构，他说："法律本质上就是结构。"③ 其功能在于使行为期待趋向稳定。

但不久之后，卢曼受智力后裔的神经生物学家马图拉纳和瓦列拉的影响，将"自我再制"的理念引进他的法律理论中，修正了法律体系仅仅是结构的认识，重塑了新的法律系统观——法律是沟通的自我再制体系。

卢曼指出："法律是一种含有法律意义的沟通，而沟通代表体系的操作。是故操作和结构成为法律最重要的两大元素。"④ 当视域从对结构的关注转向对操作的认知时，卢曼想要关注的问题已不再是法律系统中规则体系的建立，毋宁说是操作如何使系统/环境进行区分。在他看来，划分法律系统边界的正是系统的操作。他明确指出："我们假定法律系统的统一性只有通过系统自身才能生产和再生产……法律系统通过自身的运（操）作创造了自己的版图，只有这样他才能在社会中发展出一个法律的社会环境……系统的统一性是由系统的运（操）作来生产和再生产的。"⑤ 并且，"体系（系统）及其外围（环境）之分别是非

---

① 洪镰德. 法律社会学［M］. 台北：扬智文化事业股份有限公司，2004：354.
② 洪镰德. 法律社会学［M］. 台北：扬智文化事业股份有限公司，2004：355.
③ 洪镰德. 法律社会学［M］. 台北：扬智文化事业股份有限公司，2004：355.
④ 洪镰德. 法律社会学［M］. 台北：扬智文化事业股份有限公司，2004：360.
⑤ Niklas Luhmann. Law as a Social System［M］. NewYork：Oxford University Press，2004：73.

常重要的概念。体系能够维持和发展，必须不断地检讨它以及其外围的环境之关系，原因是体系的物质、能量、资讯都来自外头的环境，体系是依赖其外围的环境而存活。这是体系对环境的依赖，也是体系对环境的开放。不过体系在其操作上确实自满自足，而成为一种几近封闭的、首尾衔接的操作的完整体"①。与此同时，法律的操作与结构的关系也是紧密相连：一方面，法律结构（包括法条、规范、文本等）靠体系内操作而建立，另一方面，也通过体系内操作而发生改变。是故，法律结构与法律操作相辅相成，通过沟通，体系进行操作；通过操作，结构得以维持。进而言之，一方面沟通为操作提供了其条件，或用于修正或用于证实；另一方面沟通对操作的范围、方式进行了限制，从而形成了操作的结构，进而结构为进一步操作带来限制，同时也提供了方便。

在自我再制的法律系统论下，封闭性的法律系统（结构）表明了"只有法律才能够改变法律。只有在法律体系中，法律规范的改变才能被视为法律的改变"②。正因为如此，法律系统同时也是实证性的，因为法律的产生、改变都是在体系内通过程序来操作，而不假于外求。法律的有效性，也源于法律裁决是通过法律系统内成员（法院、法官等）依法进行的操作。从法律实证的层面来看，他强调法律结构的封闭性乃是基于法律有效的路径是通过自我的合法化，即"法律产生法律、法律决定法律、法律的效力取决于法律、法律回归其本身，指涉其本身而造成法律体系之循环、反复、完整、封闭、首尾连贯，也成为一套逻辑"③。从而，法律系统的独立性造就了它"为社会不同成员之行为期待提供一般的、普遍的同意。换言之，法律为人群提供规范性的共识"④。

正是由于法律系统的封闭性，才为法律系统对外部环境的开放性提供了前提条件。即"界定法律的意义与界限，是对法律本身具有意义的"。因为法律系统虽然是自主的，但不是自足的，即法律体系在操作时，其规范上是一个封闭体，其认知能力却是一个开放体。他强调法律体系虽然保持内部结构的封闭性，但体系为了保持动态稳定，需要不断地从外部环境中吸收知识、讯息、能量，为系统内部的自我再制、自我指涉寻求反馈，提供动力。例如，法律的修正或废止，通常可能源于政治权力的外部影响。因此，政治权力作为外部环境为法律体系内的自我再制进行了激扰，法律体系正是从政治权力中吸收了新的讯息、能量，转向体系内的自我参照、自我描述、自我修正。

---

① 洪镰德.法律社会学 [M].台北：扬智文化事业股份有限公司，2004：359.
② 洪镰德.法律社会学 [M].台北：扬智文化事业股份有限公司，2004：363.
③ 洪镰德.法律社会学 [M].台北：扬智文化事业股份有限公司，2004：366.
④ 洪镰德.法律社会学 [M].台北：扬智文化事业股份有限公司，2004：362.

从上述我们可以看出，卢曼所要讨论的并不是法律对社会具体事物层面的影响，而是关于法律如何成为社会结构，如何使社会运作，如何进行沟通的理论，简而言之就是关于"社会中的法"。由此，他所关心的法律与社会关系也就无关传统法社会学所重视与讨论的主题，而毋宁说是关注法律体系的一体性、圆融性、连贯性，以及探寻法律与社会之间的相互关联。亦即卢曼并不关心法律规范的具体内容是怎样受社会的冲击，他注重的乃是法律作为一个系统，如何保持与外界的互动，以维持其系统本身的稳定和发展。因此，卢曼法社会学理论并不为现世的法律规范提供经验上的指导，却为如何观察法律以及法律与社会的关联性提供整体性框架思维。

回溯卢曼自生理论的形成与建构，其中深刻的洞见不少，但最值得我们关注的乃是关于法律的封闭性与开放性的系统理论观。卢曼富有启示地阐明了界定法律的意义与界限对法律本身所具有的意义，同时也道明了法律体系具有开放认知能力的重要性。当我们开始理解法律结构的封闭性与法律认知能力的开放性并不当然地成为对立关系时，我们也就做好了认同法律实证主义并不当然地要与法社会学的观点相冲突，即"法律可以是自主的，同时也可以是不自足的"，亦即法律可以是自治的，但同时也会受到外部环境的干扰。由此，卢曼的法社会学理论即自我再制的法律系统论为法律实证主义与法社会学的冲突与对立，找到了融合点，即通过新的理论范式化解了法律体系在面对自主性与无法自足性之间的矛盾。

二、法律变通的基本问题梳理

（一）什么是法律变通

关于法律变通的概念，"学者们出于不同的问题意识在不同的意义和不同的层面上使用这一概念"①。从民族区域自治的视角看，法律变通并非为了与国家法分庭抗礼，只是为了表明法律多元的事实，是指民族区域自治地方的自治机关在宪法和法律授权的范围内，结合自治地方的实际情况对国家法律、法规、规章做出的"非原则性的变动"，不存在对国家法权威的挑战，这种法律变通是在国家法之下由国家法赋予的民族区域自治地方的一种特殊权利，是民族区域自治地方自治权的体现，"包括立法变通和法律实施变通两种情况"②。是国家

---

① 孙丽君. 法律多元语境下的法律变通的概念界定［J］. 河北法学，2012（10）：141.
② 雍海滨. 论民族自治地方立法变通权及其运用［J］. 民族研究，2006（3），第14. 在此意义上使用法律变通概念的还有民族法学学者吴宗金、彭谦、胡启忠等人。

法在民族地区为适应特殊环境，"自主向""自足"的努力尝试。

由此概念出发，我们对学界"法律变通"可以进行如下几点梳理：其一，从法律性质上看，法律变通既是一种权力，同时还是一种特殊权利，其依据来源于宪法、法律的特别规定。其二，从法律内容上看，法律变通不仅指立法变通，还包含司法变通。其三，从程序看，是法律体系内的自我完善。

现实中，关于法律变通的概念、性质、内容的界定存在诸多争议，这种争议主要基于认识理念上的差异所致。但正是这种理念偏差，使得法律变通制度在实践上遭遇难以变通的困境。比如，《中华人民共和国刑法》授予了包括自治区在内的省级人大对其规定进行变通的权力，一直遭到合宪性的质疑，这成为近30年来刑法在民族地区的立法变通从未真正实施的原因之一①。与此同时，从现有制度与规范层面来看，法律变通只存在狭义的"立法变通"，而不存在"司法变通"。由此，司法变通虽然广泛存在基层司法实践之中，却是不折不扣的司法权"滥用"。

尽管如此，我们对法律变通的可实施性的多向度考察仍然处于持续的关注之中。这不仅仅是因为法律变通在民族地区所面临的两个现实问题：（1）立法变通权在行使上不充分。（2）司法变通权由于缺乏具体制度、规范的指引，确实存在滥用问题。而且还因为法律变通作为一种正式制度，在调适民间习惯法与国家法关系上，具有正当性与合理性的指引以及沟通作用不容忽视。法律变通的正式制度的调适，不仅有效协调法律效果与社会效果的统一，同时更为重要的是维护了国家法在民族地区适用上的安定性与权威性，同时也促进和推动了民间习惯法的现代转型与自我更新。

现实中，民族地区一方面已经通过立法变通来变通或补充婚姻法的相关规定，回应民族地区在婚姻家庭关系上的一些特殊性问题，法律变通在民族地区社会的适用已有典范树立；另一方面却很难再向前行，因为，现实中还存在始终没有得到立法变通回应的主题，比如，与习惯法有直接关联的部分犯罪问题的刑事处理问题。虽然立法变通不能出台，但司法处理无法推卸责任，要代为处置。然而，司法变通又由于没有确切的制度、规范的指引，常常陷入困惑与不安之中，所引发的司法公平、公正与社会稳定之间的不平衡关系，使我们不得不去反思法律变通在理论与实践中所面临的挑战与问题。

因此，我们在本节所做的就是通过梳理法律变通的相关内容，澄清法律变

---

① 田钒平.《刑法》授权省及自治区人大制定变通规定的法律内涵及合宪性辨析 [J]. 民族研究，2014（1）.

通的社会功能与意义，以展现国家法作为合法合理合情的制度自主空间如何化解、协调民间习惯法与国家法互动困境的可能。

（二）法律变通的性质

要呈现民间习惯法与国家法之间法律变通的关系，究其根本还是要从如何认识法律变通权的性质入手，即如何看待法律变通权中的权力与权利的关系。因为权力与权利是考量法律变通权行使的逻辑起点，任何其中一种属性（或权力或权利）的缺失，都很难实现法律变通的社会功能和意义，也无法成为沟通媒介，去协调民间习惯法与国家法的沟通互动和谐关系。

从民族区域自治的层面看，法律变通权在本质上是一种自主权、自治权。学界一般认为它（自治权）具有权力与权利的双重性，既是权利也是权力。一方面，"自治权的权利性，反映在它是被宪法和民族区域自治法承认并予以保护的法定权利"①，另一方面，"从权力的角度来说，自治权是民族自治地方的自治机关的一种职权"②，是一种公权力，具有国家强制力特征。正是基于自治权的双重属性，法律变通的性质才具有既是权力又是权利的属性：当它放在民族区域自治地方的自治权的场域时，法律变通被视为一种权利，是法律赋予的一种特有资格和身份，唯有自治地方的特有机关才能行使。当它放在国家立法的权力体系的场域时，法律变通则是一种权力，是自治地方权力机关行使的一种特有支配力，可以对相关社会关系进行权利义务的设定，成为新的权利义务关系确定的力量源。

首先，宪法规定了自治机关的职权行使是源于自治权。现行宪法第一百一十五条规定："自治区、自治州、自治县的自治机关行使宪法第三章第五节规定的地方国家机关的职权，依照宪法、民族区域自治法和其他法律规定的权限行使自治权，根据本地方实际情况贯彻执行国家的法律政策。"

其次，宪法赋予了民族区域自治地方的自治机关享有法律变通的权力。现行宪法第一百一十六条规定："民族区域自治地方的人民代表大会有权依照当地民族的政治、经济和文化特点，制定自治条例和单行条例。"民族区域自治地方的自治机关依据宪法，从本地社会实际情况出发，制定自治条例和单行条例，行使的就是法律变通的权力。

最后，"民族区域自治法根据宪法规定了民族区域自治地方自治机关的两项

---

① 张文山，等.自治权理论与自治条例研究［M］.北京：法律出版社，2005：80.
② 张文山，等.自治权理论与自治条例研究［M］.北京：法律出版社，2005：87.

变通权力：一是对法律和行政法规的变通；二是对政策的变通"①。民族区域自治法第十九条规定："民族自治地方的人民代表大会有权依照当地民族的政治、经济和文化的特点，制定自治条例和单行条例。"第二十条规定："上级国家机关的决议、决定、命令、指示，如有不适合民族区域自治地方实际情况的，自治机关可以报经上级国家机关批准，变通执行或停止执行。"立法法第六十六条规定："自治条例和单行条例可以依照当地民族特点，对法律和行政法规的规定作出变通规定，但不得违背法律或者行政法规的基本原则。"

从上述法条可知，现行宪法、民族区域自治法、立法法，都以基本法的形式赋予了民族区域自治地方的人大权力机关"有权"变通法律的权利。此外，相关的具体法律，如刑法、选举法、民事诉讼法等也明确授权民族区域自治地方可以变通国家法。正因有法律具体规定，据学者不完全统计，截止到 2006 年，我国 155 个民族区域自治地方共制定了自治条例 137 件，单行条例 409 件，针对法律制定的变通规定、补充规定 74 件。其中，变通规定 30 个，补充规定 44 个②。就恩施土家族苗族自治州看，从 1991 年到 2018 年，制定的自治条例有 1 件，单行条例有 16 件。单行条例基本是法律变通或者法律补充。

所以，从国家的立法体系看，法律变通是一种当然地为实现法律自足性而必需的自主公权力，并且，"它是以在国家法律制度及其民族法律制度和其他的法律制度中的特殊协调形式而存在的，是从解决民族问题的角度而具有对国家法律变通的特定属性"③。因此，法律的立法变通行为属于民族区域自治制度固有的职权立法行为，而非基于特定事项的授权立法。当然，学界有不同的声音④。

法律变通权源于自治权，因此它不仅是一种权力，同时还是一种权利。"民族区域自治权之所以正当，其伦理基础在于自己具有决定自治事务的权利。"⑤这种权利包含两方面：一是少数民族都享有宪法赋予的在其聚居区实行民族区域自治的平等权利。二是每一个民族区域自治地方都享有宪法和法律明确赋予

① 敖俊德.民族区域自治法中的两种变通权之间的联系与区别 [J].中央民族大学学报（哲学社会科学版），2005（1）：19.

② 孙丽君.法律变通问题研究 [D].长春：吉林大学，2009.

③ 吴宗金.民族法制的理论与实践 [M].北京：中国民主法制出版社，1998：326.

④ 田钒平认为，"在民法典时代，民族自治地方人大能否对《民法典》的规定进行变通或补充，尚有待全国人大常委会作出裁决。"这就是说，法律变通是授权立法。参见：田钒平.民法变通规定制定权的法源冲突及解决路径——以《民法典》相关规定阙如为切入点 [J].政治与法律，2021（5）.

⑤ 熊文钊.大国地方：民族区域自治制度的新发展 [M].北京：法律出版社，2008：80.

的自治权，包括法律实施自治权、财政自治权、语言文字自治权等多项自治权。其中法律实施自治权，"反映在国家法律在该地区实施问题上，就是变通实施的权利"①。进而言之，法律变通权的权利实现，需要通过民族区域自治地方的人大权力机关的权力行使而获得。这因为"民族自治地方的法律变通权作为民族自治地方的一种权利，其权利主体是民族自治地方的人民，但是自治地方的人民享有法律变通的权利，这仅仅是权利的应然和法定状态，要想使得这种权利由应然状态转换为实然状态，不仅需要国家法律的明确授权而且需要权利主体的行使"②。因此，少数民族群体被赋予的应然权利，只有通过法律变通的实践表达才能转换成实然的权利。这种实践表达不仅有官方承认的立法变通，还有官方虽未明确表态，但实践中已经被多次践行的司法变通，"司法变通是合理的非法定的法律变通"③。

（三）立法变通与司法变通的关系

在论述法律变通的权力与权利属性时，已经充分显示出法律的立法变通的正当性依据，即宪法、法律都赋予了民族区域自治地方的人大权力机关充分享有制定自治条例、单行条例的立法变通权。由此，立法变通的合理合法地位是毋庸置疑的。而关于司法变通的定位，由于存在非法定的正当性问题，因此，在回答是否具有合理性时则需要慎重考虑。

从立法变通与司法变通的社会功能来看，其根本意义还是基于如何有效地回应社会秩序中的紧张关系。所谓紧张关系，是指国家规范的秩序与民族地区的原生秩序之间的张力关系，一种相生相克、相互颉颃的关系局面。所谓"变则通"的含义是说，通过对现有法律的立法改变、司法改变，从而获得"没有障碍"的和谐秩序。所谓"通"还有另外一层含义，就是通过"变"的环节，获得对话的沟通机会。这也是学者们主张司法变通应当是法律变通的题中之义的原因。如果说立法变通活动是通过对信息的反馈而操作，那么司法变通活动则是通过获取信息而展开。严格来说，立法与司法活动从来都是有机的整体，不能切割开来分别应对，否则各行其是的做法最终会导致双方实效的未果。因此，在法律变通之中，如果只存在立法变通，而没有司法变通，久而久之，法律该在何种层面上进行立法变通才能有效服务于司法的决策和判断就会丧失。同理，只有司法变通的肆意操作，而没有立法变通的积极反馈，长久以往，法

① 胡启忠. 论民族地区的法律变通 [J]. 西南民族大学学报（哲社版），2002（7）：88.
② 孙丽君. 法律变通问题研究 [D]. 长春：吉林大学，2009.
③ 孙丽君. 法律变通问题研究 [D]. 长春：吉林大学，2009.

律的权力滥用与国家制度的权威将迷失其中，难以自救与恢复。故而，我们才会认为在立法变通的缺失之下，司法变通的长期实践虽然能解决一时之需，具有某种社会秩序的合理性，但终究因为正当性的阙如，而影响其真正的正义性的建立与延续。"权宜"的司法变通只是个案的需求，却不利于司法公正的建构，更不是制度的"本意"。

那么，在"非法定"状态下，司法机关何以超越法律规定行使权力呢？民族自治地方的司法机关主要是从民族政策视角出发，虽然法无明文授权，但也无明文禁止，因此其变通司法行为为了现实需要，从而产生了运行空间的可能。对此学界认为："民族地区在实施法律的过程中，执法部门一方面坚持法律面前人人平等的原则，另一方面也从少数民族地区的实际出发，在没有变通立法的情况下，采用比汉族地区更为缓和，更容易被少数民族群众接受的方法来具体实施法律．这就是我国长期奉行的区别对待的民族政策在司法中的贯彻，实际就是变通司法。"① 这说明，司法变通的依据源于民族政策中的"区别对待"，例如，"两少一宽"刑事政策的司法适用便是最好的典范。并且对于刑事政策的司法适用，一向被学者们视为司法变通的正当性依据。

有学者认为，司法变通行为的特点是"民族自治地方的司法机关在将国家法律运用于具体案件的过程中为了追求案件审理的社会效果，法官可以利用法律规定中有弹性的模糊区域或词语意义解释的多种选择余地，用国家法的概念剪裁少数民族习惯法的内容，在不违反现行国家法基本原则的情况下，通过司法解释的形式，将与民族自治地方的民族习惯法发生冲突的国家法律规范进行变通，有选择地依据民族习惯法进行判决"②。从该描述可以看出，民族地区的司法变通行为或采取概念剪裁进行司法解释，或干脆依据民间习惯法来判案。前者尚可被视为"能动司法"，而后者基本就是法律的置换。可以肯定的是，国家法与民间习惯法在法律权力的话语争夺中，司法人员为了案件审理的社会效果，其行为已经不当地折损了国家法的权威。如果放在刑事司法的罪刑法定视域下看，此种变通司法行为已经僭越了刑法的基本原则。因为此时，习惯法不是作为司法活动中的待证对象，而是作为没有被法律承认的法源规范来操作。确切地说，这种行事方式已经不是司法变通的应有之义，而是司法滥用的表现之一。

既然如此，现实与理论中，是否存在较为合理的司法变通路径呢？我们认

---

① 胡启忠．论民族地区的法律变通 [J]．西南民族大学学报（哲社版），2002（7）：94．

② 孙丽君．法律变通问题研究 [D]．长春：吉林大学，2009．

为，有些制度路径是值得借鉴的，比如，有学者提出了"刑事和解"制度的可行性："刑事和解既具有变通施行刑法的功能，又具有克服我国现行刑法规定的变通制度固有弊端的优点，并且与我国民族自治地方的传统法律文化高度契合，因此应作为我国民族自治地方变通施行刑法的最佳机制。"其具体的变通方式有：通过司法机关主导的和解、通过司法机关委托的和解，以及不属于司法体制之内的当事人双方自行和解模式①。有学者认为，"刑事和解"具有恢复性司法的蕴意，即"主张重视被害人的地位，将被害人置于解决犯罪问题的中心，强调对其遭受的损害进行恢复和补偿；犯罪人的责任为对自己的行为负责并采取积极行动恢复被破坏的社会关系，鼓励悔过和重新回归社会"②，有从传统的报应性司法走向恢复性刑事司法的趋势。我们认为，刑事和解的优势在于不突破现行刑法的基本原则之下，对国家法律制度无法实现的利益做出了合理的补足。有效地弥补了法律漏洞所带来的制度操作困境，不失为变通司法的有效途径。此外，还有一些其他的可能路径：如能动司法、案例指导制度等。关于这些路径，我们会在后文中做详细分析，此处不再评价。

综合来看，立法变通与司法变通的共存构成法律变通的完整有机体。没有司法变通的立法变通，法律的制定会陷入盲目主观之中；没有立法变通的司法变通，法律的操作会陷入无依无据之中。二者的有机统一才能使法律变通制度获得长存和发展。

（四）法律变通的价值

那么，为何法律变通制度是一个正当合理的沟通媒介，可以协调民间习惯法与国家法的矛盾冲突关系呢？"立法变通制度设计的直接目的有两个：一是为了解决国家制定的法律规范与民族区域自治地方的习惯法规范之间的冲突问题；二是为了保障少数民族特殊的权利和利益问题。"③ 法律变通制度并不是要以国家制定法强制性地取代习惯法，也不是用习惯法抵御国家法的推行，法律变通制度的目的是化解国家法与习惯法在处理现实问题上的冲突和不协调，实现国家法与习惯法的有效对接，减少国家法在民族区域自治地方实施的制度成本与经济成本，从而既保障国家法在民族自治地方的有效实施，又增强自治地方的安定团结、和谐有序。众所周知，国家法在民族地区的变通，是为了回应民族

---

① 刘之雄.我国民族自治地方变通实施刑法之机制的研究——以刑事和解为视角的考察［J］.法商研究，2012（3）：109.

② 张殿军.刑法变通缺失语境的民族自治地方刑事司法路径［J］.贵州民族研究，2009（1）：3.

③ 孙丽君.法律变通问题研究［D］.长春：吉林大学，2009.

地区的特殊性而存在的，即为了解决普遍性与特殊性的法律问题。但究其根本，国家法为何不主张在法律体系外进行民间自治式的变通，而力主将权力控制于国家法赋予的制度、规范与程序之中。应当说，这个问题值得深思。

首先，我们认为这种制度设计不是源于法律的需要，而是源于政治的需要。中国共产党对少数民族的治理持高度重视的态度，将少数民族群体纳入民族区域自治的制度的国家战略，视少数民族群体的发展为中国解决民族问题的重心①。就政治层面来看，国家战略是为了实现统一治理，即建立统一的政治基础、形成统一的文化基础、协调统一的经济基础、构建统一的价值基础，最终实现法律的统一体，即通过法律铸牢中华民族共同体。但从现实情况来看，56个民族之中，虽然汉族人口占了绝对的优势，但少数民族群体有着不能斩断的文化意识、风俗习惯、民俗民情以及民间社会治理规则。由此，我们的统一治理必须本着和而不同的理念，即通过民族区域自治的方式实现汉族与少数民族在一个单一制国家下的区别治理——多元一体。正如中国第一代领导人毛泽东在五四宪法草案中所说："少数民族问题，它有共同性，也有特殊性。共同的就适用共同的条文，特殊的就适用特殊的条文。少数民族在政治、经济、文化上都有自己的特点。"②

其次，作为政治制度的民族区域自治制度，只有通过法制化与法治化，才能实现有效的社会运作。正如卢曼所认识到的，社会越来越趋向功能的分化，社会各系统都有自己的独立使命需要完成。因此，作为政治制度的民族区域自治，不能代替作为法律制度的民族区域自治，两者既是各行其是，又是相互耦合。从法律体系的角度来看，国家法在民族地区的法律变通，有利于国家法与变通法律在法律系统内的有效互动，实现法律系统自身的完善。由于法律变通权是在宪法、法律法规的规范之下进行，所以法律变通也必然按照国家法的规则与程序进行，并受国家法的管辖与制约。倘若法律变通不当，则国家法可以及时作出回应，而无须受其他因素的阻隔而绕道行使。并且通过体系内的有效

---

① 有学者指出，发展权应当成为自治权的法理基础。因为确立民族区域自治制度，授予自治机关自治权就是使自治机关能够更好地制定符合本民族、本地方实际情况的方针政策，促进民族地区社会、经济、文化等方面的全面发展，达到各民族共同繁荣的目的。促进民族地区社会经济全面发展的原则，在新中国成立那一天起，就是中国共产党和中国政府民族政策的一项基本原则。宪法和法律赋予民族自治地方自治机关的自治权，就是高度重视各民族的发展权，只有少数民族充分享有自治权，才能根据本民族、本地方的实际情况，加速发展民族地区经济、社会和文化建设事业。参见：张文山，等.自治权理论与自治条例研究［M］.北京：法律出版社，2005：11页以下.

② 毛泽东.毛泽东选集（第五卷）［M］.北京：人民出版社，1977：128.

运作，能不断提升国家法的自我反思性，指涉自身的不足，提升自己的合法正当性，实现法律体系内的自主自足。

三、民间习惯法与法律变通的关系

从上述对法律变通的概念、性质、内容、价值及相关关系的梳理，我们可以看到：法律变通是民间习惯法"合法化"进入国家法的制度路径，是习惯法与国家法和谐互动的法定制度空间。民族区域自治地方通过自治立法吸收民间习惯法进入国家法体系，从而使国家法相关规范更符合民族地区的实际情况，因而其更具有实效性，有利国家法实施。民族区域自治地方的司法机关通过合理的司法变通，能有效平衡国家法与习惯法的利益交锋点，化解二者之间互动危机。因此，法律变通于国家而言涉及国家法的实施，是国家法作为封闭体的自我完善；于自治地方而言涉及自治权，是一种权利与权力的复合体；于特定的族群而言则是习惯权利的法定化，通过法律变通行使自治权利，使部分习惯法得到国家法确认，使习惯权利受到国家法尊重和肯定，成为法定权利，从而实现国家法与习惯法的文化统一，在传统中寻找到现代性的支点，在现代化的同时达成传统文化的创造性转化。所以，"法律变通正是协调国家法的统一性、普遍性与习惯法的多样性与特殊性之矛盾的最为有效的手段"①。是破解二者困境的法定制度路径。

但我们也必须看到的，作为正式制度的法律变通，在变通习惯法时，也有着其自身的限度所在，不能包医百病。

第一，习惯法只是法律变通的事实性依据之一，而不是法律变通的唯一因素。法律变通的根本目的是对民族地区的社会特殊情况进行回应，就特殊性因素而言，不仅需要考量习惯法的特殊习俗存在价值的良善，还需考量其所在社会的经济状况、政治面貌、文化心理等。换句话说，民族法律的整体面貌决定其是否需要通过法律变通而获得新生与延续。从这个角度看，虽然习惯法是法律变通的重要事实依据，但不是唯一的考量因素，因为决定是否进行法律变通，不是由单一变量来决定，它需要综合其他社会环境作为考察对象，从而在整体性上认识法律变通的价值与意义。

第二，法律变通对习惯法的法律变迁与现代转型，具有选择性与甄别性。一方面，由于习惯法的内容具有零碎性、不确定性、模糊性，无法形成科学的体系使其直接进入国家法体系内对接。同时，我们对习惯法的甄别能力与水准，

---

① 孙丽君. 法律变通问题研究［D］. 长春：吉林大学，2009.

尚未获得大量有效的调研数据支持。正如有的学者所指出：目前民族法和习惯法都有相对固定的研究者，也取得一定的研究成果，但是，将二者结合起来，从民族区域自治地方自治立法的视角探讨习惯法的高质量成果不多见①。杜宇也就习惯法进入刑事制定法的生成和创制的现实条件提出了看法。他认为：要促使二者之间的良性互动，其一，是要在社会层面形成一个专门研究刑事习惯法的学术群体；其二，是要在知识层面构建一套阐释性学理以有便于习惯法与刑事制定法之间的"知识"沟通；其三，是要对刑事习惯法的调查、整理和编纂工作展开全面、深入、系统的实证研究②。另一方面，我们认为，如何在法律变通中有效转化习惯法，这不仅是个法律技术问题，还涉及宪制和如何铸牢中华民族共同体意识问题。例如，有学者就注意到要在"多民族背景"与"公民权利的平等维护"视角下考量法律变通的价值、路径与甄别标准③，这种宪制和政治考量主要是基于如何处理不同地方习惯法之间的关系，如何在保护一种权利与利益时，不伤害或者不与其他同样受保护的主体相冲突，以实现法律变通中的利益均衡和增强中华民族共同体意识。

第三，法律变通只是习惯法现代转型和法律变迁的推动机制之一。习惯法的转型和变迁除了法律变通的渠道，还有很多其他的形式与层面的存在。作为地方性知识的民间习惯法，其具有相当一部分"接地气"的规则，如涉及规范乡村内部秩序的事项安排，它既不需要上升为国家法，也无须进入法律变通的视野之中，只需要继续以民间法的形式存在即可。并且，伴随着国家法普法运动的持续推进，相当一部分旧习已经在国家法的浸淫之下发生了根本性转变，开始按照国家法方式行事。例如，我们在前面章节提到的，在苗族地区因抢婚习俗发生的强奸行为，已经不再被苗人完全认同，有些苗人会因为在抢婚中被迫发生性关系而向公安机关报案。再例如，有学者意识到某些地方的"刑事习惯法在国家刑事立法的三个进程中实现了自'封闭与保守'渐至'契合与兼容'再至'开放与转型'的特征变迁。普法运动、经济、教育的发展，文化的不断融合是促使其发生特征变迁的主要原因"④。笔者认为，已经经由其他方式

---

① 张殿军. 少数民族习惯法的制度空间与"合法化"路径 [J]. 吉首大学学报（社会科学版），2012（4）：106.

② 杜宇. 重拾一种被放逐的知识传统——刑法视域中"习惯法"的初步考察 [M]. 北京：北京大学出版社，2005：184 页以下.

③ 田钒平. 民族自治地方法律变通的价值辨正、路径选择与判准甄别 [J]. 西南民族大学学报（人文社会科学版），2012（12）：111-113.

④ 于语和，刘顺风. 甘肃东乡族刑事习惯法特征变迁的实证分析——以当代国家刑事立法进程为参照 [J]. 石家庄铁道大学学报（社会科学版），2013（1）.

（如教育普法方式）而否弃的旧有习惯法，亦即被国家法观念修正了的民间习俗，不应再行法律变通走法制的回头路。法律变通真正应该关注的是，社会必须调整的法律关系且习惯法中关于这一法律关系的精神、内容有再塑造的价值与意义。进而言之，对习惯法进行法律变通的工作，须建立在科学的甄别标准之上。关于该标准的确立，则需要深度有效的调查数据与系统研究。

第四，国家法在民族地区的法律变通并不能替代习惯法在民族地区所发挥的社会自治功能。从国家统一法治的角度来看，对习惯法进行相关的法律变通，其目的是通过社会整合的方式，将习惯法中的部分内容进行国家法化，使其重塑官方与民间的社会秩序的统一性。但国家法在民族地区的法律变通的局限性也决定了其所承载的社会功能的有限性。并且，法律变通是在相当复杂的外部环境中选择较少的信息进入法律系统内，以较高的法律规范化约外部环境的复杂性。因此，从习惯法中选择了需要变通的元素后，就将选中与未选中的习惯法元素区分开来。由此，法律变通只承担了选中元素的社会功能，而失去了承担未选中元素的社会功能。并且，无论国家法在民族地区的法律变通有多么完善，也无法消减国家法在现代社会治理中的"有限度"。一是因为关于"有法制不等于有法治"的基本共识业已形成。国家立法的实效总是呈阶梯递减定律，国家法在执行过程中自上而下呈递减态势，层级越低，法律实效越差。二是因为无论是在西方还是在中国，多元纠纷解决方式——特别是通过非正式法律机制实现的社会治理方式，已逐步成熟。这两点都表明了国家法在现代社会治理中的"有限性"事实。

第五，从习惯法在民族地区的生存现状来看，法律变通的运作往往不存于立法变通中，而广泛存于司法变通之中。就这一现象来看，法制与法治的不同步是毋庸置疑的，一方面，习惯法中的立法变通虽有职权立法但并未制定，导致规范上的缺位、阙如；另一方面，因习惯法发生的纠纷又亟须在司法实践中进行法律变通处理，所以尽管冒着权力滥用的嫌疑，但仍然无法完全阻隔这类事件的发生，其根本原因也是迫于个案的需求。由此，我们必须认识到，法律变通作为官方与民间的互动形式，并不能完全取代民间自主治理形式。是故，法律变通所能表达的社会功能也局限于此，并不能取代习惯法在民族地区所发挥的基层自治功能，不能全面协调沟通习惯法与国家法关系所面临的困境。但是它也毋庸置疑地告诉我们，习惯法与国家法的困境有解！这应该是本课题研究的价值所在。

四、国家法在民族地区的立法变通实践

国家法在民族地区的立法变通问题，一直以来都被视为是具有长久性与常青性的研究对象。所谓长久性体现在：自民族区域自治法施行以来，关于民族地区如何实行立法变通的研究一直处于重点关注之中，从未间断。所谓常青性体现在：关于立法变通的研究必须随着社会发展同步前行，因为在不同的时代、历史背景、社会文化的具体环境中，立法变通的适用与废止都会随着情势而发生变化。例如，黔南布依族苗族自治州人大 1994 年 6 月 1 日颁布的《黔南布依族苗族自治州执行〈中华人民共和国婚姻法〉的变通规定》，在历经了近 20 年之后，于 2011 年 3 月 30 日被废止。因此，国家法在民族地区的立法变通研究，本身具有共时性与历时性。

首先，回顾以往的研究，关于立法变通的分析主要集中于自治权的相关延展问题，或者说更强调通过自治权的立法变通这一视角，而较少关怀少数民族群体在民族法律与社会变迁消长上的实际需求。但近些年来，随着民间法研究的逐步成熟，学者对民间习惯法从理论和实践中获取了更深入的理性认识与情感体验。其中，刑法如何在民族地区进行法律变通，以因应少数民族人民因风俗习惯、生活方式而犯罪的定罪量刑问题受到学界和实务界的普遍关注。与此同时，如何重新审视和解读新时期民族刑事政策的价值、理念与科学运用也成为刑法变通研究中不可或缺的主题。由此可见，刑法在民族地区的法律变通是我们在本章节中必须予以关注的问题。

其次，从目前民族自治地方的立法变通的实践情况来看，对民法的变通集中在对婚姻制度的变通最多，对选举法的变通也不少。在涉及习惯法问题，我国民族自治地方立法"认可的习惯的内容比较广泛，包括民族习惯、地方习惯、物权习惯、婚姻习惯、继承习惯、生活习惯、宗教习惯、丧葬习惯、建筑习惯、饮食习惯、卫生习惯、行为习惯"① 等方面。下面，我们就立法变通实践内容进行两方面的梳理。

（一）有关婚姻家庭的立法变通

有关婚姻家庭的立法变通可以说是我国民族地区立法变通最突出最完善的。原《中华人民共和国婚姻法》第五十条规定："民族自治地方的人民代表大会有权结合当地民族婚姻家庭的具体情况，制定变通规定。"从民法典的规范层面看，对民族地区的婚姻家庭关系并没有明文赋予其变通权。但是，从民族地区

---

① 高其才. 当代中国民族自治地方法规中的习惯 [J]. 法学杂志，2012（10）：50.

关于婚姻法制度的实际变通看，主要有以下几方面内容的变通：

其一，是对法定婚龄的变通。相对于民法典中男女适婚的法定年龄，部分民族地区进行了法律变通，将男女法定年龄分别下降两岁，即男20周岁、女18周岁。有些民族地区尽管也有早婚习俗，但是并未做出变通，比如，武陵山区的恩施、湘西两个自治州和黔东南苗族侗族自治州都依从国家婚姻法规定。为何不进行变通？有学者认为：国家婚姻法的法定婚龄主要是基于人口状况的考虑。其中既有缓解人口数量的剧增带来的经济发展速度放缓，同时也有提高人口生育素质的作用。但某些民族地区变通法定婚龄还具有其他的作用和意义。例如，有学者调研四川藏区的阿坝藏族羌族自治州和甘孜藏族羌族自治州的婚姻家庭习俗，就指出在藏族地区制定法定婚龄，"更多的是试图改良藏族自由婚龄的习惯，把结婚（或称两性关系）这一私人选择纳入国家管理范畴的开端或必要组成部分"①。由此可见，对法定婚龄的变通，有助于规范陈旧的婚姻习俗，逐步向普适性的法定结婚年龄靠近，最终实现提高人口素质的目的。

其二，是对一定范围内亲属间结婚的变通。我国历史上曾有"同姓不婚"的习俗，至今还有许多村庄延续着此传统。武陵山区民谚所谓"乱亲不乱族""亲三代族万年"即是指此习俗。我国民法典规定：直系血亲、三代以内旁系血亲禁止结婚。《伊犁哈萨克自治州实施〈民法典〉补充规定》对此规定进行扩充变通，第四条规定："禁止直系血亲和三代以内旁系血亲结婚。保持哈萨克族七代以内不结婚的传统习惯。"该单行条例吸收了哈萨克族"七代以内不得结婚"的传统婚姻习惯。

其三，是对订婚效力的变通或补充规定。我国原婚姻法并未对婚约进行规定，但习惯法中存有订婚与彩礼习俗。因而有些少数民族对民间订婚效力做了规定，例如，《伊犁哈萨克自治州实施〈婚姻法〉补充规定》第七条规定："订婚不是婚姻的法定程序，不受法律保护。严禁借订婚索取财物或干涉婚姻自由"，黔南布依族苗族自治州规定，"订婚不受法律保护"，反对任何包办、强迫的订婚。镇宁布依族苗族自治县规定，反对任何包办形式的订婚。"订婚不具有法律上的约束力。"从上述规定可以看到，各地婚姻立法变通都明确订婚不具有法律效力，同时禁止通过订婚形式干涉婚姻自由并借订婚之名索取财物的行为。

其四，是对结婚、离婚登记问题进行了重申。我国过去的婚姻法和现行的民法典实行的是婚姻登记制度。其原因在于：政府认为人民婚姻问题是国家社

---

① 乐岚. 目标或路径：统一婚姻法与民族习惯法的交互发展———兼论四川藏区婚姻法变通补充规定之完善 [J]. 西南民族大学学报（人文社科版），2009（8）：50.

会的男女成员间公私利益统一的大事，不是国家、社会公益以外的利益。民间社会一向重习俗"仪式婚"，而轻"登记婚"。故而，许多民族地区都对结婚、离婚的登记问题在法律变通、补充规定中进行重申、强调。例如，西藏婚姻变通条例第五条规定：结婚、离婚必须履行登记手续。新疆执行婚姻法的补充规定第六条："禁止一方用口头或文字通知对方的方法离婚。"第七条规定："禁止宗教干涉婚姻家庭。禁止以宗教仪式代替法定结婚登记。"黔南布依族苗族自治州规定，对民族传统的结婚仪式有改革或者保持的自由，但不能以民族的风俗习惯代替结婚登记。中国从"仪式婚"到"登记婚"经历了急剧的法律变革，而民间婚姻习俗却没有因为法律的骤然变迁而完全销声匿迹，因此给社会生活留下了很重的后遗症。为了缓和法律变迁与现实社会生活的紧张关系，学者于海涌建议，肯定结婚仪式的公示功能，"对仪式婚予以弱度保护并建立转正制度，这将比彻底否认仪式婚的法律效力或建立补办登记制度更切合中国的社会现实"①。这在民族地区应该是有很好的现实意义，最起码对逃避家庭债务责任的老赖是一种有效约束，现实中很多人明明是共同生活的夫妻，却以假离婚或者干脆不领结婚证，将财产转移登记在一方名下，公开逃避债务，成为法律不能打击的老赖。

　　实际上，在婚姻家庭方面的法律变通、补充规定并不限于上述列举4项内容，它还包括禁止一妻多夫或一夫多妻制；禁止以宗教干涉婚姻家庭；以及鼓励少数民族人民进行婚前体检等规定。对于这些变通、补充规定，我们认为它的衡量标准主要是看是否通过立法变通，有效平稳地实现了社会变迁、进步，有效地趋同于社会整体目标。正如有的学者所指出："保持民族地区立法的渐进性，而不是一味地忽略冲突，要求融合。"② 比如，法定结婚年龄的变通，就有效地推动了社会晚婚晚育，但登记婚制度没有顺利变迁习俗婚传统。由此可见，法律的变迁，尤其是国家、社会通过计划改革的制度变迁，在现实社会中必然会出现适应或不适应的可能反应。对于不适应的反应，我们不能一意孤行地强行推行，而是应该通过一些合理的"过渡"方式，平缓地推进国家政策与法律。否则，法律将会遭到社会的重新洗礼与对抗。

　　（二）刑事立法变通缺失问题

　　与民事法律的立法变通情况完全不同的是，刑事法律（刑法与刑事诉讼法）

---

① 于海涌．仪式婚的法律保护［J］．法学，2007（8）：120-121.

② 乐岚．目标或路径：统一婚姻法与民族习惯法的交互发展——兼论四川藏区婚姻法变通补充规定之完善［J］．西南民族大学学报（人文社科版），2009（8）：53.

的立法变通几乎呈现空白状态。因此，刑法的立法变通讨论成为法律变通中的重点且特别主题。我们认为，刑事习惯法与刑法的立法变通的互动之讨论，应当梳理下述几个问题：其一，在刑法的立法变通缺位情形之下，民族地区社会的基层刑事司法现状如何？其二，刑法的立法变通在现行制度下一直未实施，其理由何在？其三，从我国现行刑事政策、刑法理论的视角审视，刑法是否存在立法变通的制度空间？其四，从民族法制与国家法统一的融合视域下看，有哪些因习惯法而触犯的刑法规范可以进行立法变通或不能进行立法变通？

1. 刑事立法变通缺失下的基层司法透视

有学者认为，目前基层刑事司法实践以刑事政策和习惯法为依据。这主要表现在：涉及少数民族犯罪时，以"两少一宽"的刑事政策为国家法依据，对少数民族的犯罪问题尽量从宽处理或者依照刑事习惯法来认定是否犯罪、是否处罚或是否赔偿。例如，有学者这样说道：司法人员"将一种民间法上的判断伪装成一种制定法上的判断，小心翼翼、如履薄冰地绕过制定法的书面概念和制度，或者对正式的国家法予以软化和包装，运用所谓的'情节特殊性''事出有因''案情特殊''民意'等模糊语言来进行遮蔽，在司法人员拥有自由裁量权的回旋空间和活动余地内得到消化，使民间法能在'合法'的规则体系中找到自己的依据。从表面上看，制定法的尊严和神圣这一基本的底线在'台面化'的判决中得到了充分的体现，而实质的变化已经在背后偷偷地巧妙地完成了"①。

我们认为，关于司法人员的"经验和精明"，只是出于其无奈之举，因为他们既要在法律制度的规范下去实现法治的要求，同时还要合乎少数民族的需求以及同时做好民族地区的稳定工作，当多重目标需要同时整合，而现行法律制度与规范又不能有效回应实践时，我们的制度设计与社会发展就必然会出现脱节现象。是故，纸上的法律与行动中的法律就会产生偏差，亦即国家制定法被"台面化"，而习惯法被"暗箱操作"。究其原因，理由似乎并不是这位学者所说的司法人员拥有"自由裁量权"的回旋空间，反而是我们的司法人员在现行的国家法制度下没有关于适用习惯法作为判案依据的"自由裁量权"，但为了"和谐"结案，而私自滥用裁量权。杜宇曾经发问：在习惯法的刑事司法适用中，习惯法到底是一种法律，还是一种事实？他的答案是：习惯法，作为一种待证对象，只能在刑事诉讼中构成一种"事实"。他说："乍一看，习惯法显然与法律具有更多的家族类似性。首先，习惯法具有'法'的名号和头衔，从而

① 田成有. 乡土社会中的民间法［M］. 北京：法律出版社，2005：206.

极易引起人们的错觉；其次，习惯法虽然不是由特定国家机关制定、颁布和施行，但它无疑也具有一定范围的强制性、规范性和普遍性，具有法的共同特征；不但如此，更为重要的，习惯法在日常生活中，也经常是以一种裁判依据的角色出现，判断另一些事实和行为是否符合习惯法。所有这些，都使人们有理由相信，习惯法构成刑事诉讼中的'法律'而非'事实'。然而，（如果）从'裁判依据'与'裁判对象'的相对意义出发进行判断，我们势必发现，习惯法只能在刑事诉讼中构成一种'事实'。必须承认，在刑事诉讼的过程中，作为法官裁判标准的法律只能是国家机关制定的、具有国家强制力的实体法，而习惯法因素则只是作为法官判断的对象在司法过程中呈现。"① 因此，从国家刑法的角度出发，从法官可以行使的职权考量，习惯法都难以在刑事司法中成为"大前提"，毋宁作为"小前提"且必须予以证明其正当性。继而，在刑事司法实践中，试图将刑事习惯法作为"大前提"来断案，它既不符合法官裁量权，同时也违背刑法基本原则与理论。

并且，作为民族刑事政策的"两少一宽"在司法中也存在混乱适用的问题。雷振扬教授指出："执法机关和执法人员在处理涉及少数民族成员犯罪行为时，顾虑重重，无所遵循，失之过宽，导致放纵少数民族成员犯罪。由于民族问题的重要性、敏感性，以及受现行干部考核机制的影响，执法机关和执法人员，特别是非民族地区的执法机关和人员，往往误认为，凡是少数民族犯罪分子，不论其犯罪行为地是在民族地区还是在汉族地区，也不论其行为受害人是其他少数民族还是汉族，一律从宽处理。结果人为地扩大了两少一宽政策的适用空间和犯罪行为的受害对象。"② 由此我们可以预见，通过政策引导少数民族遵守国家法律的做法，由于主观随意性大、伸缩性强的特点，容易使受其调整的社会关系处于无据可依的状态，长此以往会对良好法律秩序的建构产生副作用。

综上所述，在刑法立法变通缺失下，基层刑事司法的情况不容乐观。我们在此反思的并非民间习惯法在司法实践中的负功能（事实上，现实中它还存有积极的一面），而是对二者的互动（民间习惯法与刑法）由于缺失规范上的衔接（如立法变通）所面临的司法乱象。此种司法乱象既有民族刑事政策上的误读，也有民间习惯法与刑法在互动上的不力所导致。这也是为何学者们提出，无论是对民族刑事政策的具体运用，还是针对如何协调民间习惯法与刑法的关系，

---

① 杜宇. 重拾一种被放逐的知识传统——刑法视域中"习惯法"的初步考察［M］. 北京：北京大学出版社，2005：242.

② 雷振扬. 关于"两少一宽"民族刑事政策的三点思考［J］. 西南民族大学学报（人文社会科学版），2011（11）：30.

对刑法进行适当的立法变通，都是解决问题的有效途径。

2. 刑法立法变通缺失的原因

刑法的立法变通在现行法律制度下一直未有实施，学界对其看法也大体相同。总结下来，主要原因有以下几点：

第一，从宪法、立法法、民族区域自治法以及刑法的规定来看，制度与制度之间或存在矛盾或存在不完善的地方。首先，现行宪法规定了刑法的制定只能由全国人大及其常委会行使，且立法法对"法律保留"作出了的明确规定。宪法第六十二条规定："全国人民代表大会制定和修改刑事、民事、国家机构和其他的基本法律。"第六十七条第三项规定："在全国人民代表大会闭会期间，全国人大常委会有权对全国人民代表大会制定的法律进行部分补充和修改，但不得同该法律的基本原则相抵触。"我国立法法第八条规定，"下列事项只能制定法律：……（四）犯罪和刑罚"。其次，立法法与刑法第九十条的规定发生立法位阶上的冲突。刑法第九十条规定："民族自治地方不能全部适用本法规定的，可以由自治区或者省的人民代表大会根据当地民族的政治、经济、文化的特点和本法规定的基本原则，制定变通或者补充的规定，报请全国人民代表大会常务委员会批准施行。"但立法法第九条规定："本法第八条规定的事项尚未制定法律的，全国人民代表大会及其常务委员会有权作出决定，授权国务院可以根据实际需要，对其中的部分事项先制定行政法规，但是有关犯罪和刑罚、对公民政治权利的剥夺和限制人身自由的强制措施和处罚、司法制度等事项除外。"由此，无权制定基本法律的省（直辖市）人大，却被刑法授权对基本法律的刑法作变通、补充规定，纯属下位法（刑法）违反上位法（立法法）规定，因此，各地省级人大基于立法法规定，没有谁去制定变通规定。最后，根据民族区域自治法第十九条规定，可以行使自治权、变通权的权力主体与刑法第九十条规定也存在制度上的悖论。民族区域自治法第十九条规定："民族自治地方的人民代表大会有权依照当地民族的政治、经济和文化的特点，制定自治条例和单行条例。"而我国民族自治地方包括三级，自治区、自治州、自治县。根据刑法规定，只有自治区或者省的人民代表大会才有权对刑法作出变通，而自治州、自治县却被排除在外。由此，自治州、自治县在刑法上的变通自治权将不复存在。换言之，自治州、自治县的刑法变通权可被自治区或者省的人民代表大会替代行使，这与民族区域自治法是相违背的。综上所述，依照我国上述宪法、法律规定，刑法在民族地区的立法变通权存有制度性缺陷，由此导致刑法在民族自治地方变通制度被长期虚置。

第二，从刑法第九十条规定来看，关于刑法在民族地区的立法变通也存有现实运作的困境。由于刑法第九十条遗漏了自治州、自治县的刑法变通，这就意味着现实中有许多少数民族居住的地方都没有办法行使刑法变通，我们以武陵山区为例，区内聚居着土家、苗、瑶、侗等少数民族，共3个自治州（恩施、湘西和黔东南），16个自治县，少数民族人口1400多万，按照刑法九十条规定都无权作出刑事法律变通规定，进而言之，习惯法在法律变迁上的制度演进将部分受人为因素干预。由省级人大代自治州、自治县来行使变通权，这不仅涉及越权，同时还会带来架空民族区域自治制度问题。依照民族区域自治制度的精神，自治权是一种自主权，是为了有效回应民族地区各自所存在的特殊问题。所谓"村庄的宪法（constitution）"①，只有通过自治才能建立，亦即每座村庄都有自己的脾气（constitution），且自己的脾气只有自己最为了解，并且容易管理。任何由外人代为行使的管理都很难有效切入实际。从这一点上说，法律变通，即通过变通现行秩序，以维持其所在社会的需求，乃是自治的蕴意。是故，现实困境也成为刑法立法变通难以实现的理由之一。

3. 刑事立法变通的正当性

既然发生了制度上的缺陷与悖论，是否刑法在民族地区的立法变通就丧失了其制度空间呢？答案是否定的。我国现行的刑事政策、刑法理论与原则都为刑法在民族地区的立法变通提供了解释余地。

首先，从刑事政策的角度来看，"宽严相济"与"两少一宽"，是刑法变通的刑事政策依据。2010年2月8日，最高人民法院发布《关于贯彻宽严相济刑事政策的若干意见》（以下简称《意见》）指出："宽严相济刑事政策是我国的基本刑事政策，贯穿于刑事立法、刑事司法和刑罚执行的全过程，是惩办与宽大相结合政策在新时期的继承、发展和完善，是司法机关惩罚犯罪，预防犯罪，保护人民，保障人权，正确实施国家法律的指南。"《意见》多次强调，宽严相济刑事政策是为了实现"法律效果与社会效果的有机统一"。从该意见可以看到，宽严相济刑事政策适用于全国范围，属于基本刑事政策，而"两少一宽"刑事政策是针对民族地区少数民族犯罪所特别提出来的。其历史背景源于20世纪80年代初我国在全国范围内"严打"时，考虑到少数民族犯罪的特殊性而提出来的。该政策为这一特定的历史时期的刑事司法实践发挥了重要作用，严打过后也一直适用，未被废弃。关于"两少一宽"的基本精神是："根据少数民族和民族地区在整体上的特殊性，比照对汉族犯罪分子类似行为的一般处理上，

---

① 关于"村庄的宪法"一说，源于岳林博士的论文。参见：岳林. 村庄的宪法［J］. 法律和社会科学，2012，（10）.

要从宽掌握，在认定和处罚上变通执行法律。"① 那么这两项刑事政策的关系又作何种理解？有学者指出："虽然'两少一宽'刑事政策与宽严相济刑事政策提出的历史背景不同，但从这两项刑事政策的基本内涵和价值取向来看，无疑具有共同的理念基础。"② 我们认为，这两项刑事政策在本质与精神上具有一致性，它体现在刑法作为保障性法律的社会意义。早在 18 世纪，贝卡利亚就认为："刑罚的意义在于吓阻，而非报复。因之，量刑应与犯罪成比例，刑罚不可过当。"③ 由此，宽严相济与"两少一宽"便是罪刑法定的精神表达。所谓宽，不是一味的宽，没有底线的宽；所谓严，不是苛刻的严，非要以刑法的"合法"方式来报复。所谓宽中有严，严中有宽，就是为了让罪刑相适应，以保障犯罪嫌疑人的人权。针对少数民族社会的"两少一宽"也是如此，这里的宽是有条件限制的宽，少捕少杀也要建立在"罪与刑"的基础之上。不是因为其身份是少数民族，就可以宽，而是依据其具体的"特殊因素"并对其进行考量，是否具有可以从宽处理的情节或事由。是故，这两种刑事政策为刑法的立法变通提供了政策依据。

其次，从当代刑法理论的视角来看，"严重脱逸社会相当性"理论为刑事立法变通中的犯罪化与非犯罪化问题，提供了实质基准。从习惯法与刑事制定法的互动情况来看，相互冲突的聚焦点在于刑法规定为犯罪的，习惯法却不认为是犯罪；抑或是刑法规定为无罪的，习惯法却认为有罪。依照现代刑法的黄金法则——罪刑法定原则的经典表述"法无明文规定不为罪，法无明文规定不为罚"来考量，刑法没有明文规定有罪的，习惯法规定为有罪的情形，其行为当然不能予以入罪。而习惯法认为不是犯罪，但刑法规定为犯罪的情形则需要通过实质违法性进行衡量，而不能简单地通过形式违法性进行一刀切。进而言之，将习惯法纳入刑法立法的变通中，其实质就是要对因民俗习惯而犯罪的行为进行部分的非犯罪化和非刑罚化的规范变通。亦即那些因民俗习惯而触犯刑法的形式规范的犯罪，由于其行为并非严重脱逸其所在社会历史形成的社会伦理生活秩序范围，因而具有出罪的必要。

所谓"严重脱逸"社会相当性，是指行为之违法性的程度危及了社会共同体的存续，从而达到了值得科处刑罚程度的质与量的违法性（可罚的违法

---

① 肖扬．中国刑事政策和策略问题［M］．北京：法律出版社，1996：264.
② 苏永生．刑法与民族习惯法的互动关系研究［M］．北京：科学出版社，2012：99.
③ 洪镰德．法律社会学［M］．台北：扬智文化事业股份有限公司，2004：58.

性)①。杜宇认为：从习惯法的角度来审视社会相当性中的"社会"一词，不仅有历时性的纵向面，还有地域性的横向面。亦即社会相当性不仅有时间的向度，还有空间的向度，"即社会相当性不仅可能是一种全局的、统一的社会相当性，它更可能是一种具体的、地域性的社会相当性"②。由此，我们便可以从具有包容力的"社会相当性"理论去理解作为地域性的"相当性"，习惯法为何没有严重僭越刑法中的"法益侵害"与"行为样态"，因而需要通过立法变通实现部分犯罪的非犯罪化与非刑罚化。

从习惯法的角度考量"法益侵害"与"行为样态"的内涵，应当注意以下几方面：其一，法益性质的重大性，若习惯法侵害的是社会生活中的重大权益，则刑法应不予实行变通；其二，法益侵害程度的严重性，若习惯法侵害的权益程度达到了值得刑罚处罚的程度，则刑法也应不予实行变通；其三，法益衡量的均衡性，若习惯法侵害的法益小于或等于刑罚保护的法益时，则刑法可以实行变通；其四，目的与手段的正当性，只有当习惯法具有其正当化事由，且行为手段相当，才有刑法可以变通的余地；其五，行为态样的微异性，如果因民俗习惯而犯罪，但其行为后果、行为人的态度轻微，则可以进行刑法变通。

从社会相当性理论的本质来看，其目的在于限制刑法构成要件符合性的范围，其功能在于如何"出罪"。因此对习惯法进行立法变通时，实际是将社会相当性理论作为一种解释力，突破对形式违法性的藩篱，即从实质违法性角度来进一步审查习惯法中的"形式违法性"。由此，严重脱逸社会相当性理论可以成为刑法的立法变通的理论之指导，由于其理论本身注意对违法性程度的考量，因而为评价哪些习惯法可以非犯罪化和非刑罚化，开辟了制度空间的理论路径。

4. 刑事立法变通的范围

依照上述理论，我们可以试图分析一下，有哪些因习惯法而触犯的刑法规范，可以进行立法变通或不能进行立法变通。

(1) 与婚姻习俗有关的犯罪

婚姻习惯法在现今民族地区，仍然保留了相对完整的传统秩序，我们在此需要分析的是，与婚姻习俗有关的犯罪，哪些情形需要予以立法变通，哪些情形却不能予以立法变通。诚如社会相当性理论所讲的一样，所谓"社会"，需要

---

① 于改之. 我国当前刑事立法中的犯罪化与非犯罪化———严重脱逸社会相当性理论之提倡 ［J］. 法学家，2007 (4)：57.

② 杜宇. 重拾一种被放逐的知识传统——刑法视域中"习惯法"的初步考察 ［M］. 北京：北京大学出版社，2005：209.

予以解释阐明，方可有效地判定其违法的实质性。

其一，是刑法第 236 条规定的强奸罪。在民族地区，因婚姻习俗所发生的强奸的情形大致有以下几种情形：（1）在抢婚习俗中发生的强奸行为；（2）在"游方"习俗中发生的强奸行为；（3）在"爬墙墙"习俗中发生的强奸行为；（4）在早婚习俗中发生的强奸行为。上述习俗中，无论具体是因哪一种习俗所发生的强奸，在少数民族地区都有其特有的民间纠纷解决办法。例如，在苗族的传统观念里，强奸与通奸并无分别，处罚都一样。男女在游方活动中若发生强奸行为，为了家族的尊严与颜面，大多会以结为夫妻的形式息事宁人，此外还有罚款、杀猪、赔牛等仪式与程序。从民间规则来看，因习俗而发生的强奸行为，有善意与恶意之分。例如，2013 年贵州省台江县人民检察院对涉嫌强奸罪的杨某作出了不起诉决定书。其理由源于双方发生性关系时，并没有采用暴力等方式违背妇女的意志，且二者是在谈恋爱期间发生的性关系，虽然女方当时的年龄只有 13 岁。该院认为，犯罪嫌疑人杨某，虽然实施了刑法第 236 条规定的行为，但犯罪情节轻微，具有从轻情节，为贯彻宽严相济刑事司法政策，化解社会矛盾，依据刑法第三十七条规定，不需要判处刑罚①。从该案例显示，在刑法立法变通缺失的情况下，司法变通可以有效地通过习惯法的正当化事由阻却该罪的成立。与此同时，虽然习惯法存在因习俗发生强奸的某种正当理由，但随着国家法的下沉，有许多生活在民族地区的人们开始转变观念。例如，有的女孩子在去学校上学的路上，被人硬性抢婚发生性关系，不仅违背妇女性意志，同时也让女孩子的家人不能认可。此时若当事人报案，则不能因为涉及习俗而阻却强奸罪的成立。因此，我们认为对强奸罪不应当进行立法变通：一方面，关于"抢婚"习俗的社会历史背景已经发生变化，现代苗族的抢婚习俗多半以仪式的形式出现，而少有被迫抢婚的情形出现。另一方面，即使没有立法变通的规定，只要行为人并没有触犯强奸罪所侵害的"妇女性意志"之法益，而是出自双方自愿或半推半就等情形，则具有出罪的可能性。

其二，是刑法第 237 条规定的强制猥亵、侮辱妇女罪。同上述情形相同，因少数民族地区保留的传统恋爱习俗而引发的猥亵、侮辱妇女的行为与刑法规定相冲突。这里主要是看行为人有没有以暴力、胁迫等不相当的手段与目的实行了该行为，侵害了妇女性意志。若只是在唱山歌或是社交活动中摸弄、搂抱女青年，而未带严重的强制性猥亵行为，没有严重脱离社会相对性，其本身也

① 周相卿. 黔东南雷公山地区苗族习惯法与国家法关系研究［M］. 北京：民族出版社，2014：252—253.

难以构成强制猥亵、侮辱妇女罪。从维风导俗的立场来看，善良风俗即文明恋爱应当得到发扬与继承，某些旧有习俗中的不雅传统应当被逐步淘汰。故而，我们对此罪也不主张立法变通。

其三，是刑法第 258 条规定的重婚罪。在民族地区，重婚罪的问题是一个社会遗留问题，而不仅仅法律问题，其理由如下：第一，婚姻在中国人的观念里，它不是一个公权问题，而是一个私权问题。这主要体现于孝道之中，所谓"婚姻者合二姓之好，上以事宗庙，下以继后世"。第二，我国婚姻法主张婚姻登记制度，否弃事实婚制度，认为婚姻乃是不能被私权所独占的社会公共利益。这一制度的强制推行，为事实婚姻的遗留问题埋下伏笔。第三，从民族自治地区的婚姻变通情况来看，国家并没有对少数民族地区的一妻多夫或一夫多妻等实情留下变通的空间，实行的是强化推行国策方针。由此导致重婚罪在民间社会大量存在，但难以疏通和规整。有学者主张，应当对重婚罪进行立法变通，将其由公诉案件转向自诉案件，由非亲告罪转向亲告罪。我们认为，这种立法变通是有必要的，且符合部分少数民族的实际情况。在特定的地域环境中，重婚并没有实质侵害他人法益，对他人婚姻造成破坏与影响。因此，对重婚罪有立法变通的必要性，但对多次重婚、出于不正当动机而重婚以及造成严重后果的重婚行为，则需要追究其刑事责任。

（2）与生活、生产习俗有关的犯罪

第一，刑法第 343 条规定的滥伐林木罪。习惯法中对于森林资源的保护是极其重视的。例如，过去在黔东南地区的苗族理词就说道："议榔育山林，议榔不烧山；大家不要砍树，人人不要烧山；哪个起恶心，存坏意，放火烧山岭，乱砍伐山陵，地方不能建屋，寨子没有木料，我们就罚他十二两银。"[①] 由此可见，苗族很早就通过议榔制度（立法）对滥伐林木、烧山毁山的行为予以惩罚。在现代，苗族习惯法通过村规民约的形式保护山林等自然资源。但是，值得注意的是，作为少数民族的一种生产生活方式，毁林开荒、烧炭的农耕文化在黔东南、湘西、恩施州的偏远地区迄今仍然存在，笔者 20 世纪 80 年代初在农村参加劳动时也曾经参与过，主要是将一片认为适合耕种的山场先用刀砍掉，然后放火烧毁，在焚烧前会采取措施防止火势随意蔓延，当年无须开垦，直接在火烧地上点种，第二年开垦成为耕地，所以，在耕地不足时，这种开荒耕作方式是天经地义的事情，它和故意放火毁林或者滥伐林木有很大区别，因此，当

---

① 徐晓光，文新宇. 法律多元视角下的苗族习惯法与国家法——来自黔东南苗族地区的田野调查 [M]. 贵阳：贵州民族出版社，2006：116.

地人在其观念意识中根本不会把此种行为视为犯罪。近年来因为农业不挣钱，吃饭问题也早已解决，很多人外出打工，农地有了富余才没有人再干此事了。由此可见，当他们实行滥伐林木行为时，应区分其行为目的，对解决当地生存、生活目的实施的行为，可以通过立法变通，适度放宽定罪量刑标准，对其他目的的滥伐与毁林则不应该变通。

第二，刑法第128条规定的非法持有、私藏枪支、弹药罪。过去武陵山区老百姓多生活在人烟稀少的大山之中，森林茂密、野兽众多，持有猎枪是一种生存必要。现在国家实行森林保护，武陵山区是我国森林资源的主要供给地，综合各地林业部门官网数据，恩施州2022年12月森林覆盖率70.34%，湘西州2022年7月森林覆盖率70.24%，铜仁市2023年森林覆盖率为66.2%，黔东南州为67.37%。野生动物特别是原来列入国家保护动物的野猪在农村偏远地区泛滥成灾，老百姓所种植的庄稼被成群野猪啃食一空，他们无法制止，禁枪、禁猎在民间怨声载道，国家法所保护的社会秩序与民间实际相差甚远。其实，传统猎枪杀伤力有限，加之当地老百姓纯朴善良，从古到今从来没有随意滥杀无辜，因此，持有猎枪与持有菜刀一样，是特定时空人们生活的需要，硬要将猎枪等同于现代枪支加以一并禁止，这对城市和人口较多的集镇、聚居地以及处于性情不稳的年轻人来说十分必要，但是对居于偏远山地的单门独户而言则不恰当、不合理。合理的做法是应进行登记造册、发证，确定专人持有、使用，明确持有人的法律责任。

（3）与"放蛊""酿鬼"等迷信有关的犯罪

在武陵山区的湘西和黔东南，过去存在"放蛊""酿鬼"等迷信风俗。如果说"蛊"会放毒是人们的观念想象，那么被人质疑为放蛊的人则会在现实中真正的受其残害。一旦被人"假象"为放蛊之人，不仅遭到同村人的排挤和远离，同时还会受到来自村庄共同体内部的集体讨伐之行为。可以说，被认为有蛊之人，不仅在人格上受到侮辱、诽谤，同时还有可能遭到村民的故意伤害、毁坏财物等侵害。20世纪80年代，贵州省台江县曾经处理过一起因蛊毒而引发的故意伤害、毁坏财物案。最后的处理方式是运用习惯法的方式赔礼道歉、赔偿损失和罚有过错的人出财物请吃饭了结，同时对村民进行了教育工作。时过境迁，关于放蛊迷信的观念影响已经越来越小。由此，因放蛊等封建迷信活动所侵害的相关法益，例如，刑法规定的故意杀人罪、故意伤害罪、故意毁坏财物罪，则不应当实行立法变通予以放宽处罚。

综上所述，因习惯法而触犯的刑法规范，有些可以适当立法变通，但是要进行严格的条件限制，有些则不能实行立法变通。首先，有些民间习俗虽然至今保存，但因为违背善良风俗，而应当剔除，不再受保护与保留。其次，有些民间习俗虽然至今沿用，但时过境迁，其适用时的蕴涵已经发生变化，人们的观念较之过去也发生巨大变化，因此不应对传统中遭到否弃的行径继续庇护，而应当树立新观念，新风尚。最后，有些民间习俗虽然受到法律变迁的洗礼，但变迁缓慢，需要配套的规范与制度予以过渡，通过变通立法来适应社会实情。总的来说，法律与社会之间的消长关系，是法律变通的重要考察对象，所谓"社会相当性"，也必须建立在人类学的分析基础之上，因为人类学为一切法社会学分析提供了基本素材和考量基础。

五、小结

我国宪法、民族区域自治法和立法法以及其他法律赋予民族自治地方的人大权力机关行使立法变通权，为国家法更好地切合民族地区实际，实现国家法的自我完善，为民族自治地方的习惯法制度化地进入国家法系统，提供了制度路径和支持与保障。在实践中民族自治地方立法所认可的习惯法的内容从单一到较为多元，为实现国家法与民族地区习惯法关系的沟通与协调，保障国家法在民族自治地方的有效贯彻实施，充分发挥习惯法社会自治功能，构建了体系内的自我完善协调机制。

但是从立法自身的局限性和刑法变通的现实阙如来看，民族自治地方的自治立法很少通过列举方式明确肯定习惯法的形态与内容，而多以一种原则上的允许或不予强制禁止等方式加以变通，习惯法规范实际上停留在选择适用的层面，民族自治地方的自治立法认可习惯更多的是着眼于对落后习惯的引导，"社会改造色彩浓郁"，这本身并不错，但是习惯的养成、发展、变化所牵涉的问题诸多，"指望通过立法解决非良善习俗是将问题过于简单化"①。而很多不是民族区域自治地方的地方，则依法无权行使立法变通。但是，非民族地区不是没有习惯法，苏力教授的《法治及其本土资源》《送法下乡》，研究的民间法就不在民族地区。《秋菊打官司》《被告三杠爷》反映的民间法与国家法冲突也在非民族地区。所以，单靠立法变通是不能全面解决国家法在民间社会有效实施问题，也无法全面有效解决习惯法与国家法的冲突，"试图通过成文法吸收习惯等民间社会规范的方式来缩小与民间生活习惯和社会规范之间的差距，显然是不切合实际的"②。

---

① 高其才. 当代中国民族自治地方法规中的习惯 [J]. 法学杂志，2012（10）：54.
② 范愉. 纠纷解决的理论与实践 [M]. 北京：清华大学出版社，2007：626.

不能被国家法所确认、吸收和有效改造的习惯法并不等于没有国家法确认就主动归于无效。事实上，它们从来就没有依靠国家法来肯定其效力，它们的效力本身是在国家法之外通过民间共识建立的，在国家法确认效力之外它们仍然对特定地域居民或共同体成员的行为具有拘束力和规范作用，成为他们在一定时期之间解决社会纠纷、判定是非的基准，这就不可避免地造成习惯法与国家法在现实中的不统一、矛盾甚至冲突。要实现国家法与习惯法的文化性统一，就必须重视法律传统承继与开新的双重作用，在传统中寻找现代性的支点，在现代化的同时达成传统习惯法的综合性创造性转化与重塑。

第四章

"多元一体"：习惯法与国家法新型关系的建构意义

习惯法与国家法错综复杂的关系，从科际整合的角度出发，它横跨历史学、社会学、人类学、法学、政治学等多学科知识；从当下现实意义的路径出发，它关乎乡村基层社会秩序的可能、规范的可预期、事实建构的合理与正当、社会治理的协作以及制度设计的潜能和空间。从政治层面说，它涉及如何铸牢中华民族共同体意识问题；从法治层面说，它涉及地方法治政府如何展开，法治社会能否建成问题。

第一节　民间习惯法与国家法关系互动的社会基础

一、国法无法改变民俗

目前，已然有许多现象与事件都在警示着我们：法律权力的话语权在二者关系中一直处于紧张的争夺与分配之中，在一定程度上导致国家法在某些领域被虚置，国家法权威失落甚至法律失效，而民间习惯法在社会治理中被扭曲的尴尬局面。尽管我们不得不承认国家法的强势下行已经确立其中心地位，从而导致习惯法不断被挤压与边缘化的事实。然而，无论是学术理论的研究还是经验事实的显示，都无疑表明了这样一种立场和态度：民间习惯法作为一种知识传统，是一种铭刻在人们心里的法，它每天都在获得新的力量，不会被完全放逐，更不会消失。它会像人类血脉、基因绵延一样，不断地被传承，并在社会变迁中不断转化与创新。因为，这种传承所依靠的乃是一种强大的内化于社会的基础，即民俗（folkways）、民情与舆情（mores）。

著名法社会学家孙末楠曾经简洁而有力地指出："国法无法改变民俗。"虽然，日后的法社会学家对这句话做了如下的结论："其一，法律永远不可能在民俗、舆情之前移动一步；其二，任何实证法如果未深植于民俗、民情之中，休想产生社会的变化。"① 但孙末楠并不反对社会变迁，因此，他对法律与社会变迁的关系做了如下几点阐述：（1）舆情与民俗一旦不断地使用，则有拒绝或排斥社会变迁之虞。（2）只有当民情、舆情具有弹性与灵活性去适应外头的转变，社会的繁荣才能可能。（3）当社会求新求变发生，而原来的民俗、舆情、民情却一成不变，危机便会出现。危机或借革命，或借改革来解决，在革命中旧的舆情被推翻，但新的尚未出现与取代。反之，改革表示对舆情采取随意的、断然的行动，而不急于也无法大量地进行立法改变。（4）立法要能强大有效率，就必须与舆情同调、一致。其结果是社会兼法律的变迁如能符合舆情则必容易实现。反之，社会兼法律的变迁与舆情相左，甚至远逆，则需费时才能寄望有改革的可能②。

孙末楠的法社会学观点给予我们理性地看待民间习惯法的存续以及与国家法的关系，提供了以下几点启示与思考：

第一，民间习惯法的存续基础主要由乡村基层特殊的生存环境、地理位置、语言、风俗、民情、社会经济、宗教信仰、历史传统等综合体所决定。这些总和形塑了习惯法的法律感性，涵盖了习惯法的全貌，赋予了习惯法的精神样貌。这些总和的社会改变决定习惯法新的走向。

第二，当我们使用业已达成共识的"地方性知识""小传统"作为描述习惯法的代名词时，其地域性的"民风、民俗、民情"之蕴意便隐含于概念的建构之中。故而，由地域性的民风、民俗与民情所自生自发的习惯法，是真正根植于社会基础的"实证法"，具有与社会基础相符合的有效性。但是，国家从宏观战略上，寄希望于乡村基层能实现良好的社会发展与法制现代化，因而，当社会求新求变化，而原来的民风、民俗、民情却缓慢变迁，由此导致的利益失衡与权利虚化，必然使得社会制度的冲突与对抗难以幸免。

第三，国家法的立法设计与乡村基层的民风、民情、舆情不完全相符，既是制度性缺陷也是社会发展的不平衡所致。作为科学体系的国家法，由于缺乏必要、全面、周延的本土法律实证研究，因此移植降落的"公平、正义"标准难以满足和适应中国社会的全部实际需求。民风、民俗、民情是隐藏在规则背后的一种文化，是法律事实建构的基础。一切国家法与习惯法之间的纠缠始于"认知"，终于"规则"，但从"认知"到"规则"，是一种被称为法律"事实"

① 洪镰德. 法律社会学 [M]. 台北：扬智文化事业股份有限公司，2004：68 以下.
② 洪镰德. 法律社会学 [M]. 台北：扬智文化事业股份有限公司，2004：69.

的体系运作其间。事实建构的发展是一个漫长的过程，因为它起始于人们对世界理解的认知状态。如果我们将事实建构放在固定的一个时间点看待，它关乎的就是这个时间点社会所正在经历的文化传统。由此可知，当国家法脱离了民风、民俗、民情的社会基础，取而代之以构建另外一种"外来"事实进行叙事时，双方之间的阻隔就会在所难免。这种制度性缺陷，究其根本还是移植法律（或称继受的法律）与本土法律之间的环境不同所致，即二者所处的社会基础之不同。尽管国家通过政治体系建构了基层自治制度，赋予了基层自我管理、自我服务的自治权，但是由于法律体系内的冲突、社会发展不平衡，导致利益冲突难调，制度设计被长期虚置，难以利用其制度空间。

第四，符合民风、民俗与民情的社会基础，是习惯法即使陷入不断边缘化的窘境却不能被完全阻隔的理由之所在。首先，国家法形成的强制秩序与习惯法形成的民间秩序是由完全不同的权力形态所主导，一个通过国家权力，另一个通过社会权力。可以说，习惯法与国家法的互动关系可以被视为国家权力与社会权力之间的关系，尤其在不平等的社会分层模式下，法律在一定程度成为不同权力之间据以"争权夺利"的方式和手段。国家法追求社会整合的最大化，希望全体社会遵循同一个体系，接受统一的规制，形成社会没有差别的"和合"，因此，国家权力被不断地推送下行，以不断逼迫习惯法边缘化。与此同时，作为社会权力的民间自治在国家权力的挤压之下，基于社会本身的差异性，必然不断进行反抗、干预与阻碍，以获得生存的空间。其次，与当地社会基础相符的习惯法，因为具有其传统的生命力，因此无法被国家法完全阻隔。习惯法是一种活着的传统，如果没有传统力量的支撑，它早就被完全碎片化，甚至没有一丝痕迹。那么如何正视传统？如何看待传统与现代的关系？又如何看待传统与进步的关系？或许这几个问题是我们审视习惯法生存空间所不可回避的。研究中国传统法律的著名学者张晋藩先生很早对这几个问题做了如下回答，他说："传统绝不意味着腐朽、保守；民族性也绝不是劣根性。传统是历史和文化的沉淀，只能更新，不能铲除；失去传统就丧失了民族文化的特点，就失去了前进的历史与文化的基础。我们需要从固有的法律传统中，引出滋润了五千年中国的源头活水，需要科学地总结和吸收有价值的因素。"① 他还说："历史的经验证明：固守传统不可能实现法律的现代化，简单的拿来主义也不等于现代化，更不能完成现代化。无论对传统文化还是外来文化，都有取舍的问题，其标准是有利于社会的进步和符合国情……由于社会的发展是永不停止的，因此

---

① 张晋藩. 中国法律的传统与近代转型 [M]. 北京：法律出版社，2005：1 以下.

法律的现代化也只有阶段性而没有终结。"① 由此，我们可以这样说，民间习惯法虽然象征着传统，但是它并不当然地与现代、与进步相左。优良的传统即良好的民风、民俗、民情仍然不能摒弃，应当予以发扬与继承，与社会情势相符的民间规则需要通过现代化转型来适用，以促进国家法内部的自我反思与重构。最后，对于相对抗的传统规则，也不能一并归入不合理与废弃之中。我们仍然需要大量细致工作去考察其中的具体缘由。在法社会学的视野下，将法律作为社会系统下的次级系统，考察法律系统与外部环境之间的出入关系。力图将"不合理、不恰当、不入主流"的观念逐步修正为"可欲、可行、可以保留"的规范与理念之中。

第五，国家法律要想强大有效力，势必要与社会舆情、民俗保持一致，超前立法与罔顾社会变迁情势，将会使社会改革变得费时费力、备受挫折。习惯法作为社会民风民俗的制度化规则，经过反复实践，已经成为行动中的法。它不仅有定纷止争的纠纷解决功能，还具有维持人们日常生活秩序与期待他人行为可以被期待的法律功能。换而言之，它既是人们用于处理日常纠纷的准据规则，同时还是人们日常行为的参照物。以债务偿还为例，国家法严格区别个人债务与家庭债务关系，且以司法认定的证据事实为准；习惯法主张客观事实，家庭债务连带，父债子还。从现实个案看，很难说谁优谁劣。但是，从执行看，国家法执行后果是容易产生老赖，破坏社会信用，明明是夫妻，明明是共同财产，却因为财产登记在个人头上，双方没有结婚证或者有一纸离婚证，且以司法认定的证据事实为准，堂而皇之逃避债务；习惯法治下基本不会产生老赖，大家看重的是客观事实而不是证据事实，搞假难行得道，容易建立社会信用！因此，要想妥善处理纷杂的各种社会关系，还需要国家与社会的互相配合与协调，需要在社会民俗、舆情的基础上建构合理的法律，同时还需要认识到国家法的有限性，以开辟多元共治的法律图景。

二、正在改变的民间社会

对民俗与舆情影响最大的不是国家法律，而是一个地区的社会经济与文化传统。从我国乡村基层经济结构看，总体经济形态尚处于自然经济向市场经济过渡时期。一方面由于其所处自然生态环境相对恶劣，种植业与养殖业是生存基础，而种养业很多时候是靠天吃饭，对群体协作与体力力量要求很高，加之

---

① 张晋藩. 中国法律的传统与近代转型 [M]. 北京：法律出版社，2005：3.

乡村社会化发育低，社会服务组织欠缺，国家无法满足社会抚育与养老需求，家庭抚育与家庭养老是社会群体的基本生存模式，这些就使每一个家庭在自身生活安排上无法全面摆脱血缘、地缘群体依赖，各方面都离不开其对传统家庭、家族、族群和邻里、地缘社会组织的依赖。这种特定的生存、生活环境与生活方式决定了其身份束缚，无法抛开习惯法对自身的约束，很多习惯法规则不是外在的强制，而是一种生存哲学与智慧，是生活逻辑的一种必然选择，是由肉体化的生活习惯所承载，由传统赋予其权威与合法性。

但是另一方面，随着我国整体脱贫攻坚的完成，乡村振兴战略的实施，乡村基层的交通、物流、通信与互联网络的发展极为迅速，特别是家用汽车普及入户，青壮年不在被局限于传统乡村，外出打工、经商、求学人员增加，社会的流动性明显加快，传统社会中不少人一辈子没有出过县城在今天已经不可想象了，人员外出的流动性开阔了年轻一代的视野，增加了经济收入，使他们不像传统社会被完全束缚于自然经济下的小团体，人身有了更大的自由度，行为有了更好的选择权，这为他们接受新的行为规范奠定了思想基础与经济基础，也使一些传统观念与规范在他们身上开始失效。

民间的文化形态，现在总体上处于从祖先崇拜、宗教神秘主义向无神论、世俗化快速过渡期。传统乡村在精神领域因为生存环境与历史、文化原因，宗族意识、宗教意识地域意识浓厚，有的少数民族信教众多，宗教成为精神生活的主要部分。在武陵山区这样一个世俗社会，万物有灵、自然崇拜、敬奉祖先、信巫尚鬼、亲近乡邻迄今十分明显。因为信仰而产生诸多禁忌与行为规范，成为民间传统习惯法的重要来源。但是这种状况现在年轻一代也有较大改变，因为国民教育的普及、知识的开化、经济生活的改变、现代外来文化通过手机网络快速传播，使普通民众知识图谱发生改变，传统文化结构发生倾斜，特别是宗教神明观念在青年一代心目中发生很大变化，由此带来原有很多行为禁忌减少，新的行为观念与是非标准产生，"杀熟"这种古代强盗都遵循不干的行为，今天却有人屡试不爽。

这种经济与文化的过渡期使得普通人们在身份关系与精神关系上都处于传统向现代转型期，同时，社会经济与文化的变革也产生许多新的社会利益群体，社会多元化趋势日益明显，从前面所述的社会调查看，其民俗与行为明显呈现出传统文明与现代文明相交织，既有传统的遗留，也有新的时代烙印，因此，民间的行为规范自然也处于调整期，社会利益群体的多元化强烈地呼唤着权力的多元化和法治的多元一体。乡村生活一方面需要保留习惯法中适应社会发展的优良规范继续发挥社会调整作用，另一方面社会发展要求习惯法也要跟上时代步伐，抛弃传统中一些与时代不和的落后的规范，在传统中寻找现代性的支点，积极吸收国家法规范作为自身发展的养分与力量源泉，因应社会变化需求，推陈出新，继往开来。而国家法为了调整乡村五彩缤纷的社会经济生活，也不能高高在上，需要回应乡村传统与现代杂存的复杂社会现实，改变自己以不变应万变的唯我独尊和包揽天下，从传统承继中寻找到与现代性兼容的文化接口，实现国家法的社会化，在法的内容上增强人民性、社会性，在法的效力上承认习惯法和社会组织的自订章程效力，允许社会在坚持国家法治基本原则与理念统一下的地方自治，以减轻国家法负担，填补国家法空白。

第二节　民间习惯法与国家法关系互动的建构意义

一、法律多元与文化多元

在当代，"法律多元"（legal plurality）是一个本身不具有统一和明确定义的范畴。人们对它的认识从观念、概念、性质、分类、形成的成因都无法达成一致。因此，从何种视角、立场和语境来界定和使用"法律多元"理论，则显得尤为重要。尽管在理解法律多元现象上存有诸多分歧，但对其共识之处也显而易见，即"都认为法律多元是多种类型法律的并存状态，而这些多种类型的法律之间没有直接的从属关系"①。法律多元"它通常被用以描述各族习惯法与国家法多元并存的法律现实状况"②。因此，如何从法律多元的视野下获取对中国"多元"法律的有益理解，则成为我们分析习惯法与国家法关系互动的前提与基础。

从中国语境下阐释什么是法律多元，首先应当注意到法律多元背后的文化多元现象。因为，文化多元是法律多元的前提，是国家法与习惯法商谈的基础。从文化多元的角度审视习惯法，其形成正是由于文化的差异性即多元文化所造就，即不同的族群，通过其不同的地方文化形成多元的民间习惯法。

在文化多元的视野下，习惯法与国家法的关系研究，不仅有宏观叙事层面，还有微观的类型观察与个案研究。例如，学者们有意识地划分和选取特定一个

---

① 严存生．法的"一体"与"多元"［M］．北京：商务印书馆，2008：160.
② 李剑．民族法律文化视角下当代中国的"法律多元"［A］//张冠梓．文化多元与法律多元［M］．北京：知识产权出版社，2012：60.

或两个少数民族习惯法作为研究对象：如龙大轩研究的"羌族习惯法"、徐晓光研究的"苗、侗习惯法"、吴大华研究的"侗族习惯法"等。从法的部门角度区分，涉及与刑事和民事问题相关的少数民族习惯法成为学者们研讨的重点对象，其中有关习惯法中的"习俗"违法与国家制定法之间的冲突问题，一直备受关注。其内因都是"文化多元"因素导致，因此，文化多元既是法律多元的因也是果，既是法律多元的存在基础，也是法律多元的阐释落脚点。

那么，在文化多元的大视野下，国家法与民间习惯法关系互动的建构意义在于何处？我们认为："融合"与"共生"是二者关系在文化多元下探讨的终极意义，是二者构建新型关系的目的性之所在，也是二者关系在制度空间的拓展与社会整合功能的表达之所在。国家法与民间习惯法的互动关系不是一个非此即彼的二元对立关系，而是一个即此即彼的相互颉颃关系。虽然二者的关系在长久以来被放入"冲突与对抗"的话语中，但它并没有阻挡二者希望化冲突为融入的愿望。法国社会学家布迪厄富有教义地指出"社会的基础是共识还是冲突？谁不知道可以通过冲突达成共识呢？首先是因为，只有当分歧之中有协调的余地时才会展开协商，其次是因为，通过冲突才能融入，这是妥协或避让完全不同的另一种融入"①。"冲突"，看似是一个充满负面、暴力、对抗与不安的象征，但因"冲突"所带来的机遇似乎也内含着了解、互动、沟通与安定的可能。冲突总是能带给我们更多的思考：我们该如何相互融入，求得更长远的共同发展呢？或许这将是一场必须伴随漫长的社会变迁与法律演变，才能逐步实现的社会整合过程，在这场历史的变迁中，曾经留下许多的脚印与记载——习惯法与国家法的互动在开放的认知下，为相容之道做出了让步与改变。历史的经验给予我们看待二者关系早已铺下了前行的道路。其中，通过文化进行整合社会秩序已经成为一种重要的方式和手段，中国历史上儒家伦理一直被视为整合习惯法与国家法关系的成熟典范。

从法律多元与文化多元相互交错的视角下看，国家法与习惯法的互动关系是关乎法律与文化的共生与共情。劳伦斯·罗森说："无论我们是否试图忽视它，法律情感和文化风格之间的适应都会不期而至。并且，正是通过理解文化的真正本性和法律在文化中的位置——理解文化各个组成部分之间的共生关系及其互相交织的具体方式——法律在关系秩序中的位置才可能得到最为现实的探寻。无论怎样理解与应用法律，如果我们不将法律视为文化的组成部分，就

---

① ［法］皮埃尔·布尔迪厄，［法］厄罗杰·夏蒂埃. 社会学家与历史学家：布尔迪厄与夏蒂埃对话录［M］. 马胜利，译. 北京：北京大学出版社，2012：75.

无从理解法律制度的诸多功能，如果我们不关注文化的法律形式，就无从理解所有文化的各个方面。"① 因此，习惯法与国家法的争锋焦点与其说是法律规范上的冲突，毋宁说是对两种不同的法律情感的认同或背离。习惯法所追求的法律情感不是谁输谁赢的冰冷结果，不是只靠证据说话的事实，不是只符合形式的规则，而是恢复往昔情谊的双赢结局，是通过说情讲理摆利害关系的事实，是关乎实质公平的规则。故而，当两种不同的法律情感发生冲突时，法律的互动也必将陷入困境之中。当作为个人或群体的普通老百姓，困惑于为什么依照传统习惯法的做法会违背国家法时；当作为精英话语发声人的法官，执着于依照国家法裁判习惯法不合正当性时，我们清晰地看到：文化之间的差异性影响了法律的实施与执行；同时，社会权威也主导着文化的理解及其话语，"这种权威赋予某种社会秩序以合法性，决定着个人与群体之间的关系"②。当国家法的纠纷调解效果只能"解"不能"和"时，当国家法无法在民事赔偿部分满足受害方需求时，习惯法会以补充或替代国家法的功能形式进行"二次"裁判，从而导致国家法的实效性受损。造成这种现象的直接原因就是作为文化的法律形式——民间习惯法，能满足少数群体对文化的认同，对情感的回应以及对公平正义的实质追求，它包括对个人以及家族名誉损失的挽回，对家族荣誉感的回归，以及对受害人及其家属的物质弥补与精神安慰。这些只有习惯法才能承担的社会功能，如果不放在多元文化之中进行解读，我们又该向何处寻找答案？

英国人类学家泰勒曾给文化下了一个经典的定义："文化或者文明，就其广泛的民族学意义而言，是指这样一个复合整体，它包含了知识、信仰、艺术、道德、法律、习俗以及作为一个社会成员的人所习得的其他一切能力和习惯。"③ 从泰勒关于文化的定义中可以看到，他所认为的文化是"共享的、习得的、类型化的知识"④。从人类学意义上说，法律是文化的组成部分，因此对法律概念和制度的考察，则必然要将其放入具体的文化场域中进行理解与描述。之于民间习惯法而言，如果其规则、制度不放在特有的社会习俗、宗教信仰的文化下解释，则难有立足之地。博厄斯认为，人类学的首要任务是提供对于某

① ［美］劳伦斯·罗森. 法律与文化：一位法人类学家的邀请 ［M］. 彭艳崇，译. 北京：法律出版社，2011：152–153.
② ［美］伊夫·达里安—斯密斯. 法律民族学 ［A］// ［美］奥斯特·萨拉特. 布莱克维尔法律与社会指南 ［M］. 高鸿钧，等译. 北京：北京大学出版社，2011：594.
③ ［美］杰里·D·穆尔. 人类学家的文化见解 ［M］. 欧阳敏，邹乔，王晶晶，译. 北京：商务印书馆，2009：13.
④ ［美］杰里·D·穆尔. 人类学家的文化见解 ［M］. 欧阳敏，邹乔，王晶晶，译. 北京：商务印书馆，2009：58.

种特殊文化的独特见解的分析，描述该文化的形态、生活在其中的人们对该文化的主观能动反应，以及此种文化对当地人的社会作用。他说："习俗和信仰本身并不是我们研究的终极目标，我们想要了解的是这些习俗和信仰之所以存在的原因，换句话说，我们希望能够发现他们发展的历史。"① 众所周知，民间习惯法之所以长存乃是因为族群习俗和信仰不断得到社会的延续与发展的原因，这些"共享的、习得的、类型化知识"对当地人的作用根深蒂固，因而法律兼社会变迁缓慢且艰难。因此，想要民间社会接受并认同固有习惯法之外的国家法，则要首先考虑如何看待法律多元，即："一个社会中存在有多重的法律秩序和法律制度，在同一社会领域中，这些规范制度如何可以同时共存呢?"②

二、法律秩序的"一体"与"多元"

日本学者千叶正士认为，对"法律多元"的定义探索是关乎法律多元的正当性问题，因为它是科学探索的必需品。"系统地阐述包含其目标的、具有可操作性的定义，最终才能明显地描绘其外延，清晰地分析其内涵。"③ 千叶正士的观点告诉我们，从法律多元的概念出发，就能通过其建构的概念寻踪到该理论的实践路径。

从民间习惯法的视角下看当代中国的"法律多元"，应当是以国家法为主轴、以民间习惯法为根系的差序化格局的法律多元图景，即国家法成为多元中的强势与恒定的一体，是主轴、躯干，习惯法成为一元下不可或缺的多元，是根与枝叶，二者是一种差序化格局。由此，习惯法与国家法的互动是在法律秩序"多元"与"一体"的关系下进行有效互动。尽管现实中，二者不对称的合作关系已为事实，但这种现状并不能阻碍我们采用"多元"思维去探索它们。"海纳百川，有容乃大"，不仅仅是我们对国家法的期许，也是我们认为国家法应该有的姿态与胸怀，国家立法必须摒弃一竿子插到底的"包揽一切"幻想，接受差异化格局。从法律多元的角度来看，国家法是宏观整体秩序下多元中的一体，习惯法是国家法主轴秩序下的多元。换句话说，我们需要肯定国家法统治的首要地位，它是法律多元中的原则和枝干，必须予以肯定和稳固；同时，

① ［美］杰里·D·穆尔. 人类学家的文化见解［M］. 欧阳敏，邹乔，王晶晶，译. 北京：商务印书馆，2009：51.

② 赵旭东. 法律与文化——法律人类学研究与中国经验［M］. 北京：北京大学出版社，2011：111.

③ ［日］千叶正士. 冲突与共存：日本社会的法律多元［A］//张冠梓. 多向度的法——与当代法律人类学家对话［M］. 北京：法律出版社，2012：265.

我们也必须看到习惯法存在必要性，它是一体框架下的不可或缺的多元角色，必须予以保留和发展。因此，二者关系只有在"多元"与"一体"的理论下，才能展开沟通与协商。失去对彼此客观价值的认识，就会使双方陷入无法前行的未来与发展之中。

从中华民族其所属各地、各民族之间"多元"与"一体"的关系来看，多元一体的中华民族格局，对"多元"与"一体"的社会秩序形成产生了重要影响，也是民间习惯法与国家法差序化互动格局的前提与基础。费孝通曾就中华民族多元一体格局做出以下论述，他说："中华民族是 56 个民族相互依存不可分割的整体，在这个整体中对于民族的认同是多层次和多元性的，在多元性格局中，包括汉民族在内的 56 个民族是基层，中华民族是高层。多元一体的格局是一个从分散的多元到结合一体的过程，由于汉民族在这个过程中发挥了核心性凝聚作用，使分散的多元变为了一体的多元。因此，这个一体不再是汉族而成了中华民族，一个高层次认同的民族。这个高层次的认同并不等于一定要取代或排斥低层次的认同，不同层次可以并存不悖，在不同层次的认同基础上可以各自发展原有的特点，形成多语言多文化的整体。所以高层次的民族可以说实质上是个即一体又多元的复合体。"① 从费先生的论述可以看出，这里的高层次的民族指涉的就是以汉民族为主导的国家，所谓从分散的多元到结合一体的多元，即要求各民族首先遵从中华民族共同体国家的"一体"秩序，共同发展，形成超越具体族别的"政治上团结统一，文化上兼容并蓄，经济上相互依存，情感上相互亲近"的中华民族共同体。同时，在一体的基础之上，不同民族之间相互平等、团结、和谐、互助，尊重彼此的"多元"文化秩序，"不是说同就完全一样，说异就大家分开，各民族的差异与中华民族的共同发展是辩证统一关系"②。

从大历史的视野下看法律秩序的多元一体，民间习惯法与国家法的关系正是在这种秩序格局下进行的互动。以武陵山区民间习惯法与国家法关系的流变为例：武陵山区民间习惯法与国家法的流变关系以改土归流为分界线，前期经历了一个对抗与强制、妥协与隔离的历程，形成国家法只管政治上的统属，基本不介入地方具体治理，而由民间习惯法为主导。改土归流后，国家法通过强制与妥协逐步占据地方社会治理主导地位，"既统又治"。民间习惯法则通过接

纳、冲突、博弈、渗透，扬弃传统习惯法、部分接受国家法、吸收儒家伦理规范，最终实现与国家法相融共生，既保留习惯法，也承认国家法的主导地位，甚至习惯法的主要内容就是已经被地方化、具体化的日用而不自知的国家法，从而使二者多元一体，互不矛盾。武陵山区习惯法与国家法关系的历史流变，从总体上看是应武陵山区社会发展需要，以国家法的逐步推行来完成该地区社会重大变迁的历史进步。但在推进国家法一体化的同时，也注意发挥民间习惯法的地方社会治理功能，坚持了一体与多元、相融与共生的治理图景。今天的武陵山区同样处于一个社会的转型期，山川、地理不变，但是交通、信息、生产、生活与文化在变，这就决定了传统与现代、旧习俗与新民俗、习惯法与国家法必然同时存在，因此，断然割裂与切割习惯法，而主张国家法单一之治，无疑是痴人说梦，在现实中行不通。理性的做法是让传统习惯法"洗澡"，要对习惯法进行国家法的"社会化教育"，形成习惯法的身体，国家法的头脑。

从建设法治社会视角看，我国现行制度下的"一体"与"多元"，即整体上国家法的一体是我国各族人民在社会主义现代化建设中的必然选择和基本法律制度与价值取向的同一性，它代表和反映了我国各族人民的根本利益需求和社会发展方向。但是同时，国家赋予地方一定的立法权，在民族区域自治地方有一定的立法变通权，变通不适应当地社会生产与生活的法律制度，在设区的市和自治州一级地方人大有城市建设与管理、基层治理、生态文明建设、文物保护等地方事务立法权，这就为地方在"一体"的法律体系之下，通过行使自治立法或者地方立法权的方式来变通或者补充国家法的不足，从而实现多元法律建构①。亦即国家通过立法的方式，让渡一定的国家法权力，吸纳民间习惯法有益成分，补充地方特色，通过扬弃习惯法，将民间习惯法纳入国家法的视野下进行重新整合和规制，以此保证体制内生的"一体"与"多元"秩序的有序进行，既维护国家法的统一性，即一体性，也肯定法律的民族性、地方性的多元性特质。

理性地看，习惯法虽然有其独有的社会治理价值，符合地方性特色的知识与智识，但也因此而无法担当国家法制统一的规则体系之重担。尽管如此，习惯法仍然有重要的"多元"价值存在：一方面，它有效地补充了国家法的缺失，使社会秩序不会因为国家法的阙如而陷入无序之中；另一方面，它有力地促进了国家与社会的双向互动，使社会在国家法的统一规制下获得更为良好的自治

---

① 《中华人民共和国民族区域自治法》第三章，《中华人民共和国立法法》第四章相关规定。

环境，并且促进了国家法通过社会自治的法律运作反观自身的不足。与此同时，作为强势主导"一元"的国家法，也需要在开放的认知下，允许法律与社会外部环境之间的对接与沟通，实现一体下的多元法律治理，只有二者的合作才能有力地实现乡村社会秩序的最优化，而"社会秩序是所有其他各种权利赖以保持的神圣权利"①。最后，基于法的实效阶梯递减定律②，国家法想要实现法律治理的自主性，完成其社会秩序的治理，则必须正面认识其自身的有限性与无法自足性，因而在面临我国广大乡村治理时，应当善待习惯法，尊重民间习惯法所维护的善良风俗，允许各地、各民族的多元性法律的延续与发展，为国家法与习惯法的融通与共生创造互动条件，从而最终实现全国各族人民由政治共同体转变为法律共同体，蜕变为现代法治中国。

三、小结

综上所述，民间习惯法与国家法的多元一体关系不仅仅指的是各地、各族习惯法与国家法多元并存的法律现实，同时还包含着"一体"与"多元"的互动差异化格局。即以国家法作为强势、主导的"一体"是历史发展的必然选择，是潮流、总趋势；习惯法长期合理存在虽为支流，但是历史事实、文化血脉，不可抹灭和切割，二者既独立存在，彼此不可取代，又互相吸收、转化、融合。习惯法通过国家法承认、吸纳转化为国家法，成为国家意志；国家法的内容通过民间认可、吸纳、消化，内化为新的民间习惯法，成为人民习以为常的"活法"、日用而不自知的国法，二者既独立存在、和谐共生，又互相融通、圆融无碍。这不仅符合中华民族与各民族之间多元一体的铸牢中华民族共同体的治理格局，也符合当代法治国家、法治政府与法治社会三位一体的法治中国建设。

第三节　民间习惯法与国家法新型关系的建构路径

民间习惯法之间虽然各不相同，但是还有诸多共通之处，它们都是中华法系的一脉，相互之间有着不可斩断的同质性。所以，我们需要拾起主干，把习惯法作为一个整体秩序来认识，展开与国家法秩序的比较研究。

---

① ［法］卢梭. 社会契约论［M］. 李平沤，译. 北京：商务印书馆，2011：5.
② 江国华. 中国纵向政权组织法治体系的解构与建构［J］. 武汉大学学报，2016（3）：91.

一、秩序、规则、事实是建构新型关系的立基点

秩序、规则、事实是我们开启对国家法与习惯法关系认识的一面明亮且清晰的镜子。从一般性的法律理论着手比较，是对二者关系最本质的回归，也是我们认为最为合理的、科学的一种研究进路。传统上，我们会这样认识这三者关系：因为法律规则是法律秩序的保障，而法律事实又与法律规则相呼应。因此，有什么样的法律事实，就会有相应的法律规则予以适用。继而，社会秩序因为法律规则的适用得以平复。所以，我们一直活在这样的逻辑循环中——是制度与规则赋予了社会秩序的安定、团结。但是，当我们发现习惯法从来不是在"拘束、静态"下产生，而是在"自由、动态"中启迪出来时，或许，我们真的该思考，应该是怎样的逻辑来重新理顺这三者之间的关系。无论如何，我们首先不会否定的是，社会规则是通过全体社会成员反复有效的行为形成的。因此，按照社会成员一致认同的理念来行动，通过反复有效的行动形塑了社会集体的秩序观。从上述分析可以看出：所谓社会秩序，并不是通过先制定规则，然后达致有序。而是我们的规则，通过有效的社会行动所形成的秩序中自生自发出来的。进一步地说，习惯法的形成是真正存活于社会中的实证法，通过了反复的社会行动的检验，作为一种习得的、共享的、类型化知识予以传承下去。众所周知，习惯法大都以不成文的形式出现，即人们通过口口相传、模仿习得的知识。因此，他们早已将习惯法规则内化于乡民自我的意识、情感、信仰、伦理、道德与约束当中，将"有形的"规则化为"无形的"行动指南。那么，我们又该如何看待习惯法中的法律事实？诚如格尔茨所言，地方性知识是一种特有的法律感性，因此，习惯法的法律事实也将来自其自身的法律感性之中。当作为个人或者群体的乡民没有按照既定的"契约"行动时，社会共同体为了集体秩序不遭破坏，集体情感不被沦落，加害者必然遭到共同体内部的集体讨伐，并且受到习惯法的惩处。习惯法中的惩罚性规则，如"抄家、杀猪宰羊、断绝往来、威逼"等，这些在国家法语境中被视为违法甚至犯罪的行为，却在习惯法中被视为正当。从习惯法角度看，正是这些"不合法"行为，有效地控制了法律争端的升级，避免了更大更深的社会矛盾发生，对更为严重的社会分裂起到"安全阀"的作用；从国家法来看，这些不合法的行为，不仅破坏了社会秩序的统一价值观，同时也触碰了国家法度的红线，是少数的个人或群体对国家法权威的挑战。因此，国家法视域下的"无序"成为习惯法眼中的"有序"。公平地说，二者之间冲突从根本上源自其文化"认知"的不同，它包含人的信仰、情怀、尊严等复杂产物，所以，单从法律规则的形式来阐明二者的冲

突是远远不够的。

当我们因不同的社会秩序观而陷入文化与制度的双重危机时，我们该如何应对或者如何开启二者关系的协作路径？面对不可抵挡的实际处于垄断地位的国家法权威，以及不可小觑的活生生的习惯法权力空间时，如前所述，我国宪法、民族区域自治法、立法法以及其他法律赋予民族区域自治地方的权力机关以立法变通权，赋予该区的市（州）此地方立法权，为民间习惯法制度化地进入国家法系统提供了制度上的支持，并对实现国家法与习惯法的协调与沟通，保障国家法律在地方的有效贯彻实施发挥了至关重要的作用。但是，单纯通过立法变通这一条道过于狭窄，"试图通过成文法吸收习惯等民间社会规范的方式来缩小与民间生活习惯和社会规范之间的差距，显然是不切合实际的"①，我国地域的差异性与习惯法本身的分散性和社会本身的流变性等多种原因，使习惯法难以被国家法全面确认和吸收，当代习惯法与国家法的紧张关系既有二者的公然对冲，也有二者的交错实施，还有习惯法自身的畸变，从而导致乡村社会行为"失范"②，诚如70年前费孝通所言，现代法治的好处未得，而破坏礼治秩序的弊端却已经先发生了。

然而，今天的基层社会，一个不容否认的事实是国家法律以及习惯法等民间资源都是建构和维系社会秩序不可或缺的力量。任何否认国家法主导作用的法律边缘主义思想，不用说，这种观点在今天是无论如何行不通的。而否认习惯法作用的法律中心主义、本本主义思想，认为只有国家法才能实现社会有效治理，这种观念同样是闭目塞听的。只有国家法而没有习惯法，国家法无法在基层地区接地气。没有习惯法的支持，即使有强大的国家强制力，国家法也仍然难于自觉有效贯彻实施。只有习惯法而缺失国家法，习惯法在当今市场经济冲击下就会发生扭曲、变异而无法无天，今天社会普遍认可的自由、民主、平等、诚信等社会主义核心价值观就可能被稀释掉。所以，正确的做法是尊重各地、各民族的文化传统，既承认文化的差异性，同时更要看到包括各民族文化在内的中华文化本身发展形成的多元一体所具有的强大民族凝聚力，为国家法统一实施奠定了坚实的文化基石。从维护民族平等、团结和国家统一原则出发，采取务实的灵活措施，协调二者矛盾，构建新型关系，坚持保留个性增强共性，注重共性而不歧视个性，实现二者的有效对接，和谐共存，相互融通，国家法

---

① 范愉. 纠纷解决的理论与实践［M］. 北京：清华大学出版社，2007：626.
② 郭亮，陈金全. 当代中国少数民族习惯法文化的现状与困境［A］//高其才. 当代中国少数民族习惯法［M］. 北京：法律出版社，2010：58-63.

借习惯法获取老百姓文化认同，习惯法借国家法获得制度认同，最终达成制度与文化的协同，国家法意志与民间信仰体系的高度契合，直至一致。

二、新型关系对接融通的方法

1. 国家法以其普遍正义性适应社会普遍要求，通过国家普法宣传，自然走入老百姓社会生活，如我国民法典确立的男女平等、婚姻自由在民间社会很早就得到人民群众普遍认同，得到青年男女的拥戴和遵守。

2. 国家法借助习惯法方式实现具体化，将普遍正义化为具体正义，"为了使法律家喻户晓，常常需要习惯作为补充，因为立法者所用的概念要求借助习惯予以阐明"①，在我国这方面的典型例子是村规民约。村规民约作为习惯法在今天的合法存在表达，对国家法的实施具有特殊的宣教、理解、遵守和推广意义。在广大乡村，历朝历代的村民们都以乡约来规范和约束自己的行为，也以此评判乡邻的行为，是维护乡村文化传承和秩序的习惯法，乡约在今天转化为村规民约，也是村民委员会组织法认可的村民自治的法定方式，这就为国家法与习惯法的沟通搭建了一个很好的平台。从大量的村规民约文本上看，我国各级政府通过各种方式将国家法内容融入村规民约中去，使国家法意志转化为社会意志，最为典型的事例是各地大量的森林防火公约、环境保护公约为我国的森林法和环保法的有效实施做出了特殊贡献。

3. 国家法借助法定程序与习惯法程序相结合，发挥二者合力优势，解决习惯法无法单独彻底解决的问题，获取社会的认同。在处理民间有些复杂矛盾纠纷时，如果单纯依靠国家法程序很难得到老百姓普遍认同，因为在普通公众眼里，法从来只是官家治理他们的工具，而不是保护他们的护身符。如果单纯依靠习惯法而失去国家法的隐性存在，又会导致习惯法行为失去普遍正义和权威。将二者结合运用，则国家法的公平性和权威性就会在纠纷解决中得以深入民间社会，取得社会的普遍认同，进而逐渐进入社会公众的日常生活，成为他们生活的行为准则。最为典型的是农民工劳动纠纷的处理，如农民工工资、工伤、工亡的处理，处理好一件，教育一大片。

4. 习惯法学会妥协，借助国家法实现新的生存发展和规范化，国家法吸收习惯法的有益成分完善自身不足。国家法今天借助国家权力和互联网以强势地位对习惯法构成极大冲击，习惯法要存在和发展就必须主动接受国家法的辐射，

---

① ［法］勒内·达维德. 当代主要法律体系［M］. 漆竹生，译. 上海：上海译文出版社，1984：487.

在发挥自己的地方特色、民族特色和发展创新的同时，在合法性、规范化上尽可能实现与国家法相契合。而国家法要适应社会发展也必须从习惯法吸取养分和力量，不断充实自己、完善自己，这就要求二者在长期演进和互动过程中既分工独立又彼此融通对接。

对接融通的组织载体主要是村民委员会、基层政府、基层司法机关；对接融通的具体规范载体是村规民约、政府规范性文件和司法机关的判决文书；对接的具体行为有行政行为、民间调解行为和司法行为；对接的实施执行主体是乡村党政干部、法律工作者、民间精英及广大村民；对接融通的正当程序是社会公众的最广泛参与①。

三、新型关系对接融通的制度路径

（一）继续加大、完善地方立法与变通立法

完善地方立法法律变通是沟通协调习惯法与国家法新型关系最为有效的自主、自足制度路径。按照立法法规定，地方立法是地方设区的市或者民族区域自治州以上的自治地方才享有的关于地方城乡建设与管理、基层治理、环境保护、历史文化保护等专门问题的立法。这种立法在法律属性上仍然属于国家法的范畴，是国家法的自我完善。所以，加大和完善这方面的立法就能促进乡村基层经济和社会整体协调发展、进步，兼容、协调、化解、减少习惯法与国家法的直接冲突，实现二者内容在宏观方面的一致性、和谐性。为此，一是应进一步提高立法认识，充分吸收学界大量地方立法理论研究成果，转变立法观念，强化立法的社会公众广泛参与，重视对地方法律本土知识、地方性知识的总结、研究、收集和整理，加强以经济建设为中心，促进民间传统文化发展、生态环境与资源保护，解决基层治理突出问题等方面的立法规划编制和立法工作，充分体现地方的经济、文化特点，解决和协调好国家法与地方性知识的矛盾冲突，突出地方性文化发展的优势，发挥和展示我国地方立法在构建民间习惯法与国家法多元一体新型关系上的独特价值和优势，实现地方法治进步、文明。

（二）完善村规民约的基层社会自治

新型村规民约，作为国家法与习惯法共同协作、相互融通的一个重要规范载体，是实现社会控制的有效自治机制。如果需要一个协调正式制度与非正式制度的"法律文本"，那么，村规民约可以作为"合法性"行动指南来指导乡

---

① 前述本节内容作为课题中期成果一部分，曾以《国家法在民族地区实施的实效性分析》，发表在《湖北民族学院学报》2014 年第 1 期。

村治理，开启国家法下乡与习惯法规范化的表达对话平台，协调彼此冲突。事实上，村规民约的概念是个不断变化的历史建构，因此当我们在后续的分析中展开对该概念以往的使用情况以及使用它的概念空间时，实际上，也就基本绘制出一条可以架构国家法与习惯法新型关系的理论路线来。从法律的文化之维来看，村规民约是一个活着的传统，它古已有之，传承于传统乡规民约与乡约，历经了从传统到现代的创造性演变过程。现代村规民约即新型村规民约，不同于传统乡约与乡规民约，它已经由原始的自生自发秩序逐步变迁到半自发秩序的生存状态，其制度功能主要是协调国家法与习惯法二者的关系：通过向上送"活法"，向下送"国法"的双向互动机制，开启对话平台，实现基层社会的开放共治图景。

（三）通过政府参与的社会协调

政府的"参与性"行为，是习惯法与国家法协作、融通的一个整合媒介和制度保障。当我们提及政府参与时，我们感到最为紧张与担心的是，所谓的政府介入，底线或者界限在哪里？政府参与的结果会给二者协作关系带来正面效应还是负面效应？政府的行政行为对习惯法到底有哪些实质的影响？为什么我们理性地认为，政府的参与是有必要的？从中国法治的语境下看，法治社会建设与和谐社会的构建，关乎着整个民间社会治理的制度安排与协作，以及民间社会制度环境下的公平与统一。我们需要制度设计政府行为来协作二者关系，乃是因为我们需要构建的是一个具有权威的、富有执行力的平台，可以沟通、商谈，使双方相互了解、融入。我们的目的不是相互妥协与避让，我们的初衷乃是要化冲突而达共识。因此，不能消极地看待政府的参与行为，而应当理性地看待政府参与对于化解某些政治与法律危机的正面作用。由此出发，我们对于政府的"参与性"行为的讨论，才彰显其存在意义。

（四）通过司法调判的社会救济

前文已述，地方立法与变通是民间习惯法与国家法规则与制度对接的最有力途径，它使族群、地方部分权利通过立法的形式获得保障，是习惯法实现法律变迁与现代转型的重要渠道，是族群权利实现的制度性保障。与此同时，在"法律争端与纠纷解决"语境中，司法调解与裁判是国家法与民间习惯法协作共生的最终场域。传统中国社会追求"无讼"与"和谐"的人生境界，乃是西方社会基于"批判"精神所不能理解的。当面临争端与纠纷时，我们使用何种资源——法律上的、观念上的或是关系资源网来解决问题，不仅是知识的体现，更是智识形成的一个重要途径。民间基层老百姓生活在一个灵活的社会关系之中，其守护这种社会关系的规则制度同时处于模糊、不确定以及未分化的体系之中。但正是在这样一个体系之中，他们游刃有余地实现了大部分的自我管理，因此，通常情况下，司法的介入会成为他们眼中的"奢侈品"与"不必要"。习惯法作为一种"非正式"机制，有效地治理着共同体。但并不是没有失效与无助的时候。当民间习惯法不能发挥规范作用，国家法又被"虚置"时，社会秩序将面临"豪强化"危机。我们应当对此种危机有防微杜渐的警惕性与自省性。因此，我们期许，当民间习惯法处于"失控"状态时，国家司法制度的介入能有效挽救二者关系陷入困境僵局之中，成为终极场域的救济保障。从正面效应看，通过法官介入国家法与民间习惯法的互动关系，一是可以使习惯法得到援用于法律正式程序中的机会，实现习惯法提档升级和传承与开新。二是可以使国家法获得发展，实现国家法的现代性与民族性的有机结合，效力得以延伸。三是可以使某些在民间习惯法中无法获得的主张变得可以诉求，使老百姓权利保护更加充分，凸显人权保障的宪政价值。

第五章

"新型"村规民约：习惯法与国家法新型关系的规则载体

作为建构习惯法与国家法新型关系的规则载体，自然首推地方立法与自治立法，目前学界已有太多研究成果①，我们在此不再赘述。但是，单纯依靠自治立法和地方立法只能从宏观上解决整体问题，而不能解决中观问题；立法的程序性与复杂性也使立法相对滞后。所以，现实立法的经验教训告诉我们，要协调习惯法与国家法在中观与微观方面的矛盾冲突与不和谐，在规则载体上除了完善国家立法这个自主空间，尚需寻找替代方案和开拓第三条道路作为经常性制度之路，这个经常性的规范之路我们认为新型村规民约较为适合。

第一节 活着的传统：村规民约溯源及其当代价值②

自 20 世纪 80 年代初开始，在村民自治的背景下，村规民约的再度复兴使人们对它的关注不断扩增。诸多学者对村规民约进行了不同视角、语境及程度的考察。尤其值得注意的是，村规民约被置于不同的历史环境、不同的社会基

---

① 这方面的典型成果，著作类有：吉雅．民族区域自治地方自治立法研究 [M]．北京：法律出版社，2010；康耀坤，等．中国民族自治地方立法研究 [M]．北京：民族出版社，2006；付明喜．中国民族自治地方立法自治研究 [M]．北京：社会科学文献出版社，2014；王允武．民族自治地方社会和谐法治保障若干问题研究 [M]．北京：中国社会科学出版社，2012；吴宗金．民族法制的理论与实践 [M]．北京：中国民主法制出版社，1998．论文类有：陈绍凡．我国民族自治地方立法若干问题新探 [J]．民族研究，2005 (1)；戴小明．论民族自治地方立法 [J]．西南民族学院学报，2002 (7)；徐合平．民族自治地方立法变通权解析 [J]．中南民族大学学报，2015 (5)；覃乃昌．论民族自治地方立法 [J]．民族研究，1995 (5)，等等。

② 本节内容曾以《村规民约溯源及其当代价值》，发表在《武汉纺织大学学报》2013 年第1 期，作为本章时做了局部修改，特作说明。

础之中进行个案研究①。综合地讲,对于村规民约的多维度探索,其根本目的是更好地服务于当下中国乡村社会秩序的治理,为了完善基层民主的建设,以及协调国家与社会二者关系的良性互动。因此,村规民约作为一种制度,如何充分地发挥其社会功能,形塑乡村社会秩序,就显得异常重要。在中国传统社会的超稳定结构中,村规民约逐步演化成为中国传统文化中的一部分,成为一种活着的传统。然则,在这种生生不息的传统演化进程中,村规民约的内涵也变得交织错杂,形如迷雾。为了使村规民约有一个良好的生存空间,则必须首先厘清村规民约到底是一种什么样的制度?因为,对于这一基本问题的回答,有助于我们更深层次的认识它与其他规范、制度之间的关系,以及它未来的制度空间与可能发展的方向。

一、村规民约溯源:古代乡规民约与乡约

村规民约,古已有之。要探明村规民约这种制度,首先需要考察古代乡规民约与乡约之间的关系。根据董建辉对明清时期乡约的考察:传统中国社会,不仅乡规民约的历史比乡约要悠久,而且从内涵和性质上比较,乡规民约也不

---

① 学界以"村规民约"作为研究对象的成果颇多。以法学、社会学与人类学的科际整合为首要的研究背景,阐述村规民约的多面维度。大体上,有以下几种认识。第一种认识:是将村规民约置于乡土社会的环境中,认为传统上村规民约是具有乡土性的,即根据地缘与血缘的关系而设置的一种民间规范。如:谢晖. 当代中国的乡民社会、乡规民约及其遭遇[A]//谢晖,陈金钊. 民间法(第三卷)[M]. 济南:山东人民出版社,2004:270-287. 第二种认识:是将村规民约置于国家法的视域中,认为村规民约是村民自我管理、自我教育的一种规范约束。如:王禹. 我国村民自治研究[M]. 北京:北京大学出版社,2004:110-117;赵一红. 中国村民自治制度中自治章程与国家法律关系研究[M]. 北京:中国社会科学出版社,2008. 汪俊英. 村规民约建设中存在的问题及对策分析[J]. 理论与改革,2000(5);第三种认识:是将村规民约置于民间法的视域中,认为村规民约大致上和习惯法等同。将村规民约视为无国家强制力的一种习惯法,并视其为习惯法的分支。如:李可. 论村规民约[J]. 民俗研究,2005(4);于语和,安宁. 民间法视野中的村规民约——以河北省某村的民间调查为个案[J]. 甘肃政法学院学报,2005(2);李学兰、柴小华. 当代法治实践中的村规民约——滕头村村规民约的文本解读[J]. 甘肃政法学院学报,2010(1). 第四种认识:以社会学理解方式将村规民约置于村落共同体的整合机制中,认为村规民约作为诸多社会制度中的一种,以刚性的方式整合村落的秩序,使村落的各种利益阶层、贫富差异等诸多矛盾得以平衡处理,使村落中人们得以安抚。如:周怡. 共同体整合的制度环境:惯习与村规民约——H村个案研究[J]. 社会学研究,2005(6);杨建华,赵佳维. 村规民约——农村社会整合的一种重要机制[J]. 宁夏社会科学,2005(5).

等于乡约①。持同样见解的还有卞利，他在分析明清徽州的乡规民约和乡约时，就采用两个章节分别论述，予以表示二者的不同。然则，有区分必然就会有混淆，例如，由黄珺主编的《云南乡规民约大观》，就清晰地表明："乡规民约不仅包括我国古代乡约制度下产生的各种规章制度以及现代政府主导下制定'乡'（村）规民约，还包括社会成员为调整彼此利益关系而制定的或官方调解民间纠纷而制定、认可的各种规则。"② 持相同看法的还有牛铭实，他在《中国历代乡约》中，将"村规民约与当代村民自治"这一章编纂在"乡约导读"部分③。与此同时，但凡认同乡规民约滥觞于北宋《吕氏乡约》的，基本上都是将乡规民约与乡约等同视之④。

但是，正如董建辉所指出的："从学术的层面看，虽然乡约与乡规民约之间的确有许多的联系和共通之处，但它们毕竟是两个不同的概念，不仅其内涵有着较大的差异，而且其历史发展也遵循着不同的路径。将二者等同起来的做法，既违背了历史事实，也混淆了两类不同性质的社会文化现象。"⑤ 笔者认为，混淆二者的做法，不仅会使我们无法看到二者不同的历史起源，还会使我们对二者功能上的理解有所偏差。因此，从尊重历史的角度来讲，首先要对我们现在所知道的我国历史上最早的乡规民约《东汉侍廷里父老僤约束石券》以及最早的乡约《吕氏乡约》进行分析、对比。

从规范角度看，《东汉侍廷里父老僤约束石券》⑥ 主要涉及这样几个问题：

首先，标题中的"僤"和"里父老"指的是民间组织及其管理者。"此僤是以一定地缘为本的民间组织，其成员局限于侍廷里的范围。"⑦ "里父老"在汉代乡村社会中是一个特殊的管理者，"里父老并非朝廷命官，但又被官方认可。他们一方面对宗族事物有较大的影响力，甚至决定权；另一方面，对乡村秩序也起着重要的作用，无论是维持乡村治安，督促农桑、催缴赋税，还是祭祀、

---

① 董建辉. 明清乡约：理论演进与实践发展 [M]. 厦门：厦门大学出版社，2008：15-29.

② 黄珺. 云南乡规民约大观 [M]. 昆明：云南美术出版社，2010：2.

③ 牛铭实. 中国历代乡约 [M]. 北京：中国社会出版社，2005.

④ 张广修. 村规民约的历史演变 [J]. 洛阳工学院学报（社会科学版），2000（2）；张明新. 乡规民约存在形态刍论 [J]. 南京大学学报（哲学人文社科版），2004（5）；安广禄. 我国最早的乡规民约 [J]. 农村发展论丛，1998（4）.

⑤ 董建辉. 明清乡约：理论演进与实践发展 [M]. 厦门：厦门大学出版社，2008：15.

⑥ 黄士斌. 河南偃师县发现汉代买田约束石券 [J]. 文物，1982（12）；张金光. 有关东汉侍廷里父老僤的几个问题 [J]. 史学月刊，2003（10）.

⑦ 张金光. 有关东汉侍廷里父老僤的几个问题 [J]. 史学月刊，2003（10）.

求雨以及其他一些公共活动中，都有里父老参与其中。起到官方地缘关系与宗法血缘关系交汇点与结合点的作用"①。结合该券文来看，"僤"这个民间组织组建的目的是给管理这25户公共事务的里父老予以经济上补助，即由立此约的25个人名所代表的25户人家集资买田，使田上的收益用于补给和奖励里父老。其次，券文向我们交代了这则规约中的两个重要领导人物，即"祭尊于季、主疏左巨"。祭尊、主疏在该僤中分别是列位第一和第二的领导，是这25户人家的代表者和核心管理者。在这则规约的落款处，我们看到"于姓"在规约中占了10户人家，拥有其强大的家族势力，所以由于季作为第一领导人合乎民间社会的规则运作。同时需要说明的是：于季虽然是该僤的第一领导人，但是不代表他是该僤中的"里父老"。因为该券文规定只有具备一定经济条件——訾次，才能成为"里父老"。主疏一职是从事文书工作，也就是说左巨可能是这所有人中文化水平最高的，他主要负责书写记录工作。最后，券文展现了一个民间完整规范。于季等25户人家共同集资六万一千五百，买田八十亩，将田地提供给父老，用于补给父老在承担公共事务中的经济损失。这八十亩田是此僤的集体财产，由此僤享有所有权，父老只有使用权，并且后代对此田的继承权利也只享有其使用权。当集体利益需要时，可以将其田予以出租获得挈息，作为集体经费所有。

通过上述券文分析，我们可以对古代乡规民约与现代村规民约的关系进行几点小结：第一，从它控制或约束的地方范围来看，大致限于"一里"，相当于今天我们一个村的地域范围。所以，这类规约也被称为"乡里民约"，今天我们普遍称为"村规民约"以表达它约束的地域空间。由此，我们也可以进一步指出，古代乡规民约和现代村规民约主要是基于地缘关系而设置的规约，它古已有之，可追溯到东汉建初二年。第二，从它制定的主体来看，形式上仍然是参与该规约的全体乡民，从实质上看，主要是由发起人来草拟规约文本。担任主要发起人的人选大致需要符合两种条件：其一，大户姓氏中要派出一个代表，目的是维护大家族的权威和利益；其二，在这些乡民中选出具备相当文化水准或教育程度的代表，负责书写和辅助起草规约。因此，从本质上来说，规约在制定中是否一定是全体乡民的"共同意志"，有待进一步考察。今天的村规民约从制定主体来说，虽然已经基本确立为村民大会，但在具体运行过程中仍然保留上述分析的传统做法。第三，从它制定的目的来讲（此处目的做功能解释），着重体现"管理"这一基本功能，即管理事务的含义。该券文通过补给或奖励

---

① 马新. 里父老与汉代乡村社会秩序略论 [J]. 东岳论丛，2005（6）.

这种手段，让里父老更好地替乡民们服务，帮助全体乡民管理乡间的公共事务。因此，从功能上说，主要体现"管理"，今天的村规民约延续了古代乡规民约的这一主要的社会功能。当然，这一点也是笔者认为古代乡规民约与乡约主要区别的地方之一，因为乡约的功能重在体现"教化"，而非"管理"。

作为乡约的历史源头，《吕氏乡约》最有代表性，将"儒家精神的感化"体现得淋漓尽致。"德业相劝、过失相规、礼俗相交、患难相恤"无一不体现中国古代"礼"的要求，可以说，"礼的主张是乡约制度的根本"①。乡约这一传统的体现和它的主要发起人吕大钧有着直接而密切的关系。吕大钧，在礼学上有过人的造诣，作《吕氏乡约》，是为了实现自己知行合一的理想，使乡约能感化乡民、淳化风俗。"杨开道认为，吕氏乡约与古礼的关系有两处。一是它的根本原则与《周礼》十二教的教化精神一致。二是它继承发展了《礼记》的乡饮酒礼。"②

乡约的社会功能体现为维风导俗③。当然，乡约的属性和职能也不是一直未变，正如董建辉所指出："明清乡约是宋代乡约的历史发展，其属性和职能都发生了重大的变化。乡约由一种民间教化组织转变为官治的工具，它的职责也相应地从社会教化与救助，转向同时承担基层的行政和司法事务。"④ 但是乡约的主要功能并未随着属性和职能的变迁而发生实质变化：都是"以儒教的精神感化为其运作的核心功能"⑤。

如果对乡约进行整体考察，把乡约作为一种民间基层组织，有学者归纳其特征：其一，有一整套组织机构；其二，有定期的聚会；其三，有比较固定的活动场所，称"约所"或"乡约所"；其四，有一套繁琐的读约仪式；其五，乡民入约，往往要缴纳一定的会费⑥。

那么古代乡规民约与乡约到底有哪些区别与联系？见仁见智，笔者认为，不同之处：第一，古代乡规民约在功能上侧重于"社会管理"，乡约在功能上侧重于"社会教化"。第二，古代乡规民约在精神上侧重于"能者当政"，乡约在

① 牛铭实. 中国历代乡约 [M]. 北京：中国社会出版社，2005：13.
② 牛铭实. 中国历代乡约 [M]. 北京：中国社会出版社，2005：14.
③ 王崇峻. 维风导俗——明代中晚期的社会变迁与乡约制度 [M]. 台北：文史哲出版社，2000：205-208，243-260.
④ 董建辉. 明清乡约：理论演进与实践发展 [M]. 厦门：厦门大学出版社，2008：274.
⑤ 杨念群. 论十九世纪岭南乡约的军事化——中英冲突的一个区域性结果 [J]. 清史研究，1993 (3).
⑥ 董建辉. 明清乡约：理论演进与实践发展 [M]. 厦门：厦门大学出版社，2008：27-29.

精神上侧重于"人人皆可为尧舜"。第三，古代乡规民约在表达上侧重于"平铺直叙"，乡约在表达上侧重于"意蕴悠远"。相同之处：第一，古代乡规民约与乡约都属于民间规约，均是民间智识行为的结晶。第二，古代乡规民约与乡约均体现民间规约"私"的性质，即它们都不依靠国家强制力作后盾，而主要依民间契约的约束力保障。第三，古代乡规民约与乡约主要运作人均是地方精英，这两种制度的运行都要依靠民间有贤德、有资历、有訾次的人物操作。今天的村规民约与上述特征均有直接或间接的渊源关系，可谓一脉相承。

二、现代村规民约：村民自治章程与村规民约

从历史的眼光来看，村规民约古已有之，它发端于古代乡规民约和乡约，经历了从传统到现代的创造性演化，现在广泛存在于广大农村，成为现代农村基层社会治理的一种有效手段。那么，这里有一个问题需要厘清，即村民自治章程是不是村规民约变迁的产物呢？

如果将 1987 年制定的《中华人民共和国村民委员会组织法（试行）》视为村民自治章程的开端，那么我们看到，"山东省章丘县（1992 年改为章丘市）是全国最早制定村民自治章程的地方"①。"1991 年 6 月 7 日，埠西村召开第三届村民代表会议，79 名村民代表一致通过了《埠西村村民自治章程》。"② 该文本成为现在中国农村村民自治史上的第一部村民自治章程。该文本共分五章。"第一章'总则'有 5 条，主要内容是制定该章程的依据、开展村民自治的目的和全体村民的要求。第二章为'村民组织'，这是该章程的重点，它总共有 5 节15 条。这 5 节分别是：第一节，村民会议和村民代表会议；第二节，村民委员会；第三节，村民小组；第四节，村民；第五节，村干部。第三章的内容是经济管理，共 6 节，分别为劳动积累、土地管理、承包费的收取使用、生产服务、财产管理和大力发展村办企业。第四章是对社会秩序的规定，其中第一节社会治安，第二节为村风民俗，第三节为邻里关系，第四节为婚姻家庭，第五节为计划生育，第六节为村民档案。"③ 我们可以看到这样一部内容涉及村庄的各项大小事务、规范完整的章程清晰地向我们证明它的村庄"小宪法"地位。可以说，20 多年过去了，今天许多的村庄在制定村民自治章程上仍然沿用着这一套固定的模板。就笔者调研的武陵山区恩施州利川市南坪乡营上村的村民自治章

---

① 罗平汉 . 村民自治史［M］. 福州：福建人民出版社，2006：199.

② 罗平汉 . 村民自治史［M］. 福州：福建人民出版社，2006：202.

③ 罗平汉 . 村民自治史［M］. 福州：福建人民出版社，2006：202-205.

程而言，其文本共为五章。第一章总则，共 4 条。第二章村民组织，共 4 节 17 条，这四节内容分别为：村民会议和村民代表会议、村民委员会、村民小组、村民。第三章经济管理，共 2 节 6 条，这两节内容分别为：土地管理和财务管理。第四章社会秩序管理，共 7 节 36 条，这七节内容分别为社会治安、村风民俗、邻里关系、社会福利、社会保障、婚姻家庭、计划生育、村民档案。第五章附则，共 3 条。我们对比这两个不同村庄的村民自治章程，就可以发现，他们从形式和内容上基本保持一致，不同的是有些章节涉及的内容会有所增减，这是根据不同村庄的经济、文化、社会保障的不同需求而变化。

但是，如果把《中华人民共和国村民委员会组织法（试行）》的试行作为村民自治章程的开端，这种理解难免会让我们失去对它的全貌认识。因为有史料显示，美国著名社会学家 Sidney D. Gamble 在 1908—1932 年间曾四次来到中国进行调研访问①。尤其是他对中国北方农村进行过深入的田野调查，形成了一份研究报告，1963 年由美国加州大学出版了这份报告，题目为《华北乡村：1933 年前的社会、政治和经济活动》。郎友兴从这份资料中节选了山东一个村庄的四份村规民约，旨在为村民自治提供一个历史背景②。这四个村规民约是有关村务的规程：第一份是 1930 年 6 月 28 日制定的"村（保）会议条例"，里面规定了村民会议的职能、与会形式、参与人员的资格问题等。类似于我们今天村民自治章程的第二章村民组织这个部分，是具有极其重要地位的规约，因为在 1930 年，村（保）民会议组织的权力与责任相当于立法机构。第二份是"村公所规则"，村公所是村级的执行机构，相当于我们今天的村民委员会。第三份是"村官员选举规程"，相当于今天村干部的选举程序。通过这份规约我们可以看到："村级领导通过选举产生实际上并不是 20 世纪 80 年代才开始的，K 村的选举规程就说明近代农村已有民主选举了。"③ 第四份是"村民守则"，相当于今天的"村规民约"（此处作狭义的理解）规定的内容。

通过以上分析我们可以看到：村民自治背景下的"村民自治章程"并不是空穴来风的社会产物，也不是在《中华人民共和国村民委会组织法（试行）》催生下的新品种，而是在历史传统中存留下来的富有活力和生机的制度。是对

---

① 相关 Sidney. D. Gamble 的介绍来自美国杜克大学官方网，http：//library. duke. edu/digitalcollections/gamble/about/，2012 年 7 月 20 日访问。

② 郎友兴. 对七十二年前山东一个村庄村规民约的简要述评［J］. 中国农村观察，2003（2）.

③ 郎友兴. 对七十二年前山东一个村庄村规民约的简要述评［J］. 中国农村观察，2003（2）.

历史经验中的村规民约的一种提升、扩展和总结，是一种历史传统的承接，是现代村规民约的一种高级形式。但是今天，因村民自治章程由地方政府主导，在一定程度上独立于村规民约，村规民约在现代语境中使用往往只针对特定事项的规范，使村规民约与村民自治章程既有联系又有区别。

那么现代村规民约与村民自治章程有何种区别联系呢？其一，从规范内容来说，村民自治章程是村级自治的总章程，内容较为抽象和系统；村规民约是村民自治的具体规约，内容涉猎具体而多元。其二，从规范地位来说，国家法并未确定二者的位阶关系，但从大量的民间实践中已经彰显村民自治章程略高于村规民约的地位，事实上这有可能是因为村民自治章程被誉为基层村民"小宪法"的原因。就二者实质的关系而言，他们之间是互相补充和延伸的。其三，从规范的效力而言，由于国家法没有承认这二者的制裁效力，使得其无法与其他法律规范和制度有效对接，因而其实效性大打折扣，不同地方的村规民约执行差异较大。

三、新型村规民约的制度价值：活着的传统

什么是传统？传统是一种过去与未来之间的那种延续性的意识，是现代的过去，更是现代的未来基础。为什么村规民约成为一种活着的传统，这与几千年来，中国治理边缘地区的大格局没有发生重大变化有着直接的关系。村规民约始终都是村民实现自治的智识结晶，古有"父老僤""吕氏乡约"，今有"村民自治章程"、各种"公约"等，无一不是村民们通过习得而获取的地方性知识。但仅有这种自生自发的传承也不足以使之延绵下去，因此我们也看到了政府的强制命令对村规民约的控制和干预，尽管它引发了村规民约在自治效力上的危机，但不能否认的是，这一只"看得见的手"的插足使村规民约有力量存活至今。

"维风导俗"，是历史经验中的村规民约留给我们的宝贵价值。今天，民法基本原则中的"公序良俗"原则，指的也就是要维护善良风俗。因此村规民约也成为村民们实现公平正义的一道标尺，是具有中国式的正义衡平标准。这种特性使得村规民约有着独立存在的空间和价值，是它为之可以传承的重要原因。那么它发展中的短板在哪？那便是国家、政府对它的控制、干预，不承认其制裁效力。穆尔很早就指出："国家既没有垄断有效的制裁，也没有垄断产生拘束

性规则的权能。"① 但为何村规民约的实效性受到如此冲击，根本原因在于它没有与其他普适性的社会规范、制度进行有效的对接，使受其统治的村民无法利用其规则与外界规则（如国家法）进行良好的沟通，最后成为谁也不买账的"鸡肋"。

现实中，我们总是无法逾越习惯法与国家法二元对立的鸿沟，总是试图超越，但总怯于失去自己固有的位置。国家法的中心主义、习惯法的边缘地位使社会在自我控制、自我调适过程中总是显得力不从心，而唯有"半自治社会领域"② 中的潜规则发挥着出其不意的效果。我们深受各种潜规则的迫害，却又不得不遵循这些潜规则行事。我们没有有效的法律利器，因此也无法平衡各种纷争，于是我们被规则中的规则循环反复地操控。这些应该收场了，因为我们需要法治。那么，法治如何可得？

在基层农村，就需要我们重构村规民约，扩展村规民约的制度价值，重塑其社会功能，使之成为新型村规民约。我们在历史中看到了它的优势，也在现实中看到了它的劣势，但我们更应该在现实中看到它从来不拘一格的存在方式，这是它区别与地方立法的最大特点，它从来不强调自己的社会位置、所属领域，只是不断地调适自己。这就为我们协调和沟通习惯法与国家法的关系搭建了其他行为所不具备的重要载体。它被多次论证中，证实了其传统的价值性，也披露出许多与国家法相互冲突的现实问题③。但冲突的开始不代表消极的结束。事实上，村规民约一直积极地与国家法进行对接，只是在对接中存在诸多的人为因素，使它抵触了国家法度，成了众人眼中习惯法与国家法不和的事实证明。

---

① 李婉琳. 社会变迁中的法律——穆尔法人类学思想研究 [M]. 北京：中国人民公安大学出版社，2011：202-203.

② "半自治社会领域"是由美国法人类学者穆尔提出来的，穆尔指出，对其识别的关键是看其能否生成规则并且强迫或诱导人们对这些规则的服从。笔者在此处使用，是借此说明，使社会各团体、组织保持有效运作的力量就是这些看不见的却强迫人们遵守的潜规则。参见 Moore，Sally Folk（1978）Law as Process：An Anthropological Approach. London：Routledge&Kegan Paul. Moore，Sally Folk（1986）Social Facts and Fabrications："Customary Law" on Kilimanjaro，1880-1980. Cambridge University Press.

③ 事实上，自 20 世纪 80 年代开始，对于村规民约与国家法之间的冲突就一直受到广泛关注。人民日报从 1980 年开始至今都十分关注村规民约的建设，尤其是村规民约中抵触国家法的问题。如人民日报刊登《纠正村规民约中的违法条款》（1990 年 4 月 4 号第 6 版）、《村规民约不能和法规相抵触》（1991 年 1 月 26 号第 5 版）、《村规民约不得违背法律》（1997 年 4 月 4 号第 9 版）、《村委会依据村规民约进行处罚不合法》（1999 年 6 月 16 号第 11 版）等。同时，学界对村规民约与国家法的抵触关系讨论也颇多，如：田成有，欧剑菲. 少数民族地区村规民约的变迁与调适 [A] //谢晖，陈金钊. 民间法（第三卷）[M]. 济南：山东人民出版社，2004：288-311.

但正如我们所观察到的一样，它既然有意对接国家法，我们为何不给它送去橄榄枝，搭上疏通与国家法对接的桥呢？需要予以说明的是，这种拓展过程中，难免会被人再度扣上"国家法中心主义"或者地方主义的帽子，但我们需要客观地讲，这既不是一种中心主义，也不是一种地方边缘主义，而是让村规民约纳入更为多元的知识体系中，在这种新的格局中占有一席之地，使之求得社会的共同、协调和谐发展。

第二节　武陵山区村规民约现状分析

民间社会的村规民约很多，笔者在武陵山区收集了 25 份①，其内容囊括了村民自治的各方面，可分为两个大类：综合规约和单项规约，其中以综合性规约为主。综合规约将村民自治中相关的若干问题进行统一规定，一般以"村规民约"或村民自治章程命名出现，其内容包括政治、经济、精神文明、社会治安、婚姻家庭、户籍管理等方方面面的内容，至少涉及村风民俗、邻里关系、婚姻家庭、社会治安、生态环境。单项规约是就村民自治某一方面的问题进行专门规定，例如，"一事一议"制度、自来水管理规定、财务管理制度、计划生育制度、民主评议制度、消防与森林防火规约等，它们在既有的现实中是如何承接民间习惯法传统，又反映国家法意志？可以从三方面展开分析得到答案。

一、村规民约的有效性分析

村规民约的有效性取决于制定的民主正当性与合法性。亦即哈贝马斯商谈理论中强调的有效性，包括强制和合理的可接受性②。村规民约的民主制定过程体现了传统习惯法中的仪式感与庄重感、神圣感与认同感，同时也体现了现代法律中的理性、协商性与沟通性。村规民约的制定过程需要民主，这是生于野的自治规则所必须具备的。一个交织着强制性规则和任意性规则的社会规范，

---

① 笔者在黔东南州黎平县 2010 年调查期间共收集了 8 份村规民约，2011 年在湘西州花垣县收集了 4 份，2012 年在恩施州利川收集 5 份，建始县收集 4 份，来凤县收集 2 份，在宜昌市长阳县收集 2 份，在文中凡属笔者收集的不再一一注明。为保护给笔者提供研究方便的各村权益，同时为了真实反映村规民约原貌，下述引注村规民约在文字上不做处理，但涉及村名的有时会做技术处理。

② 〔德〕哈贝马斯. 在事实与规范之间（修订译本）［M］. 童世骏，译. 北京：生活·读书·新知三联书店，2011：29.

如果失去了民主性，将首先失效于受其约束的主体即村民。同时，也必须具有合法性，因为如果与国家法相抵触，由此引起纠纷诉至法院则得不到国家有效保护，所以，村规民约的有效性分析能够较好地揭示村规民约与习惯法和国家法的内在关系。

（一）制定主体的标准：村民大会或村民代表大会

谁有权制定村规民约？制定主体合格是村规民约合法性的基本前提。村规民约到底由谁制定，这是一个本没有争议也不需要再解释的事实，那就是村民大会或者村民代表大会。村民委员会组织法第二十七条规定，村民会议可以制定和修改村民自治章程、村规民约。村民委员会负责对村规民约的执行与监督。这就是说，村规民约无论在何种情况下的制定与修改，唯一的合格主体是村民大会或者村民代表大会，而不是村民委员会。然而现实中很多村规民约却并没有完全按照这一法律规定做，而是按照习惯法的做法，由当地事实上的习惯权威组织来制定，有的是乡镇行政组织制定后下发村寨执行，有的是村党支部，有的是村民委员会，有的是村民小组，有的是寨老头人，等等。例如，根据笔者手中的第一手材料，黔东南州黎平县《L村村规民约》第四章第二十一条规定："村委会有权在特殊情况下增加或减少村规民约内容。"此规约明显与国家法发生冲突。笔者在湘西花垣县雅酉镇某村调研发现的禁止毒鱼的村规民约是村党支部成员开会制定的，并未通过村民大会或代表大会。

对于一个制定主体都不合法的村规民约，从法教义学角度看必然是不合法的，如果由此产生纠纷诉讼到法院，法院最后判定村规民约无效。然而从社会调查实际看，按照习惯法由当地传统权威制定的村规民约只要内容反映的是社会需要，大多能自行得到村民执行，不能执行的主要是在内容上没有完全反映村民意愿的村规民约。在湘西花垣县雅酉镇某村，笔者看到禁止毒鱼的村规民约公布后，没有人违反禁令，小河中的小鱼到处都是。但是据当地村民介绍，村规民约出台前这里由于一些年轻人的随意毒鱼行为，有几年村中小河已没有鱼、虾存在，连村民吃水都不安全。

当然，经过全体村民大会制定和通过的村规民约从有效性角度看，自然是最高的，笔者2012年7月在恩施州利川市团堡镇黄泥坡村调查时收集到的2009年制定的《黄泥坡村村民饮水管理办法》执行效果最好。原因是在制定这份村规民约过程中，村委会充分发扬人民民主，由村委会组织全体村民参加讨论，对村规民约内容逐条讨论修改，历时半年，村规民约内容最大限度体现了全体村民利益，最后村民全体大会一致通过，从笔者大范围走访调查看，村民男女老幼人人知晓，个个自觉执行，村规民约制定后再也没有发生过过去经常发生的为争水扯皮打架、经常停水现象，村民用水得到保障。

（二）制定程序标准：参与、公开、公知

村民普遍参与制定过程，这是村规民约民主性、合法性的基本要求。首先，相对于国家法制定的精英行为，村规民约的制定则是草根们的公众参与行为。草根的普遍参与行为能使规则成为共识知识与权威意志，深入村民们的心中，因此，普遍参与是村规民约制定中一个不可或缺的要素。因为，村规民约作为村民自治管理的具体规范，只能由村民们通过村民大会共同来决定，给予其充分的自主性、民主性。只有普遍参与，出炉后的村规民约才能有效实施，否则它只会沦为一纸具文。其次，普遍参与体现村民们的合意，是共同意志的反映。普遍参与是民主意识、权利意识的体现，村规民约作为村民们共同管理村庄的协议，则必然体现村民们的共同意志。卢梭说："共同意志不是简单的单个意志的相加，而是共意。建立在协议的基础之上，是经由一致同意而确立起来的。"因此村规民约的协议应当建立在全体村民们的一致同意的基础之上。具体的实施方法须由村主任或其他村干部组织村民召开村民大会，由全体村民参加，对各项事项进行商议讨论，并以多数表决为通过。

如果村民不是普遍参与，则制定过程就谈不上公开。公开即透明，村规民约的管辖范围限于一村一庄，因此仅就一村范围内的行为规则，如果在制定的时候不公开，采用暗箱操作，那么村规民约就有失公平性和普遍性，在适用时就因缺乏公平性而大打折扣，其合法性就会遭到村民的质疑与否定。制定后要普遍宣传和推广，使之成为公知知识。笔者2011年9月在湘西州花垣县冬尾村进行村规民约的调研时就发现，村落多处张贴着村规民约的相关公告，并且村主任也向每家每户送去了抄录的村规民约文本。除了村规民约在制定的时候要进行宣读并公示，在此之后，更要以抄送或复印的方式将文本送发到村民的手里。笔者2010年在湖北长阳土家族自治县调研时看到龙舟坪镇刘家冲村将村规民约制作成绢布挂历，送达各家各户。这种宣传和推广能使村规民约的内容做到家喻户晓、深入人心，成为公知知识。

（三）制定内容的标准：合法、合理、合情

村规民约的内容包罗万象，几乎囊括了村民的所有生产、生活方面，这也是为什么很多人说，村规民约是国家法在乡间的延伸和补充。龙大轩教授对羌族的村规民约内容进行分析时，曾经非常细致而完整地总结了村规民约反映的主要内容包括九方面：其一，预防和打击犯罪，维护地方治安；其二，调整民事行为；其三，排解民间纠纷；其四，保护农耕生产；其五，保护森林资源；其六，惩治道德违规者；其七，严守地界；其八，公益设施的兴建与维护；其九，以民约形式推广国家计划生育政策，发扬新的道德风尚①。与此同时，徐晓光教授对黔东南苗族侗族地区的新型村规民约也做过详细的内容分析，所不同的是，他将这些类型归于村规民约对传统习惯法的继承，即按照传统习惯法的分类，将村规民约继受的内容与之相对应进行分析。认为新型村规民约对传统习惯法的继受表现在如下几点：其一，延续传统社会组织自然领袖的作用；其二，民事习惯法的继承；其三，社会治安及刑事习惯法规范的继承；其四，自然资源保护与利用规则的继承；其五，火灾防范习惯法规范的继承；其六，对林业保护习惯规则的继承；其七，传统习惯法中的处罚手段和方式的继承②。两位教授从横向与纵向两个视角分析了村规民约的内容，与笔者手上所掌握的村规民约资料内容基本吻合，它们的大部分规定是国家法意志的反映，符合现代法治的基本要求，同时也反映各个地方的习惯法传统。当然这之中也存在一些不合乎"情理法"的规则。

村规民约应该具备合情、合理性以及合法性，这是村规民约有效性的可接受基础，即道德基础。

首先，村规民约的内容需要合法。这是基本要求也是未来的发展趋势。随着我国城乡一体化的迅速发展，村庄向城镇化模式的过渡，势必将引发社会结构的多层次变化，村规民约作为一种地方性知识的保存，重整后的村庄为了在治理秩序上避免规则的脱节，则须与国家制定法在精神上保持一致并且有效接轨。村庄共同体走向城镇共同体，只要能在秩序的治理上保持一致的承认和认同、确认与确信，那么这些过渡上的不平稳则能避免不必要的曲折。合法理性并不完全等于合法性，它是要求村规民约的内容制定符合一种法的原则和精神。笔者认为，这种合法所指涉的是村规民约需要继续保持其传统中的"维风导俗"原则，也就是现代民法中提出的"尊重善良风俗、维持社会秩序"的根本原则。这种善良风俗应当包含基本的良善、基本的人权、基本的公平与正义。在村庄中，则具体体现在：不歧视外嫁女，尊重并恢复其土地权益；不重男轻女，男孩女孩都应同等接受教育；不乱用"私"权力，随意惩处村民，升级事态情势，引发刑事犯罪；不欺辱弱势群体和外来者，遇事一视同仁；村民诚信、友善、上进等。

其次，村规民约的内容制定需要合情、合理性。合情、合理性是指符合当

---

① 龙大轩. 乡土秩序与民间法律——羌族习惯法探析［M］. 北京：中国政法大学出版社，2010：184-189.

② 徐晓光. 原生的法——黔东南苗族侗族地区的法人类学调查［M］. 北京：中国政法大学出版社，2010：266-279.

地传统人们认可的常识、常理、常情。这里面包含当地人们习得地方性知识以及通过外界交流学来的一些知识。以常见的关于牲畜损坏庄稼为例，几乎每个村庄的村规民约都有关于这类问题的规定。我们知道，乡间生活里，自家养的牲畜损坏别人家的庄稼是常有之事。因此，关于损坏后，赔钱或者罚款的事情也就时有发生。所以，村规民约关于这些内容的规定必须具有现实性，要合乎乡间生活的基本逻辑，做到规则合情合理，而不是肆意制造一些"特权"，损害村庄人的利益。例如，有的村规民约就规定，只要畜生踩踏了别人的庄稼，一经发现就打死。我们知道，这样的规定是不问青红皂白，不问损害情节轻重就随意处置他人财产的行为，不仅有失公平，而且还容易引发财产侵权的纠纷。乡间社会是一个熟人社会，熟人社会必然存在无法割裂的人脉关系。虽然畜生会造成庄稼被吃的损失。但是对此处置的规定应该做到分不同情况的赔偿，而不能轻易以打死别人的畜生，即再次伤害财产为处置。因此，我们也观察到一些村庄关于这类问题的规定有的相当合理。例如，利川市《毛针村村规民约》规定："牲畜对庄稼的破坏，以具体破坏的数量按照正常收成时的收入计算赔偿。"即损害一亩赔款多少，损害一株赔款多少，要看具体情况，而不是一刀切。

二、村规民约的正当性分析

一个有效的规则应该在规则结构上符合规范性与科学性，从而具有正当性。即在当今讲究人权的社会，按照国家法要求，至少应该是权利与义务对等、对应；语义明确，指示清楚，能够按照规范语义中的假定、行为、责任推演出行为的必然结果，不存在模糊不清、语义不明等问题。这是我们的学者、媒体对村规民约的一直呼唤，也是司法时法官一直期望的。那么，现实中的村规民约是不是这样呢？

（一）规则的内容结构：以义务性规则为主

首先，根据传统的法律规则内容上的分类逻辑，村规民约主要存在授权性规则和义务性规则，其中以义务性规则为主。"义务性规则是直接要求人们作为或不作为的规则。"[①] 其中，义务性规则包括作为和不作为两种。作为义务性规则使用"必须""应当""应该"等术语；不作为义务性规则使用"不得""禁止""严禁"等术语，或者在描述行为后写明不利的法律后果。比如，黔东南州黎平县2008年A村村规民约规定："不明身份人到本村住宿必须上报村民委员

---

① 张文显. 法理学 ［M］. 北京：高等教育出版社，2003：94.

会，如未上报村民委员会在住宿期内其人在本村作案，由户主承担一切责任。"在这则规则里，第一分句使用"必须"，是作为的义务性规则，第二和第三分句则是在不作为的行为模式后加上不利的承担后果，是不作为的义务性规则。授权性规则通常采用"可以""有权利"等用语，是指示人们可以作为、不作为或要求别人作为、不作为的规则。例如，上述 A 村规民约规定，"凡因上述情况被处理的违法人员有不服，可向上一级人民政府提出申诉或者向人民法院提出诉讼"。在这个规则里，村规民约授予了有过错的当事人可向上一级政府或者司法部门重申自己权利的机会。

其次，村规民约中的义务性规则，以不作为的禁止性规则为主。这也是我们熟知的以"罚"为主的村规民约特点。常出现的术语如"禁止""严禁""不准""不允许"等。村规民约的规则中，有很多种"罚"，包括金钱罚、劳力罚、物质罚、名誉罚、送官府罚等。例如，黎平县 2006 年 F 村村规民约规定："野外用火造成烧毁他人山林场，纵火者除赔偿损失（一般每根松、杉按 1 元计算）一切救火费用，由纵火者承担并每亩罚款 10~30 元，并负责造林被烧毁的山坡，严重者上交上级林业部门处理。"在这则规则里，既有金钱罚，又有送官府罚。再如，"盗窃他人种植中药材（如天麻、茯苓、百合等）除赔偿他人损失，罚款 200~500 元（并游街示众，并根据情况上交上级部门）"。在这则规则里，既有金钱罚，同时也有名誉罚、送官府罚，是多种罚的结合规则。又比如，2007 年 C 村村规民约："对发生山火、寨火、电火的人（户），每次罚款100 元，对造成经济损失的，施行议价赔偿，如火灾毁坏房屋 5 户以下的，罚款500 元，防火喊寨一年。"在这则规则里，"防火喊寨一年"就是一种典型的劳力罚与名誉罚，喊寨处罚是当地习惯法中的常见处罚，这种处罚，不仅警示了过错人，同时还警示了同村他人，是当地的处罚方式，有很好的警示教育意义。

最后，村规民约规则中，除了上述规则，还有一些其他规则。比如，C 村村规民约规定，"对举报、捉拿违反村规民约的人的群众鼓励办法是：罚款部分10% 奖励给举报人，40% 给捉拿违反村规民约人的群众，50% 上交村兴办公益事业"。在这则规则里，我们看到了较为少见的"嘉奖型"规则。再如，"当本村村规民约与国家法律发生冲突时，以国家法律为准"。该则规则就是一种指导性规则。

综上所述，村规民约的规则结构基本特点：以义务性规则为主，以授权性规则为辅，以不作为的禁止性规则为核心。以各种罚为主线的村规民约规则，彰显其"强制性""约束性"及"权威性"。套用哈贝马斯关于法的有效性理论第二个部分：强制有效。它是社会的或事实的有效性，即得到接受规范的社会有效性，是根据它们得到施行的程度，也就是事实上可以期待村规民约约束村民的接受程度。它的基础在于人为确立的事实性，即从村规民约规则的形式方面加以定义的可以向村规民约执行组织提请强制执行的事实性。这种义务性规则更多体现民间习惯法色彩，虽然一定程度上忽视了违反规则者的权利，但是对维护遵守规则者的权利大有好处，从执行有效性看则是真正体现了国家法所追求的维护社会安定祥和秩序的价值。

（二）规则的行为模式：不确定性与模糊性

一个有效正当的规则，"指示"明确是第一要义，规范中的假定、行为、责任三要素齐备，不存在模糊不清、语义不明等问题，这是国家法规范的要求。但是，对于村规民约而言，这些国家法理论则显得力不从心。长期以来，村规民约规则中的不确定分析始终是研究中的缺位。对于它的疏忽，也许是因为它长期生于野，长于民间，草根文化中生出的规则，不可能具备专业的精英团队对它进行重整。但是这个长期忽视的问题，恰恰也是目前村规民约中普遍存在而人们没有普遍关注的角落。其实，规则的确定性与不确定性一直都是矛盾的统一体，但是在制定规则时，往往要求制定者尽量避免模糊不清的用语，力求使规则清晰明确，指示清楚。

关注村规民约规则中的不确定性因素，是因为这些不确定的规则在适用时会造成诸多不良的社会风险。这些不良的社会风险包括：不公正的处罚、不恰当的行为定位、无法计算的赔偿金额，以及无法明了的程序对接等。这些社会风险，极有可能导致村规民约最后失效。当一切还没有开始进行，而一切已经因规则本身而结束的悲剧，使得它成为村规民约有效性考察中的不容忽视的部分。

多处语义模糊，解释不明，是不确定因素中的一方面。例如，F村"严禁砍他人自留山或责任山上的松、杉、竹等经济林，严禁到他人山砍柴火以及破坏、砍伐他人山上果园，否则按偷盗论处，按情节加倍罚款。"此处的"情节"一词变成了模糊不清的地方，根据一般制定法，一般会对"情节"另行条款进行解释，会有一定范围、范畴的说明。而此处无此解释。再如，C村"严禁破坏集体或他人种植或保存下来的风景古树（包括幼树），否则按情节加倍罚款"。我们看到，这则条款里"情节"一词仍然是模糊不清的概念。对情节的认定不清，或者随意、肆意地进行行为定性上的主张，将会导致不公的裁决。这会使得解决内部纠纷时，造成多方的不满，最后放弃适用该规则。也可能因为情节认定上的不清晰，使得判罚不公，导致金额赔偿不符合实际，最后还是诉诸法院的救济。我们需要清楚的是，法院在进行判罚前，一定会对争议双方在调处过程中适用过的规则进行审查，那么，一旦开启审查，诸多复杂的情形就会浮出水面，而规则本身的不公（经过事后解释过的规则）将首先受到质疑与审判，使得村规民约规则的公信力在民间受损。

对接程序不明，过于笼统的指示，是不确定因素中的另一方面。例如，H村"偷盗他人水果、蔬菜、稻草、生产生活工具，除赔偿损失，罚款5~200元，并根据情况上交上级部门处理"。我们知道，以村为单位的上一级有诸多部门或单位。"上级"可能是公安部门、司法部门、政府部门等，选择不同的部门，意味着村规民约向外延伸的程序就不同，而不同的程序导致不同的社会效果，这就使得受约束的对象，在适用规则的时候，充斥着各种的不安和困惑。也使得村规民约内生外连的机制运行受到阻碍。再如，上文中"村民委员会有权在特殊情况下增加或减少村规民约内容"。这里的"特殊情况"没有予以说明，又根据村民委员会组织法的相关规定，村规民约的内容制定主体是村民会议，使得这个条款在没有进行任何解释的情形下，直接归于无效。这使得村民委员会在行使部分管理职权时，由于规则制定上疏忽，自身地位十分被动，因为一旦纠纷被诉至法院，法官对该条款进行审查，将直接判其无效而不予适用。因此，恰当的解释，会使该规则免于无效。

因此，村规民约规则的不确定因素，从法教义学角度看，将会导致以下几个问题：其一，规则效力上的风险，其中包括规则本身的无效、失效以及效力上的无公信力；其二，规则在事后的任意解释上的风险，这在调解适用时，会引发"公平公正"的质疑；其三，规则程序上的风险，无论是由"上级"处罚，还是来自"上级"的权利救济，都是指示不明的。因此，加强村规民约规则的规范性，减少其规则的不确定性，使之更加务实，是一个需待解决的问题，也是一个需要进一步探究的课题。

而从法社会学角度看，这种不确定性则有其一定合理性。因为生活的复杂性使得规则越完善往往越难于执行，一是人们记不住，二是无论多完善总有缺漏，三是生活每天都有新变化，规则的滞后无法避免，所以，规则的不确定反而有利于在实践中赋予执行者更多的裁决空间，关键是执行者们要有公心，有足够的社会经验，能遵从民间既有的对公平正义的理解。如此，则不确定的规则就变成了原则，在实施上有足够的回旋空间，反而有利于执行。事实上，从笔者调研的实际情况看，这些看似很多问题的村规民约恰恰执行得很好，而那些看似很完美的由政府部门下发的规范性村规民约文本则刚好相反，实践中基本没有实施，成为一纸具文，这是很值得我们深思的。

三、村规民约的实效性分析

"法律规范的实效性，指该规范所预设的社会统制效果现实地被实现，可具体现实地发生这规范所预期的效果或目的。"① 进而言之，村规民约的实效性，则是指该规范在村庄共同体中是否实现其社会控制的效果，是否达到了预期的秩序目标。以往，对村规民约实际效果的分析主要囿于习惯法的范畴内，所预设的前提也主要设立在文化的框架之中。这种路径分析，笔者在下文中也会使用和涉及，因为，它是无法绕过的话题和受影响的因素。但村规民约为何会被遵守，并不是一个文化因子可以统摄的，它的实效性中内含着务实的经济利益、难以割裂的人脉需求等理性因素。村规民约的实效性分析，是存在于多种知识和多重秩序碰撞的场域中，它复杂且分散，因此，我们无法通过一个宏大的叙事来表达和概括，更无法做到面面俱到。所以，对村规民约的实效性分析，只能通过具体的场景，分析其影响因素。

（一）影响村规民约实效性的惯习因素

1. 经济利益的博弈

在上文中，我们已经分析了，村规民约的内容是以罚为核心的禁止性规范，罚是村规民约的制裁措施。理论上，从规范法学的视角来看，村规民约中的罚是违法的，因为此种罚不具备制定法授权，无正当法律效力。但是从法社会学的视角来看，国家并不当然垄断制裁权力，社会也具有行使制裁的权能。现实中，村规民约的罚现象也引发了许多值得深思的问题。我们尤其注意到，村规民约中的罚无法执行，执行后被村民起诉的或者执行后引发民事转刑事案件等大量案例存在。法院对这一类因罚而起诉的村规民约案件，主要依据民法中侵害财产权、人身权的规范进行审判，同时也会当然地认为村规民约无设罚的权力。单从法院的审判视角看，这种类型的案件事实简单、清晰而明了，依照国家法行事既符合依据又具有说理性。但法院的做法也无疑给村规民约当头一棒，直接视其无效。的确，对于这类案情，我们免不了从村规民约内容这一环节上去追溯该规则存在的问题，但是我们需要进一步反思的是：村民们为何不遵守规则中的罚，出尔反尔地逃离自治规则走向司法途径或者另辟蹊径走向犯罪？

从社会心理学的角度来看，很早就有人分析过中国农民文化中的劣根性问题。中国的农民从整体而言是短视而又自私的，他们喜欢可见的好处和立即的收入胜于长期的利益。如同集体制经济时期里贩卖猪牛羊、粮食一事：歉年，

---

① 杨日然. 法理学 [M]. 台北：三民书局，2005：65.

涨价的时候，村民会逃离集体经济的束缚，以高额的市价卖给市场获得更多的好处；丰年，跌价的时候，村民会回归到合作社经济体制中，以合适的市价卖给集体获得基本收益。长此以往，合作社就生存不下去。这种做法就是典型的不遵守游戏规则，只追求利益最大化。事实上，村规民约中的罚问题也是这种情景。自己事先认同过的游戏规则，在事后又选择背弃或逃离的现象屡屡出现。

农村生活中，人们接触最多，依赖最多的无外乎是牛羊猪、鸡鸭鹅以及田地里种的庄稼和承包园里种的果树等。我们发现诸多的官司都由这些问题所引起，这类损失主要有村民饲养的牲畜吃了别家村民种植的粮食、水果；或者人为故意地偷别人种植的瓜果收益等类似情形。根据笔者在田野的调查发现，村民们心目中的偷，其实所指涉的不是小数目的"偷"，举例来讲，如果你路过别人的果园，因为口渴而摘人家一两个果子来吃，大家并不会视这种行为为偷，但村民强调，你可以站在园里吃，或者拿在手上边走边吃，但是不可以装行李包里带走，否则视为偷。我们可以看到，村民心目中对偷的知识理解是不同于我们对偷的一般知识的理解。

我们暂且不论法院判决的依据，我们只是在此分析村民为何走向法庭？是他们不知道村规民约的相关规定，还是因为他们心中有了另外一把衡量利益价值的标尺呢？古老的传统教诲我们：如果处罚不重，则会纵容别人轻易触碰规则底线。于是村民在制定规则时都从重考虑，所以，村规民约中有大量罚的存在，但是，是否真的要那么机械而严格去执行呢？现实就比较复杂了，明白事理的人是知道的，这实际是一个严重的警告，关键是教育大家不要去触碰这个底线，不是要真的去罚。而不明白农村生活事理的人或者彼此早有矛盾的人就会借机生事，强制按照规定机械执行，由此引发矛盾，撕开彼此原有的温情脉脉的面纱。这里的问题出现了，今天我们生活的场域已不是只有一种单一的古老规则可以执行，即重罚。村民们知道出了这个村子，还会有另外一种规则可能有利于自己。他们其实并不一定清晰地知晓另外一套规则能给自己带来的利益或损失。但或许只要有这么一种可能性，能让自己的损失降到最低，能挽回自己的面子，能让自己的损失在最大化的程度上降低，那么他们就会选择新的行为规则。对村民们而言，这一层看似模糊的眼前利益衡量却无时无刻不光亮的在内心闪烁，于是，村规民约在利益博弈中失效了。当那些通过国家法渠道起诉的村民确实获得了"利益"，一定会带来新的问题，导致更多的人不去遵守村规民约，从而损害村落既有社会秩序。当所有的村规民约按照国家法规定而没有了罚的成分，村规民约也就事实上名存实亡了，这是不是我们很多国家法主义者梦寐以求的结果。然而现实给我们的答案是，当习惯法失效，国家法又无法全力补上时，社会出现的是豪强化的无序。这是村规民约的传统惯习遭遇国家法实施取代时常发生的社会冲突现实。

2. 无知与被震慑的心理

相对于许多村庄以高额罚的实现为秩序整合的目标而言，笔者2011年调研的湘西花垣县雅西镇D村的高额罚则略显不同，因为该村的高额罚以心理战的实现而不以执行高额罚为目的来控制人们的越轨行为。D村订立了一条规定："严禁往河里投放毒药、炸鱼、电网或拦网等方式捕鱼，违者将处于3000~5000元的罚款。"笔者初次看到这则贴在村里各家各户墙上的通告时，觉得如此高额的处罚，村民能承担吗？在随后的座谈中，我们才得知其中的缘由。该村的这条村规民约的规定源于前段时间，有些村民污染河流水源，到水里毒鱼、炸鱼，严重影响了村内的生存环境和安全，为了禁止河里的鱼被村民毒死，大量网走，私自贩卖，影响村民取水生活、村内生态，因此定下如此高额的罚款以此震慑村民。笔者在调研中，询问了村干部和村民们几个问题。第一，定了此条款后，是不是肆意毒鱼、捕鱼行为得到控制？第二，有没有人因为毒鱼、捕鱼而受此罚款？第三，你们知不知道这个高额的罚款已经严重超过国家法律规定的范围？第四，你觉得这则村规民约有用吗？村民和村干部分别对此提出了自己的看法。村干部告诉笔者，他们制定这么高额的罚款，目的不是真的罚款，而是为了吓唬个别胆大妄为的村民，让他们不敢再这么干。真的有人这么做，他们会根据具体情况具体分析，不一定真的就这么去执行，仍然会以批评教育为主，向全村通报批评，采取适当的处罚措施，达到教育和制止不法行为的目的。村民私下也告诉笔者，村内虽然定了这么高额的罚款，但是他们确实没有实行过，在订立这条规定后，炸鱼的明显减少，偶尔也有胆大妄为的违反，最后的处置也是以教育为主。被问到这么高额的罚款已经超过国家法规定时，村民告诉笔者，我们不懂这些，对国家法的了解也知之甚少，没有去质疑、怀疑村内规定的违法性问题，村内无人关注这些。当被问到，这样的规定是否有震慑力时，村民说道："威慑是当然有的，还是有很多人怕的。"

D村的毒鱼、炸鱼事件，不免让我们发现：一些并未被实际履行过的行为规范看似鸡肋，却起到了一种杠杆作用，刺激人们遵守规则，借以避免诉诸村规民约，或作为一种控制秩序混乱的方法。但是我们需要对毒鱼、炸鱼事件进行更为深入的分析。即高额罚的背后是一种什么力量支撑着这个规则，能够以不罚为目的同时又使村规民约的秩序效果得以实现。笔者认为：无知与震慑的心理是这个村规民约实效性得以实现的因素之一。村民的无知，是他们对外界秩序规则体系的阙如，他们不关心也不感兴趣，或者他们没有条件与机会去知晓这些知识。的确，我们不得不首先意识到，这里的村庄环境是较为闭塞、贫穷的，从我们所了解的情况看，这里的现代教育还是相当落后，上过高中的就极少，唯一的一名大学生也是上学后就在外地工作。这可能是国家法律知识传播被堵塞的一个原因。关联性的社会变迁的发生，需要物质环境的改善才得以实现。D村的变迁是缓慢的，所以这类村规民约的规定才可以震慑村民。D村没有以罚的实现而获得秩序的规整。相反，他们采取了心理战的方式使村规民约的实效性得以实现。我们需要思考的是：当我们不停地追问村规民约的罚款违法性时，不断以国家法度向村庄法度挑战时，我们是否真的换来了秩序的维持？村庄内部以一种"别致"的方式对村落秩序进行了调适：以一种非法的高额罚规定开始，却以一种和平的教育方式结束了这场硝烟。我们不得不说维护村庄秩序的智识不只有国家法度，还有各地因地制宜的社会控制的其他策略。

3. 村寨的内部权威

村庄的内部权威是一个有关组织与人的关系的描述。组织与人互为载体，不可分开来考察。村庄的内部权威体现村庄治权，规则的执行与实现靠组织与有权威的人来运行。汉代乡规民约里的"父老"便是那个被赋予权威的人，"僤"这个组织便是乡规民约实施所依赖的载体。村落秩序的维护需要有权威的人，他必须是个具有政治魅力、令人信服、为实情说话的有资历的人物。组织的外在权威与人的内在权威结合在一起，便构成了村庄的内部权威。

在笔者社会调查中发现，村规民约制定得有地方特色、执行到位的，都与当地村寨内部权威有关，这种权威源于村寨干部本身的远见卓识、长期做事的严谨与公正和几分霸气，某乡干部与笔者交谈时形容乡村干部如同医生，"不治死几个，没人怕你；不治好几个，没人信你！"村干部作为习惯法和国家法在乡村的执行者、实施者，要做到不偏不倚、童叟无欺的强硬，在制定村规民约时最重要的是不要有任何私利夹带其间，在执行时一定要一碗水端平，不能有任何个人恩怨、偏见，特别是在处理纠纷争议时，不能背着一方接触另一方，做到了公正无私，加上几分强硬，村民没有不服的。做不到无私，即使公正也没人相信。

（二）影响村规民约实效性的公权力因素

1. 政府行政命令对村规民约实效性的影响

政府行政命令的介入，是村规民约在基层实施时经常面临的一个现状。有人认为，这是对村民自治的一种不良干预；也有人认为，这是政府推进型法治下的良性诱导。但无论持哪种立场，不可否认的事实就是，它确实对村民自治下的村规民约造成了一定的影响。对于本小节的讨论，笔者所采用的材料是：

2012 年 5 月笔者在恩施州利川市调研的关于禁止民间整无事酒的第一手田野调研材料。

案例 19：关于恩施州利川市整治民间"整酒"风的问题。

2010 年以来，由于利川市民间刮起了无事"整酒"风，当地村民的经济收入大量甚至全部用于支付各式各样的宴请酒席之中，因而村民们的生活受到严重的干扰，家用开支也已到达透支的程度。村民们对此无不满腹牢骚，甚至痛恨这种想尽各种各样的理由举办宴席，搜刮亲友、邻里钱财的人和事。利川市政府急民所急，为禁止民间无事整酒，出台了一则《关于狠刹违规整酒风的紧急通知》，该文件要求：除了婚丧嫁娶，禁止一切民间的铺张浪费、大摆宴请，具体内容由各村村规民约制定和实施。

笔者在元堡乡看到一则由村民与各村村组签订的一份承诺书：为树立文明新风，打击歪风邪气，狠刹违规"整酒"的行为，本人向元堡乡人民政府、村民委员会及广大亲朋好友郑重承诺：（1）自觉遵守利川市委办公室和市人民政府办公室《关于狠刹违规整酒风的紧急通知》和中共元堡乡委员会、元堡乡人民政府《关于狠刹违规整酒风的公告》和《×××村村规民约》的有关规定。（2）除婚丧嫁娶，自己不举办其他一切形式的酒宴，同时不参与亲朋好友举办的其他一切形式的酒宴。（3）自愿监督举报党员干部和亲朋好友举办的除婚丧嫁娶的其他一切形式的酒宴。（4）积极举报、揭发违规举办酒宴的其他行为，做到有情必报，不包庇不纵容。（5）若违背上述承诺内容，本人自愿承担一切后果和法律责任。

同时，笔者在利川市 Y 村，也看到颇具特色的《Y 村村规民约》中有一条规定："严禁整酒，如若发现整酒，对操办整酒的总管罚 200 元，支客罚 200元、礼房先生、收钱等人各罚 100 元。"笔者首先不解，经过调查了解到，在乡间进行整酒（即办酒宴）活动，要使酒宴顺利进行，则需要由总管、支客、礼房三方作为支撑。总管是举办酒席的人请的总经理，负责全面安排办酒宴各项工作，一般会请村里最有威望和组织能力的人担任，以彰显承办酒宴人的能力与面子；支客是负责接待和招呼到来的客人并且负责上酒等应酬事宜；礼房先生被我们俗称为会计，负责记录酒席来宾送的礼钱，通常会请毛笔字写得好的文化人担任。收钱的人即出纳，由办酒的至亲好友担任，负责替办酒的人收取和保管客人送来的现金。因此，若想整酒，这三方缺一不可，村规民约制止了这三方也就制止了办酒的人。

我们来考察政府行政命令对村规民约施行的具体影响。首先，行政命令的介入，使村规民约获得了正当性，加强了村规民约对"整酒"事宜的控制。村规民约很早就有反对铺张浪费，但是为何当地整无事酒成了公害，村规民约没有得到执行呢，原因是村规民约的约束范围太小，而"整酒"一般都是跨越村、乡之间，加上当地传统习惯法讲究一家有事大家帮忙，这就使得村规民约制止整无事酒的正当性存在问题了：如果处理会导致不公（有的处理有的不处理）和不能（有的无权处理）。行政命令的介入，使各个村乡的村规民约可以同时对村民有效约束，从而获得正当性。其次，在行政命令的干涉下，村规民约在实施过程中增添了公权力的权威与后盾，获得了公权力的支持，从而使村规民约与政府行为形成了合力。例如，村民与村组签订承诺书，依据的第一条便是政府的红头文件，违背民约，本人将承担一切后果和法律责任。最后，在基层政府的强力倡导下，民约中的原有提倡、软处理经过村民大会修订变得强硬有力，民约惩处与民约外的行政处分相互结合，对"整酒风"的扼杀达到全方位效果。

我们再反向考察村规民约对行政命令的回应。其一，村规民约在禁止"整酒"的规定中体现了民间智识，只对总管、支客、礼房先生和收钱的处罚，没有采取针对全体参与村民的普罚措施，避免了群体的反感与处理实施的不能。其二，村规民约在正常的"整酒"活动中增加了诸多的限制。例如，在操办婚丧嫁娶时，村民需要通过申请，由小组长、村主任依次签字，然后报乡政府督察室备案。规定一般酒席桌数为 15 桌，不超过 20 桌。其三，Y 村村规民约中还规定："若违规整酒，则对整酒人家中享受的低保和其他政策性补助等予以取消。"

通过上述的分析，我们可以看到：政府行政行为的干预，事实上给予村规民约在实施过程中更多的权威和后盾。村规民约对基层政府行为的回应是积极且大力支持的。但村规民约对政府干预"整酒风"事件的正面回应的根基在民意。这是我们在此处必须阐明的。根据我们的走访座谈，上至领导干部，下至普通村民，对这些年来的无事"整酒风"无不痛恨。狠刹"整酒风"是所有人的心愿，正是这种强烈的民意基础促发了政府与民间社会的协作。然而，我们需要进一步反思的是：村规民约在禁止整酒中所扮演的角色和承担的任务。从短期的治理效果来看，政府行政行为的介入，是"整酒风"得到迅速遏制的强大火力，村规民约表面上只扮演着上传下达的角色；但从长期的治理和控制效果来说，村规民约作为沟通国家意志与民间意志的合法规则载体，所发挥的有效约束，是遏制"整酒风"，形塑社会良好风气的长效制度，实际扮演着主角的角色。我们必须看到双方的虔心合作，也必须看到双方在治理社会秩序过程中所面临的短板。因为，我们切实关心的是村规民约如何能真正落入实效之中，而不是让它独存自我世界。

2. 国家法对村规民约中罚的实效性影响

国家法对村规民约在具体实施中的现实影响主要体现在：对罚的性质的界定。村规民约中的罚效力一直备受关注，如何结合历史与现实，看清罚的社会功能，减少国家法对村规民约的冲击削弱，恢复村规民约的实效性。

有关罚的性质：其一，现代法治语境中，国家法规定了处罚权的范围与归属：刑事处罚与行政处罚。刑事处罚专属法院，行政处罚专属行政机关。从行政处罚的设定权范围看，只有行政规章以上的法律性文件才能设立处罚。因此，村规民约在现实中对村民越轨行为的处罚设定与实施，当然应被视为违法与无效。这也是目前村规民约在基层司法中普遍遭遇实效性受挫的主要原因。其二，从历史的眼光来看，村规民约的罚是一个传统保留，换句话说，是对民间习惯法的继受，是对中国传统法律与社会的历史继承，即一种重刑重罚精神。它无关乎现代法治中的授权问题，是民间治理的普遍认识。其三，从社会契约的角度来看，村规民约是村庄内部人们相互之间缔结的一个自愿性合约，所以罚的性质可以被理解为违反义务后的违约金与赔偿金。这样，对罚的性质可以在国家法视野下予以认可。但无奈的是，现实中，国家法并没有接受这种解释，因而这种观点有待进一步达成共识。

事实上，对村规民约中罚的认识，是需要从多方面因素来考量的一个现实性问题。法社会学关注法的实效性，是务实于探索法为何会被遵守，是什么因素影响它在社会生活中实际执行的效果。国家法作为一种制度规则对村规民约在行使处罚问题上的质疑与否认，使其实效性受阻，问题的根源在何处？笔者认为，问题在于国家与社会对村规民约治理权的发展空间存在认识上的分歧，对村规民约在社会治理效应把控上存在潜在的恐惧与担忧。由国家法主导下的一元多层次的规则共治下，国家法对村规民约治理权的权能是有所限制的。国家法授权村民自治，希望将部分的社会治理权力让渡于村庄，这不仅源于村庄生活的多样性，也源于国家法无法顾及乡村周边角落的治理。但治理权限让渡多少，在多大程度上成全独立治理的自足，成了实践中的难点。一个俏皮的比喻：国家法如同家长，村规民约如同孩子，家长既想放手让孩子自由发展，同时也想监督和约束其不良的发展动态。这种拿捏的分寸实在是一门技术和艺术。其实，国家与社会真正遭遇的危险在于：一方面，村规民约的实效性一旦被国家法否决，村庄秩序将面临虚置化危险；另一方面，国家法未切实深入村庄社会产生实效，则村庄将面临"豪强化"的无序局面。无规则维护的村庄生活会使人们真正的无信仰、无保护。

四、小结

从武陵山区村规民约的有效性、结构、实效性三方面，我们可以清楚看到，村规民约在当今社会尽管受到各种限制，它仍然作为在半自生自发状态下的一种特殊规则承载了习惯法传统和国家法意志，作为一种活着的传统和地方化了的国家法意志在现实社会中真实地存在着，发挥着社会影响。

第三节　村规民约的制度空间与功能拓展

一、制度空间的运作前提与逻辑

村规民约的制度空间总是离不开它与习惯法、国家法之间的融合与博弈。

（一）制度空间的运作前提：现代法治的一元化趋势

自 20 世纪 90 年代以来，中国法学界开始引入和运用"国家与社会"二元框架分析国家法与习惯法的关系。然而，在传统西方理论的框架下界分的习惯法与国家法的关系是充满着悖论的，至少是不符合中国的本土研究的。在中国人的哲学观中，万事万物充满着包罗万象的对立和统一。一个基本的事实就是：我们不能按照传统西方的模式来理解习惯法与国家法的对立，替它们各自建构自己的权威性、合法性，使它们划定只属于自己的规则系统，即习惯法是独立于国家法之外，可以单独驰骋于社会生活的规范，具有一种独存的社会合法性。这种对立的、相互不买账的存在方式并不利于国家与社会的有利互动，它容易滋生出"无政府主义"的状态，不符合中国实际的国情发展。

日本学者千叶正士认为："国家法制统一是这个（法律）多元概念在事实和法理上的前提。"[1] 很显然，中国语境下的法律多元所呈现出来的基本逻辑应该是现代法治的一元化趋势。"其所隐喻的前提预设是法治已经在社会中获得正当性与合法性。"[2] 这是一种对旧有的"国家与社会"和"国家法与习惯法"二元对立的研究模式进行的反思性建构，即我们曾经将习惯法放到国家法的秩序之

---

① 李剑，杨玲．论民族法律文化视角下"法律多元"的含义与现状 [J]．西南政法大学学报，2011（5）．

② 张善根．当代中国法律社会学研究——知识与社会的视角 [M]．北京：法律出版社，2009：204．

外进行讨论，而现在我们开始将民间的各种规范、制度纳入国家法的视野下进行研究，在大而统一的国家法制的视野下，在国家法的一元法治中，承认和尊重民间习惯法，并使之与国家法进行有效的对接和整合。这种新的建构方式，不仅在学理上增长了法社会学的知识生产，而且更能在实践中顺应社会公共生活的需求，力求做到法经济学中倡导的社会效率。

笔者认为，村规民约的制度空间的讨论正是在这样的法律多元理论下展开的。即国家法首先是多元建构中唯一具有合法性及合法律性的"一体"秩序。在不再讨论法制权威性的前提下，村规民约、习惯法与国家法之间的任何博弈，说到实处都是一种多元整合下的建构。无论国家法做出何种姿态，即让步、妥协或取代都是为了从根本上实现社会秩序成为可能，使规范不失范于社会秩序的目的。

（二）制度空间的运作逻辑：村规民约的"多元"色彩

国家法是国家制定法，象征正统，既是国家强制力的震慑工具，也是国家与社会共治时的主流文化。它要求人们的行为在社会生活中不能越过国家法度的底线。作为主流文化，必然有统摄它的意识形态和建构它的知识来源。诚如我们所共同知晓的是，今天的国家法的意识形态仍然来自马克思主义和中国特色社会主义思想。而建构国家法的知识体系则大多来源于西方法治国家。精英话语权下的国家法，被研究民间秩序的学者视为不接地气的法律，这也许是它在村落治理中失效的原因之一。作为"大传统"的国家法，尽管有诸多不尽如人意之处，但在国家法制统一的格局下，它又是必需的且不能朝夕令改的法律。在国家法的法文化中，深藏和内嵌着西方社会的特殊文化与历史风格，在客观事实上也存有西方社会结构的预设前提，这些在舶来之时，已经潜在存在且不可以完全剥离的事实，我们应该对于不符合本土的前提预设进行弱化和转化处理，使之与我们文化、历史贴切。笔者深知，这种认知、甄别、剔除和转化的过程，有待我们不断地积累本土社会科学的经验，不断地在实践与理论的交融中，才能获取真知。

从历史的认知角度看，习惯、习惯法是国家制定法的来源。没有风俗、习惯、道德、民间规范，便没有国家法构建的基础。只是我国今天的制定法在制定初期大量移植外来法律，才使得对习惯法的重视传统远不及西方国家。但是近些年来，学界越来越认识到，习惯法不是边缘文化，是真正镶嵌在我们文化中的传统，是社会秩序得以控制的支柱力量。以"多诉"为主流的国家法文化逐渐转向以"多调解"为主流的本土文化，正是习惯法得以重视和重赋生机的契机点。也是我们重新审视国家法与习惯法互动机制的时刻。在观察和探寻这种互动机制中，诸多的研究者做出了重要的贡献，最具代表性的研究成果之一是我国台湾地区的林端先生。他的代表作《韦伯论中国传统法律——韦伯比较社会学的批判》，作者不仅从方法论上检讨了韦伯的形式——理性法律在西方法律文化内的意义，而且将中国传统文化与西方现代文化进行了文化间的比较，更以《淡新档案》为文本，揭示国家法律与民间习惯的运作逻辑。这种开放式的研究，不拘泥于西方法律文化，不轻易否认传统中国法文化的这一事实价值的认知态度实在值得我们学习。林端认为："我们需要一定程度放弃或者避免韦伯以下西方多位学者二值逻辑非此即彼的思考盲点，要注意到既此且彼的中国传统法律文化多值逻辑体现的过程里，多元并存是其重要的特点。"① 这里，林端的主要意思有以下几个层面：其一，不能视法律是形式的就是理性的建构方式来认知中国的传统法律文化，即不能说西方现代法律就是形式的合理性，而中国的传统法律就是实质的不合理性。其二，对于中国传统法律文化的认知方式应该是即此即彼的关系，即相生相克，彼此颉颃的关系，而不是非此即彼的关系。传统中的国家法律与民间习惯法之间的互动关系正是如此。其三，中国传统文化中，解决法律冲突的机制是多元的，情理法的法源也是多元的，国家法的官方审判、民间调解的法律规则和程序也是多元的。

顺着这个思路，我们检验村规民约与习惯法、国家法的运作逻辑，诚如徐晓光指出的，新型的村规民约事实上是由国家法与习惯法共同搭建起来的产物。它既有国家法的体现，也有习惯法的身影。也如笔者自己所认知的：首先，武陵山区村规民约是国家法与习惯法的融会，是传来知识与习得知识的贯通。这种村民自治体系下的产物，不得不说是一个多元运作下的结果。在村规民约中既有形式的合理性的建构，也有实质的合理性建构；当然也存在形式和实质的不合理性的建构问题。因此，我们不能用韦伯的二值逻辑来检验村规民约。其次，在自治体系下的村规民约中，辐射国家法于其中，是否不符合其自治的本色出演？是否应当完全由习惯法当此重任。笔者认为，大可不必。尽管诸多的学者将村规民约视为习惯法的组成部分，认为村规民约首先是习惯法的范畴，但是由于国家法对它的干涉，而对此制度的实效性大打折扣而担忧。但如果我们转换思路，将国家法与习惯法的融入视为村规民约的"法源"来源，那么这种冲突的对立关系便可以转化为对话、沟通、融合的互动关系。即村规民约本身是多元的，它的来源多元，呈现的地方性知识也是多元的。再次，当村规民

---

① 林端. 韦伯论中国传统法律——韦伯比较社会学的批判 [M]. 台北：三民书局，2003：22.

约所呈现的维度是多元的时候，我们可以进一步对此制度的空间进行有效的探索，大胆地开启运作它的路径，利用它与制定法对接、与习惯法勾连；可以开启它多种运作的程序；可以使它成为多元纠纷解决机制中的有效成员。

因此，我们可以说武陵山区村规民约的制度空间是在与国家法、习惯法的相克相生、相互颉颃中所开启的。没有多值逻辑下的国家法与习惯法的互动，也就无法当然地解释村规民约这一制度空间的运作机制。这种动态下的观察，不仅使我们走出对村规民约这一制度认识的僵局，同时也为村规民约的制度空间的拓展开辟了有效路径：即向下送"国法"与向上送"活法"。

二、新型村规民约的现实意义

今天，当我们重新阐述村规民约的时候会发现，从我们的先辈开始，对乡间、村落秩序的观察一直从未停歇过。诸多的学者，从历史的方法、人类学的进路来描述乡村秩序，也有许多学者从法学的、社会的视野探索村落秩序。其中的研究成果和贡献太多太多，我们无法一一细数。但是，无论哪种方法、哪种研究视野，最终都是为了还原乡村生活的原貌，试图通过理论与实践的结合，启示我们现实中存在的问题，比如，村庄秩序的无序。人类社会里，确实存在无须法律秩序的场域，但此种存在并不具有常态性。我们需要回到当下现实的错综复杂中，通过法律维护我们的乡村秩序。

村庄被我们称作共同体。在村庄共同体内，有习俗、有农耕、有集体经济、有村规民约，这些创造了共同体，维护了共同体。村庄之外，有乡镇、有城镇、有市场经济、有国家法律，这些无时无刻不影响和侵袭着村庄内部。村寨内与村寨外的流动与交流在今天市场经济浸淫下，变得十分频繁，于是，村庄也顺其自然地发生着变迁。变迁之中改变的不仅仅是人们的价值观、风土习俗、知识结构，还有社会秩序。于是，村落秩序的崩溃与修复就发生在情理之中。

村规民约作为一种活着的传统，它上承了历史与传统，也下传了精髓与糟粕。我们的任务是去其糟粕，取其精华，并赋予它创新，使之成为承前启后的良好制度。现代村规民约在现代法治视野下，已经不再是习惯法的专属代言人，很多时候，它必须作为国家法的传话筒。新型村规民约，既承载着国家法要求，同时又承继着习惯法，是一种混合规则，必须兼顾、平衡二者关系。因此，其制度在运作的过程中产生了制度空间。换句话说，村规民约作为一种制度，在运行过程中从多值逻辑出发，通过人们的行动，使正式规则与非正式规则通过村规民约这一载体进行互动，从而实现更完善的社会秩序功能，这种社会功能使村落的秩序得到重塑和整合。经过重塑和整合的村庄秩序，消减正式规则与非正式规则之间的冲突与对抗，也弥合不同规则之间的差异性，同时也重塑村规民约自身。

三、新型村规民约的制度空间与社会功能

从秋菊的困惑开始，我们其实已经深刻地认识到了，乡民们如"秋菊对权利的'思想认识'似乎和法律规定的不同"①。他们认为的理和法律判断的理，存在着现实的差距，在我国民族地区有比秋菊对权利认识更不一样的文化传统和思想认识。正如苏力指出的："制度的逻辑限制了一种人人知道的知识以及其他的可能性。中国当代正式法律的运作逻辑在某些方面与中国的社会背景脱节了。"② 的确，正式法律的干预破坏了村庄中人们在传统上形成的某种默契和秩序的预期，因此，我们需要沟通来解决这种"破坏"，来修复乡村社会面临的无序。

我们认为，村规民约是最好的一个沟通的规则载体，可以承担这份责任。即通过村规民约上传"活法"给基层司法、基层政府，同时通过基层乡村组织将国家法的相关规定、精神下传给村规民约，开启互动的对话平台，实现一种开放的规则共治，使村规民约成为沟通习惯法与国家法的规则载体。

（一）通过司法介入，促使村民自治功能自我修复，正确表达习惯法意志

长久以来，村规民约一直被纳入一种自发秩序的讨论中，因为它天然的带有地方习惯法的属性，也正因为这种看法，村规民约被某种程度上视为一种边缘化的制度。但随着整体社会发展的变化，村规民约也跟着发生许多变化。如果说，传统中，村规民约被视为社会教化的手段，那么，现代社会里，它更多的承担是一种社会管理的功能。今天，在村民自治的视野里，被称为自我的民主管理。的确，村规民约在具体制定、实行中存在许多的缺陷和问题，也引发了不少纠纷，甚至诉讼。但我们仍然不可以否认它的存在价值，即它对村庄秩序维护的重要性，它对村民自治的特殊意义。

我们考察村规民约，自始至终都是采用现实中司法实践的素材进行分析。其根本原因在于：其一，村规民约的制度发展，不再是可以闭关自守的发展环境。现代法治将权力让渡给村民自治时，势必是将村落秩序的发展同整个社会的秩序环境进行了融合。因此，村规民约的考察应该逐渐从自生自发的秩序过

---

① 冯象. 木腿正义（增订版）［M］. 北京：北京大学出版社，2007：53.
② 苏力. 法治及其本土资源（修订版）［M］. 北京：中国政法大学出版社，2004：28-29.

渡到半自发秩序中来，接受社会融合的检验。其二，村规民约作为村民自治的一种管理制度，势必会面临管理中的"违法"问题，因为村规民约的制度环境决定了这种事件发生的可能性。面对现实的违法，司法的介入是不可避免的。其三，村规民约的制度空间需要拓展，必须通过现实中的问题意识展开，而司法实践是一个最好的窗户，打通村规民约与外界的沟通，使它真正成为可以被利用的好的制度，服务于村民自治。因此，我们认为，通过司法的介入，促使村民自治进行自我修复，是一个有效的途径。

那么如何通过司法的介入，修复村民自治功能呢？首先，基层司法人员要下乡，离开法庭。电影《马背上的法庭》故事给了我们深刻的印象和启示。那就是，基层的案情要在基层审，而不能在法院的审判庭进行处理。法官面对四壁的墙壁，感受不到民情、乡情，掌握不了实际的情况，是无法做出有效的调解和判决的。例如，许多村规民约中关于剥夺村里外嫁女以及外来人的分配资格，其实是不能只看原告人的叙述的。法官需要下去实际走访，了解这个村庄的历史与过去，详细查问过去集体经济中土地分配的情况，以及这些外嫁女实际分配土地的情形，才可以综合判断村规民约的分配是否合情合理。不能搞形式上的"资格化"审查，因为乡间生活的基本逻辑和法官原有知识中的生活逻辑存在差异与对冲，我们不能轻易地否认村规民约中的不合理。其次，基层法官要善于沟通、善于协商，否则判决书也会成为一纸空文，无法执行。这里的沟通与协商，重在将国家法的精神与内容传递给村民们，而不是一味地强加。

作为法官，要把村规民约中违法的问题向村民们讲清，帮助村民去追寻违法的原因和过程，而不是一开始就向村民灌输另外一套规则知识。毕竟，这套外来规则还没有普遍得到信任和认可。最后，法官要通过对村民们的二次教育，使他们开启自我反思和修正的大门，即村规民约中的违法问题，还是要通过他们自己内部来解决。进一步说，我们的司法介入，不是通过判决来进行，而是通过司法互动的活动，将国家法的知识和精神传递给村民。村干部通过村民会议，向村民们进行宣传和倡导，疏通他们的思维。让他们通过村民自治自行修正他们的违法问题，从而有效解决由村规民约所引发的纠纷问题，使村规民约在协调习惯法与国家法相关矛盾问题上找到最恰当的正向衔接点，使村规民约的权威真正落入实处，村民自治功能得到修复，成为传承习惯法的正能量、抵制负能量的重要规则载体。

（二）通过政府介入，加强村民自治的指导、监督，推动国家法意志下沉民间

很多学者指出，我们今天的法治发展走的是政府推进型法治道路。因此，

我们也认为，政府的介入，可以加强对村民自治的指导与监督。村规民约体现村庄治权，这种治权就是村民自治。事实上，我们在前文中就考察过政府行政行为对村规民约的实效性的影响。在这里，我们需要进一步反思的是，我们如何加强这种指导与监督。

在田野调查中，笔者也曾经对某些乡镇领导关于村规民约的建设做过访谈。令我们感到不安的是，某些乡镇领导对村规民约的作用，存着一种不屑的态度。他们中有的人认为：村规民约是没有什么作用的制度，国家法和行政命令才是真正有效的。因此，也不认为它需要什么重整和建设。当然，这种看法的存在并不是没有一定原因的。他们向我们表示：村规民约的建设在某种程度上成为各个村庄政绩考核的一个重要指标，没有村规民约建设的村，是评不上先进奖项的。因此，许多村庄的村规民约的建设成为完成上级任务的"政治工具"，而没有发挥其本来应该有的自治制度作用。因此，我们也可以想象，沦为政绩工具的村规民约，政府的介入，只是为其披上了一层华而不实的衣裳，却没有任何真正意义。

因此，我们认为，政府的介入，首先应该从正确的观念出发。加强村民自治的建设，是基层政府的重点工作，也是实现基层政府减负的重要手段，所以，基层政府应当通过指导工作，将国家法送入乡间，将国家政策送入村庄，然后通过村规民约来细化和实施。同时，通过村规民约，将民情、民意的活法传递给基层政府，表达民间的诉求，使双方有一个互相了解、沟通的机会。其次，政府介入的程度，是需要小心把控的问题。所谓介入，是一种指导关系、监督关系，而不是一种强权干预。村规民约的制度空间需要权威，但不是依附于行政权力的权威，而是村庄内部组织、载体的权威。一旦由行政权威操控，那么村规民约将被完全架空，不能真正表达村民意志，因此，村规民约就会成为"你们"的意志，而不是村民意志，自然，村规民约也就进入不到村民行为规范之中，成为一纸空文。再次，从目前政府介入的情况来看，基层政府的民政部门主要负责村规民约的制定范本的指导。我们在湘西花垣调研时，收集到了民政部门对村民自治章程、村规民约的范本文件。从文件上来看，民政部门主要是按照国家制定法的框架设计了一个规范文本，供各村参照使用，同时从我们对花垣县下的 D 村调研情况来看，这种范本并未得到切实的落实，只是花垣县城周边的村庄采用了这个范本。因此，我们也看到，政府工作的介入是需要进一步加强和落实，不能只对部分地方进行渗透。最后，关于村民自治，事实上是由村民们民主协商治理村庄的一项权力与权利。对于权力的运用，民主协商所体现的不仅仅是集体意志，它更多的表达的是村庄自治的效力，一种实际的统制效果。同样，权利是村民个人作为村庄一员所享有表决内部事务的资格。所以，关乎权利与权力的运用，需要政府对村庄内部进行指导，因为民主是一个需要长期驯化才能真正实现的过程。上述政府提供的范本不是一个供照抄的文本，各地有各地的实际情形，范本的内容是需要基层政府指导村民经过较长时间认真研究，结合本村实际需要解决的具体问题，研究具体的解决对策，融入村民的心血，纸上规则才能变成村民的行为规则。

综上所述，村规民约是我国法律确认的村民自治中的重要制度，村规民约是村民自治的规则载体，体现村民自治的自治程度，村民自治以村规民约为制度载体，体现村民自治的规范程度，二者互为表里。村规民约制度空间拓展需要开启双向的互动机制即向上送"活法"与向下送"国法"。实施这种互动机制的主体是全体村民，而来自司法机关和政府部门的共同参与和引导则是重要外在保障，他们的参与，目的是使村民自治功能得到自我修复；村民自治的修复，拓展村规民约的制度空间，使村规民约成为承载习惯法内容和国家法意志的统一体，成为协调民间习惯法与国家法冲突，达成二者和谐的规则载体，使村庄秩序得到重塑和整合，成为延续传统、承接现代，融通、体现地方性知识与国家法知识的多元一体的复合体，实现维风导俗功能。

第六章

"参与性"政府行为：习惯法与国家法新型关系的沟通桥梁

第一节　政府行为：作为动态的国家法

一、政府行为：动态的国家法

卢梭在解释什么是政府时说："政府是介于臣民和主权者之间使这两者互相沟通的共同体。它的任务是执行法律和维护自由。"① 布莱克维尔在解释什么是政府时说："就其作为秩序化统治的一种条件而言，政府是国家的权威性表现形式。其正式功能包括制定法律、执行和贯彻法律，以及解释和应用法律。这些功能在广义上相当于立法、行政和司法功能。"② 就我国而言，政府具有双重属性，相对于国家权力机关（主权者）而言，它是执行机关，担负着执行国家法律，保障国家法实施的重要职责，因此，政府行为首先是执行国家权力机关制定的法律和各级权力机关的决议、决定，履行公共管理职能。相对于社会而言，它是国家的行政机关，集中体现国家的行政权威，组织管理内政外交，以为人民服务为本位，履行社会治理职责。在当今社会中主要担负着社会管理、经济调节、市场监管、公共服务和环境保护五大职能，因此，政府行为就是政府代表国家行使国家行政权，从事管理国家内政、外交事务的行为。它有权向行政相对人发布行政命令，实施行政行为，管理社会公物。作为行使职权、执行法律、实施社会治理的政府行为担负着保障国家安全，维护社会秩序，保障和促

---

① ［法］卢梭．社会契约论［M］.李平沤，译．北京：商务印书馆，2011：64.
② ［英］韦农·波格丹诺．布莱克维尔政治制度百科全书（新修订版）［M］.邓正来，等
　　译．北京：中国政法大学出版社，2011：272.

进经济发展、文化进步，健全和发展社会保障与社会福利，保护和改善人类生活和生态环境的重要职责，所以，在某种程度上可以说，政府行为就是动态的国家法，它直接反映国家法的要求、意图与价值追求；同时，政府在履行社会治理中又是与人民群众打交道最多、联系最紧密的国家机关，因此，也最能体察、感受并且有能力实现普通人民群众的利益变化与需求。政府的这种双重属性决定了政府必须成为实现国家与社会互通、国家利益与社会利益平衡的共同体。

为了让政府履行其职责，我国法律赋予政府享有行政立法权、命令权、处理权、决定权、监督权、裁决权、强制权、处罚权①，同时赋予其执行国家法时在手段和方式上有一定的自主权和自由裁量权。这就决定了政府在处理有关社会矛盾与社会关系上反映国家法意志有其他国家机关所没有的独特优势与行为能力。

二、武陵山区政府职责与行为的特殊性

武陵山区是一个有 3 个民族区域自治州和多个自治县的多民族地区，因此，自治地方的政府除了一般地方政府职责，保障国家法在地方的贯彻实施，它还与自治地方的人民代表大会共同构成民族区域自治地区的自治机关，享有宪法和民族区域自治法规定的自治权，代表少数民族自主管理民族内部事务，保障少数民族权利，维护少数民族群众的生产生活方式、风俗习惯，实现国家与民族自治地方社会协调互通，充当国家法与习惯法协调沟通的共同体。

民族自治地方政府职能的特殊性、权力的优越性，使民族自治地方政府在组成上与一般地方政府有特殊之处，即"自治区主席、自治州州长、自治县县长由实行区域自治的民族的公民担任"（宪法第 114 条），这条是"体现自治地方行政机关领导人民族化的规定"②。按照民族区域自治法的规定，民族自治地方政府要配备一定比例的少数民族干部，保证少数民族公民参与政府，成为公务员，行使社会组织和管理的直接权力。

民族自治地方政府职能与组织的特殊性决定了其政府行为的特殊性。一方面，地方政府行为必须理所当然代表、反映国家法意志，执行国家法，采取措

---

① 关于政府的权力类别学术界有争议，有主张 4 类，有主张 6 类说，还有主张 7 类说，但是表述又有不同，参见姜明安. 行政法与行政诉讼法（第六版）[M]. 北京：北京大学出版社，高等教育出版社，2015：96-98、笔者概括姜明安与罗豪才教授的论述，认为行政权包括八类。

② 蔡定剑. 宪法精解（第二版）[M]. 北京：法律出版社，2006：428.

施保障国家法在民族地区的有效实施，使政府行为成为动态的国家法；另一方面，也必须代表民族区域自治地方的少数民族，行使管理地方财政、经济建设、文化教育等各方面的自治权，根据本地实际贯彻执行国家法律，反映代表少数民族群众生活方式的习惯法的要求，在习惯法与国家法二者关系发生矛盾时进行平衡，进行协调、沟通、化解，充当二者沟通联系的桥梁与纽带，成为化解二者冲突的不二化解者、调停人。一方面采取措施进行普法教育，引导人民群众认识、遵从、信赖国家法，建构国家法律在民间的信仰体系，保证国家法意志的有效实施；另一方面当国家法确有不适合民族地区实际的，也应该按照法定职权，依法定程序向有关国家机关申请停止执行、变通执行；同时，应采取积极措施，创造条件，改善环境，发展经济与教育，促使二者有效沟通、协调、相融、共进，实现民族与国家、个人与社会的法治文明与统一。

第二节　政府行为对武陵山区民间习惯法的态度与策略考察

武陵山区政府行为对民间习惯法的态度与策略可以改土归流为分界线，改土归流前主要是采取羁縻、土司制度，各朝代对当地本着"顺其情以为治"原则，只要地方上层首领政治服从，"纳贡称臣"，中央政府基本不干预地方事务，下层地方首领完全自治，"杀人不请旨"，依靠习惯法管理地方事务。改土归流后大体可分三个阶段，从清政府改土归流派出流官直接管理到辛亥革命结束清政府统治为一个阶段，辛亥革命后到国民政府从大陆退出历史舞台为第二阶段，新中国成立后迄今为第三阶段。这三个阶段政府行为对当地习惯法态度和策略有差异，影响也不同，现分述如下：

一、清代政府行为：限制与有限认可

清代改土归流后，总体上仍然是"皇权不下县"。对于乡村社会的控制，县以下设里（清末改为乡）、保甲或寨（在苗、侗聚居区设里下辖寨），推行保甲（或里寨）制度，利用地方传统的社会组织体维护自己的统治，地方寨老或强宗大族头人都被任用为地方政府头目，由他们行使行政管理权，维持社会秩序，推行教化。清末推行县以下的乡村自治，将王权、族权和神权有机结合。地方政府通过保甲（或里寨）制度与地方血缘家族宗法制结合在一起，实现对地主乡绅的控制，同时给予乡绅地主行政权和自治权，由他们对乡村社会进行控制，代表地方政府维持治安、践行社会教化、征收赋税、摊派徭役、征集兵丁，确

保皇权统治在乡村社会的有效性。显然这样一种政权组织结构，决定了清代流官地方政府对待民间习惯法的态度是限制与有限认可。即既不可能全盘接受，也不会全盘否定，而是对有违封建王权法统的要坚决革除，对国家治理无害，尤其是有利加强社会秩序管控的那部分习惯法则允许存在，并以政府行政权力加以确认和推广。其具体措施如下：

首先，流官到任后清查户口，推行儒家信仰体系，实行地方同化，革除土民信仰，发布禁止令，对不符封建伦理的风俗、行为加以革除，以国家法取代习惯法。例如，湘西永顺第一任知府袁承宠颁布了《详革土司积弊略》文告。鹤峰州第一任流官——知州毛峻德颁发了"文告""禁乘丧讹诈""禁轻生""禁肃内外""禁端公邪术""条约"。在婚姻方面，对"本州土俗不知家礼，娶妻不论同姓，又异姓姑舅姊妹，罔顾复制，否则指云让亲。更有不凭媒妁，止以曾经一言议及，即称曰放话，执为左卷者……伤理悖律，莫此为甚，合行晓雍示禁"。对同姓为婚、男女年龄不配、女方出嫁父母要奶水钱等均加禁止。要求行父母之命、媒妁之言，婚姻无亲属服制关系，年龄上男要满16岁以上、女要满14岁以上。在家庭方面，禁止分家、分火，禁止立异姓子嗣乱宗，禁止已婚妇女背夫私逃娘家。在社会行为关系上，禁止端公邪术、乘丧讹诈和轻生。对有冤屈者，涉及人命案要求按照国家律法处理，对户婚田土及斗殴事故允许控告官断①。光绪年间黔东南的黎平知府袁开第颁布了《禁革苗俗告示》，对苗族的姑舅表婚、行歌坐月和夫妇离弃等行为进行禁止，强调如有违反，"本府唯有按例究办，绝不以苗俗曲宽"②。这些政府文告都强调了在很多行为上要以国家法替代民间习惯法。

其次，对维护社会安定秩序、保护生态环境的习惯法及时予以确认，赋予其强制效力，肯定其权威，提供官方支持、保障。在湘黔苗族地区，改土归流后有些少数民族汉化不够，难以实施国家法，为维护社会秩序，1736年，乾隆发布上谕："苗民风俗与内地百姓迥别，嗣后苗众一切自相争讼之事，俱照苗例完结，不必绳以官法。"③明确规定在苗族内部适用习惯法。在汉化程度相对较高的今恩施地区，改土归流后人口流动增加，社会交往相对自由，社会秩序较改土归流前复杂，民间为维护正常生产、生活秩序，请求流官政府允许民间适用习惯规则，制止各种不法行为，地方政府及时作出肯定回应。例如，道光四

---

① 乾隆《鹤峰州志》，毛峻德文告，毛峻德纂修，乾隆六年刻本。
② 告示原文参见光绪《古州厅志》卷一，又见光绪《黎平府志》，转引：周相卿. 黔东南雷公山苗族习惯法与国家法关系研究［M］. 北京：民族出版社，2014：100-101.
③ 《清实录. 高宗实录》卷22。

年（1824 年）宣恩县《永镇地方碑》、道光十八年（1838 年）建始县《遵示公禁碑》、嘉庆十六年（1811 年）建始县《奉宪永禁碑》、宣统元年（1909 年）恩施《黄泥塘护林碑》，都明确记载了清代嘉庆到宣统年间建始县、宣恩县、恩施县的县正堂老爷应民间之请，为"严禁盗匪"，对不安男、妇偷盗五谷，容留流痞，聚赌窝娼，外来流窜作案犯科，民间偷伐林木、牲畜危害庄稼等不法行为，允许民间按习惯处罚，轮流看守，联合追捉，协同保甲扭送县衙，按照国法"严拿究办、严予惩治"①。在贵州铜仁梵净山生态保护上，为回应民众与官员保护神山圣水习惯要求，道光年间知府敬文、巡抚麟庆、布政使李文耕先后刊立《梵净山禁树碑记》《名播万年碑》《勒石垂碑》三块碑，"严禁采伐山林，开窑烧炭，以培风水"②。

再次，减轻赋役，发展地方经济，改变习惯法赖以存在的社会经济基础。武陵山区在改土归流前，生产落后，刀耕火种，经济不发达，因此，改土归流后如何发展地方经济是流官站住脚、获取民心的关键。容美土司被改流后设鹤峰、长乐两州县，首任流官毛峻德为了加强社会控制，请旨减赋，实行轻赋政策，减免 3 年，以后按亩摊征，到乾隆年间，鹤峰、长乐（今五峰）两州县仅仅收税银 96 两。同时积极推广内地先进生产方式，鼓励耕织和使用农家肥，对荒地实行谁耕种、谁所有，"发给印照，永远管业不改"，使鹤峰经济得到较大发展。在黔东南，乾隆元年（1736 年）颁布了《永除贵州古州等处苗赋令》，规定苗族地区"苗疆定例，永免征收"。在湘西，土司统治时的"一切杂税私征，严行禁革"，乾隆四年（1739 年）"免湖南永顺、永绥新辟苗疆盐课"，允许客民入境垦荒，设立集贸市场，推广内地先进生产工具和技术，广泛使用铁制农具和牛耕，耕地面积不断扩大，引种玉米、红薯等粮食作物，苎麻、油桐、油菜等经济作物普及栽培，手工业、商业不断发展，诞生了龙山里耶、永顺王村这样号称"小南京"的商业名镇。以桐油为例，1822 年，永顺县桐油出售就达 2 万余担，光绪末年，仅永绥厅（今花垣县）"岁出桐油数百万斤"③，原先"稼穑而外，不事商贾"的土人苗民中，出现了一批商人，其中"妇女居半，苗民尤多"。这些政府行为使封建地主经济得以确立，为推动国家法有效实施打下坚实的经济基础，为禁止土司时期一些落后的民间习惯法提供了经济支撑，例如，土司时期的土王杀人不请旨、土民动辄轻生，这种行为的根本原因是经济

---

① 王晓宁. 恩施自治州碑刻大观 [M]. 北京：新华出版社，2004：128-135.

② 贵州民族研究所. 贵州民族调查、贵州民族地区生态调查（卷18）[C]. 2000：19-24.

③ 宣统《永绥厅志》卷 15。

上的依附关系，当改土归流使土民获得一定土地成为自耕农，经济上和行动上有了自主权，人们过上了相对自由和正常生活后，这种习惯法行为规则就自然消亡了。

最后，发展教育，传播儒家文化，实施习惯法的儒家化改造。改土归流后，清政府在武陵山区各地建城垣、立学校、开河道、立市镇、置邮传、修祠宇衙署、劝耕稼、兴党塾，"均得与被仁义礼乐之化"①。将开办学校视为社会长治久安之策，在武陵山区设置了大量的书院和府、州（厅）、县学，鼓励私立义学和私塾，实行科举制度。据不完全统计，仅仅清乾隆到光绪年间，施南府（今恩施州）先后就设了 20 多所书院，19 所义学，今恩施州、五峰县有私塾 2439 馆，学生 29029 人，今湘西州设有 21 所书院，义学 18 所，在每个府、州、县设有一所官学②。"嘉庆、道光以后，湘西苗族各厅县，秀才举人相继辈出，文化教育事业也确实得到前所未有的发展"③，通过学校教育的发展与外来人口的大量进入，汉语得以普及，成为武陵山区社会通用语言，"操官音者十之七八，近日操种音者十不一二"，"惟乡间间有蛮声"④。"文治日兴，人知向学……寒俭之家，亦以子弟诵读为重"⑤。封建王朝国家法背后的高级法——儒家学说与伦理在民间得到广泛传播，社会公众尤其是精英阶层受到良好的儒家文化熏陶，强化了文化认同与国家认同，"士习诗书，旧习渐易，与郡城大率相同"⑥，使原有习惯法文化逐渐演进为儒家化，"今则彬彬焉，与中土无异"⑦。

二、民国政府行为：实用主义的扬弃

民国政府对习惯法的态度与清廷大同小异，采取的基本态度是实用功利主义原则，为我所用的保留，与国家法基本制度与理念相左的革除，一般的不危及政府管理的则听其自然发展。

第一，民国时期行政权力下沉到乡镇，乡以下强制设保甲制度，以乡保取代自然形成的习惯法村落组织。辛亥革命之后的民国政府在县以下的乡镇机构设置上，虽然北洋政府与南京政府有些差别，但是都把乡镇机构固定为政府的

① 乾隆《永顺府志》卷 11，张天如修、顾奎光纂，乾隆二十八年抄刻本。
② 黄仕清. 土家族地区教育问题研究 [M]. 北京：民族出版社，2003：17-21.
③ 伍新福. 苗族历史探考 [M]. 贵阳：贵州民族出版社，1992：232.
④ 同治《永顺县志. 风俗》，同治四年刻本。
⑤ 同治《恩施县志. 风俗》，多寿修，1937 年铅印本。
⑥ 同治《利川县志. 风俗》，何蕙馨修，同治四年刻本。
⑦ 道光《鹤峰州志. 风俗》，吉钟颖修，道光二年刻本。

基层政权机构，"实行的保甲制度与以往历代尤其是明清两代并没有多少不同，都是通过保甲连坐的办法强化对乡村社会的控制"①。十户为一甲，十甲为一保，设立保长一名，保长兼社会警察任务，保甲制度成为全方位承载村政职能的制度化权力结构。这种保甲制度在武陵山区的实施，实际上就是以团总、士绅代替原有的自然首领。利用强宗大族的族长、村寨寨老、约法款款首、议榔榔头等任团总、乡长、保甲长，把习惯法组织纳入政府组织统治体制之中，渐渐取代自然形成的习惯法组织。所以，在民国时期，苗族的理老或榔头、侗族的款首、寨老等名称在其成文习惯法"榔规""款约"中都慢慢消失，而代之以乡长、保长、乡约等名称。但是，这种基层组织结构从根本上看，没有触动社会基本结构，乡绅头人、族长、榔头、寨老等只是更换了一个名号，仍然把持着乡村社会的主要话语权，其赖以维持社会秩序的习惯法仍然为他们所需，需要借以实现社会控制，所以，习惯法组织在民国时期实际是普遍存在的。从 20 世纪 50 年代国家组织的民族调查看，民国时期习惯法是一个比较发达的时期，其家规族法、村规民约、榔规、款约等内容极其丰富，是我们今天研究民间习惯法的主要依据。

　　第二，地方政府对习惯法中的恶俗进行了有限禁止与革除。民国时期比较重视法制，成立初就颁布了相关法律，规定人民享有人身、财产、居住、信教等自由，社会改革方面颁布了禁烟、禁赌、剪辫、劝禁缠足等法令，法学教育也较发达，有学者统计，1912 年至 1925 年，法政学校占全国高等学院四成左右，在校生比重更是高达半数以上。南京国民政府时还颁布了刑法与民法典，刑法方面为维护社会秩序设立了保安处分，规定无须犯罪事实、无须诉讼程序，即可处分人犯。1929—1931 年国民政府颁布的《中华民国民法典》，以维护公共秩序和善良风俗为原则，保护私有财产所有权及地主土地经营权，维护传统婚姻家庭制度。这些法律规则对习惯法中存在的部分恶俗从制度上进行了禁止，因此，武陵山区各级地方政府对该地涉及违法行为部分进行了依法打击和禁止。例如，恩施州在民国时期盗匪和烟毒严重，国民政府就注重治理这两大公害，曾多次派员铲除烟苗，1938 年 11—12 月，利川县县长程宗伊率兵一次镇压盗匪 50 余人。1944 年在治理烟毒中实行纵横连坐法，查实处理了一批烟毒犯②。但是，由于北洋政府的军阀混战、南京政府的腐败无能，导致社会超常失控，持续动荡不安，例如，在湘西，由于地方官、军阀和封建士绅均争夺乡村控制力，

---

① 赵秀玲. 中国乡里制度 [M]. 北京：社会科学文献出版社，2002：67.
② 利川市地方志编纂委员会. 利川市志 [M]. 武汉：湖北科学技术出版社，1993：340.

在民国 38 年里（1912—1949 年），危机事件高达 33 次，县城易手 25 次①，所以，民国时期国家法没有得到很好实施，有些习惯法恶俗本身就是民国政府组织所造成。例如，恩施烟毒问题，根源在 1918 年鄂西靖国军总司令蔡济民部攻占恩施、利川、咸丰、来凤等县后，为就地筹集粮饷，强迫农民种植鸦片，征收窝捐以充军饷，导致州境烟毒大泛滥。而危害利川的神兵习惯法也是因为军阀混战导致民不聊生才产生。

第三，政府通过立法确认习惯法具有民事法源地位。表现之一是在民国政府制定相关国家法时对民间习惯法曾进行过广泛调查，早在 1923 年北洋政府时期就编纂过《中国民事习惯大全》，收集各省县民事上的各种习惯。明确民事习惯在民法未公布前为司法官、律师、行政官解决民事纠葛的参考。1930 年，南京政府司法部又将这一报告资料编印发行，取名《民商事习惯调查报告录》，这个报告里收集了武陵山区各县大量的民商事习惯法。表现之二是在南京国民政府公布的民法中明确确认习惯是民事法律的渊源。1929 年《中华民国民法典》第一条规定："民事，法律无明文者，依习惯，无习惯者，依法理"，第二条，"民事所适用之习惯，以不背于公共秩序或善良风俗者为限"，肯定习惯法的法律效力。表现之三是民法中很多内容明显吸取了各地习惯法的内容。例如，在民事行为能力上，规定 20 岁为成年，但是又规定"未成年已结婚者有行为能力"，这显然是考虑到我国民间早婚习惯；在婚姻制度中保留婚约，明确解除婚约的赠予物返还义务，这也是我国各地婚姻习惯法的固有规定；在物权上，规定"在土地所有权上得禁止他人侵入其地内"，但是，"依地方习惯，任他人入其未设围幛之田地、牧场、山林割取杂草、采取枯枝枯干或采集野生物或放牧牲畜者""不受此限"②。这是包括武陵山区在内的我国千百年来民间一般公民享有的习惯法权利，武陵山区民谚说："打猪捞草不分疆界"，这是在土司统治时期和改土归流后，迄今武陵山区民间普遍遵循的物权次权利共有规则。

第四，地方政府对民间部分习惯法规范进行背书，肯定并节制习惯法效力。民间习惯法从来不是一个固定不变的僵化规范，相反，它会按照社会需求及时调整修订，以保持其有效的社会调整性，这是习惯法的灵活性所在。当一个社会环境发生变化，原有习惯法无力调整社会矛盾时，习惯法组织通常会召集大家讨论决定修改内容。民国时由于政府将行政权力延伸到保甲，特别是将一些

① 成臻铭. 改土归流与社区危机——主要以 1505-1949 年湘西土司区危机事件为例 [J]. 怀化学院，2005（1）：2.

② 具体条文参见 1931 年《中华民国民法》第 790 条。

寨老、头人、族长纳入地方行政组织中，因此，当这些身兼行政官职的寨老头人、族长在聚集民众修改、重订习惯法时，会考虑地方政府长官的看法和态度，尤其是当习惯法修订之目的是更好地保护他们自身利益时，他们自然希望得到上级地方长官的肯定与支持，因此，将民间规则在付诸实施前报给地方行政长官审批、备案，成为民国时期习惯法在制定程序上的一个特色，地方行政长官一般都会同意，为其背书。1944年，黔东南雷山县相邻的丹江镇第六保保长和大塘乡第三保保长，就两个保合议榔规以维持乡村秩序，附送具体议榔条文，条文规定：为匪、通匪、窝匪、撬仓割壁、偷牛盗马、强奸及抢婚等送局里法办，其他的由民间处理，例如，夜间破门入室掳抢财物者格杀勿论，砍杉桐茶摘果，牛马猪羊乱踏庄稼，除赔偿损失，罚大洋二元四角，开田捉鱼偷割田谷盗窃蔬菜被拿获，罚大洋三元六角。请示雷山设治局局长，局长批示"准予备查"。此外，还有大塘乡公所议榔、桃江乡公所议榔，都得到了局长的批准[①]。这些议榔规范具体区分了送官处理种类与民间自行处理种类的界限及民间处理的具体措施。送政府官员确认意味着习惯法已受到当地政府的限制，而批准则也体现了地方政府实际上承认和尊重了习惯法的存在及其价值。事实上民国时期在武陵山区的其他地区，地方政府对民间习惯法在对付为匪、盗窃、抢劫、伤风败俗、家族内部事务等很多方面，都肯定或默许其与国法不抵触的习惯法惩罚权。现今保存完好的利川市大水井李氏宗祠就有一个专门审理违反家法族规的白虎堂，白虎堂有东西两门，西门外设有牢房，东门后面是万丈深渊的龙桥，专门用于处置犯人的场所，族人若违反族法、家规，族长判生则从西门（望华门）直接押入牢房，判死则从东门（承恩门）绑缚龙桥，推下万丈深渊了结生命，新中国成立前曾处理过20多人，地方政府从来无人过问和干预。

　　第五，发展经济与教育，促进边疆开发，推行地方同化，弱化习惯法意识。民国政府不承认少数民族，认为少数民族是汉族的分支，杨森治理贵州时推行民族同化，改变边胞服装，统一边胞语言，实行汉苗通婚。在湖北来凤，政府以说土家话涉嫌通匪为名，禁止当地人说土家话，改为汉语。汉语言的普及和民族通婚有利于打破社会封闭，加强文化交流和促进教育进步。1922年陈渠珍主政湘西，大力发展新式教育，颁布《湘西十一县教育案》，推行《义务教育章程》，提出普及教育、督劝学龄儿童入学、扩设学校、取消私塾主张。在保靖开办湘西十县联合中学、联合女子职业学校，另外还开办了联合师范讲习所1所，

---

　　① 周相卿．黔东南雷公山地区苗族习惯法与国家法关系研究［M］．北京：民族出版社，2014：113-122.

高小 10 所，初小 96 所①。全面抗战爆发后，一批学校和教育社团内迁，使湘西教育一度出现"繁荣"局面。抗战期间，湘西各县都兴办了县立初级中学，境内还有省立中学 2 所，国立中学 4 所，省立师范学校 2 所，职业技术学校 1 所，简易师范学校 5 所。在恩施州域内，抗战前只有 1 所中学，各县只有一所县立小学，武汉沦陷湖北省政府迁入恩施后，湖北省主席陈诚提出大力发展乡中心学校暨保国民学校措施，1946 年统计，利川有各类初级学校 165 所，学生 11290人，入学人数比 1937 年增长 4 倍②。恩施有大专院校 4 所，中专 8 所，普高 8所，初中 8 所，恩施各族青年不少人进入初中、高中读书，少数人进入大学学习。教育的发展使普通百姓子女有了受教育机会，思想由封闭走向开放，对习惯法中存在的落后性、愚昧性、野蛮性，特别是对地方豪绅恶霸地主利用习惯法鱼肉百姓有了新的认识，对改造习惯法、弱化习惯法意识、推进习惯法的改进有极大正面意义。

　　总之，清代、民国政府行为在对待民间习惯法问题上，以维护国家统治秩序为出发点，强化国家法认同，基本指导原则是实用主义的为我所用，既没有简单的一票否决，也没有照单全收，而是扬弃。从政府对策措施看，有疾风骤雨式的改革禁令，也有渐进式地通过教育与发展经济逐步改变习惯法的存在基础与意识；有收集、借鉴、吸收习惯法对社会的治理规则上升为国家法，更容忍习惯法在民间较大的自治权力；有改造习惯法组织为我所用，也公开承认习惯法组织行使较重的地方治理处罚权。总体而言，他们大体都继承了传统的因族而治、因俗而治的基本方略，同时又结合时代要求采取了改良的措施，使乡以下社会呈现出一种自治状态，乡村主要的治理主体是宗族和乡贤，治理的主要规则是被儒家伦理所浸润的民间习惯法。习惯法在那个时代较好地发挥了其治理基层社会的功能，为维护乡村社会基本秩序，保护普通百姓基本生产生活秩序做出了国家法做不到的贡献，特别是民国，由于吏治的腐败，社会始终处于动荡不安状态，老百姓的基本生产生活大部分要靠民间自治解决，显然，民间习惯法就发挥了其他规则无法替代的作用。

---

① 湘西自治州地方志编纂委员会编. 湘西州志（上）　［M］. 长沙：湖南人民出版社，1999：4.

② 马德然. 抗日时期利川的初等教育 ［A］//利川市政协文史研究委员会. 利川文史资料（第 2 辑）［C］. 1987：136-137.

三、新中国政府行为：从取消到转化与有限容忍

（一）基本历程

新中国成立后，政府行为对民间习惯法采取的基本策略是取缔与取消态度。武力推进武陵山区新政权建立，首先是县区乡政权的接管建政，其次是土地改革。政权建设的过程是一个有破有立、由旧转新的过程。清匪镇反、土地改革，是从政治上、经济上发动的一场扫除政权建设阻力的社会运动。尤其是土地改革，是一场国家权力深刻影响农村社会的运动。"土地改革绝不是简单的交田问题，以地权变动为转轴而引发的国家权力与农村社会关系的深刻变化，是运动的根本所在。"[①] 建政与土改使一批新的政治精英开始成长，他们的选拔和提升与声望、财产、知识基本无关，主要取决于出身成分和对运动的态度。与此同时，地主、宗族祠堂、庙会的房屋、粮食、耕牛、农具、家具均被没收，贫雇农、中农在政治通道顺畅的同时，经济地位也大幅提升，使他们对原有各路神仙不再膜拜，改为感谢、依赖共产党和人民政府。国家权力以前所未有的规模和力度实现了对乡村社会的全面渗透和绝对控制。随后 20 世纪 50 年代后期开始形成的人民公社"政社合一"体制，把经济组织与政权组织合二为一，使国家权力进一步向乡村社会延伸，行政体系运行的命令——服从模式被全面引入乡村社会，"乡村社会因此为国家体系结构化"[②]。这样一种天下同一的大集体公有制，使得基层通过户籍制度管理，处于高组织性和强意识形态的双重管理和控制之下，习惯法被作为农奴制、封建宗法势力与宗教迷信，成为阶级斗争的对象，受到否定与批判。执政党特别是党的领导人讲话成为政府行为与老百姓行为的指南，习惯法赖以存在的经济基础被改变，传统社会组织被取缔和打散，调整的社会生活关系被政府行为强制规范，习惯法的生存空间被彻底压缩，作为习惯法表现形式的家规、族法、乡规民约、宗教戒律与组织体几乎灭绝，习惯法受到有史以来最严重的打击，进入休眠期。

然而，国家主导下的人民公社"政社合一"体制，违背了中国农村特别是乡土社会的基本经济状况和发展规律。政治上，人民公社加强了对农民的人身控制，城乡二元的户籍制度使农村通往城市的流动通道被堵死。经济上，通过

---

① 陈益元. 建国初期中共政权建设与农村社会变迁——以 1949-1952 年湖南省醴陵县为个案 [J]. 史学集刊, 2005 (1): 50.

② 徐勇. 县政、乡派、村治：乡村治理的结构性转换 [J]. 江苏社会科学, 2002 (2): 28.

生产小队对社会主要生产资料与生活资料控制，农民积累了不满，生产没有积极性。人民公社不能为社会发展提供持续的发展力，乡村社会经济处于发展倒退之中，普通百姓温饱得不到有效解决。农民为了生活需要，将民间法行为由地上转移地下，政府的强制行为堵不住、禁不绝民间的习惯法行为，例如，20世纪70年代恩施州域内"割资本主义尾巴"，"禁止一切农副产品自由上市，动用基干民兵阻止群众赶场，集场转移到马路沿线或郊区角落，或进行黑市交易"①。

进入20世纪80年代改革开放后，政府行为对习惯法采取的总的态度是转化与有限容忍。随着农村土地承包到户经营，村民自治管理推行，国家对基层社会控制明显减弱，社会生活方式重新回到正常生活的原点，习惯法赖以存在的自然经济基础得到恢复，于是为人们所熟悉的习惯法在乡村社会很快出现了复苏，习惯法的一些调整社会经济生活与社会生活的内容，在各村寨新制定的村民公约中迅速涌现出来，20世纪90年代前的村民公约中，曾普遍出现大量的不规范的村规民约，这些村规民约几乎都设立了高额罚款、喊寨、游街甚至抄家等处罚措施。对于这些复苏的习惯法，这一时期的政府行为采取了短期内放任的态度，没有像过去那样一概否定，也没有肯定。

进入20世纪90年代中期后，随着我国在经济领域提出建设社会主义市场经济，在政治领域强化法治建设，特别是1996年行政处罚法的颁布，强调行政处罚法定原则，政府明显加强了依法行政，对民间习惯法的态度较20世纪80年代有了新的变化，总体上是禁止、限制、转化、引导，在个案上也有限容忍与积极利用。

（二）具体措施

第一，实行民族区域自治，推动民族平等、团结和法制统一，大力发展民族地区经济与教育，强化国家政策与法律的一元化主导地位。

新中国成立后，以毛泽东为代表的第一代中央人民政府为解决社会发展不均衡及历史遗留的民族隔阂与矛盾，提出解决我国民族问题的基本对策是实行民族区域自治，指示民族地区各级政府积极推行民族平等、团结政策，真心实意帮助少数民族群众，有效化解历史遗留的民族隔阂与仇恨。1949年9月通过的《中国人民政治协商会议共同纲领》规定：中国各民族"均有平等的权利和

---

① 恩施自治州地方志编纂委员会. 恩施州志：卷14贸易 [M]. 武汉：湖北人民出版社，1998：579.

义务"。"各少数民族聚居的地区，应实行民族的区域自治。"① 五四宪法规定：反对大民族主义和地方民族主义；各少数民族聚居的地方实现区域自治②。正是因为民族政策，武陵山区早在 1955 年成立了湘西自治州，1956 年成立黔东南自治州，1983 年恩施自治州成立，此外，还成立了若干自治县。

在经济发展上，共同纲领第五十三条规定："人民政府应帮助各少数民族的人民大众发展其政治、经济、文化、教育各项建设事业。"五四宪法第七十二条规定：各上级国家机关应当帮助少数民族发展政治、经济和文化的建设事业。周恩来在《关于我国民族政策的几个问题》讲话中说："肯定地说，民族自治权利必须受到尊重"，使各民族能够逐步达到实际上的平等，是中央人民政府历来所主张和执行的政策③。为此，我国实施了内陆地区为重点的"均衡布局"战略，"从而奠定了中西部地区的工业基础，为维护边疆地区的稳定和国防建设发挥了重大作用，为民族团结和国家统一奠定了坚实的基础"④。

改革开放后由于我国实行不平衡发展战略，导致孔雀东南飞，武陵山区一度比较滞后，但是，党中央 1999 年正式提出西部大开发战略，实施区域协调发展，国家民委将武陵山片区划为西部大开发区，加大了国家开发力度和中央财政转移支付，实施对口支援，着力改变地区落后面貌。以习近平同志为核心的党中央，大力实施脱贫攻坚战，全面建成小康社会，进一步实施乡村振兴战略，铸牢中华民族共同体意识。国家这些宏观战略通过各级政府的具体行为，起到了发展经济，改善交通条件，提高地区教育质量，改变经济结构，实现传统经济生活变革的作用。武陵山区现在交通发达，对外联系方便快捷，基本消除青壮年文盲，文化水平大幅度提高，形成了各民族平等、团结、互助、交融的和谐关系。这为国家法的统一实施奠定了坚实的经济基础和文化基础，为根本改变乡村社会对习惯法的依赖，推动国家法实施起到了前所未有的作用。各级政府从 2003 年开始，贯彻国务院依法行政纲要，强化依法行政，为社会树立法治榜样，同时在民间加大国家法普法力度、正式开展和提供法律援助，力图让国家法成为人们在解决个案争议上的行为准则，这为克服习惯法的落后性，推动习惯法的内升外连，实现习惯法与国家法的良性互动与有机衔接创造了良好的

---

① 1949 年《中国人民政治协商会议共同纲领》第 9 条、第 50、51、53 条。

② 1954 年《中华人民共和国宪法》序言、第 3 条、第 70 条。

③ 中共中央统一战线工作部，中共中央文献研究室. 周恩来统一战线文选［M］. 北京：人民出版社，1984.

④ 熊文钊. 大国地方：中国民族区域自治制度的新发展［M］. 北京：法律出版社，2008：138.

经济基础与外部环境。

第二，积极行使立法权，依法将习惯法部分内容转化上升为民族立法和地方立法，成为国家法的有机组成部分。

依据宪法和民族区域自治法、立法法，民族区域自治机关有保障少数民族保持和改革风俗习惯自由的职责，有促进民族地区经济发展，实现社会善治职责。武陵山区的有关自治机关依法制定自治条例与单行条例，积极行使变通权市州人大积极行使地方立法权，将习惯法部分内容转化上升为民族立法和地方立法，使之成为国家法的一部分，从而与国家法相协调。例如，从 1991 年到 2018 年恩施州出台了自治条例 1 件，单行条例 16 件，地方性法规 2 件①。这些自治法规特别是单行条例与变通和补充规定，包含了大量的习惯法规范。如 2004 年通过的《恩施土家族苗族自治州人口与计划生育条例》第三章生育调节，第 14 条"夫妻双方或者女方属农村居民的，可以生育第二个子女"，第 16 条"再婚的夫妻，一方只有一个子女，另一方无子女的，可以申请再生育一个子女。再婚夫妻一方已生育两个子女并丧偶，另一方无子女的可以申请再生育一个子女"②。这种关于二孩的规定早于国家法放宽二孩规定 12 年，明显是恩施州民间婚姻习惯法"多子多福""无儿是孤老"的内容，这对解决当地条件较差的男性单身婚姻难与妇女丧偶再婚难的两难问题起到了很好的作用，今天看则对延缓我国人口老龄化问题作出了贡献。由此可见民族自治地方政府对习惯法在现实中采取了理性的包容态度，讲究"因俗而治"。湘西州与恩施州通过跨区域协作立法，制定了《酉水河保护条例》解决跨区域执法标准不一问题，实现国法落地。

第三，清理、否定未上升为民族立法的习惯法规范。

在自治立法与地方立法之外，由于民间习惯法"往往与宗教、宗族等密切相连，如果放任习惯法组织的强大可能会导致国家权力位移，这是地方政府不能容忍的"③。所以，在武陵山区地方政府及部门的眼中，习惯法属于被取缔的、落后的旧现象、旧事物。加之基层政府作为国家普法工作的主要承担者，因应上级机关检查的需要，自然重视国家法在形式上的推行，对于与国家法不一致的习惯法表现出一定的顾虑，力图以国家法取而代之。1987 年的村民委员

---

① 恩施州人大常委会．恩施土家族苗族自治州法规汇编（1991—2018 年）[M]．北京：中国法制出版社，2018.

② 恩施州人大常委会．恩施土家族苗族自治州法规汇编（1991—2018 年）[M]．北京：中国法制出版社，2018：210.

③ 侯斌．少数民族习惯法的历史与现状 [J]．云南民族大学学报，2008（2）：41 以下.

会组织法（试行）生效，各地利用加强农村基层组织建设的契机，对村寨管理机构与行为规则进行了清理和规范。同时，于 1986 年开始的五年普法规划，使群众的国家法意识有所加强，尤其是基层政府的国家法意识得到了很大的提高，依法行政成为政府行为的基本要求。基层政府在对村规民约进行审查时以国家法作标准，通过制定村规民约示范蓝本的方式，将一些与国家法有冲突的村规民约规定明令取消，这就是笔者调查恩施州和长阳、五峰县时所收集的数十个村规民约，却看不到其中设定违反规约后的任何处罚措施的原因。因为按照国家法，早在 1996 年的行政处罚法就对处罚行为确立了法定原则，明确规定只有规章以上的法律文件才能设定警告、罚款等处罚行为，这实际就是取缔了村规民约等习惯法规范设定处罚行为。前文提及的湘西与黔东南的村规民约有关"罚"的问题，可以视为地方政府清理不严、执法不到位。当然那种剔除任何制裁的村规民约是否还有"约"的作用，的确是个问题。不过，这也许正是地方政府希望看到的结果。但如果真的全部取消了村规民约，政府是否就有能力将地方管得更好呢？这是否又与我国村民委员会组织法所确立的村民自治制度相违了，这种二律背反问题值得学界好好研究。

第四，在具体行政执法与案件、事件处理上，采取实用主义原则，慎重承认，使用习惯法，也承认习惯法组织的社会作用。

在形式上否定习惯法的同时，对习惯法处理民间纠纷的有效性，基层政府还是看在眼里的，故基层政府对习惯法在形式上给予打压的同时，在习惯法的实际运用上，又采取了一种放逐的态度，该承认还得承认、该用还得用。行政机关在执法过程中没有简单地依据国家法的相关规范而"一刀切"否认习惯法的社会作用。"李格略酿鬼纠纷"案是一个很好的例子，该案发生后公安机关开始无视民间习惯法存在而严格执行国家法，执法行为受挫，甚至无法获得村干部的理解与支持，后县乡工作组被迫改变思路与方法，在适当吸取、运用习惯法规则之后，才将社会矛盾解决，恢复社会秩序，达到定纷止争，该案说明政府行为应该在充分尊重习惯法的基础上采取行政行为①。2011年利川都亭办事处党委书记冉建新暴毙事件，引发利川市数万老百姓围堵市政府，市政府为了妥善解决这一突发事件，除了调集大量武警维持社会稳定，很重要的策略之一，是动员冉氏家族理事会的成员不参与聚集行为，并要求他们做死者家属和围观群众工作，最后使问题平安解决，取得良好社会效果。

第五，对现存的习惯法组织进行规制、引导与再造。

习惯法组织经过社会主义改造，基本得到清理，其妨碍社会政权建设的主体结构被打散，国家在农村成功地建立起现代国家的基层组织。但是，习惯法组织并不因此完全退出历史舞台。改革开放后，国家权力在农村地区，至少在乡村生活的实际影响有明显减弱，"尽管在某种意义上，乡村干部在名义上是国家权力的末梢，但由于村干部的真正的根是在乡村，他们不拿工资，没有什么提升的指望，也没有这种愿望，倒是与本乡本土有割不断、理还乱的千丝万缕的联系，因此乡村干部更多属于乡土社会，而不属于国家权力系统"②。这种权力结构决定了乡村基层组织的完善尚有相当漫长的路要走，因而也就不可能禁绝习惯法组织的存在，"只要我们的社会福利事业尚不能解决普通农民的后顾之忧，传统的以亲亲为本，讲究血浓于水、守望相助的宗族情感和宗族组织形式，便会以或明或暗或完整或缺损的各种方式流行起来"③，在一些特殊场合发挥作用。现在武陵山区的村干部国家发了工资，但是，由于工资有限，村干部仍然无法完全像公务员那样超脱。因此，乡民宗族观念与组织，如土家族的家族理事会、苗族的寨老、侗族的老人组织在今天都顽强地存在着，甚至村委会干部在某些时候就是习惯法组织的代言人，影响当地乡民行为。

---

① 本案案情：贵州省台江县巫梭村苗族妇女李格略自1970年以来，长期被当地村民认为"不干净，有酿鬼"。寨上家禽家畜死亡、小孩得病都被认为是其"放鬼"所致。1986年3月6日，村民李王耶以其子病重李格略"放酿鬼"所致为由，邀人闯入李家，毁坏其财物，并将其强拉至自己家中为病人"收鬼"。其间，李王耶殴打李格略致其数次昏迷，并带领村民多人将李格略两间房屋及室内家具全部砸毁，抢走鸡10只，并将李家4个小孩赶出家门。案发后，台江县公安局的办案人员到达巫梭村时遭到村民200多人的围攻。众村民皆相信小孩生病系李格略"放鬼"所致，因此并不认为毁坏其房屋有罪。村干部也建议先勿抓人："如果政府把人抓走，以后张光林（李格略之夫）家在这里更住不安。"鉴于上述情况，县委派出县乡联合工作组深入该村开展工作。经过5天的说服和宣传工作，李王耶等主动向受害人赔礼道歉。工作组又组织村民将被毁房屋修复一新。最后，双方摆酒和好。参见：杜宇. 重拾一种被放逐的知识传统——刑法视域中"习惯法"的初步考察 [M]. 北京：北京大学出版社，2005：105.

② 苏力. 为什么"送法上门"？[J]. 社会学研究，1998（2）：53.

③ 孙秋云. 社区历史与乡政村治 [M]. 北京：民族出版社，2001：79.

针对这种现象，武陵山区地方政府采取了规制、引导、利用与再造。例如，1999 年恩施州宣恩县沙道镇莫家台莫姓家族团结协会成立不到两个月，因其"族团协会组织法"与"族规族约"搞宗族帮派主义，排斥异姓异宗，设立罚款、开除等处罚措施，力图恢复传统宗族私法权力体系，被群众举报后，县公安局认定为非法组织而严厉取缔。与此同时，成立于 1998 年的该县"杨府理事会"则因团结族众和相邻，抗击灾祸，且不妨碍异姓异宗的生活与言行，继续得以存在①。

四、小结

清代政府在改土归流后对习惯法的态度和策略总体上看是比较成功的，它较好地推动了武陵山区改土归流后社会的整体发展与进步。民国时期政府从策略上对习惯法是对的，但是执行中由于执政者的腐败无能导致策略与实际效果有很大差异。新中国成立后由于我国在如何建设社会主义这个问题上采取了急躁冒进，导致民族区域自治制度与土改成果在后来的计划经济高度集体化中被消减，民族区域自治制度真正解决的主要是极少数上层的政治待遇问题。在政治高于一切的计划经济大背景下，国家政策倒不存在不能贯彻问题，因此可以对习惯法的社会治理功能无视，但是国家政策实际效果并不理想，老百姓在大集体下出工不出力，基层普通民众在经济生活方面没有因为新中国成立而实现社会跨越式发展，吃饭问题等基本生存权是农村社会长期以来的基本问题。改革开放后，农村社会普通老百姓重新有了生产经营自主权和生活自主权，随着民族区域自治法和立法法的颁布、修改，民族地区政府对自己的治理能力和习惯法的社会治理功能都有了新认识，有些单行条例的出台对国家法进行变通，有些地方法规的出台使国家法落地，有利于解决人民群众的切身利益关切，有些具体事件的处理也反映了地方政府对习惯法的理性态度。进入新时代后，地方政府全力以赴实施脱贫攻坚战和乡村振兴，大力加强基础设施建设，"天堑变通途"，旅游经济全面推开，物联网、互联网、高路、动车和家庭汽车入户的普及，全过程人民民主推动乡村基层自治和共同缔造，推动武陵山区全面发展，各民族交往、交流、交融更加平凡，特色与共识相得益彰，真正实现了美美与共，这对推动国家法全面实施，融会习惯法与国家法关系起到很好作用。

---

① 孙秋云. 社区历史与乡政村治 [M]. 北京：民族出版社，2001：253-266.

第三节 习惯法对政府行政行为的影响①

前述调查证明：习惯法作为一种制度经过民主改革和社会主义教育已经消灭，但是作为一种文化在民间仍然普遍存在，表现出极强的生命力。

习惯法的存在对政府行政行为产生广泛的影响，主要表现为以下三方面：

一、功能上分担部分政府行政行为

（一）社会秩序的维护。

社会秩序的维护本是政府的基本职责，是政府行政行为的基本内容，然而武陵山区大多数居住偏远而分散，政府往往鞭长莫及。习惯法着眼于集体成员秩序和利益的维护，通过预防盗贼、处罚盗窃，保护财产所有权。通过对影响农业、牧业、渔业行为的禁止，对违反者的处罚，实现对农业、牧业、渔业的保护。通过对伤害、盗窃、抢劫、通奸的处罚和制裁，保护公民的人身安全和财产安全与家庭和谐关系。通过对"游方""跳月""串姑娘""女儿会"等的肯定，保护青年交往和恋爱的自由。通过对社会成员关系、债权债务关系、继承关系的调整和规范，实现社会秩序和谐，维持社会秩序。② 这就是为什么以前不少乡村社会远离政府管理却社会秩序井然，道不拾遗，夜不闭户。即便今天习惯法组织大多不存在，但是只要习惯法文化未被破坏，其民风淳朴、热情好客、心地善良、秩序井然仍然是现代城市所无法企及的。在一些地处边远地区，生产力发展水平还很落后，生活水平也相对低下，但我们在田野调查时看到，在这些村寨里，基本上没有盗窃、抢劫、杀人一类有悖于社会秩序和群体安定的事件，即使有也数量极少，社会相对稳定。原因就是有村民们共同默认和遵守的习惯法、道德规范和民间信仰在规范着人们的思想和行为，从而对社会的稳定和发展小至村寨、大至民族地区和国家的凝聚力的加强，都起着积极的整合与促进作用。甚至今天政府无法解决的问题，交给习惯法组织也能收到意想不到的效果。例如，关于戒毒问题，世界各地戒毒后复吸率徘徊在80%～90%之间，中国更高，约为99%，戒毒成功率仅为1%。但是，在云南省宁蒗县跑马坪

---

① 冉瑞燕. 论少数民族习惯法对政府行政行为的影响 [J]. 中南民族大学学报，2006（4）.

② 高其才. 中国少数民族习惯法研究 [M]. 北京：清华大学出版社，2003：229.

乡沙力坪彝族村，借古老的习惯法以及信仰仪式戒毒收到奇效，1999年，参加"虎日"仪式盟誓的吸毒者戒毒成功率为64%；2002年，参加"虎日"仪式的16人，至2003年6月只有2人复吸，其余14人都已融入正常生活，戒毒成功率为87%①，习惯法对社会秩序的维护力量由此可见一斑。

（二）福利行政的承担。

赡养老人、救助孤寡、发展教育、疾病防治、为特困人口提供最低生活保障，从现代服务行政角度看是政府的一般职责。然而，由于政府财政入不敷出，结果是很多地方虽有政策，却无财政供款能力。现在武陵山区老百姓达到65岁后每月只有65元养老金，这在高物价状态下，能解决多少问题是不言而喻的，2022年，利川市户籍人口91.58万，但是收养性社会福利单位18个，床位仅仅2149张②，因此，指望政府养老基本是句空话。现实中承担这一职责的主要是家庭和家族，社会从观念上没有谁会认为这是政府职责，原因是武陵山区民间习惯法中有赡养老人、救助孤寡、扶贫济困、生产生活互帮互助的内容。例如，土家族自古有以孝为上、生产生活互助的习惯法③，过去和现在新修的族谱家规中都有"出入相友，守望相助，疾病相扶"的规定。1968年12月5日，《人民日报》刊发《深受贫下中农欢迎的合作医疗制度》的调查报告，介绍湖北长阳县乐园公社的合作医疗，引起毛泽东主席的批示，这实际上就是习惯法互助规范在起作用。这种互助行为至今仍是人们行为的规范。一人有难、八方帮忙，是人际交往的基本准则，哪家有喜事、丧事需要帮忙都会不请自到，即使两家平时有矛盾也不例外，这是笔者从小至今50年的切身感受。2024年，利川市元堡乡政府为了兴大线乡村公路升级，向国家申请了110万扩路经费，但是与整个工程预算比，还差32万元，村委会为此向全村村民发出捐款倡议，个人捐的多的有5500元，最少每家都捐100元，特别是好几户五保家庭捐了300元，最后终于凑足了全部经费，对福利行政行为起到填补与完善作用。

（三）保护生活和生态环境。

相对于政府其他职责，这是我国政府认识最晚的一个职责，履行效果也不尽如人意。1958年"大跃进"中大办钢铁的烂砍滥伐和21世纪初期一些地方政府以牺牲环境发展经济都是明证。与之相反，武陵山区的民间习惯法中有很多保护环境的内容。例如，湘鄂西民间有封山育林公约，在房前屋后有植树造林

---

① 虎日戒毒：开掘文化的力量，http：//www.54weilai.com/2004/rlx/。2005年5月访问。

② 利川市统计局. 利川市2022年国民经济和社会发展统计公报.

③ 冉春桃，蓝寿荣. 土家族习惯法研究［M］. 北京：民族出版社，2003：56-65.

习惯，严禁砍伐古树古木，认为古树有神灵，会守护一方平安富贵，这是利川水杉王、石柱水杉母树得以保存至今的原因；有保护水井公约，不准在水井里洗手、洗菜、洗衣，不准在水井周围修建猪栏牛圈；对野生动物进行保护，不准打死进入家里的野生动物，认为是祖宗神灵的显示，不准掏鸟窝吃鸟蛋，认为吃了会长雀斑，写字会手抖。这些习惯和禁忌很好地保护了自然环境、生态环境，保存了生物资源的原始性、多样性，填补了政府环境行政行为的不足，为我们的子孙后代留下了一笔珍贵的自然资源财富。

二、内容上影响行政行为的法律效力

行政行为的法律效力取决于其合法性和社会的认知性。然而，现实中行政行为法律上的合法很多时候得不到社会公众的承认，公众符合习惯法的行为又为国家法行为所禁止，出现行政行为与民间行为的矛盾与冲突。例如，事实婚姻与登记结婚，很多民间认为结婚必须举办仪式，不认可登记结婚的法律效力，只登记没举办仪式的不算结婚。而一旦举行了仪式但没有登记，如果男方对女方强行性行为被公安机关认定为强奸，实在是为民间无法理解。对盗窃者的人身进行殴打、捆绑、游行示众和按习惯法罚款而受到治安处罚，让民间老百姓无法接受。习惯法行为对行政行为的法律效力在一定程度上起到了削减作用，政府在做出很多行为时不得不考虑习惯法的影响[1]，最为典型的是在我国放开二孩之前，在武陵山区由于有多子多福，无儿是孤老的习惯思维，当时政府推行的独生子女政策在民间就很难开展，很多国家公职人员即使知道生育二孩会被开除，却仍然偷偷生育二孩，很多农民即使被政府牵猪赶羊、拆屋揭瓦，也要生育二孩，正是这种民间习惯促使武陵山区各地政府很早放弃农村独生子女政策，实行有条件的二孩政策。

三、观念上影响行政行为的形成

习惯法观念包括原始平等观、宗亲等级观、宗教神明观、习惯法至上观等，不仅存在于民间，而且存在于国家公务员，因此，他们在日常行为时都会自觉不自觉遵循习惯法的一般思维模式。然而，今天的习惯法观念已不再单纯，原始的平等观念已经掺入市场经剂的趋利观念，加上原有的特权和等级观念，在现代平等法律意识没有形成支配地位时，出现社会行为标准价值尺度的混乱和

---

① 孙秋云. 社区历史与乡政村治 [M]. 北京：民族出版社，2001：165.

多元。只要涉及自己利益时，在选择行为时都选择有利于自己的观念来判断行为，导致一些公务员选择习惯法中的特权观念、等级思想，而行政相对人在面对政府管理时选择习惯法中的原始平等观念，要求平等权利，却忘记自己的义务，出现行政行为形成的混乱与无序。很多公务员在实施处罚、许可、强制和征收执法时野蛮执法，不按规则，不依程序，不听取当事人陈述和申辩，不做调查研究，习惯于长官意志。例如，过去的计生工作，动辄就罚，除了征收国家规定的超生抚养费，外加"未婚先孕费""孕检费""计划外怀孕费""强生费""学习费""结扎引产费"，为使超生罚款得以顺利征收，有些地方还采取习惯法作法，实行"联保株连"的罚款措施，一家超生，多家受罚，并组建计划生育工作"突击队"，常年进村入户，白天拆房拉物，晚上入室抓人，造成干部与老百姓关系非常紧张。有的在执法时纯粹从经济利益考虑，甚至"养违法"。而一些被管理者对自己法定义务拒不履行，对干部的违法行为不采取国家法定救济方法，而是采取习惯法方法救济，有的地方利用宗族组织公开抗法，阻止村民向政府上交各种款项，对进村干部围、追、堵、截，使干部人身自由和人身安全受到威胁和伤害。

四、小结

从上述几方面可以发现，民间习惯法对政府行政行为有着不可忽视的社会影响力，它作为一种"活法"时刻存在我们身边，与政府行为是一种此消彼长、相依相生的关系，政府通过自己的行为传达国家法的意志，影响习惯法效力，习惯法通过对政府行为的影响来实现对国家法意志的接受或抵制，政府行为事实上成为实现习惯法与国家法关系沟通的桥梁与纽带。

第四节　参与式政府行为：习惯法与国家法关系的沟通桥梁①

一、政府行为的优势

从上文政府行为对习惯法的影响与习惯法对政府行为的影响两方面，可以看到作为动态的国家法的政府行政行为在习惯法与国家法关系上可以充当一种

---

① 本节部分内容曾以《论政府行为对民族习惯法与国家法的契合》，发表在《湖北民族学院学报》2008 年第 1 期，作为本节时做了大幅修改和补充。

特殊的角色，即沟通桥梁的角色。也就是通过政府行为可以为习惯法与国家法之间搭建一个协调彼此关系的沟通机制，这个机制具有方式不拘一格的多样性与灵活性、提前介入的主动性、长期的整体的解决问题的有效性，可克服立法变通的滞后性和司法变通的被动性问题。

习惯法与国家法冲突通过立法变通具有滞后性，且仍然离不开政府行为。立法变通有三种结果，即一是将习惯法内容纳入国家法给予认可，使之具有国家法效力，这种当然是好，不会有任何执行问题。但是很显然，这种不会太多，且在非民族区域自治地方不可行。二是通过立法将习惯法部分内容禁止，这种立法通常会有后续的执行问题，很多可能是禁而不止，关键是立法禁止后如何执行，需要政府执法行为来确保禁止的有效性。三是将习惯法进行折中改良，也就是在尊重习惯法基础上按照国家法要求进行必要的改良，这种做法是一种较为理性的做法，我国一些地方立法与单行条例基本是按照这个模式做的。但是即便如此，折中立法不会自动到位，执行仍然离不开政府行为，否则就是一句空话。而无论采取何种结果方式，毫无疑问，立法变通的滞后性与有限性是不言而喻的，且离不开政府行为的有效运作。

司法变通有被动性。一是司法本身的被动性，"民不告、官不理"是司法的特质，虽然武陵山区过去有很多"背篓法庭""流动法庭"，但是法庭的启动只有在公民起诉下才能启动，司法主动下乡揽案源有违司法的中立性，因此这种背篓法庭现在已经绝迹。二是即使司法变通影响的也主要是个案，只能就事论事。一般老百姓受传统的息讼、畏讼意识影响，以及对国家法的不可预期性，不愿走进法院，绝大多数人一辈子可能也不与司法机关打一次交道。所以，司法变通难以从整体上解决习惯法与国家法冲突。所以，在国家法尚未得到民间充分认可，在国家法所不能涵盖的领域，习惯法必然大行其道，成为调节人们生活关系的主要规则，国家法在相当长的一段时间内无力取代习惯法。单纯依靠司法变通的结果是习惯法和国家法仍然是两张皮，谁也盖不住谁。

政府参与行政，融通二者关系，则有其独特的优势：有效性、多样性、主动性。

首先，政府行政融通的优势是可以直接推动习惯法成为国家法，也可以发现国家法在民间实施中的问题，推动地方法规、变通和补充规定的出台，从而彻底解决习惯法与国家法的矛盾冲突。自治州、自治县政府既是国家的执法机关，也是自治机关。依据宪法和民族区域自治法，它们享有广泛的自治权，这种特殊身份使它能充分地了解国家法与习惯法的内在冲突，且有足够的能力来解决。宪法第一百一十五条规定：自治区、自治州、自治县的自治机关行使宪法第五节规定的地方国家机关的职权，同时依照宪法、民族区域自治法和其他法律规定的权限行使自治权，根据本地方实际情况贯彻执行国家的法律政策。民族区域自治法第十条规定：民族区域自治地方的自治机关保障本民族都有使用和发展自己的语言的自由，都有保持或者改革自己的风俗习惯的自由。第二十条规定：上级国家机关的决议、决定、命令和指示，如有不适合民族自治地方实际情况的，自治机关可以报经该上级国家机关批准、变通执行或者停止执行；该上级国家机关应当在收到报告之日起 60 日内给予答复。协调国家法与习惯法冲突的最有效方法是制定地方法规、自治条例和单行条例，将习惯法中的合理部分直接赋予法的效力，将习惯法中个别明显不合理的内容进行否定，将国家法中不适合民族地区的规范报请停止执行。按照立法法规定，民族地区市、州级政府有地方规章制定权。只要政府注意了解社情民意，出面推动立法是不难的。《云南省关于禁毒的行政条例》（1989）的出台过程就明显地体现了政府调适习惯法与国家法关系的作用。在 20 世纪七八十年代，与缅甸交界的云南某县，青少年吸毒成风。该县某村一吸毒青年因长期吸毒而滥抢惯偷，扰得村民不得安宁，对其恨之入骨。但当时没有关于强制禁毒的国家法，于是按当地的习惯法，村民将其装入篮子扔进河中淹死。此事引起了云南省政府的高度重视，对于"对吸毒者是否应当采取强制措施戒毒"等问题进行了深入研究和探讨。直接推动了国内第一部有关禁毒的法规的出台。该法规规定对吸毒者采取强制措施戒毒，同时消解了村民对吸毒者采用侵害其人身的习惯法。

其次，政府通过多种行政行为可平衡习惯法与国家法之间所牵涉的利益关系。政府行使的是行政权，行政权是社会公权力中最活跃的权力，是公民最经常、最直接接触的公权力。具有主动性、进攻性和很大自由裁量性，因此，只要政府依法行政，以社会主义核心价值观为一切行为的出发点和归宿，"把实现好、维护好、发展好最广大人民的根本利益作为出发点和落脚点"[1]。在行政治理和服务中以尊重人、关爱人、解放人、依靠人、为了人和发展人为皈依，坚持民主行政、服务行政、公正行政和绿色行政，坚持以民为根本、敬民如父母的从政理念，切实做到"常怀为民之心、常思为民之策、常兴为民之举"，用人民赋予的权力服务人民，造福人民。它就可以利用其经常接触公民的机会，了解习惯法的价值取向，找到习惯法与国家法冲突的深层次原因，采取政治的、经济的、社会的、文化的各种措施，利用强制的、柔性的、主动的、给付的、指导的、建议劝告的多种手段，以自己亲为或向社会购买服务方式，适时平衡、

---

[1] 温家宝. 政府工作报告 [M]. 北京：人民出版社，2007.

引导群众的国家法与习惯法价值取向，调适国家法与习惯法的冲突，融洽国家法与习惯法的关系。

最后，政府行政行为在解决新型社会纠纷中具有权力优势，可以主动引导社会按照国家法内容形成新的民间广泛认可的国家法的习惯思维，促进国家法在民间的本土化，消弭民间无序后形成与国家法相一致的习惯法规范。随着市场经济发展，武陵山区外出务工人员与外来经商、避暑、旅游等流动人员增加，新型工业产品大量进入，电力、交通、通信、互联网、物流、家用汽车的全面进村入户，正在重新塑造着中国的乡土社会，一些新的社会治安问题（如电信、网络诈骗、人体器官贩卖、合同欺诈、网络赌博、新型毒品犯罪）和新型社会矛盾（如合同纠纷、生产经营纠纷、交通事故损害、环境污染与损害、电力事故损害、土地征收与房屋拆迁补偿）等习惯法所没有涉及的新领域新问题正在发生。政府通过广泛法治宣传、强化社会治安治理、建构新型社会大调解机制、提供政府法律援助、推进律师进村等方式，对出现损害老百姓的行为提前防范、及时处理和法律援助，对出现的跨区域社会不良风气及时纠正，严格按照国家法标准，切实维护人民群众的切身利益，从而形成社会正确的是非观和价值判定标准，引导民间依据国家法标准形成新的习惯法思维与规则，提前解决可能存在的法律冲突。

二、参与式政府行为的原则

政府行政行为在沟通习惯法与国家法关系上要坚持以下原则：

一是多元一体原则。政府沟通习惯法与国家法关系的终极目的是实现国家法治统一，实现国家法律与社会理性的契合，绝不能破坏法治统一，必须坚持国家法的基本原则和制度，此为一体。但是，这里的法治统一不等于狭义的实体规范的统一，它是法的价值、原则与规范运行三个层面立体的统一。多元是指在统一前提下要明确习惯法的长期存在，要留给习惯法以生存空间，发挥习惯法对社会基层治理的正向功能，使二者相融共生、相得益彰，此为多元。"法律统一与法律多元并不矛盾，因为，前者语境中的法律是重内质的本体法，而后者所谓的法律是重形态的面相法。法律的面相无论如何多元，其本体只有一个，这个唯一的本体必然具有内在的统一性。法律统一并非要将所有的法规则斧削周正形同一律，而是追求多元基础上的动态统一。法律多元是对法律形态多样性的静态描述，法律统一则是对法律过程一致性的动态把握。在动态的法律过程中，法律多元与法律统一会相得益彰。因为实现了法律统一，我们就不必担心法律多元会走向混乱和无序。"① 坚持一体多元原则要求政府在沟通协调二者关系时，首先，政府必须严格依法行政。政府不管是行使一般行政管理权还是自治权，其行为的内容必须符合法律的目的、原则和精神，不是行政主体自身利益的表达，而是国家和社会公意的表达；政府行为的权限不能逾越，不能代替权力机关和司法机关行为。政府和部门在行政决策和行政执法上不能趋利，更不能权力寻租，不能盲目行政、草率行政，更不能违法行政，否则，政府绝对无法弥合习惯法与国家法的矛盾与冲突。因为沟通协调习惯法与国家法的关键是要老百姓信仰国家法，如果政府不依法，民间如何信法！其次，政府行为要能够积极地为民众谋利益。国家法的实施是社会利益的再分配，权利义务的重新调整，趋利避害是人的天性，政府行为只有让公民切实从国家法的实施中得到真实的利益，才可能树立他们的现代国家法律信念，政府行为在某种程度上是在让公众对国家法与习惯法重新做出价值选择。最后，政府必须依法充分行使自由裁量权，在国家法与习惯法之间找到沟通协调的契合点，然后据此安排相应政策和措施。国法是天网，但是有漏洞。当相信国法无所不能时，社会的问题就会增加，法律无法替代民俗已是证明了的真理。当民俗缺乏民间组织管制时，民俗很容易成为陋习！近年来各地的"整酒""高价彩礼"② 引发很多社会问题，这要求政府积极作为，将民众特殊利益需求与情感表达因素进行考虑，适当、适度因地制宜，培养民间组织，规制民俗，形塑民间习惯法，解决静态国法与动态民俗在现实中的矛盾。

二是铸牢中华民族共同体原则。铸牢中华民族共同体意识是中国立于世界民族之林而不败的大国决策，是中华民族长治久兴的根本之策。因此，它自然应该是协调习惯法与国家法关系时应遵循的基本原则。它要求地方政府在一切行为中首先应促进各民族交往、交流、交融，促进民族平等和团结，在具体行为中应关心理解各民族感情，多听取他们的意见，关切他们的特殊利益需求，保护他们的基本权利，使他们认同国家法。例如，武陵山区习惯法特别注重自然资源的保护，视耕地、森林、水源为生命，国家为了建设要依法征用、征收、开发，如果政府在决策时充分听取他们的要求和意见，补偿到位，安置合理，

---

① 汪习根，廖奕．论法治社会的法律统一［J］．法制与社会发展，2004（5）：111 以下．

② 2024 年 5 月 17 日《南方周末》曾以"大凉山血色彩礼：36.8 万元，两条人命"为题，报道凉山州宁南县为追索 36.8 万元彩礼而杀人的惨案。探寻案件发生的原因，是国法解决彩礼退还程序复杂、手续麻烦，政府没有管民间彩礼走高，传统的民间组织与村规民约解体，民间的趋利性导致彩礼越来越高，高价彩礼成为人们不堪重负而又甩不掉的负担，所以，高价彩礼才是此案杀人的真凶。

让他们参与利益分成，就能促进他们认同国家的建设开发行为，视国家法为权利保护法，实现国家法与习惯法的契合。反之，如果补偿不到位，相应安置不合理，政府招商不致民富，让老百姓成为"种田无地、就业无岗、低保无份"的三无公民，原有的洁净生活环境被污染，原有的生活方式被改变，新的生活使他们更加贫困与无望，就会让他们视国家法为侵权法，从而加剧习惯法与国家法的冲突。现实中一些城乡结合地带的青年成为问题青年，成为社会不安定因素，原因正是这些公民在现实生活中其基本权益失落所致，他们上学无校，就业无门，外出打工受欺，导致他们信仰失落、行为失范，这应引起地方政府的高度注意。

三是促进社会发展、进步原则。这是从经济与社会角度对政府提出的要求。没有社会发展、进步和繁荣，铸牢中华民族共同体就是一幅好看的沙雕，经不起历史的洗礼。邓小平曾指出，真正实现民族平等，更重要的是实现民族的经济权利的平等，也只有实现了民族经济权利的平等，才能进一步巩固和维护各民族的团结和社会稳定。因此，政府在沟通协调习惯法与国家法的关系行为中不能就事论事，要从有利于社会和谐发展、进步入手进行长远规划，相关行为和措施要为促进中华民族长远发展经济和社会事业服务。只有社会的繁荣进步才能从根本上消融习惯法与国家法的冲突。近年来，各级政府在武陵山区大力发展交通、互联网、电力事业，使武陵山区的出行、信息、生活、物流等各方面与内地无异，人民群众从脱贫攻坚战略中体会到共富裕与社会进步，从环境整治中感受到家园美好，政府的这些促进社会进步发展措施，明显让广大人民群众增强对国家、政府的感恩之心，增强对国法的认同感。

四是公众普遍参与和分享原则。政府沟通协调习惯法与国家法关系需要权力共享的民主政治来实现。提高参与和分享的效度，能实现沟通协调的神合，而不是"貌"合。让老百姓广泛参与，做社会发展的主人翁，做文化发展的主人翁，营造自由、包容、尊重的精神和氛围，就能分享和体验社会发展的荣誉与尊严，提升老百姓在精神上的升华与欢愉，这是沟通协调习惯法与国家法关系、实现和谐的精神驱动力。在资源与财富的使用和收益上参与和分享，实现各民族的"共赢"，这是沟通协调习惯法与国家法的经济基础。在解决社会问题和社会共同行为上让老百姓参与，可激发民众的主人翁意识，增强解决社会问题的积极性和创造力，从根本上解决习惯法与国家法在运行中的矛盾。后文中利川市政府对当地"整酒"习俗的整治，能够取得实效的关键就是民众的普遍参与。

五是不与民争利原则。习惯法与国家法的矛盾很大程度上是对社会资源与利益分配和占用在解决方式和规定上不同，而现实中社会矛盾的根源往往主要是体现为对社会资源特别是稀缺资源的争夺和控制，当稀缺资质变得不稀缺时社会矛盾往往也就自然消散。因此，政府在沟通二者关系时自然很多时候是站在国家法一方维护国家整体利益，这无可厚非，因为从根本上说，维护好了国家整体利益也就维护好了公众的社会利益。但是在现实中二者很多时候还是有冲突，这就要求政府从实际出发，采取切实措施要尽力维持二者的平衡，特别是政府自身不能成为利益主体与民争利。现实中因政府作为一个利益集团与民争利益，导致了很多社会矛盾，引发习惯法行为与国家法剧烈冲突不在少数，2011年6月恩施州利川市冉建新死亡案件即是例子，原利川市都亭办事处党委书记冉建新死亡导致利川冉氏家族及普通老百姓与地方政府剧烈冲突的群体事件，群众多达数万人围堵市委、市政府，市委、市政府调集外地警力千人以上，出动几十辆大卡车、数辆装甲车，最后以市委、市政府、市政协三家为市纪委原定为所谓"腐败分子"的冉建新这个"好同志"召开隆重追悼大会，同时赔偿家属380万元，得到家属谅解使事件平息。"冉建新的死亡不是一个简单的刑讯逼供，而是又一次关于土地拆迁的悲剧"，矛盾的根源在于城市规划与当地民间建私房传统习惯，房价高涨与拆迁农民无保障，地方政府与民争利益，而土生土长的当地官员冉建新站在了当地老百姓一边所引起①。利川市政府在发展城市建设中进行城市规划，如果能很好地把拆迁户的切身利益考虑进去，那么当地老百姓建私房的传统习惯就能很好解决，然而，现实是市政府大量扩城征地，与民争利，例如，按照3.2万元一亩征收的榨木村10组的50亩土地仅仅花费160万，卖给开发商是9800万，两者相差61.25倍，如此大的利益却与当地老百姓无关，他们在失去基本的生存资料时，没有得到地方政府的任何关爱，且能不引起民愤?!

三、参与式政府行为的主要方式

1. 发展市场经济，改变经济生活，克服陈规陋习。政府发展市场经济能够改善群众的生产生活方式，克服自然经济形成的社会熟人群体依赖关系，让社会公众从身份依赖变为契约关系，所以，梅因曾说，人类的一切进步归根到底是从身份到契约的进步。从身份到契约是人与人形成平等、自由、公平、正义的前提条件，而平等、自由、民主、公平、正义又是国家法的基础，因此，发展市场经济就可以克服习惯法的一些落后的陈规陋习。但是，同时必须明确，

---

① 杨璐. 利川冉建新死亡事件［J］. 三联生活周刊，2011（27）.

市场经济是竞争经济，而竞争则会带来不均衡发展，特别是很多群众由于发展的滞后、受教育程度低、经济基础薄弱，这就决定了他们参与市场经济很难与发达地区和受教育高、经济基础强的人公平竞争，如果政府不用政府之手协调、干预，那么市场经济带给他们的就不是福音而是灾难，倘如此，则会加剧普通群众对习惯法组织的依赖，因此，政府在发展市场经济时，一定要通过利益分享、社会保障、行政公物服务、财政转移支付，平衡国家法与习惯法之间所调节社会关系产生的利益冲突。对普通公众而言，国家法的实施，发展经济的资源开发行为，不是所有的都对老百姓有利，很多是要影响甚至牺牲他们既得利益的。如果我国政府能借鉴印度政府做法，确立对资源开发地区老百姓的利益保护原则，制定一系列辅助计划，重点推进农村的发展①，切实弥补老百姓利益损失，增加既得利益，就能换取公众对国家法的认同，自然摒弃习惯法中的陈规陋习，"风俗习惯的改革，要依靠民族经济基础本身的发展，不要乱改"②。

2. 培育、健全基层社会组织结构，完善村民自治，衔接习惯法与国家法的执行组织，维护习惯法生存空间，解决政府不能包办的社会事务。乡村干部既是国家权力的末梢，也是习惯法知识的载体，他们最了解习惯法，也最了解国家法在地方实施中给地方带来的好处与问题，教育好他们就能找到解决二者冲突、矛盾的最佳路径。因此，要培育、健全基层社会组织结构，选拔培育好有能力、正派、敢担当的乡村基层干部，放手、支持他们积极开展工作，解决他们工作的实际困难，教育他们明确国家的大政方针政策、明确基本的罪与非罪、合法与违法的是非界限，帮助他们完善村民自我管理、自我服务。与此同时，借鉴传统乡贤参与乡村治理习惯，发掘那些热爱家乡、热心公益事业、在民间享有很高威望的新乡贤，将他们吸纳到乡村治理中来，就能够衔接国家法与习惯法的执行组织，维护习惯法在乡村治理中的正常生存空间，在诸如民间纠纷调解、农田水利基本设施建设、农村饮用水安全、农居环境整治、生态林业保护、农村防火防盗、传统文化复兴、捐资助教与社会救助帮扶、限制高价彩礼、制止整无事酒等涉及村民切实利益的公共服务、基层治理、社会发展等方面发

① 贾娅玲. 印度少数民族政策及其对我国的启示［J］. 湖北民族学院学报（哲社版），2007（2）：29.

② 周恩来. 关于我国民族政策的几个问题［A］//中共中央统一战线工作部，中共中央文献研究室. 周恩来统一战线文选［M］. 北京：人民出版社，1984.

挥组织作用、规范作用，形成现代乡村共同体①，解决政府无力办、办不好、办不了、办不全的社会事务，避免政府过度管理不堪负荷问题。

3. 在实施国家法的行政规范性文件中吸纳、借鉴习惯法，在执行国家法的行政行为中助力习惯法的规范化、新型化。将国家法的原则制度通过政府行政规范性文件具体化，使国家法规定的公民权利通过政府规范性文件这个桥梁，成为像习惯法中的权利一样触手可及，改变国家法的陌生感。同时，在政府规范性文件中积极吸取习惯法的合理因子，将习惯法中有利于社会发展进步、有利于社会纠纷解决、有助于民间团结互助、有利于保护自然环境、有利于改善人居环境、有利于维护社会生产生活秩序的各种规范上升为政府文件，实现习惯法的规范化、定型化。2008 年，《峨边彝族自治县司法局关于开展聘任德古民间调解员工作的实施方案》（峨司发〔2008〕11 号），就是一个极好的例子。该县司法局为实施人民调解相关国家法，考虑到本县彝族传统"德古"民间调解习惯法有极大的影响力，于是有机结合二者，出台规范性文件，将传统德古调解习惯法提升和规范，通过民主推荐、资格审查、任前培训、组织定位、定期考核，实现传统德古向新型德古的转型，变过去"德古"不合法、不规范的民间调解行为为合法有序的人民调解中坚力量。② 通过政府行政规范性文件，彝族"德古"调解习惯法提档升级，与人民调解法有机结合，实现国家法在彝族地区落地生根和民间调解习惯法的规范转型。

4. 严格依法行政、诚信行政，推动国家法的惠民工程。习惯法之所以为老百姓所依赖，关键是能切实解决他们关切的社会生活实际问题，而国家法本质上更是老百姓的保护伞，它通过对政府权力的规范和约束强化政府为民服务，通过对违法、犯罪行为的打击实现老百姓安居乐业，通过规范民事行为实现社会秩序的安定有序，通过建构民主制度，保护人权，实现人作为人的自由、民主与尊严，所以，国家法本质上是国家的最大的惠民工程，世界上人民享受最大最好待遇的国家都是国家法极其发达实现了法治化的国家。从理论上说，老百姓不会因为习惯法而抵触国家法，然而，现实又确实存在老百姓抵触国家法

---

① 德国著名社会学家滕尼斯在其名著《共同体与社会》中指出，共同体是一种持久的和真正的共同生活，指那些有相同价值取向、人口同质性较强的社会共同体，体现的人际关系是一种亲密无间、守望相助、服从权威且具有共同信仰和共同风俗习惯的人际关系，详见：[德] 斐迪南·腾尼斯. 共同体与社会：纯粹社会学的基本概念 [M]. 林荣远，译. 北京：北京大学出版社，2010：48–76.

② 峨边司法局. 创新纠纷化解和社会管理机制、开创民族地区人民调解新模式 [OL]. http://www.xlspfw.gov.cn/nd.jsp? id = 505&_ np = 331_ 507，2014 年 8 月访问.

的事情，其内在原因很多，但有一点是肯定的，就是国家法的惠民性没有充分发挥出来，所以老百姓在认识国家法时更多将其视为权利与利益的限制者、束缚者。要转变这一观念，根本出路还在于强化依法行政、诚信行政，将国家法的保护人民权利的一面充分展现出来，特别是在具体的行政执法行为中查处侵害群众合法权益的各类违法案件，尤其是对老百姓深恶痛绝的盗窃行为的有效打击，对人居环境的治理与保护，对农民工基本权利的高效、快捷、廉价保障，可真切地树立国家法的维权权威与亲切感，维护农村良好的社会秩序、美好的生活环境，实现社会安定有序，培育普通群众对国家法的认同感与依赖感。执法中有关行政给付、社会保障的执行可以极大地树立国家法带来的幸福感。执法产生的矛盾通过行政复议主渠道快速化解，可以极大树立政府的公正权威。在行政协议、行政允诺中，兑现政府承诺，可以树立政府"移木立信"形象。

严格依法行政不等于生搬硬套法律文本，在遇到国家法与习惯法有不一样时，应该要用法律的立法目的与原则在习惯法中去寻找力量源泉，在法律规定的自由裁量权范围内寻找解决问题的最优合理性方案，借鉴、采纳习惯法合理要素，实现国家法与习惯法在处理地方事务时的良性互动、互补甚至竞争。例如，处理解决婚姻家庭纠纷、土地承包、房屋宅基地纠纷、山地林权纠纷时，可邀请民间权威一同参与，利用他们的地方性知识和阐释能力去处理问题，很容易在习惯法与国家法之间找到契合点，于无形中形成解决民间相关纠纷的新的习惯法规范，实现国家法与习惯法的有机衔接，既强化国家法权威，克服国家法在地方的水土不服，也充分发挥了习惯法的有利价值。

5. 行政程序的参与和沟通，构建习惯法与国家法的商谈机制，凝聚社会共识。习惯法与国家法分属不同的体系，只有在具体事件中才会发生冲突与碰撞，由于国家法的执行组织主要是政府，因此，在行政程序中建构国家法与习惯法的商谈机制具有重要意义。从理论上来说，商谈是基于内在被承认的相互妥协同意，而不是基于强制，所以能有效化解利益冲突，达成一种相对均衡和稳定的合作秩序。政府在行政决策与执法和行政复议中通过听证会、座谈会、听取意见等各种形式，畅通普通公众直接参与行政行为渠道，表达他们正常的合理诉求与申辩理由，在习惯法与国家法之间搭建一个商谈机制，形成解决问题的共识与理解。例如，在社会治安习惯法中，对盗窃财物处以很重的处罚，有偷十斤李子被罚 120 斤米、120 斤酒、拉走 4 头猪①，这看似与我国社会治安处罚

---

① 徐晓光. 从苗族罚"3 个 100"等看习惯法在村寨社会的功能［J］. 山东大学学报，2005（3）：10.

法有矛盾，其实，二者内在是相通的，当地经济落后，生活成本高，在发达地区看似无足轻重的东西对当地的公民却是生存所依，重罚的关键是禁盗，禁盗虽然从来都是政府的法定职责，但是过去从来也没有哪个政府真正切实解决好这个问题，所以，民间从成本考虑，重罚是最省事也最能解决问题的方法。如果今天政府要禁止重罚问题，就要通过行政程序动员社会广泛参与，实施群防群治，解决政府警力不足问题，同时，政府全力发展社会经济，解决老百姓的发展就业和生活问题，社会治安能够彻底好转，那么解决习惯法重罚问题就易如反掌，否则，简单取缔了重罚，社会治安变得一塌糊涂，老百姓居无宁日，则会引发社会矛盾甚至大的群体性事件。在民事婚姻家庭习惯法中，出嫁的妇女没有继承权，这与国家法中"继承权男女平等"的规定看似冲突。但从当地实际来看，一方面，妇女出嫁有嫁妆，相当于已经分取了部分家庭财产；另一方面，出嫁的妇女在相当程度上免除了赡养老人的义务。可见，继承权的关键是解决老人的赡养和财产分配的相对公平，找到了这个契合点，如果政府能够在社会保障特别是老人养老问题上采取有力政策，实现福利行政，那么男女平权问题定会迎刃而解，反之，单纯男女平权，则会导致老人老无所养的社会问题。

6. 综合运用人民调解化解社会矛盾，融会国家法精神，克服习惯法的软弱化与豪强化。软弱化与豪强化是今天习惯法行为的两种病态反映，软弱化是因为政府对习惯法组织和处罚权的取缔，导致习惯法在民间没有了强制力，使习惯法成为一种观念文化，有人遵循，有人无视其存在。这种情况出现后，如果政府全面治理行为能够跟上，自然没有太多问题。可现实是按照村民委员会组织法，我国在乡村实行的是村民自治，政府在很多方面、很多时候缺位，行政权力无法覆盖整个乡村生活，这就导致乡村正当权力缺位，社会治理出现无序。豪强化是因政府权力缺位、习惯法失范而导致乡村正当权力出现真空时，有人打着习惯法的幌子，以自力解决社会纠纷为目的，明显背离习惯法引导社会向善的基本目的与价值追求，更违反国家法的自由、民主、公平、正义基本原则。前述第一章中强制收取过路费案例就是典型，是明目张胆的敲诈勒索行为，是社会的毒瘤。对社会出现的这样一些行为，政府不能无视，更不能放任不管，可也不能把手伸得过长，否则会妨碍村民自治。较好的办法是政府一方面加强村民自治制度建设，强化村民民主，另一方面出面搭建、指导并监督人民调解，运用多层级的、覆盖面无空隙的人民调解化解民间矛盾，避免积累、激化矛盾，以求问题长远妥善解决。人民调解首要在于它的人民性，通过加强村组一级调解员的国家法培训和学习，可以使调解员的调解行为在国家法与习惯法之间就具体个案找到彼此利益的契合点，实现矛盾冲突的化解。到乡一级人民调解，政府应强化依法调解指导和监督，以调解的方式进行国家法教育与示范。对乡级人民调解无法调解的则应提供法律帮助，支持相关公民、法人和其他组织通过司法诉讼解决。同时，对那些假借习惯法的累犯的豪强行为，政府要坚决依法从重打击，树立国家法的权威。从社会调查看，人民调解是在坚持国家法精神、理念和基本制度的同时又融合习惯法内容，充分发挥民间习惯法、伦理说理功能，在国家法与习惯法之间找到契合点来调节利益关系，从而解决问题。典型代表是全国十大法治人物恩施州鹤峰县燕子乡司法所长易满成摸索的"易氏调解法"，包括五种调解法，其中主要是听证式、联动式、围炉式调解。这种调解方法其内核就是政府主导、群众参与、国家法把关、习惯法明理。易氏调解法的成功也说明政府行为能够很好地整合、协调习惯法与国家法在处理社会纠纷上的关系①。人民调解在解决社会争议方面快捷、经济、简便、效果好，成功率高达95%，特别是调解成功后履行率100%，能够真正实现案结事了，深受人民群众欢迎，利川市元堡乡人民调解统计即是明证。

表6-1　利川市元堡乡人民调解统计

年份＼项目	总数	成功	履行	村级调解组织调解数	生产经营纠纷	婚姻家庭纠纷	山林土地纠纷	合同纠纷	拖欠农民工资	邻里纠纷	征地拆迁纠纷	损害赔偿纠纷
2011 年	231	225	225	189	45	38	34					31
2012 年	249	238	238	198	48	39	35		6	30		29

---

① 易满成摸索的"易氏调解法"，包括五个方面，即审判式、太极式、听证式、联动式、围炉式调解，其中听证式调解，"听证现场，有党政领导、部门负责人，有人大代表、政协委员，并邀请群众代表（通常为当地威望较高的老人、退休干部、知识分子等，且与当事双方均无利害关系）参加"，使调解透明化，已成功化解50多起纠纷，尚无一起重复上访。联动式调解，"司法所牵头操作，分别情形，因事而异。在掌握当事人基本诉求后，由司法所决定请一个或多个相关部门联合调解"。如涉及土地、宅基地等纠纷则请土管部门参与，涉及婚姻家庭方面的纠纷则请民政部门参与，涉及治安方面的纠纷则请公安部门参与。燕子乡党政领导参加调解16次，各部门负责人参加调解50多次，调处的案件全部达到了零反复。围炉式调解，调的是气场，调的是尊重，调的是情感，用亲情感人，用事理明人，用政策服人。参见张在勇：细雨润物总有声——英模易满成和他的"易式调解法"http：//www. 124. gov. cn/2012/0508/22810. shtml，2015年8月访问。

续表

项目 年份	总数	成功	履行	村级调解组织调解数	生产经营纠纷	婚姻家庭纠纷	山林土地纠纷	合同纠纷	拖欠农民工资	邻里纠纷	征地拆迁纠纷	损害赔偿纠纷
2013 年	258	249	249	190	46	35	36	9		28	16	28
2014 年	265	254	254	193	43	32	34	10	9	25	17	21

从上述四年调解列表看，调解的成功率与履行率都很高，调解的主力军是村调解，调解案件前三位的始终是生产经营、婚姻家庭、山林土地，这既是传统纠纷，也有时代新特点。生产经营、山林土地持续占据高位，说明现在乡村在市场经济下，老百姓对生产资料和经济行为更加看重。从调解案件类型看，一些新的案件在不断涌现，如道路交通损害、征地拆迁纠纷、合同纠纷等案件每年分别都在 10 件以上，反映社会发展引起的新的社会矛盾尚需要政府引导民间形成新的习惯规制。

7. 强化政府向社会力量购买服务，将政府单向送法下乡改为政府与社会多向度送法下乡。政府送法下乡主要是一般法制宣传与教育，这在学校的未成年人中有一定的成效性。而对于一般社会公众来说，泛泛的法制宣传基本到不了他们的心里，原因有二，一是成年人有他相对成熟的习以为常的世界观与方法论，一般的说教难以影响他们，二是为生活所迫，很多人没有时间专门学习和接受国家法知识，只会用习惯法思维解决问题。然而，现代生活是离不开国家法调整的，当他们遇到习惯法处理不了的问题，以及感到习惯法于己明显不公时，他们是迫切需要国家法的援助，此时也是最好改变他们习惯法观念的时刻，政府应抓住这样的时机为普通老百姓送法下乡。因此，针对成年人送法下乡最好的办法，一是由政府组织培养村居法律明白人，二是向社会力量购买公共服务，由政府出钱聘请执业律师团队深入基层企业与农村家庭，建立律师法律顾问制度和法律援助制度，全天候为普通老百姓在解决社会争议和矛盾中提供法律咨询、建议与服务，使他们在具体案件解决中学习法律、理解法律、选择法律、运用法律、信仰法律。

铜仁市 2012 年在印江县板溪镇启动乡村"法律明白人"培养工作迄今 10

年来，全市共培养"法律明白人"77577 名，每村至少 5 名①。2013 年年底，恩施州委、州政府出台了《关于全面深化改革加强法治恩施建设的意见》，为州内"普遍建立法律顾问制度"提供政策依据。2014 年，州司法局印发了《恩施州普遍建立法律顾问制度的实施意见》，先后制定了恩施州法律顾问管理办法、培训办法、业务规范、工作流程规范指引、工作经费保障办法、工作考评办法、工作考核指标及评分细则、信息报送制度等细致的操作规则。到 2016 年上半年，恩施州已组建 93 个法律顾问团，有 3821 个党政部门、企事业单位、乡镇、村（居）委会聘请了法律顾问。2023 年，恩施州 236 名律师担任 1347 个村（居）法律顾问，办理法律援助案件 3028 件，将矛盾纠纷有效化解在基层②。在黔东南州现有村（居）2422 个，全部配备了村居法律顾问并建立了法律顾问服务微信群③。这种"政府出钱买服务，法律顾问履职责，基层群众得实惠"的法律服务模式为国家法的进村入户宣传和实施提供了基本保障，为法治社会建设打下坚实基础。

这种由政府提供的对村民免费法律服务最大的优势，是避免了国家权力直接下乡的生硬性与僵化性问题，它是自由的、自愿的、无偿的，其选择权与决定权都在老百姓自己手中，律师只是提供分析问题的意见、建议，老百姓通过利益平衡与取舍来做他们的理性决定，其决定权在民，因而，这种选择也是心甘情愿的。他们在具体案件与事务中去比较和选择习惯法与国家法，在比较与选择中学习国家法，运用国家法，在习惯法与国家法中寻找二者的利益平衡点与衔接点。虽然这之中难免有规避国家法的问题，但是，诚如苏力教授很早指出的那样，规避国家法本身说明国家法的强势地位不容忽视，规避也是国家法发生法律效力的一种方式。作者认为，国家法要通过与习惯法比较和竞争来建立自己的法律地位。即通过比较与选择凸显国家法的优势，在利益的博弈与取舍中融化国家法与习惯法外在的直接的正面冲突，为国家法进一步切合基层实际找到进路，为习惯法行为与观念的修正与转变找到出路，从而最终形成切合实际的新的法律共同体。

8. 在行政指导中引导社会习俗，避免习惯法逐利化。行政指导是当今政府

---

① 铜仁市：法治护航激活乡村振兴"内生动力"。https：//www. sohu. com/a/750992711_121106687？scm＝1102. xchannel：325：100002. 0. 6. 0，2024 年 4 月 15 日访问。

② 恩施州直政法机关 2024 年度优化法治化营商环境第一次新闻发布会。http：//sfj. enshi. gov. cn/sfxzyw/202404/t20240403_ 1566066. shtml，2024 年 4 月 13 日访问。

③ 黔东南州律师行业多举措服务乡村振兴。http：//www. qdncaw. gov. cn/index. php？a＝show&c＝index&catid＝42&id＝17871&m＝content，2024 年 4 月 15 日访问。

基于合作、协商的民主精神，在职权或所掌管事务范围内，主要采用示范、劝告、引导、建议、帮助等非行政强制行为，促请特定人为一定行为或不为一定行为的行为，是日本等国广泛应用的一种行政方式，我国在 20 世纪 90 年代后也广泛运用这一方法。基层政府可利用指导村民自治机会，教育说服、引导群众在村规民约中引入国家法的内容，帮助民众摈弃习惯法中不合时宜的内容和形式，避免习惯法在现代社会转型中的变异行为，克服习惯行为的逐利化趋势，同时，保留传统习惯法所倡导的良风民俗。利川市政府关于"整酒风"习惯的治理具有代表意义，有关此问题的具体分析参见下一章。

9. 加强公务员培训教育，协调整合他们的现代法治观念，让他们在生活和工作中示范、带动、影响民众，树立新的法律意识。"徒法不足以自行"，毛泽东说，政策制定以后，干部决定一切。公务员是社会的精英，作为执法的公务员由于他们本身生于斯长于斯，所以他们身上有着习惯法的观念与行为，教育好他们树立正确的国家法意识与习惯法意识，整合好他们的法治观念，就能根本整合习惯法与国家法关系，能够最大化习惯法中的优良因子，减少习惯法中的不良因素，能够使国家法在民间社会有效实施找到立足点和推进路径，因为，他们的行为在老百姓中有极好的示范和影响力，同时，由于国家法的实施是靠他们去推动，因此，他们的法治精神、理念与主动性、能动性和创造力，能真正决定习惯法与国家法行政融通的实际可能性和实际效果。

第七章

政府行为重塑民间习惯

——对利川市禁止违规"整酒"的个案调查分析

乡土中国的人情习惯泛化问题近年来成了社会和学界关注的一个重要问题。最初研究侧重于农村人情消费的泛化及其负功能①，礼金如何成为重负②，到探究人情与权力的勾连关系，乡村人情的功能异化、赢利化及社会后果③。这些研究成果展示了农村人情风俗习惯泛化的概貌，讨论了村民间仪式性人情繁荣背后剩下的人情沙漠化，揭示了乡村人情习惯功利化使人际关系功利化，导致农村社会陷入无序等问题。但是学界既有研究缺乏对仪式性人情风俗习惯流变的系统考察，更缺乏对仪式性人情背后的习惯法规则异化问题和社会治理研究。

为此，作者以武陵山区利川市仪式性"整酒"风俗习惯流变与当地政府治理为例④，来总结民间仪式性人情规则流变规律及政府治理，尝试揭示民间风俗习惯规则的政府引导、治理模式。

一、利川市传统整酒习惯的主要内容及成因

利川是恩施自治州所辖的一个县级市，位于鄂西南隅，东接恩施，南界咸

---

① 朱晓莹."人情"的泛化及其负功能——对苏北一农户人情消费的个案分析 [J].社会，2003（9）；刘剑飞.别让人情债在农村泛滥 [N].经济日报，2013-6-6（008）.

② 陈云，顾海英，史清华.礼金成重负：农村人情礼往行为的经济学分析 [J].消费经济，2005（6）；郑兰华.人情债成为农民的新负担 [J].中国统计，2009（9）.

③ 翟学伟.人情、面子与权力的再生产 [J].社会学研究，2004（5）；贺雪峰.论熟人社会的人情 [J].南京师范大学学报，2011（4）；陈柏峰.农村仪式性人情的功能异化 [J].华中科技大学学报：社科版，2011（1）；吴森，陈钰.乡村过事的赢利化及其后果 [J].华中科技大学学报：社科版，2013（2）.

④ 笔者对整酒风俗的田野调查最早是1996年7月，其后在2010年7月，2012年5月10-18日，2013年6月9-17日，8月1-15日又多次跟踪调查，最近的调查是2024年春节期间。调研地点主要是利川市的都亭、团堡镇及元堡乡毛针村、南坪乡营上村等10余村镇，下文未注明数据与资料均源于笔者第一手田野资料。

丰，西南至北与重庆的黔江、彭水、石柱、万州、云阳、奉节交界，属武陵山区，面积 4602.67 平方公里。2023 年年末，全市户籍总人口为 91.19 万人，常住人口 71.56 万人，其中城镇常住人口 33.21 万人，城镇化率 47.80%。全市有14 个乡（镇、街道），305 个村（居）民委员会（262 个村，43 个社区居委会），5119 个村民小组。

利川传统"整酒"习惯始于何时无史志明确记载，但从光绪版《利川县志》看，至少在明清时期已基本定型。它是当地传统文化中的仪式性人情聚会文化活动的统称，其主要内容是主人家因婚嫁、老人去世、寿诞、小孩出生、建新房落成等大事，挑选黄道吉日置办酒宴，邀请亲朋好友、左邻右舍来家里聚会，参加具有地方特色的系列仪式性活动。例如，婚嫁中的"哭嫁、伴郎""行拦门礼""背亲、发亲""抢房、闹房"等仪式；寿诞中 60 岁以上老人生日拜寿与个别乡镇的"坐活夜"仪式；以产妇娘家为主的月子期内的"打三朝"活动，"男不打三朝，女不赶道场"；新房落成中的"上梁"封顶仪式；老人去世的丧葬前夜 12 点前的"坐夜"，唱孝歌，打绕棺活动①。作为主家则要备好酒宴，大开宴席盛情款待来宾，来宾则依据主家不同"整酒"事由送上不同的礼品、礼金与祝福。

今天健在的高龄老人可以对这种习惯清晰地追溯到民国时期，在他们的口述历史中，直到新中国成立后的 20 世纪 90 年代之前，"整酒"在仪式、内容上基本一致。中间只有 1958—1961 年因"大跃进"而没有家庭生活停止过，"文革"时因生活极端艰苦，"整酒"规模有所下降，有些丧葬仪式因被视为封建迷信而有所简化。"整酒"活动中有大家恪守的一系列习惯法行为规则：事由上，主要是婚丧嫁娶、建房等人生大事才"整酒"。小孩出生、老人 60、70 大寿等人生中具有重要纪念意义的时刻，一般会搞限于家族子女的小规模聚会，这不视为整酒。目的上，以办好大事、喜庆为原则，不以敛财为目的。日期选择上，要"看期"，请道士先生严格按照农历挑选黄道吉日。规模上，以节俭、庄重、热闹为原则，以自身经济能力、社会活动能力为限，不搞面子工程。次数上，每一家庭"整酒"次数一年最多不超过 1 次。实际上很多家庭十几年也不整一次酒。礼金往来上，强调"礼尚往来"，收的人情是债，要加利偿还，"人情不是债，拿着铺盖卖！""人到人情到"，礼物以体现客人对事主的心意，主家不搞客人间的比较。参与人员上，人情圈有明显的边界，主要限于三亲六戚和左邻

---

① 利川市地方志编纂委员会. 利川市志［M］. 武汉：湖北科学技术出版社，1993：487-491.

右舍。仪式启动上，"红囍要请，白喜要等"，即"整酒"办的红喜事，应在事前主动邀请客人；办的丧事则为白喜，事主需向远方的亲戚报信，对左邻右舍只需燃放鞭炮让邻居知道即可，知道消息的人应相互通知，主动到丧家帮忙办事。禁忌上，婚礼只在初婚整酒，再婚不办；丧酒只在年满 60 周岁以上老人死亡才办，60 岁以下死亡视为非正常死亡不办，客人送礼应在丧葬前夜 12 点前送出，过后不能补礼，否则视为大不吉。

它有很多正功能：一是喜庆。传统婚礼"男家请男子十人陪郎，谓之十弟兄。女家请女子十人陪女谓之十姊妹"①，整酒场中的热闹使居住偏僻、交往单一、文化生活单调的乡民得到了情感与亲情的满足与宣泄。即使是丧事，在丧葬前夜"绕棺歌唱，谓之打丧鼓"，通宵唱孝歌，舞狮子，做法事为亡人开路，使失去亲人的丧家在热闹中得到情感的安慰和补偿，故称"白喜"。二是公证。婚丧嫁娶等红白喜事通知亲朋好友和左邻右舍成员参加，让他们参与知悉，既起到公证作用，又建构新的社群关系。三是互帮互助。传统社会家庭生产力低下，解决社会问题能力弱，"整酒"就是借社会力量解决家庭困难。民谚说："一家有事百家忙"，众人团结一心解决个人或单个家庭无法解决的问题与困难。整酒中的送礼与收礼关系更类似于今天银行的零存整取、有偿借贷，为家庭解决短期资金、物质不足问题。四是传播民间文化、交流信息。在整酒场中各地、各类人员集中，根据"整酒"事由不同，举行不同的仪式性活动，传播、升华民间文化，同时，交流各种生产、生活信息与技能。例如，结婚时男方请客总去女方家迎亲，女方会在大门口摆一张大方桌子，由女方总管出各种考题要求男方总管回答，答得好可以顺利迎亲，回答不好要求男方总管从桌子下面钻过来才能迎亲，这叫拦门礼，考的内容有婚姻礼节、天文地理、历史故事、生活智慧等；在新房落成典礼上举行的"上梁"仪式，共分十个步骤，其中的升梁词、赞屋场与抛梁粑仪式极具知识性与娱乐性②，在喜庆热闹中传承和彰显知识、文化的魅力，弘扬知识价值，引导社会尊重有知识能力的人。五是维系传统社会价值与社会秩序。传统"整酒"事由、操办过程都有严格要求，处处体现"礼"文化与传统宗教信仰。"整酒"主人家平时的为人声誉、道德、威望如何？将决定整酒场中来客的多少。"整酒"过程操办是否庄重？"整酒"文化活动中谁表现最优秀？等等，都将成为事后一定时间内社会舆论的焦点和社会弘扬与警戒的案例。因此，"整酒"活动也是对个人平时言行的检验与反省，整

---

① 王协梦修：《施南府志》卷 10，道光版。
② 朱世学. 鄂西古建筑文化研究［M］. 北京：新华出版社，2004：217-226.

酒场成为维系社会主流价值教育与警示的大课堂。

因此，利川民间"整酒"习惯千百年来以良俗著称，一直延续到利川市场经济全面发展前。从笔者 2010 年在利川市元堡乡收集的记载从 1950—1984 年代不同家庭、不同事由"整酒"的人情账簿 12 本、访谈 50 户家庭来看，传统整酒习惯的良善性：1. 从礼金看，整酒主人所收礼金及财物折价总金额最高的是 1013 元，最少 157 元，平均 568 元。单笔礼金最多的 10 元，最少的 0.5 元，一般 1 元~3 元不等，其中不少送的是财物，均为生活日用品，如鞭炮、烟酒（酒主要是自制的米酒、苞谷酒）、布匹、粮食（大米、玉米、土豆、面条、黄豆等）、猪肉、菜油、蔬菜、木料、柴火，特别的郎舅关系有送鸡鸭、猪羊的。2. 从事由看，不限制人数的正规整酒主要是因为婚丧嫁娶和新房落成。12 本账簿记载的"整酒"7 起为结婚，4 起老人去世，1 起新房落成。访谈中了解到，这段时间内限于家族与姻亲的小范围聚会（来客人数一般不超过 20 人）有子女考上大学、中专，老人 70 大寿，小孩出生，这种不视为整酒，收礼也不上账薄，只记在主人心里，以便来客有事时随时还情。3. 从参加"整酒"聚会送礼户头看，在 78~169 户不等，最多的一家有 169 个家庭为其送礼。访谈中了解，每一家庭实际参与的人有 1~3 人左右，也有情到而人不到的特殊情况，但一般是人到情到，总人数大概在 120~500 人之间。4. 从家庭"整酒"的间隔期看，最短 1 年，最长 18 年，主要以发生的事情决定是否整酒，访谈中，也有人从来没有整过酒。5. 从"整酒"次数看，34 年间 12 本账反映的最多的一家"整酒"3 次，其中 1 次是儿子结婚，1 次是老人去世，1 次新房落成。6. 从时间节点与规模变化看，与家庭经济状况有关。除 1959—1961 年三年严重困难时期没有"整酒"，其他年月无论是大集体还是实行联产承包制，"整酒"行为基本不受时事政治影响，但是与各家庭经济条件和社会交往有关，条件好的在他人有事时就送得多、送得宽广些，因此自家整酒客人多些，规模也大些，收的礼金相应多些。7. 从"整酒"社会效果看，基本无谋利目的。当询问这段时间有无借"整酒"敛财？有无因"整酒"使亲戚邻居反目？被调查对象全都肯定地说没有。"靠整酒占别人便宜那太丑了，只有现在才有！""你整酒收得多，那是你以前送得多；要不然就是你将来要还得多，实际上两者是相等的。""整酒是化解邻居矛盾的好时机，很多原来有一定矛盾的人往往借整酒场和解。"

这种良俗在传统社会形成的主要原因是：首先，传统的政治文化结构、社会治理模式决定了国法与民间习惯法的合作状态，使"整酒"风俗有着良好的制度生存空间。台湾学者戴炎辉教授研究认为，秦汉大一统后，中国两千多年独能屹立不减者为：乡村、里坊与宗族。朝廷及地方政府因力量有限，仅能掌管兵马、财政、户婚、田土及重犯惩治，地方行政"广泛地使用了半正式的行政方法，依赖由社区自身提名的准官员来进行县级以下的治理"①，民间细故多由地方自治，径由家法、族规、乡约自行解决，"国法与民间活生生的法律处于合作的状态"②，家族、宗族、乡党等血缘、地缘团体成为地方治安与自治的基础。大多数中国人生活在宗族、行会、乡党三个组织之下，家法、行规、地方习惯等活生生的法律调整着相关的社会关系，扮演着比国法更重要的角色。族长、乡长、行会领袖成为习惯法执行的监督者、纠纷的调解者、仲裁者，乡土社会成为"反诉讼"的以和为贵地注重和谐、面子的社会。这是传统中国良俗长存的社会大环境。

其次，利川早期的社会经济结构、特定的历史地理环境孕育了"整酒"习惯的地域发展环境。利川市在历史上"风土边鄙，人物朴固……土著俗尚朴俭"③，交通极其闭塞，至清末只有县际古道8条，乡间大道6条，1955年才第一次通公路，因此，传统经济十分落后，1934年《湖北县政概况》载"农民生活异常贫困，高山居民尤为简陋，日常食品以苞谷、马铃薯为主，食大米者甚少，房屋多茅草搭盖"④。直至1986年利川尚有202户785人蜷居岩洞，2003年2月前住茅屋、岩洞还有1271户，在市政府"消茅"工作救济下9月才得到彻底解决⑤。加之利川历年多灾，水、旱、风、雹、疾病、火等灾害迭次出现，使得人们生存条件极其艰难，很多生活中的困难都需要借助集体力量来解决，"整酒"行为就是搭建的这个平台，通过这个平台可以凝聚亲戚、家族、邻里等熟人社会集体力量，改善个体面临的生产、生活困难。

最后，利川浓厚的儒家传统文化与社会自治组织对"整酒"风俗习惯进行了有效规范。1735年利川改土归流后，皇权势力对地方实际控制很弱，但中央王朝主要推行的主流文化—儒家文化得到迅速传播。乾隆三十九年（1774年）以"利川人文较盛，拨回县学生六十余名，内实廪生八名，侯廪三名"，并且将恩施县所减的八名指标转拨利川⑥。儒家文化的发展使家族、乡党这些血缘、地缘基层自治组织在人口增长的同时同步得到发展。在皇权不下县的武陵山区，

①　黄宗智．集权的简约治理［J］．开放时代，2008（2）．
②　林端．儒家伦理与法律文化［M］．北京：中国政法大学出版社，2002：310.
③　《湖北通志·舆地》卷21。转引自鄂西土家族苗族自治州民族事务委员会1986年编《鄂西少数民族史料辑录》第387页。
④　利川市地方史志编纂委员会．利川市志［M］．武汉：湖北科学技术出版社，1993：41.
⑤　利川市地方史志编纂委员会．利川市志（1986-2003）［M］．武汉：湖北人民出版社，2010：740.
⑥　王协梦《施南府志》卷7，道光版。

族长、乡长、行会首领等地方士绅，依据当地实际和儒家教义，制定（或修订原有的）家规、族法、行规，鼓励社会患难相恤，不以"整酒"谋财，并监督执行，偶有失范行为可得到民间自治组织校正。例如，利川 1854 年冉氏族谱，要求族人"读书尚礼，交财尚义""毋致因利害义，有伤风化"，要"孝父母、和兄弟、睦宗族、和乡邻、戒习染""禁为匪、为盗"[1]。1946 年的利川覃氏宗祠家规"和族邻"，要求"若夫邻与吾共居兹土，自当喜相庆、忧相吊，有无相通，患难相扶"[2]。利川大水井李氏宗祠壁垒森严，村民"犯法"，判生则从生门放生；判死，则从死门绑缚宗祠边的自生龙桥，直接推下万丈悬崖活活摔死，据不完全统计，新中国成立前被如此处死的有 20 余人。由此可见，家规、族法、行规在传统社会就是调整社会公众的主要法律规则，成为人人遵守、习以为常的活生生的行为规则与裁判规范。宗族、乡党这些民间自治组织就是执行习惯法规范最严格的执行主体。

这样，国法的宽容许可，宗族、乡党、行会等社会自治团体的存在，族长、乡长与行会领袖的传统权威，乡规民约等行为规范的社会普识，使个人被紧紧地束缚着，一个人造的符合传统社会发展的"整酒"风俗最终成为一种社会惯习、一种集体记忆，成为代代相传的社会正常人伦关系的自然象征，默默地约束着民间"整酒"行为中的各方参加人，互帮互助而不敛财成为传统"整酒"行为各方恪守的核心准则。

二、利川市当代"整酒"习惯的流变及原因

利川"整酒"习惯由良俗逐步流变成陋习甚至恶俗，成为部分人疯狂敛财的畸形经济行为，是最近十几年市场经济发展诱发社会人文价值观的腐朽，逐步演化的结果，尤其是 2010 年前后已经突破人们的社会心理底线、人格底线。

从文献记载看，"整酒"习惯变异，引起社会关注是 1987 年。1987 年利川市纪委制发的《关于端正党风的几个问题的规定》，其中的重点之一就是查处少数党员、干部在婚丧嫁娶中的大操大办、铺张浪费问题[3]。此后，利办通〔1999〕5 号、利办通〔2000〕46 号文规定党员干部不得大操大办婚丧嫁娶事宜；不得操办婚丧嫁娶以外的房屋落成、迁新居、开业、老人寿辰、生日、子

---

[1] 1854 年《利川冉氏族谱》记载的族规、族禁。

[2] 《中华覃氏志·利川卷》第 73 页，恩施土家族苗族自治州民族宗教事务委员会藏本。

[3] 利川市地方史志编纂委员会．利川市志（1986-2003）［M］．武汉：湖北人民出版社，2010：482-483.

女升学、参军等一切庆典事宜，违者以大操大办论处。2006 年出台《关于进一步狠刹大操大办不正之风的通知》，规定严格执行利办通〔1999〕5 号、利办通〔2000〕46 号文件。2007 年出台 1 号文件《关于重申狠刹大操大办、赌博、收受和赠送红包不正之风的通知》，列在首位的仍是大操大办风，规定党员和干部不得大操大办婚丧嫁娶，在婚丧嫁娶之外不得操办其他庆典事宜，领导违反一律先免职，再给予党政纪处分。从这些官方文件规定看，该地大操大办"整酒风"在 2000 年后明显成为社会问题，已严重影响到党员、领导干部形象和干群关系，成为当地党政部门三令五申加以整治而未得到根本矫正的顽症。

从笔者所收集的 1989 年至 2023 年的普通家庭人情账簿 18 本和问卷调查看，社会"整酒"在名目、次数、礼金收支总额上，2003 年后呈快速上升趋势，尤其是 2008 年以后演化为一种社会灾难。

表 7-1 18 本账簿记载的城乡家庭"整酒"收礼情况

年份 礼金	整酒事由	单笔最高礼金	单笔最少礼金	单笔一般礼金	总收礼金额	整酒收支比	件数	备注
1989	新房落成	20 元	1 元	5 元	1050 元	2：1	1 件	农村
1995	结婚	50 元	5 元	10~20 元	3500&5670 元	3：1	2 件	农村
2003	结婚、老人去世	500 元	10 元	20~50 元	1.1&1.5 万	3：1	2 件	村、镇各一
2008	祝寿、结婚	1500 元	20 元	50~100 元	1.3&2 万	4：1	2 件	农村
2010	升大学、参军、结婚	2000 元	30 元	50~100 元	1.6~2.5 万	5：1	3 件	农村
2011	结婚、乔迁、小孩出生、祝寿	3000 元	40 元	50~200 元	1.5~4.3 万	5：1	4 件	农村城镇各二
2012	老人去世	2000 元	50 元	100~200 元	1.8 万	5：1	1 件	农村
2021	老人去世	5000 元	100 元	200~500 元	6.8 万	5：1	1 件	农村
2023	结婚	5000 元	100 元	200~500 元	6.3&10.5 万	5：1	2 件	农村城镇各一

从表 7-1 中可明显看出：单笔最高礼金 2003 年比 1995 年增加 10 倍，礼金总收入增加 3 倍，到 2011 年则比 1995 年增加 60 倍，礼金收入增加 5~8 倍。单笔礼金和总额的增加说明整酒事由、参加人与频率已超出传统限制，成为社会问题；而收与支比的扩大，从经济学视角看，整酒已成为有利可图的生财之道。

表 7-2　城镇家庭送礼 50 份问卷统计

年份礼金 礼金	单笔送礼最多（元）	单笔送礼最少（元）	单笔送礼一般（元）	年度礼金支出总金额区间（元）	年度礼金支出占家庭总支出
1989	20	5	10	100~300	5%
1995	100	10	20	200~500	8%
2003	500	40	50	1000~2300	20%
2008	1000	50	100	4000~8000	30%
2010	2000	50	100~200	7000~15000	50%
2011	2000	50	100~200	8000~21000	65%
2012	2000	50	100~200	1500~3400	5%
2022	10000	200	200~500	5000~15000	25%

表 7-3　农村家庭送礼 45 份问卷统计

年份礼金 礼金	单笔送礼最多（元）	单笔送礼最少（元）	单笔送礼一般（元）	年度礼金支出总金额区间（元）	年度礼金支出占家庭总支出
1989	10	1	2~3 元	30~150	5%
1995	50	5	10	50~300	8%
2003	100	10	20~50	1100~2500	15%
2008	1000	20	30~50	1500~5000	36%
2010	1500	30	50	6000~15000	50%
2011	2000	40	50~100	8000~18000	65%
2012	1000	40	50~100	1200~2000	5%

续表

年份礼金礼金	单笔送礼最多（元）	单笔送礼最少（元）	单笔送礼一般（元）	年度礼金支出总金额区间（元）	年度礼金支出占家庭总支出
2022	5000	100	200～400	3000～8000	20%

从表7-2、表7-3城乡居民礼金支出看，单笔一般支出随社会经济变化也有增加，但无明显变化。变化最大的是2003年后，一是单笔最高礼金支出明显增加，这主要用于姻亲、血亲及其他利益攸关者往来，这说明"整酒"行为使传统社会中最牢固的基本社会关系也变得极其功利化。二是总支出明显加重，特别是2008年至2011年礼金支出占了城乡居民总支出一半以上，这说明"整酒"频次明显增加导致人情频次增加。农村礼金总额虽然比城里小，但支出比基本相同，而农村由于收入来源狭隘，很多农民依靠传统农业收入就尤其困难，因此农村的整无事酒对村民危害更为严重。

从上述可知，民间"整酒"行为在2010年前后由原来的"喜庆与互助"发展到"喜庆与面子"再到"敛财为主、喜庆为名"的转变，"整酒"行为不知不觉中发生了质变、异化，成为名副其实的畸形经济行为，民俗的文化意义被架空，礼物规范被物化，礼物的薄厚与关系的远近呈现比例关系，关系越近，礼物越厚，关系越远，礼物越薄；礼物的薄厚与面子的大小呈现比例关系，礼物越厚，面子越大，礼物越薄，面子越小。为了维持彼此的关系和面子，赶礼成为关系维系的信号，礼金越送越多，越送越大，人情债务越背越重，当赶礼的贴现率越来越低时，赶礼就成为一种沉重的负担。民间总结说："一年整个酒为赚，三年整两个酒为保本，四年不整酒为亏。"为此，一个家庭即使没有由头，4年内也必须要整酒，"名目自己找"，长期下来，恶性循环愈演愈烈，最终成为社会公害，突破了社会公众的承受底线。

从访谈中了解到，大操大办的"整酒风"首先在掌控社会资源的党员、干部中兴起，然后向社会精英扩展，最后逐步蔓延到社会普通群众，将社会每一个成员网络其中，成为社会人人参与、绝大多数受害的罪魁祸首，整酒习惯规则被严重异化，不少村民连买肥料、种子等必要生产资料的钱也被搜刮。它不仅使社会公众的大量时间、精力、金钱浪费在这种不产生社会生产力的酒宴中，让村民不堪负荷，而且毒化了社会关系，使传统的人伦关系、人际关系变成赤裸裸的金钱关系，传统民谚说："亲不过郎舅"，现在变成了"郎舅亲不亲，看你送多少礼金"，礼金数量的多寡成为关系亲疏的标尺。甚至出现公开索要礼金，强迫他人参加自己办的酒宴，恶意投资性送礼等各种怪现象。这种畸形的金钱关系动摇了社会信任的基石，社会交往变得短期化、功利化，致使城乡社会进入"低信任、难组织、少约束的散乱状况之中"①。

是什么原因导致一个良俗在短短的几年内变成恶俗，成为社会灾难？究其原因：其一，传统社会自治组织已丧失社会权威性，不再承担"整酒"风俗规制。与传统社会相比，当代社会最大的变化在于我们通过社会主义改造后原有的社会结构被改变，民间原有自治组织基本被消灭。宗族、行会、乡党等民间自治组织在新中国成立后很长一段时间被视为反动的、为封建主义服务的落后的东西，禁止其活动。人民公社时的大集体统一政治管制，使这些民间组织失去制度空间与存在价值。改革开放后特别是 1999 年宪法修正案明确中国发展市场经济，个体、私营经济是市场经济的重要组成部分后，不再统一禁止民间宗族、行会、乡党行动，甚至近几年在某种程度上国家还在扶植，使其成为社会治理的力量。但是，经过近三十年的市场经济发展，社会人的个性化程度越来越高，这些组织已难以重生，即使在一定范围内得以重生②，也早已失去昔日权威和存在意义，无力承担起社会治理责任，年轻人根本不会听从宗族规约的约束。

其二，新社会自治组织缺乏社会自治能力，无力承担"整酒"习惯规制。新中国成立后建立的社会基层地方政治权威组织，因改革开放、发展市场经济，需要进行大幅权力收缩，乡以下改由村民自治，不再由行政直接控制。这种新的村民自治组织——村民委员会，虽然被国家法赋予了自我管理、自我教育、自我服务，实行民主选举、民主决策、民主管理、民主监督职能。但是它既无传统的血缘基础，也无新型社会的经济基础③，它的建立是基于原来大集体时行政划分的一种简单的地域关系，其组织机构——村委会虽然也是经过民主投票选举，但是从村民投票的严肃性与候选人的自身条件看，远没有达成民主权威，因此，村级自治组织在一定程度上可以说是既无资合也无人和的一种空头组织，

---

① 吴森，陈钰. 乡村过事的赢利化及其后果 [J]. 华中科技大学学报（社会科学版），2013（2）.

② 这方面的例证主要是 90 年代中后期武陵山区各宗族的修谱活动，有的人试图以此凝聚宗族势力，成立宗族理事会，干预宗族人员行为，在新谱中也结合新的形势制定了新家规，但是事实上得到民间支持者甚少，很多年轻人对入不入谱无所谓，对新家规知之者极少，基本只是修谱者的自娱自乐文字游戏。

③ 利川市元堡乡 26 个村中 80% 的村级组织没有任何村级集体经济，是名副其实的空壳村，剩下的 20% 的村的村级经济也在 1 万元以下，利川其他乡镇甚至整个武陵山区，据笔者不全面的调查大抵如此。

社会聚合力极差，自治权威无从谈起。加之按照现有法律规定，村委会无任何强制与处罚权力。所以，即使有的村寨过去也按照上级要求制定了新时期的村规民约，如元堡乡《毛针村村规民约》规定："婚嫁喜事不准大操大办，厉行节约，反对浪费"，团堡镇《野猫水村村规民约》"不借婚丧喜庆事宜，大操大办，收钱敛财"。但是，实际上是纸上文字，在社会大环境日益物化的现实面前，单靠村委会根本无法执行，事实上也没人去执行。

其三，国家法缺位，习惯法缺权威执行组织。今天的中国事实上推行的是社会多元规则治理，一方面虽然国家法日趋完善，但是，针对地方特殊生活方式不可能有国家法律能做到面面俱到。针对民间请客送礼、大操大办的整酒行为，除非能上升到利用公权力谋利的行贿、受贿有刑法调整，在一般交往中如果不发生具体的个人矛盾并请求司法介入，则基本上国法不起作用，被束之高阁。在国家法律调整缺位的社会公众生活，很多只能由习惯法来调整，习惯法规则在民间的"死灰复燃"已是必然。但问题是，习惯法今天调整的社会已不是传统社会，在习惯法规则理解与执行中由于今天缺乏相对统一的有权威的执行组织与监督组织，习惯法不再是行为与裁判规则的合一，而只是行为规则，每个人按照自己的行为去理解。由于不是裁判规则，当有人不遵守共识性时无人干预。因此，逾越习惯法规范、曲解习惯法意思，积年累月就成了常态，习惯法最后发展成任何人可以根据自己需要来解释或者不解释的道具与遮羞布。

其四，经济与社会转型，新的行为规则体系没有同步推进。近年来随着恩施机场扩建，铁路、高速公路的开通，利川进出大门洞开，加之乡村通电、通路、通网的"村村通"工程实施，人们的生活节奏加快，社会整体生活条件大为改善，个人与家庭解决自身生活能力较过去明显增强，对社群依存度大为降低，更多人考虑问题更关注自身经济利益，不像过去关注长远利益，关注与社群远期和谐，短期内催生了一部分人的金钱拜物教。这从社会视角看要求建构适应新的经济生活环境的新的社会行为规则。然而，现实是这种新的上层建筑严重滞后。

于是，在社会转型时刻，一方面，自然经济条件下长期形成的强调亲情、有义，注重面子、不伤和气的惯性思维，和人们对未来因社会保障体系缺失而存在的不确定性忧虑，促使人们在"整酒"问题上明知吃亏也抹不开面子，明知他人不怀好意也不愿撕下面子不去参加。另一方面，有的人也正是看到了、把握了这种民情："实惠比面子重要"，"杀熟"这一强盗都遵循不干的规则在现在成了有些人敛财的良方。把良好的互帮互助、喜庆热闹的"整酒"习惯借用为谋利敛财的工具，名目从婚丧嫁娶、修房造屋、生子、升学、参军、生日，再到后来的想各种办法"整无事酒",借此敛财无数（如2011年元堡乡李某一年内因儿子结婚、女儿出嫁、儿子添孙子、自己装修房子、父亲母亲生日共整了6次酒）。刚开始一段时间内一般人也能忍受，但是经年累月，送的太多，也想到收回人情债，于是你刚唱罢我登台，一些原本不愿加入的成员最后也被迫加入。笔者在实地调研中就见过忠路乡某村一杨姓单身汉，因小时家里做鞭炮发生爆炸失去家人，实在找不出合理的"整酒"理由，但是多年不停地为邻里送礼，后来就在2011年5月自己养的母猪生仔后整了一次"发财酒"，借此收回自己多年送出去的部分人情账。如此恶性循环，良俗在现代社会经济变迁大潮中最终演变为民间基层无法自拔的恶俗。每逢节假日、农闲季节及每年秋季开学前后都是"整酒"高峰期，"最多的时候，一个月要送出去三五千，最少每月也要数百元。很多时候拿不出钱，借也要去借来送"。"人情不是债，卷起铺盖卖！"花样百出的"整酒"风不仅未加深人情，甚至导致亲戚之间反目成仇也时有发生①。从笔者在利川随机问卷调查统计150份数据看，多项选择：热闹喜庆、拉近人际关系、收人情、传播传统文化、其他共五项中，"整酒"收人情成为最重要的目的，占95.1%，其他目的如热闹喜庆占25%、传播传统文化占12%、拉近人际关系占10%、其他占2.6%。在办酒的主要活动选项中：吃喝、交流信息经验、拉近人际关系、传播传统文化分别为100%、28%、15%、7%。所以，利川市市长形容整酒风是"整坏了党风、整坏了政风、整坏了民风、整坏了家风，失去了理智，丢掉了人格"。

三、治理整酒习惯，地方政府有责

从社会调查看，整酒问题从面上看热热闹闹，家家户户都在整酒，想办法整酒，私底下人人怨恨整酒。这看似无法理解的矛盾，实则是社会个体在无力改变现状时不得不采取饮鸩止渴的对抗行为。因为谁也不愿把自己辛苦挣来的血汗钱拱手白白送人，因此，社会公众发自内心希望改变这种现状，重塑社会习惯规范。最早在恩施州开展整酒行为治理的鹤峰县，2011年5月下旬在该县太平、容美、中营、走马、燕子等8个乡镇的14个村调研，"76.1%的受访者对农村整酒现状不满意，64.5%的受访者认为人情支出占了家庭收入的一半及以上，90.7%的受访者认为人情比较重或很重，87.6%的受访者认为人情呈逐年递

---

① 《恩施晚报》2013年6月4日就曾以"儿子结婚妻弟未到场祝贺，巴东村民门前挂纸牌讨人情钱"为题，报道巴东县清太坪镇双树坪村的蔡某，被其姐夫谭某在大门上挂纸牌向他讨要人情账8000元的事。

增之势，71.9%的受访者赞同和接受禁止婚丧嫁娶以外的整酒"①，与鹤峰相比，利川的整酒风更为严重，2008 年笔者在恩施州法院组织的各县法官培训时进行的问卷中，35 名法官一致认为利川的整酒风比其他各县都严重。在利川所做的调研访谈中，感到社会公众希望改变现状，制止这种恶俗，建构一种简单、宽松、和谐社会关系的心情比鹤峰更迫切。

但是，谁来做？怎么做？从国家法中心主义视角出发的形式法治原则无能为力。原因是：第一，行政整治无国家法依据。虽然我国迄今颁布了大量规范人们社会交往的法律法规，利川也和全国一样进行了"五五"普法，司法部门进行了各类法律宣传。可是这种涉及习惯礼尚往来的民间交往问题，国家法却显得过于原则而不接地气，宪法第四条明文规定：各民族"都有保持或者改革自己的风俗习惯的自由"。整酒行为明显属于风俗习惯，依据宪法规定，国家对民间整酒风无强制规范，在无具体法律规定下，到底是改革还是保持？应由人民自己决定。可现实是他们需要外在力量帮助他们来凝固决定、执行决定，然而，国家法的行政执法部门很难找到相应条款来帮助他们。

第二，村民自治无法形成联动机制解决跨区域整酒风。整酒行为是跨村、跨乡甚至跨县的，通过村民委员会组织法由村民自治通过村规民约整治，只能局限于单个的特定的村，无法溯及其他村寨形成联动机制，这就使得民间整治既缺乏权威也缺乏社会整体效应，更缺乏公平，因而实际也是行不通的。

第三，司法规范不可行。司法规范首先以当事人起诉为前提，可现实是"整酒"行为的当事人都是邻居与亲朋好友，彼此关系纷繁复杂，大家打交道看重的是社会利益、长远利益的整体效益，所以，人们宁可为人情债在背后骂娘结私怨，也绝不会公开结仇进法院起诉。其次，规范"整酒"行为的既有规则是整酒习惯法，一是习惯法无国家法确认其强制力，法院不能直接适用习惯法拘束当事人，即使适用"公序良俗"不阻止司法适用，但是个中分寸亦难把握。二是习惯法也未赋权法院为执行主体，法院适用整酒习惯法禁止整无事酒师出无名。最后，司法处理的是个案，法院只对借整酒行为进行权力寻租的行贿、受贿行为，和因整酒发生矛盾的个别纠纷才能裁判，这种个案无法对社会性整酒风起到扼制作用。

第四，党纪整治约束力有限。利川早在 1987 年就出台了相关规定禁止党员干部大操大办，此后于 1999 年、2000 年、2006 年、2007 年相继重申了相关规

---

① 朱杨，唐红珍，向红艳：《鹤峰：向"整酒风"宣战》，http://www.enshi.cn/2011111 7/ca235923.htm，2012 年 5 月 7 日访问。

定，但现实是整酒风愈演愈烈。原因是整酒本是民俗，党员干部只占社会的极少数，约束了党员干部约束不了社会大多数，靠党员干部的带头作用无法阻止这样一种社会行为，事实上很多党员干部是整酒风的受益者，只有极少部分是受害者。所以，党员干部并不齐心，不少人阳奉阴违，在会上传达文件强调不能大操大办，会后却自己举办、参与或帮助职工大操大办。

但是，从社会需要看，转型社会要求建构与社会经济结构相适应的新的行为规范，也就是要把国法与社情民意结合起来，推动社会形成具体的切合社会正向发展的民间习惯法，使社会步入低成本高效率的运行模式，这需要从宏观上进行整体布局与实施，从组织与执行能力看，能担此责的唯有地方县级以上人民政府。政府干预民间整酒风虽然于国家法无据，有滥用公权干预私权嫌疑。但从客观情势看，整酒风的泛滥已危及社会秩序，"如果一旦坚持法治定然导致灾难，那就要修法，修宪，甚至违宪，因为宪法'并非自杀契约'，活人永远不能给尿憋死"①。在这种特殊情况下，"权力的短缺也可能损害公共利益和社会秩序"②。因此，基于正当目的应允许权力有限推定，法律应该让位于行政执行权。2012 年年初利川市政府的禁止违规"整酒"行为正体现了这个原则。

利川市政府禁止违规整酒的基本做法是：第一，分析了整酒风泛滥的原因。认为过去的整治只注重了面上规模的遏制，没有揭示面后的实质是敛财，导致社会没有羞耻感；只注重了惩处收受者，没有注重惩治送礼者，导致受礼者仍有可乘之机；只注重整治党员干部职工中的大操大办，没有整治农村村民和城镇居民的大操大办之风，导致社会整体风气不正；只注重了运动式执法，没有形成长效机制，导致整治不全面、不彻底，使名目繁多的整酒风愈演愈烈。

第二，组织动员，明确职责。市委书记要求突出"刹歪风"，大张旗鼓树正气，"我们党委政府要抓老百姓不满意的问题"。市长明确表示："我这个市长有责任！我们的政府有责任！纪检监察机关有责任！"从而明确了治理整无事酒属于政府职责，不是额外任务。

第三，定性，定责。2012 年 3 月 5 日，市委、市政府下发《关于狠刹违规整酒风的紧急通知》，宣布"除婚丧嫁娶以外其他一切整酒均视为违规整酒"，将违规整酒行为定性为敛财行为，这就揭开了掩盖在温情脉脉下的整无事酒丑陋的面纱。明确"党政一把手是第一责任人"，"发现一起，党政一把手一律先

---

① 苏力. 法律人思维［J］. 北大法律评论，14（2）. 又参看：［美］理查德·波斯纳. 并非自杀契约：国家紧急状态时期的宪法［M］. 苏力，译. 北京：北京大学出版社，2009.

② 喻中. 法律文化视野中的权力［M］. 济南：山东人民出版社，2004：202.

停职，再整改，后立案"，将禁止违规整酒由党员干部扩展到全面规范市域内所有人员，将整治违规整酒行为视为党政负责人执政为民必须解决的社会工作。

第四，吸纳群众参与，全力组织实施。通知下发后又出台《违规整酒问责实施办法（试行）》和《党员干部问责实施办法（试行）》，要求各单位、各乡镇、街道于 2012 年 3 月 15 日前，将贯彻执行情况报市治庸办。市纪委监察局、市治庸办组织专班到各乡镇、街道、村（社区）和市直各部门各单位明察暗访，接受群众投诉举报，严肃处理违规党员、干部。据统计，2012 年，该市各级纪检监察机关共受理群众信访举报 511 件次，各级各部门累计劝阻违规整酒 2000 余次，6 名党员干部因违规整酒被严肃处理①。

第五，乡镇、部门向全社会深入宣传，形成社会压力。例如，元堡乡在全乡 26 个村召开村民大会、小组会、院子会，深入各家各户宣传禁止违规整酒政策，并同村民签订责任状 8000 多份，张贴公告 260 份，发放宣传手册 1200 余册，张贴宣传标语 80 幅，做到人人皆知。同时，组建巡查专班，公布举报电话，派巡逻车巡查，以高压态势遏制违规整酒风。

笔者在元堡乡毛针村看到由村民与村组签订的承诺书："为树立文明新风，打击歪风邪气，很刹违规整酒的行为，本人向元堡乡人民政府、村民委员会及广大亲朋好友郑重承诺：（1）自觉遵守利川市委办公室和市人民政府办公室《关于狠刹违规整酒风的紧急通知》和中共元堡乡委员会、元堡乡人民政府《关于狠刹违规整酒风的公告》和《毛针村村规民约》的有关规定。（2）除婚丧嫁娶以外，自己不举办其他一切形式的酒宴，同时不参与亲朋好友举办的其他一切形式的酒宴。（3）自愿监督举报党员干部和亲朋好友举办的除婚丧嫁娶以外的其他一切形式的酒宴。（4）积极举报揭发违规举办酒宴的其他行为，做到有情必报，不包庇不纵容。（5）若违背上述承诺内容，本人自愿承担一切后果和法律责任。"

同时，笔者在利川市南坪乡营上村，看到 2012 年 4 月新修订的《营上村村规民约》中有一条颇具特色的规定："严禁违规整酒，如若发现违规整酒，操办整酒的总管罚 200 元，支客罚 200 元，礼房、出纳等人各罚 100 元。"笔者首先不解，经过调查了解到，在乡间进行整酒活动，要使酒宴顺利进行，需要总管、支客、礼房三方作为支撑。总管是举办酒席的人请的总经理，负责全面安排整酒各项工作，一般会请村里最有威望和组织能力的人担任，以彰显办酒人的能

---

① 《震荡清江源——利川狠刹违规整酒抓作风建设纪实》，http://www.lichuan.gov.cn/art/2013/3/15/art_ 28_ 117924. html。2013 年 5 月 10 日访问。

力与面子；支客是负责接待和招呼到来的客人并且负责上酒等应酬事宜；礼房被我们俗称为会计，负责记录来宾送的礼金，通常会请毛笔字写得好的文化人担任。出纳，负责替整酒的人收取和保管客人送来的现金，通常由整酒人的至亲好友担任。因此，若想整酒，这三方缺一不可，村规民约制止了这三方也就制止了整酒的人，使整酒的人成为光杆司令，无法整酒。

我们分析一下政府行为的性质，从对党员干部来看，是行政命令，违法者将受到党纪政纪处理。对社会普通老百姓而言，则是行政指导行为，一是从法律层面看，民间整酒行为本身属于私权利行为，国家法没有赋权政府进行干预，二是从实际执行看，政府始终只是对老百姓开展教育、说服，形成舆论压力，没有真正处理一起普通老百姓的整酒行为。

这种行政指导对民间自治力量的影响却是极大的。首先，政府指导行为的介入，为村民抹不开的面子找到了台阶，不参与整酒送礼钱变得名正言顺，行政指导成了公众自觉抵制整酒风的挡箭牌。其次，行政指导的介入，使村民委员会获得了权威感和力量源。现实中较为软弱的村委会由于有来自上级政府公权力的支持，其行为有了底气，对不自觉的整酒行为可以公开干预，民间自治力量与政府行为形成了合力。例如，村民与村组签订承诺书，依据的第一条便是市、乡政府的红头文件。再次，行政指导的介入，使村规民约获得了正当性，形成了联动机制，加强了村规民约对整酒事宜的直接控制力。有的村规民约很早就反对整无事酒，但是没有得到执行，原因是村规民约的约束范围太小，使得村规民约制止跨村、乡整无事酒的正当性存在问题：如果处理会导致不公（有的处理有的没处理）和不能（有的无权处理）。行政指导的介入，使不同村的村规民约内容上相对统一，执行上相对一致，对所有村民有效约束，从而获得正当性。最后，在基层政府的强力倡导下，村规民约中的原有提倡、软处理经过村民大会修订变得强硬有力，民约惩处与民约外的行政处分相互结合，对整酒风的遏制达到实效。

村规民约对行政指导进行了积极回应。其一，村规民约在禁止违规整酒规则中体现了民间智识。营上村村规民约针对总管、支客、礼房和出纳的处罚，是以四两拨千斤，没有采取针对全体村民的普罚措施，避免了群体的反感与处理实施的不能，却达到了整治的效果。其二，村规民约在正常的整酒活动中增加了程序性限制。例如，在操办婚丧嫁娶时，村民需要通过申请，由小组长、村主任依次签字，然后报乡政府督察室备案。酒席桌数一般为15桌，不超过20桌。这就从规模与程序上控制了可能存在的违规整酒行为。其三，村规民约增加了其他刚性制裁措施。例如，营上村村规民约中规定："若违规整酒，则对整酒人家中享受的低保和其他政策性补助等予以取消。"此条的合法性虽然值得推敲，但是至少反映了村规民约的刚性。

通过上述分析，我们可以看到：整酒风的背后是习惯法的失效与国家法的束之高阁而虚置化，政府实施禁止违规整酒则是政府作为动态的国家法的能动性体现。在实施禁止违规整酒中政府行为与民间力量相互影响，形成"第三领域"，实现简约治理①。政府并不直接制裁处罚民间整酒，民间不追问政府行为的合法性，二者相互妥协与合作，通过村民自治修订村规民约，建构长效机制，形成社会新的习惯法，实现社会简约治理，达到禁止整无事酒，形塑良俗的社会效果。政府指导行为的干预，事实上给予村规民约在实施过程中更多的权威和后盾，使承载着习惯法规范的村规民约获得表面的正当性与权威性。村规民约对基层政府指导行为积极回应，大力支持，其根源在民意，是民间对传统的良善习惯法真心的渴望被政府所把握，正是这种强烈的民意基础促成了政府与民间社会的协作，二者的真情互动，克服了国家法与习惯法各自独立运作中存在的巨大漏洞问题，协调了国家法与习惯法的正面冲突，解决了普通老百姓生活的大难题。所以，政府与村规民约规制整酒行为的真正合法性与正义性是民意，要求还整酒习惯为良俗。然而，从短期的治理效果来看，政府指导行为的介入，是整酒风得到迅速遏制的关键火力，村委会、村规民约表面上只扮演着上传下达的角色；但从长期的治理和控制效果来说，村委会、村规民约等民间自治力量的有效约束，是遏制整酒风，形塑良好社会风气的长效机制，实际扮演着主角。我们必须看到代表国家法的政府行为与代表习惯法的民间力量在治理社会秩序过程中所具有的强项与面临的短板，需要二者取长补短。只有双方长期的虔心合作与妥协，形成第三领域，才能既节约行政成本，又保证禁止违规整酒措施的无缝隙落实，避免运动性整治的一阵风，真正实现民间整酒风俗长期的良善性。

四、恩施州各地政府整治民俗习惯的特点与启示

恩施州禁止违规整酒，首先从鹤峰县开始实施，然后在恩施州的其他县市

---

① 黄宗智在《清代的法律、社会与文化：民法的表达与实践》（上海书店出版社，2001年版）中提出"第三领域"概念，认为在清代民间调解与官方审判之间还存在着一种纠纷处理中的第三领域，意指在官方的正式权力与民间的非正式权力运行之间存在一个交汇的中间地带，体现的是二者相互妥协与合作。黄宗智在《集权的简约治理》（载《开放时代》2008年2期）中认为这种治理的基本进路——有了控诉才介入，并尽可能依赖民间调解和半正式程序——不仅运用于民法体系中，也广泛地运用于整个清代地方行政中。笔者此处借用此概念来反映政府与民间对禁止违规整酒风的互动关系。

全面展开，取得了良好社会效果，受到社会绝大多数公众的一致肯定。2022 年笔者再次实地调研，原先担心的一阵风整治过后又会死灰复燃现象并未发生，且其正向功能已经影响到近邻重庆市石柱土家族自治县，该县于 2013 年通过考察利川市的具体做法，也在当地开展整治整酒风。通观恩施州各地政府禁止违规整酒，整治民俗，重塑社会风俗习惯，有如下特点与启示：

1. 重塑习惯的时机以社会客观需要为准，"该出手时就出手"。无论是最先实施禁止违规整酒的鹤峰，还是笔者调研的利川，政府下决心实施治理行为都是在社会对整无事酒恶俗认识高度统一，要求极其迫切，渴望政府介入的情况下采取的行为。这就决定了其行为的群众基础十分扎实，行为一旦实施立即得到广大社会公众的积极响应。鹤峰县签订禁止违规整酒和吃违规酒承诺书或责任书 12285 份、劝退违规整酒 1383 家、劝退违规吃酒近 10 万人次、处理违规整酒 8 家①。利川共受理群众信访举报 511 件次，累计劝阻违规整酒 2000 余家，6 名党员干部因违规整酒被严肃处理。如此大规模的行动没有极好的群众基础是不可想象的。

2. 重塑的限度以充分尊重习惯，实现习惯向善为准。"一个社会在对既有习惯风俗的引导过程中，须尊重既有群体的历史与文化，须尊重在那种历史与文化中所形成的独特价值精神。"② 整个恩施州各县市政府重塑社会风俗都是在充分尊重民间习惯法基础上实施的，不是另起炉灶、标新立异。所禁止的只是与传统习惯法不符的整无事酒，对社会公众长期以来认可的婚丧嫁娶四类民间整酒行为并没有禁止，这就从心理上与社会公众走到了一起。当然，除婚丧嫁娶，是否一律不能办？习惯法禁止的是利用整酒行为营利，肯定的是民间互帮互助。比如，农村建房能否整酒，很多人一生也就一次；老人祝寿能否整酒，这关乎的不仅是子女的孝道，也是在向社会传播孝文化，因此，这两种一刀切禁止，短期内由政府采取疾风骤雨有必要，但是长期看，当政府拨乱反正，退出直接干预后，民间会自动校正，从笔者 2022 年的调查看，个别人整的"无事酒"基本上是自己多年没有事情，整酒只是为了收回自己多年送出去的礼金，为社会所理解和认可，从社会整体看，现在基本没有人基于纯经济谋利目的而整无事酒，整酒习惯因政府的强力干预最终回归理性的良俗状态。

3. 重塑的方式以宣传教育、指导为主，个别处理为辅。政府在介入地方风俗重塑时表面看是行政命令，设置了起点、种类、责任后果，但是执行时只是

---

① 洪健萍，向红艳. 改变的不仅仅是一种陋习 [J]. 民族大家庭，2012（1）.
② 高兆明. 论习惯 [J]. 哲学研究，2011（5）：74.

一个规范性指导文件。各级政府、部门和基层自治组织在执行措施上主要采取的是行政指导行为，通过深入细致的宣传、教育与说服，并没有对社会公众采取硬性行政强制和行政处罚。对顶风整酒的人只处理党员、干部，对干部采取严肃的党纪、政纪处罚，对普通公民只采取规劝教育，这就避免了公权力与广大老百姓私权利的正面冲突可能引起的法律纠纷，也再次说明行政指导是我们应该好好研究和运用的一种协调国家法与民间习惯法冲突的良好行政方式。

4. 重塑的关键在于管好党政领导干部。民谚说："村看村，户看户，群众看干部。"整酒风俗首先在党员干部中流变、异化，成为他们进行利益交换，借机收受好处、贿赂的幌子。汉书说"上之所化为风，下之所化为俗"，当利川市委市政府将各部门、乡（镇）、街道的党政一把手和村（社区）党组书记作为履行本辖区内狠刹"违规整酒风"第一责任人时，就管住了公权力寻租的"正当性"，社会良俗之风必生。摆脱了公权力的私利化魔咒，公权力就成为社会公正的维护者和良俗的引领者，私权利也就能平等相处，摆脱彼此的依附。如此则民间整酒行为自然会回归习惯理性，回归民间自治，成为个人情感真实、理性的表达。

5. 民族地区政府应积极推动形塑良俗的单行条例出台。政府介入民间"整酒"风俗整治，形式上是公权力对私权利的干预。从目前我国法律看没有直接适用的公法依据，只有特殊适用的规范党员干部的党纪国法，因此，利川政府在执行强制措施上真正处理的只有6名党员干部。作者在调研中曾问利川某乡负责开展此工作的乡长，如果整酒人员不是党员干部，不听劝告与教育，怎么办？该乡长也很为难，真要面对这样的"刁民"，乡政府只会出动宣传车在现场宣传，通过舆论使其中止，好在执行中并未发生这种事情。为了避免政府行政的尴尬和民间习惯法在当下法律体系下的软弱无力，作者认为，我国将来在行政程序法制定时，应当借鉴民法典第十条规定，确认习惯法在不违反公序良俗下可以成为行政执法的补充法源，避免现实中政府执法的依据尴尬。民族区域自治地方政府则应适时启动自治立法，通过地方人大将良善的习惯法与社会新要求有机结合，出台单行条例，对民族地区诸如高价彩礼、整无事酒等行为进行立法规制，形塑良俗标准，为政府提供执法依据，为老百姓维护好的习惯，制止不好的、发生变异的有害行为习惯。

6. 重塑应着力借用民间力量，构建长效机制，形成新的行为习惯法。政府干预整酒行为主要是在民间习惯法暂时性失效情况下不得已的行为。从公权力有限视角看，禁止整无事酒行为不宜由政府长期直接介入，主要应充当民间力量的组织者和后盾，成为影子政府。因此，各地政府在强力推进整酒风俗改革时，主要应指导地方基层自治组织出台新的村规民约，恢复习惯法的强制力，培植民间自治群体组织势力，建构一个民间长效的制度规则和集体力量，通过扶持自治力量与民间正价值，形成民间新的集体记忆——行为习惯法，达到事半功倍的治本之策。

7. 重塑应注重官民互动，夯实民意根基。政府整治违规整酒风是真正体现"权为民所用，利为民所为"的行为。启动禁酒令是在民间迫不及待的期待下实施，实施中通过广泛宣传教育，取得社会共识，在行动中老百姓积极签承诺协议，举报违规者，说明行为是顺民心、合民意，禁酒令有着深厚的民意根基。虽然在实施过程中政府也轰轰烈烈开动了国家强制力，但是并没有受到民间抵制，这不是政府行为本身真有多少强制力量，而是因为行为早已聚集了足够的民意力量，因此，行为实际上是官民互动的结果。可以说，夯实重塑行为的民意根基是禁止整无事酒能收到实效的根本原因。

五、结语

武陵山区整酒习惯法承载着老百姓传统文化和传统生活方式。在社会发生三千年未有之转型时期，当地已然是一个自然经济与市场经济并存的社会，一方面，自然经济强调亲情、有义，要求注重面子、表面和谐；另一方面，市场经济讲究营利，主张私权平等、主体独立，个人权利本位、明晰权利边界的法律理念在今天公众的实际生活中正在自然长成。两种经济基础上形成的两种价值体系、两种行为规则交织在一起形成激烈的碰撞，导致社会利益失衡，进而使民间习惯法与国家法两种规则在调整某些社会关系时通通失效，社会希望建立更加公平、简洁的社会交往模式，维护宽松的低成本社会运行规则，这需要政府来组织、来推动，这是政府治理整酒习惯的经济基础与民意基础。调查证明：引导、重塑民间习惯，提升习惯法的良善性，推动国家法公平正义的地方化，地方政府有责任也有能力。除了对整无事酒进行治理，现实中的高价彩礼问题，政府也应该采取类似措施进行引导规制。

第八章

司法调判：民间习惯法与国家法新型关系的最终场域

第一节　司法最终场域的可能性

一、形式司法与司法最终原则的必要性

司法是一个国家在制度框架内设置的坚守社会正义、保障国家法律实施的最后一道屏障。习惯法与国家法的关系到底如何，有无触碰法律底线？有无协调的制度空间？最终要反映在具体纠纷案件的最后解决，也就是在制度框架下要到法院，通过具体案件的司法调判来处理、来检视。

我国人民法院处理案件，三大诉讼法的基本要求是"以事实为根据，以法律为准绳"，严格遵循法定程序，这是一种典型的形式司法模式。这是否意味着在司法中人民法院没有协调习惯法与国家法的任何制度空间？形式司法与情理法的习惯法无法兼容？其实不然。

国家法虽然具有体系完整、逻辑严密、结构科学的优点，但其局限性也十分鲜明，具体表现为：一般规则对个别案件之局限；有限规则对无限客体之局限；模糊规则对确定事项之局限；稳定规则对发展事物之局限；刻板规则对丰富内涵之局限①。因此，古今中外的形式司法从来都不是僵化的，一百多年前马克斯·韦伯担心的，随着形式理性的发展，司法会变成自动售货机，并没有变成现实。反而是通过司法去完善法律、发现法律，成为世界各国普遍遵循的一条基本规律。原因很简单，立法的不完善与滞后性是一个永远无法解决的世界性难题，这决定了司法要保持公正、权威，得到社会认可，就必须既有原则性，

---

① 董皞．司法解释论［M］．北京：中国政法大学出版社，1999：89以下．

又要有一定的灵活性，在司法中采取相关法律技术，发现法律、协调法律以成就"不得拒绝裁判"这条司法基本准则，所以，"对法律人来说真正的功夫是：在实定规范与社会事实之间做到张弛有度，在法教义学与法律实践主义的二元思维模式之间实现平衡。法官既要坚守规则，成为法律的守护神，又要在必要时合乎方法论地'超越'法律"①。否则，司法就不能有效解决社会纷繁复杂的矛盾纠纷，也无法树立司法权威。正因为如此，美国早在 200 年前就提出了能动司法的概念，我国学界与各级法院近几年也先后提出了能动司法。杨建军博士在研究总结了 1985 年到 2007 年最高人民法院所公布的 426 件民事案例后，发现我国人民法院在具体案件中的司法能动具有如下特点："其一，通过法律解释，赋予规则以新的含义，而这些含义大多是立法者所要表述的含义或法律文本的既有含义，只不过法官把它们揭示出来而已。其二，在裁判知识上，不再完全把国家的正式规则作为唯一的裁判依据。而是采用开放性的姿态来处理民事纠纷。这种开放，既包括国家法向社会规则意义上的开放，即国家法律向民间惯例规则、社会道德、民众常识和常理开放，也包括向国家的其他规则的开放，如国家政策的开放。其三，在司法方法上，不再完全固守逻辑推理，已经开始采取衡平司法、实质推理、价值衡量、利益考量等方法。"② 这说明我国司法在坚持依法裁判的同时，很早就从僵硬司法、机械司法中走出来了，在个案中从中国国情出发，实事求是开展能动司法，对中国"情""理""法"的传统特色司法进行整合，形成具有中国特色的社会主义司法理念与体系。

现在，随着 2021 年 1 月 1 日民法典的实施，民法典第十条："处理民事纠纷，应当依照法律；法律没有规定的，可以适用习惯，但是不得违背公序良俗。"明确赋予习惯法可以作为法院裁判的补充法源。最高人民法院 2022 年 3 月 1 日起施行的《关于适用〈中华人民共和国民法典〉总则编若干问题的解释》（法释〔2022〕6 号）第二条："在一定地域、行业范围内长期为一般人从事民事活动时普遍遵守的民间习俗、惯常做法等，可以认定为民法典第十条规定的习惯。当事人主张适用习惯的，应当就习惯及其具体内容提供相应证据；必要时，人民法院可以依职权查明。适用习惯，不得违背社会主义核心价值观，不得违背公序良俗。"这就对法院如何认定习惯、如何查明习惯、如何适用习惯作出了清晰明确的规定。为法院在协调习惯法与国家法关系上确立了明确的标准。使法院通过司法个案实现形式司法与情理法的特色司法兼容，消弭国家法与习

---

① 孙笑侠. 基于规则与事实的司法哲学范畴［J］. 中国社会科学, 2016（7）: 133.
② 杨建军. 司法能动在中国的展开［J］. 法律科学, 2010（1）: 59.

惯法的不适，软化现代司法所固有的僵硬性色彩，充分尊重基于不同的社会经济生活方式、宗教、文化传统所形成的习惯法法律意识、正义观念和纠纷解决方式，在坚持依法裁判的同时，兼顾习惯法的情理法，通过司法调判实现民间习惯法与国家法新型关系建构的司法最终原则。

"司法最终原则是指任何适用宪法和法律引起的法律纠纷原则上只能由法院作出排他性的终局裁决。"① 所有涉及个人自由、财产、隐私甚至生命的事项，一切因适用宪法和法律而引起的法律纠纷，一切法律纠纷的解决，法院有最终的裁决权②。这种司法最终原则就是在构建习惯法与国家法新型关系上将司法作为最后的把关措施和终极场域。

这种司法最终原则既有理论的盖然性，更是实际的必要性。

第一，习惯法传统纠纷解决机制的现实被否定与组织的不完善，政府行为的有限性，都要求国家司法具有最终解决权。社会发展到今天，武陵山区社会结构已经发生了根本性变化，第一章关于习惯法的现状考察显示，民间习惯法一方面确实存在，但是，另一方面确实式微也是不争的事实，特别是习惯法组织的彻底被改造，使其纠纷解决机制支离破碎。在缺乏组织机器支持下，单靠说理服人，缺乏应有的权威性和执行力。政府行为虽然方式灵活、种类很多，但是今天政府同样是有限政府，要受依法行政原则的制约，政府不是全能政府，其解决社会纠纷的能力也是有限的，而且其解决问题的方式方法是否符合社会客观要求，为社会公众认可，同样需要司法个案审查与判定，这种客观事实决定了司法最终场域的必然性。

第二，习惯法内在的天理、国法、人情一体性可以被引入司法场域。一方面，民间习惯法是老百姓千百年来特有的心理和意识的反映，它深受当地自然环境、经济生活、社会状况、历史文化、宗教信仰等因素的影响，有明显的地域性特点，这就要求在司法中必须考虑民众的特殊要求，不能用国家法的普遍性一刀切替代民间习惯法，而应该在处理特殊问题时，"特殊的就适用特殊的条文"（毛泽东），必要时运用习惯法规则来处理。另一方面，习惯法也是民间公众利益的正常表达，其内容与国家法意志、利益导向具有一致性。这就决定了它所坚持的天理、国法、人情并不是一个内外特殊的天外之物，而是外在不同但是内在相通的人类共性的东西，与国家法有相通的一面。所谓的与国家法差异也罢，冲突也好，关键是我们从哪个视角看。换一句话说，国家通过司法的

---

① 王雪梅. 司法最终原则 [J]. 行政法学研究，2001（4）：22.
② 程琥. 司法最终原则与涉法涉诉信访问题法治化解决 [J]. 人民司法，2015（5）：12.

技术操作，能够在习惯法与国家法之间找到内在协调一致的共性表达，将特殊性与普遍性在个案中有机衔接和整合，促进习惯法推陈出新，实现现代转型；促进国家法落地生根，实现国家法由普遍正义到个案正义。

第三，司法最终场域的设定有助于防止习惯法的分离化，实现社会秩序正当化。从调整利益关系角度考察，国家法从国家全局利益出发，强调法律的普适性，习惯法从特殊群体的局部利益出发，强调规则的地方性知识，突出法律因地制宜、缘俗而治的特性。"二者比较而言，国家制定法占主导地位，习惯法是一种有效的补救手段和协同方式，可以在特定区域里、特定人群中、特定时间段丰富和弥补制定法控制机制的不足，因此，在国家制定法面前，习惯法切记不可喧宾夺主，更不能越俎代庖。"① 然而，我国过去基本排除习惯法进入司法领域，这就导致民间二者主从关系并没有理顺，使司法裁判无法得到社会的认同，案结事不了，出现民间二次司法问题；有的因为司法无视习惯法使人们干脆在纠纷处理上完全屏蔽国家法，按照习惯法处理，彻底架空国家法；有的因为习惯法组织的缺失，本身表现得残缺不全，不能及时进行修补，其内容无法跟上社会时代前进步伐，在社会利益表达上出现"言不由衷"与逻辑混乱的问题，使习惯法在调整社会利益关系上出现异化、无序化趋势。现在，将习惯法引入司法场域，有利于引导习惯法的规范化发展，及时发现、校正习惯法通过个案展现出来的滞后问题、变异问题，避免习惯法的异化，通过司法运用淘汰习惯法中的陈规陋习，弘扬习惯法的良善性。

二、司法判决的有效性

司法最终原则不是源于法律的明文规定，而是源于司法判决的社会高度认同感所产生的司法有效性。如何避免民间规避国家法问题，如何防范民间二次司法问题？也就是司法判决如何具有社会权威性、实际有效力？主要是三方面。

一是决定程序的正义性。只要决定的程序符合正义，结果就更具有可接受性。也就是在司法程序上要让双方当事人感到公平，这种公平是看得见的公平，是他们在程序中能感受到的公平正义。这关键是按照我国相关诉讼法，将相关程序履行到位，让当事人把该说的话说清说透，让法庭真正成为人们说话的地方，成为一个最讲理的场域，让赢的人赢得理直气壮，输的人输得心服口服。"在决定过程中采用公正的程序，是发展、维护以及增强规则和权威的合法性的

---

① 李鸣．少数民族法制史研究的回顾与思考 [J]．民族研究，2011（1）：106．

关键因素，也是促使人们自愿服从社会规则的关键要素。"① 为此，法官在司法中既要做到中立，又要做好服务，适当的主动性，合理平衡当事人的诉讼能力，仔细倾听其合理诉求，认真查明案件事实，用老百姓能懂的语言诠释法律，站在双方当事人的中间角度为他们分析问题、解决问题，不偏不倚。

二是司法的能动性带来的判决的合法性与合理性。法学专家与法律实务工作者公丕祥指出，能动司法是关系人民法院工作科学发展的长久之计，法院应通过法律推理、法律解释、漏洞补充等法律技术的运用，弥补国家法律的不完善，妥善解决进入司法渠道的社会纠纷，在判决中"最大限度地实现形式主义与实质正义的统一，最大限度地实现实质正义的优先性"②。让法律的公正性合理性在具体的案件中体现出来。因为，"任何法律，不管讲起来多么天花乱坠，它必须得出一个在普通人看来、在当事人看来合情合理的结果，这是任何法律的合法性之最终所在。这种合法性不在书本中，不在什么第一原则中，也不在什么正义、公平这样的大概念中，而在现实的人们心中"③。因此，在现实的司法中，特别是在基层法院，面对千奇百怪的事情，法官很重要的就是在不违反国家法基本原则下，如何以各种可能的办法获取各方均能认可的结果，这个结果是双方当事人内心较为满意，最少能基本接受；同时当地社会公众能普遍认可，符合地方基本价值判断，不会议论纷纷；自然也必须符合国家法基本要求，不能明显违法，被国家上级机关所追究、所否定。

三是诉讼的经济性。今天的诉讼很多时候是赢了官司赔了钱，要么是在诉讼中耗费了大量精力与金钱，要么是事后无法执行，打了法律的白条。诉讼的经济性，一是程序的相对简洁、诉讼便利，而不是程序空转，二是法院判决的执行力，也就是能让赢了官司的人不在经济上吃亏，为此，一要让败诉方心甘情愿败诉，自觉履行判决，二要做好事前防范——财产保全，保证事后执行到位。关键还是判决的心悦诚服，因为强制从来就不是最有效的久治之策，不能心服口服的判决人们总会从其他途径找补回来。

司法裁判的权威、有效是司法作为最终场域的基础。没有社会的认可，即使是终审判决，人们也还会到处上访，还会采取其他各种各样的方式表达自己的不满，引发新的社会矛盾纠纷，甚至激化社会矛盾，出现新的刑事案件问题，

---

① [美] 奥斯汀·萨拉特. 布莱克维尔法律与社会指南 [M]. 高鸿钧，等译. 北京：北京大学出版社，2011：480.

② 公丕祥. 能动司法：当代中国司法的基本取向 [N]. 光明日报，2010-7-1（9）.

③ 苏力. 送法下乡——中国基层司法制度研究 [M]. 北京：中国政法大学出版社，2000：364.

无数现实中的问题案件已经证明。

三、司法中的司法解释权问题

司法判决是依法裁判，然而，"一个社会所具有的那种明文规定的实在法，永远无法囊括整个社会中的活法结构"①。因此，在司法中对法律如何理解？也就是司法中关于法律适用情景中的具体解释权问题是司法最终场域的关键性问题。没有司法的法律解释权，按照法教义学观点，用简单的统一规则系统来解说统治复杂世界，本身将面临巨大困难。如何将习惯法引入司法解释，进行适用？这涉及的是司法裁判时法院适用法律过程中对解释法律的合法性问题。

司法的法律解释权可以做广义与狭义理解，广义是指既包括法律解释，也包括通过司法改变法律、创造法律，也就是变通司法权，这在西方三权分立的国家比较普遍，只是别人不叫变通司法，而叫能动司法。比如，美国的能动司法"随着现代司法审查的崛起，司法审查权已经从一种实质上的解释性权力演变为一种立法性的权力"②，这种能动司法与我国能动司法有质的不同。狭义的司法解释，就是一种实质上的法律适用解释权，指的是严格按照法律目的、原则和意图，在宪政体制和法律权限内仅仅针对具体的裁判行为对法律的文义进行解释。我国的司法机关所拥有的司法解释权属于狭义解释权，依据是立法法第四十五条规定，涉及"法律的规定需要进一步明确具体含义的，法律制定后出现新的情况，需要明确适用法律依据的"，这种创造和补充的立法性解释权属于全国人大常委会。

为了弥补立法的不足，解决法律规则适用上的不确定性，我国立法法虽然只规定了全国人大常委会的法律解释权，但这是涉及立法的解释权，并没有排除司法机关的法律适用解释权。1981 年《全国人大常委会关于加强法律解释工作的决议》，规定法律解释权体制是：全国人大常委会享有立法解释权，最高人民法院和最高人民检察院享有司法解释权。实践中，最高司法机关仍行使着解释权，且在法律发展中扮演着重要角色。杨建军博士对 1985—2007 年间最高人民法院总计公布的 426 件民事案例考察后，认为我国法院法律适用的司法解释是"人民法院对于面临的疑案案件，更多的是在寻求文义射程范围内的能动解释"。按裁判中涉及的司法解释，包括：（1）法律关系认定和法理解析；（2）

---

① ［美］E. 博登海默. 法理学：法律哲学与法律方法 ［M］. 邓正来，译. 北京：中国政法大学出版社，1998：525.

② 杨建军. 司法能动在中国的展开 ［J］. 法律科学，2010（1）：55.

法律解释；（3）司法原则的运用；（4）惯例法律适用；（5）常识、常理在司法中的运用；（6）政策的认定和适用；（7）利益衡量。特别是"在裁判知识上，不再完全把国家的正式规则作为唯一的裁判依据。而是采用开放性的姿态来处理民事纠纷。这种开放，既包括国家法向社会规则意义上的开放，即国家法律向民间惯例规则、社会道德、民众常识和常理开放，也包括向国家的其他规则的开放，如国家政策的开放"①。这些案例所使用的司法解释从社会效果看都非常成功，树立了司法很好的正面形象，体现了人民司法的人民性，既没有超越法律的范畴，遵循了立法至上、依法裁判的原则，又弥补了法律文义的不足，这就是"在立法权的鸟笼里，法官可以享有伸开利益权衡的翅膀的自由"②。事实证明，司法中的法律解释权是司法机关享有的一项基本权力，应归属于裁判权的固有范畴，不是某个地方司法中的特殊权力。民族地区由于地域、经济、文化、民族、宗教等特殊性，司法机关在适用国家法时会更多运用到司法的法律解释权，必要时会引入习惯法作为裁判知识、事实证据，灵活处理涉及特殊性问题的案件，做到习惯法与国家法的理性互动，实现案结事了，因此，其合法性不容置疑。

综上所述，由于司法机关享有司法的自主权，在具体案件处理中能够运用司法解释权，具体阐释国家法的原则制度，同时利用司法技术，引入习惯法作为裁判知识、证据事实，这就在合乎现行法律制度前提下，为习惯法与国家法新型关系建构了一个解决个案争议的沟通桥梁和法定场域。由于司法是处理社会矛盾纠纷与争议的最后一道手续，而且涉及具体的案件，关涉具体的当事人、具体的权利义务分配，国家法与习惯法的矛盾冲突或融洽协调到此必须画句号，因此，司法场域的纠纷解决也就具有了最终的法律意义，习惯法与国家法新型互动关系的真实样态将由司法最后完成点睛收尾。

---

① 杨建军．司法能动在中国的展开［J］．法律科学，2010（1）：59.
② 季卫东．中国司法改革第三波与法社会学研究［A］//蔡定剑，王占阳．走向宪政［M］．北京：法律出版社，2011：380.

第二节　武陵山区刑事司法最终场域的运行现状与对策

一、阻隔或协调尝试：刑事司法最终场域的运行现状

（一）因历史习惯而非法制造、买卖、持有枪支弹药案件

多年前法律禁止持枪，贵州从江县月亮山丛林里的岜沙苗族人却抵死不从，"枪在人在，枪亡人亡"，政府破例特批，同意他们保留枪支，使岜沙人成为"中国最后的枪手部落"。武陵山区其他地方虽有持枪狩猎习惯，结果却不同。

案例 20：非法持有枪支案件

被告黄某系恩施州利川市南坪乡营上村农民，利川村民传统有狩猎习惯。黄某于 2003 年农历正月在家中自制火枪一支，用于平时打猎。在 2004 年公安机关开展的治爆缉枪活动中，未交出该枪。2011 年 5 月 3 日，该市公安局在黄某家中搜查出枪支。经鉴定，该枪支性能良好，以火药为动力发射金属弹丸具备杀伤力。

利川市人民法院认为，黄某违反枪支管理规定，非法持有以火药为动力的发射枪弹的非军用枪支一支，其行为已构成非法持有枪支罪。案发后，鉴于黄某能如实供述自己的犯罪事实，当庭自愿认罪，可酌情从轻处罚，一审以非法持有枪支罪判处黄某管制二年。

（二）因生产、生活习惯而实施的非法滥伐林木、破坏环境资源保护、非法制造爆炸物案件

1. 因生产习惯而涉嫌犯罪行为。武陵山区历史上有刀耕火种、狩猎为生习惯，宗教信仰浓厚，很多活动要有宗教仪式，这种生活方式延续至今，有些行为与刑律冲突，涉嫌犯罪。

案例 21：滥伐林木案 1

杨某、田某均系恩施州来凤县大河镇的农民，2009 年古历 5 月，杨某、田某花 4500 元的价格从本村的一户农户手中购买了两处山林，在未办理任何采伐手续的情况下，二人连续砍伐 10 天，共砍伐 130 根柏树和 3 根杉树，计活立木蓄积近 25 立方米。森林公安立案后，杨某、田某主动投案自首，如实交代了自己的罪行，并称是为了贴补家用才想做点林木生意，没办理采伐证件是因为不懂法。

来凤县人民法院审结认为杨某、田某主观恶性不大，并自愿认罪，有悔罪表现，可从轻处理，依法判处被告人杨某、田某均有期徒刑一年、缓刑两年。

案例22：滥伐林木案2

2013年1月，陈某、黄某二人合伙以4.9万元的价格购买了利川市南坪乡大河村张某山林中的林木，随后便采伐了50株马尾松，并将木材销售给他人。3月14日，陈某、黄某再次雇请8名工人采伐林木36株，获木材14.9立方米，搬运木材时，陈某被森林公安民警当场抓获，黄某见势不妙，趁乱逃走。据办案民警介绍，陈某、黄某无视国家法律，私买山林，雇人滥伐林木，并非法销售牟利，其行为涉嫌滥伐林木罪。

案例23：非法猎捕、杀害珍贵野生动物案

2024年，利川市检察院对团堡冉某猎杀三只麂子提起公诉，法院判冉某一年有期，缓刑二年，因为麂子属国家二级保护动物。

2. 因宗教信仰活动而涉嫌犯罪行为。武陵山区传统上有祖先崇拜，老人去世要有宗教仪式，这种生活方式延续至今，有些行为与刑律冲突，涉嫌犯罪。

案例24：陈某某非法制造爆炸物案

湖北五峰土家族自治县农村丧葬典礼中有习惯要放"铳子"，即将黑火药放入小铁筒内用引线点燃后发出巨响，被告陈某某系从事此项习俗服务人员。2009年8月至12月期间，陈某某用木炭、硝酸钾、硫磺等在自己家中非法制造黑火药100余公斤，便于在当地村民办丧事时使用。同年12月30日，公安机关在陈某某住处查缴出其非法制造的黑火药，并予以当场销毁。2010年5月，五峰土家族自治县人民检察院指控陈某某构成非法制造爆炸物罪。

被告人辩称自己家世代都从事丧葬服务，自己是根据祖传下来的配方制造黑火药，用于办丧事，未造成严重社会危害，不知道这是犯罪行为，请求从轻处罚。法院在审理后认为被告人非法制造黑火药达100余公斤，其行为已构成非法制造爆炸物罪，但是鉴于被告人制造黑火药确是用于办丧事中放"铁铳子"，被告人确是世代为农村中从事丧葬事宜人员，其制造黑火药乃为维持生计，也确实仅为当地民间生活中丧葬时所需、所用，未造成严重的社会危害，经教育确有悔改表现，法院对被告人陈某某以非法制造爆炸物罪判处免予刑事处罚。

（三）因盗窃或其他社会矛盾纠纷由于处理方式而产生的故意伤害、自杀、敲诈勒索、破坏财物案件

1. 在武陵山区传统上对盗窃行为主要采取棍棒殴打等体罚行为，这种习惯迄今在一般人心中仍有留存，因而时常有因对盗窃行为处理而触犯刑律案件发

生。如前述案例 14 三男子打死小偷抛天坑案。

2. 因"死给案"私自处理而触犯刑律案件。这类案件在武陵山区时有发生，它是出嫁女在夫家受到委屈，然后采取自杀行为（上吊、喝农药、跳水）死亡，让夫家为自己自杀行为担责，由死者娘家出面为死者讨回公道，死者家属通常聚众到夫家进行打、砸财物，殴打死者的丈夫或者家人，或敲诈勒索要求夫家支付死者命价。在这里我们看到，按照刑法，死者自杀行为与相对人并无国家刑法上的因果关系，不能因被死给者的实质违法性对其定罪量刑。而死者娘家这种行为符合我国刑法的故意伤害、敲诈勒索等犯罪构成要件，虽然事出有因，但是行为的违法性很明显，按照刑法则应该定罪量刑。而按照民间习惯法，前者因被死给者的实质违法性，所以必须承担责任，娘家行为只是死者夫家应承担责任的方式。国家刑法对死给案的立场与民间习惯法的立场在此截然对立。

二、对刑事司法冲突运行现状的分析

（一）民间刑事习惯法到底是一剂良方还是一剂毒药？

对于民间刑事习惯法所确认的犯罪行为，如将抢劫、盗窃视为重罪，我国刑法却要具体、仔细分析后作出不同的评价。而对于习惯法不认为犯罪的行为如非法狩猎，国家法却认为是犯罪，有些甚至是重罪，习惯法与国家法在对待罪与非罪及如何处理上存在明显冲突。

针对这种冲突，一些研究习惯法的学者则主张无害论或曰保留论，认为我们应该向习惯法妥协，并且认为习惯法是一剂良药，按照习惯法处理就社会效果良好，甚至进一步认为习惯法在一定程度上对刑法现代化还具有积极意义。比如，有学者认为，藏族"赔命价"习惯法体现的是"杀人者赎"的法理念，被广大藏族群众普遍接受，与刑法坚持的"杀人者死"的法理念不同；而"赔命价"等习惯法对被害人及其家属的赔偿，在一定程度上迎合了现代刑事法治发展的需求——建立被害人赔偿制度；且发挥着限制死刑、减少死刑适用的功能。① 进而认为，无论从诸如"赔命价"等刑事习惯法本身的文化意义及其对刑事法治的积极贡献出发，还是从刑法现代化的全面性和完整性出发，民间刑

---

① 隆英强. 本土民族法文化的价值与内涵——以藏族赔命价习惯法对我国刑事司法的贡献为视角 [J]. 中南民族大学学报（人文社会科学版），2011（4）：116-118. 类似观点还有：张锐智，黄卫. 论藏传佛教精神与司法权威的结合——藏族"赔命价"处理模式改革探析 [J]. 中国政法大学学报，2011（6）：107-109.

事习惯法不应当被革除，也不可能被革除①。

与之相反，一些学者从国家法中心主义出发，按照规范分析，认为习惯法是一剂毒药，习惯法的存在加剧了社会问题解决难度，成为新的社会问题，危害了社会治安与国家治理。例如，有学者认为，"赔命价"习惯法混淆了罪与非罪，助长了血亲复仇这一原始残余习俗的沿袭与发展，引发出新的刑事案件；助长了旧势力的抬头，引发新的治安案件；助长了社会歪风，引发新的社会矛盾，增加新的不安定因素；助长了宗族、宗教干预法律、干预行政行为，造成法律秩序的混乱②。

我们认为，民间刑事习惯法既非良药也非毒药，而是特定地域的历史与经济、文化的一种现象，只有相对正确性、合理性，其本身在社会发展中处于不断变化之中，不具有对或错的永恒性，只有相对性，此时是好的，彼时是有害的。

当社会财富极度稀缺，宗教观念极端浓厚，社会本身极其封闭，与外界联系极其微弱，受外来文化影响极少时，老百姓对于因受风俗习惯、宗教信仰、思维方式和生产生活方式等习惯法影响所为的刑法认为是犯罪的行为，往往做出肯定评价，不认为是犯罪。犯罪嫌疑人主观上并不存在蓄意危害社会的主观恶性或者主观恶性较小，客观上这些行为对社会秩序影响不大。因为他们的行为在传统社会内部有习惯法规制，如果违反就会受到惩戒，所以，他们的行为不会引起普通群众的不安和社会的混乱。这时用习惯法处理我们认为的犯罪行为，没有什么不妥，确实可收到良好的社会效果，反之，如果用国家法强制介入可能效果会适得其反。

但是，当社会发生变迁，物质财富相对丰富，物质与人员流动日益频繁，文化交流与信息传播非常方便快捷，人们的宗教观念日趋淡化时，特别是传统社会组织绝大部分已经消亡，传统社会规则变得不够完整、效力不够权威，人们的社会观念与自我认知也相应发生较大变化，习惯法以财产罚为主的制裁手段显然不足以实现有效预防犯罪，而借助死刑、自由刑等更具威慑力的人身刑显属大势所趋。就武陵山区而言，仅借助财产责任或简单暴力处置就可维持社会秩序的时代已一去不复返了。今天中国的任何角落，从价值观看，注重精神

---

① 苏永生. 国家刑事制定法对少数民族刑事习惯法的渗透与整合 [J]. 法学研究, 2007 (6): 120-124.

② 张济民. 诸说求真——藏族部落习惯法专论 [M]. 西宁: 青海人民出版社, 2002: 181-184.

追求，漠视物质享受，重义轻利的人生观、价值观开始动摇，重商逐利，轻修行重物质享受的现实主义人生观、价值观正在形成。因此，完全适用财产责任的社会条件已不复存在①。武陵山区既不是传统封闭的自然经济时期，也不是完全的市场经济时期，而是处于由自然经济向市场经济转型时期，由传统封闭地注重团体利益向以注重个人关系的市民社会转型过渡，每一地的具体情况都有所差异，在审理刑事案件时"始终尊重其风俗习惯、宗教信仰，因地制宜处理案件"②。也要看风俗习惯、宗教信仰、社会信仰体系在发生新的变化，要在习惯法随社会发展而消退时及时地、逐步地、渐进地强化国家法社会秩序的建构，强化国家法的有效实施，将国家刑法的强制性与普通老百姓对刑法认知的常识、常理、常情有机结合，将刑法的惩罚性与教育性、预期性有机结合。

上述陈某某非法制造爆炸物案的司法处理，笔者认为很好地协调了习惯法行为与国家刑法在案件冲突的矛盾。一方面针对当地社会发展，老百姓对国家法已经有了相当的认知，司法坚持了国家刑法的确定性规定，认定了陈某某是犯罪行为；但是另一方面也确实考虑了当地民间传统的宗教信仰和风俗习惯，看到了老百姓对国家法认知的缺陷，免于对陈某某进行刑事处罚，这就很好地协调了国家刑法的强制性与当地老百姓长期以来对制造黑火药这种传统爆炸物认识的常识、常理、常情关系。通过案件的处理，老百姓重新树立新的常识，知道国家今天禁止民间随意制造爆炸物，而不至于再犯。免于刑事处罚是考虑了其行为几乎没有社会危害性，与当地老百姓的常理、常情相一致，使他们不产生对国家刑法的无情感，从而将刑法的强制性、制裁性与教育性、预期性很好地结合起来，为当地以后从根本上禁绝此类犯罪行为，保障刑法有效实施起到了很好的作用，收到事半功倍的社会效果。

（二）习惯法与国家刑法冲突分析

首先，从地域看，刑事习惯法与国家刑法司法的冲突有明显的地域差异。刘之雄教授把它概括为：（一）凉山彝区：强势的民间法。基层民众对属于传统侵权性质的刑事案件，通常都不会主动向公安、司法机关报案，大量的刑事案件在民间消化处理。（二）藏区："赔命价"习惯法与刑法的顽强博弈。在一些偏远牧区，很多主要侵犯个人法益的犯罪，无法进入国家刑事司法程序，而是通过赔命价习惯法解决。（三）滇黔地区：正在刑事领域边缘化的习惯法，在城

---

① 华热·多杰.用现行法解决"赔命价"问题的几点思考［J］.青海民族研究，2004（3）：115.

② 艾尔肯·沙木沙克.宽严相济刑事政策下的少数民族犯罪控制研究［D］.武汉：武汉大学，2013.

镇和对外交往频繁的农村基本失去民间效力，但在相对偏远、封闭的山区，一些习惯法仍在发挥作用，并与刑法相抵触①。这种概括基本是符合客观事实的，国家刑法的推进基本上是从中部地区向西部民族地区、边疆地区呈递减之势，从城镇到农牧偏远区呈递减之势。这种地域差序格局不是单纯的国家权力、司法力量不足问题，而是地区社会政治、经济、文化在不同地区发育不同，导致与之配套的法律文化也相应不同的正常反映。换言之，有什么样的经济生活就有什么样的法律关系。

其次，按照 1997 年及以后最高法院依据刑法所列罪种看，民间刑事习惯法与国家刑法的冲突主要涉及的罪种有：一是侵害公民人身权利和民主权利犯罪，有杀人罪、故意伤害罪、强奸罪、重婚罪、强制猥亵、侮辱妇女罪，暴力干涉婚姻自由罪，非法侵入住宅罪；二是危害公共安全方面的犯罪，有非法制造、持有、私藏枪支弹药及爆炸物罪，非法携带枪支弹药、管制刀具罪；三是侵犯财产权利的犯罪，有盗窃罪、敲诈勒索罪、故意毁坏财物罪、聚众哄抢罪；四是妨碍社会管理秩序犯罪，有聚众斗殴罪，盗伐、滥伐林木罪，非法狩猎罪，非法猎杀珍稀、濒危野生动物罪，非法行医罪。这些在国家刑法视为犯罪甚至是重罪的行为，在习惯法眼里很多是轻罪行为或者非罪行为。

再次，冲突的主要表现：一是关于罪与非罪认识不同。对国家法认定的某些犯罪，按照习惯法大多将这些涉嫌犯罪的行为作合法化评价，不认为是犯罪。如因"赔命价""死给"案件而引起的抄家毁物侵犯财产犯罪；因生产、生活习惯而引起的危害公共安全犯罪和妨碍社会管理秩序犯罪，如重婚、持有枪支、非法狩猎问题；因风俗习惯而引起的侵犯公民民主权利犯罪，如有的因自家东西被盗而不指名但是邻居都知道骂谁的骂街行为。二是制裁方式不同。对某些类型的犯罪行为习惯法多采取财产刑制裁，或者采取侵害身体健康制裁，或者两者并用，较为突出的是对盗窃、强奸、杀人等行为的处理，如对盗窃行为采取暴力殴打处理；对强奸案按照习惯法以金钱赔偿处理或者私下赔偿和解后结婚处理；杀人以财产刑"赔命价"处理。三是处理程序不同。刑法对于犯罪处理遵循严格的法律程序，有专门机关处理，而习惯法有关犯罪处理程序大多数比较随意，处理组织往往是临时成立，处理完成后就解散，基本没有固定程序。

最后，冲突的根本在于对其行为的社会危害性认识不同。有些行为在老百姓看来是他们长期的生活、生产和行为方式，符合其自然形成的行为规则，是一种理所当然的行为，因而在他们眼里自然不具有社会危害性。而国家法从社

---

① 刘之雄. 我国刑法在民族地区的施行现状［J］. 中南民族大学学报，2012（5）：85-89.

会整体着眼，用社会整体利益观念取代局部观念，用一般性取代特殊性，用统治秩序取代地方自治秩序，因而民间某些天经地义符合习惯法规范的行为在国家法眼里却是犯罪甚至是重罪，例如，对一些珍稀动植物的挖掘、狩猎。

那么，这种认识的差异到底谁对谁错呢？如果单纯站在某一方既有规则而言应该说都有对的成分，但是彼此交换规则看则可能都是错的。因为这里的对错都是建立在特定时空范围内的，都有前置条件，不能抛开条件谈对错。正如持有枪支，本身其实无对错，但是，把它放在具体人、具体场域，对错就明显了，在好的警察手中是保护人民的武器，在杀人者手中就是杀人的凶器，在偏远山区人口密度稀少的农民、牧人手上就是保护自身、农作物和牲畜免受野兽践踏、袭击的工具，在莽撞的年轻人手上就成为社会不安的原因。所以，正确的司法是要仔细分析个案所包含的具体情形，不能按照法条抽象谈正义，应坚持实践正义、情景正义，通过个案的解决找到民间刑事习惯法与国家刑法的契合点，发挥两者在规范社会行为、维护社会秩序、解决社会矛盾和控制社会犯罪方面的协同优势。

三、刑事司法调判原则与法律对策

（一）刑事司法的能动原则

针对民间习惯法与刑法的冲突，在司法调、判策略上要坚持与当地社会经济、文化发展动态协调的能动司法原则，将刑法的罪刑法定原则和宽严相济刑事政策相结合。既要克服那种认为"法律除了不能将男人变成女人以外，什么都能做到的"法律拜物教观念，因为，"法律或法律命题的现实基础是社会关系中现存的活法，而活法则又是贯穿于作为自然发展史的社会关系之中的自然规律本身"①，法律无法自外于其所由生的社会文化，国法无法改变民俗。也要克服法律无所作为的观念，针对犯罪的不同情况，该宽则宽，当严则严；宽严有度，审时度势，就能让刑法起到打击和震慑极少数犯罪行为，教育、感化和挽救大多数，减少社会对抗。具体来说，对那些主观恶性及行为的社会危害性都极为严重的杀人、伤害行为，特别是引起多人死伤的群体械斗行为以及手段极为残忍的故意杀伤行为，一定要按照刑法对首恶人员从严惩处，绝不姑息养奸。但是，"对犯罪分子受其民族风俗习惯、传统观念、文明程度、宗教信仰等制约

---

① ［日］川岛武宜. 现代化与法［M］. 申政武，等译. 北京：中国政法大学出版社，2004：226 以下.

而表现出来的，或者与其民族特点有联系的危害行为"① 的从犯、胁从犯，则应采取宽大处理，借鉴习惯法的合理性从刑法犯罪构成的社会危害性视角进行必要"出罪"，即当民间习惯法认为某一行为具有严重的社会危害性并应当受到刑罚处罚，而该行为依据国家刑事制定法并不成立犯罪时，不能依据民间习惯将该行为确定为犯罪并判处刑罚；当民间习惯法认为某一行为不具有处罚的必要性与合理性或者虽然成立犯罪但处罚较轻，而该行为依据国家刑事制定法成立犯罪时，完全可以照顾民间习惯法的要求而进行非罪化或者轻罪化处理②。按照社会发展进程，逐步有序、循序渐进推进国家刑法全面实施。

（二）刑事司法调判的法律路径

1. 在刑事和解中有限运用与整合民间习惯法

对于民间已经达成和解的刑事纠纷如果不是重罪，司法应该遵循传统的"民不举、官不究"，不主动介入。因为"民不举"意味着社会危害性不大，不要草里寻蛇打。对于进入司法程序的涉及习惯法观念的刑事案件，和解是一个有效的措施，它是国家刑法渗透与整合民间刑事习惯法的有效途径。刑事和解主要是加害人采取有效措施取得被害人及其家属谅解的行为获得司法认可，从而减轻对加害人的刑事制裁，目的主要是恢复加害人和被害者的和睦关系，使罪犯受到教育而改过自新，复归社会。刑事和解从 20 世纪 70 年代在西方国家司法适用以来，已经成为当今刑事法发展的国际潮流，为许多国家和地区所接受。

我国传统上刑事和解是处理民间重大矛盾纠纷的有效措施，在习惯法中占有重要地位。如过去瑶族发生命案时，凶手会被死者家属"吃人命"，也就是按照习惯法请石碑头人调停赔偿人命金，实现和解③；苗族对盗窃别人财物累犯到 5~6 次时"该歪"即召集群众买牛作最后一次警告和教育，今后再盗窃就判死刑，如果改邪归正则不予追究④。现在将涉及习惯法的犯罪纳入刑事和解的范围，不仅仅是通过"交易契约"解决纠纷，而且是在处理国家刑法与习惯法关系上搭建一个沟通平台，实现国家法的普适性与习惯法的地方性商谈对话，将普适性知识与地方性知识理性互动，前者因后者而展现自己，后者因前者而提

---

① 艾尔肯·沙木沙克. 宽严相济刑事政策下的少数民族犯罪控制研究 [D]. 武汉：武汉大学，2013.

② 苏永生. 论罪刑法定原则与民族习惯法 [J]. 法制与社会发展，2009（5）：12.

③ 高其才. 瑶族习惯法 [M]. 北京：清华大学出版社，2008：332.

④ 《民族问题五种丛书》贵州省编辑组，《中国少数民族社会历史调查资料丛刊》修订编辑委员会. 苗族社会历史调查（二）[M]. 北京：民族出版社，2009：128.

升自己。在妥协与平衡的过程中，国家司法机关积极参与到刑事案件的处理过程中，向社会明确无误地传达刑法打击犯罪、预防犯罪的精神，从而实现对习惯法的有效整合，震慑犯罪行为，构建民间新的行为规范与和谐社会秩序。其次，通过司法调判，承认和解，既尊重民间风俗习惯，对确实能够通过赔偿化解加害人与受害者矛盾的，可以考虑从犯罪的社会危害性减少角度进行解释，从而在刑事处罚上减轻或不处罚，引导和规制习惯法的适用，避免民间自行适用引发新的刑事案件和社会治安案件。一句话，让国家刑法借习惯法平台展示自己，获取社会认同；让习惯法借国家司法提升自己，成为在国家法规制框架内的良俗。

2. 将民间习惯法作为司法裁判的司法事实

罪刑法定是刑法的基本原则和要求，保证法制统一，包括刑法在全国范围内普遍实施，是社会主义法治的基本要求。但是有些犯罪行为又确有其特殊性，不加区别地一体实施刑法显然与各地实际不符，因此，1997 年刑法第 90 条："民族自治地方不能全部适用本法规定的，可以由自治区或者省的人民代表大会，根据当地 民族的政治、经济、文化的特点和本法规定的基本原则，制定变通或者补充的规定，报请全国人民代表大会常务委员会批准施行"，依据该条规定，省级人大可以对刑法规定进行"变通"或"补充"。然而，我国迄今没有任何地方依据刑法作出刑法变通或补充规定，因此，我国刑事司法的唯一依据就是我国刑法，民间习惯法不能成为司法机关裁判具体案件的直接依据。那么，刑事习惯法如何进入我国刑事司法？如何在司法中从刑法规范视角协调刑法与刑事习惯法的冲突与差别？将习惯法作为司法事实处理是一个出路。

刑法理论认为，犯罪的社会危害性程度是确定是否构成犯罪和如何适用刑罚的依据和基础，衡量犯罪社会危害性程度必须从各方面的因素去把握。不仅要看危害结果，还要看犯罪行为的动机、目的、手段；既要看有形的危害，更要看对社会、政治和对人们社会心理带来的危害。在武陵山区普通老百姓看来，那些与其婚姻家庭和社会生活、生产有关的，与风俗习惯、宗教信仰有联系的刑事犯罪行为社会危害性小，因生活矛盾而引起的杀人、伤害等案件，在解决方式上也能认同"私了"。司法机关在处理这些刑事案件时，按照司法事实予以确认，认定其主观恶性小，犯罪情节轻微。

本章案例 20~24 中的非法持有枪支、滥伐林木、非法狩猎、制造爆炸物案，所涉及的都是与当地老百姓生活习惯有关的案件，统一按照犯罪案件处理其社会效果并不比行政处罚处理更好，"'法不外乎人情'，这是古代中国人的一般共识"①。也是今天大多数中国人的共识。从持有猎枪看，该案反映的是老百姓千百年的一种生活方式，在历史上利川人烟稀少居住分散，森林茂密野兽众多时，持有猎枪是一种生存必要条件。后来因各种原因，到 20 世纪 80 年代森林几乎毁坏干净，光山裸崖，无猎可狩，传统猎枪实际成为家庭文物。20 世纪 90 年代后随着市场经济发展，人们生活方式转变，养殖由熟食转为生食，节能灶、煤炭、电能推广，加之国家退耕还林，武陵山区成为林海，湘西和恩施州森林覆盖率都达 70%，野生动物特别是原来列入国家保护动物的野猪在农村偏远地区泛滥成灾，随处可见，近年来偏远山地老百姓所种植的庄稼被成群野猪啃食一空，一刀切的禁猎在民间怨声载道，国家法所确立的社会秩序与民间实际相差甚远。因此，持有猎枪与持有菜刀一样是特定区域人们生活的需要。合理的做法应当是通过申请，经过考核，对特定区域的特定人群的持枪行为采取特别许可管理制度，既要防止美国式的枪支泛滥，也要满足特殊人群的生活需要。在国家法律没有开发前，应根据实际情况，将其作为司法事实处理，减轻处罚。对于盗伐、滥伐林木问题同样如此，对群体性的、大规模的毁林必须严加控制，将毁林纳入刑法禁止十分必要。但是，在上述案例中，针对武陵山区森林资源丰富，林地也都承包到户，民间已有很好的管护，对于民间因生活需要没有办理采伐证的滥伐行为，其社会危害性是存在的，但不至于危及刑法保护的社会统治秩序，少办一证就适用刑法追究则有不妥，其本质只是违反了行政管理秩序，应该适用行政处罚比较合适。也就是说在武陵山区认定刑法所列犯罪，一定既要看犯罪行为本身构成要件，更要联系犯罪嫌疑人的特定地域、文化、风俗和特定的生活、生产方式与生活环境来认定其社会危害性，从而决定其刑罚，真正做到实事求是，宽严相济，这样就能够达到实施刑法减少社会犯罪、维持社会良好秩序的社会效果。

3. 逐步、适时全面适用国家刑法

今天中国正处于三千年未有之大变革时期，这种变化和我国民主改革时期不同之处是社会经济生活的全面变革。传统的自给自足自然经济向市场经济转变，文化由单一向多元的变革，熟人封闭社会转向开放流动的半熟人社会直至陌生人社会。今天的科技、交通、物流、传媒、互联网信息极其发达，由此导致人们讲究现实、自由、平等的契约关系，看重个人权利特别是财产权利，这些就决定了习惯法本身需要改弦更张，提档升级，主动接受国家法的渗透调整，

---

① 范忠信，郑定，詹学农. 情理法与中国人（修订版）[M]. 北京：北京大学出版社，2011：17.

重塑自己。以前适用国家法不恰当的，在社会变革中变得合适了。另一方面，社会的多样性发展使"习惯将继续存在，将继续随着人们追求自己利益的过程不断地重新塑造和改变自身。只要人类生生不息，只要社会的各种其他条件还会发生变化，就将不断地产生新的习惯，并将作为国家制定法以及其他政令运作的一个永远无法挣脱的背景性制约因素而对制定法的效果产生各种影响"①。因此，国家法必须既要吸取习惯法营养，同时必须及时跟上社会发展步伐，填补习惯法不能解决的空白。在与习惯法的互动中逐步实施、有序推进、全面适用国家法是大势所趋，是社会本身的客观要求。鉴于社会的快速发展，很多与习惯法有关的刑法问题在今天已经不适宜通过立法变通进行固化，反而比较适宜在个案中能动司法，以判例方式确立一些原则，在个案中考虑习惯法因素，通过个案处理引导民间习惯发展，培育社会新的信仰体系与行为规则，逐步、稳步推进国家法知识民间化。

从笔者调查看，在武陵山区的各级司法队伍中，在面上严格适用国家刑法，已成为一种普遍共识，维护国家法制统一与罪刑法定原则成为不可挑战的权威原则。现实中，黔东南苗族中的女方及其家庭反对并强烈要求处理的抢婚强奸行为，就应该按照刑法追究男方刑事责任。对"打后家"群体械斗案件的主要组织者、领头者，应该按照案件的具体情况依据刑法定罪，严肃处理，决不能因涉及人多而放任，对这类群体事件严肃处理一件可以教育一大片，重新树立良好向上的民风民俗，增添民俗习惯新的正向力量。

第三节　武陵山区民事司法最终场域的运行现状与对策

一、与习惯法有关的民事案件现状分析

（一）与习惯法有关的民事案件类型

从第一章案例及笔者调查的其他材料与有关学者的研究看，与武陵山区习惯法有关的民事案件类型有：

一是婚姻家庭类案件，主要涉及的有：（1）彩礼归属问题，依据民俗习惯，男方退婚女方不返还彩礼，女方退婚则要向男方返还彩礼。（2）婚姻效力问题，

---

① 苏力. 中国当代法律中的习惯——从司法个案透视［J］. 中国社会科学，2000（3）：134.

民俗习惯以仪式婚认定事实婚姻，解决未登记的或法律规定为无效的"事实婚姻"的财产问题，案例6、7法官按照事实婚姻调解处理财产和子女抚养。（3）离婚纠纷问题，法官多以双方实际分居或一方事实再婚为离婚判决中认定双方感情破裂的根据。

二是继承纠纷案件，主要涉及的有：（1）财产继承顺位问题，法官依据习俗认定"无子女的侄子当子""无侄子的外甥当子"、孤老"谁安葬谁继承"解决遗产继承。（2）外嫁女继承权问题，法官通常认定只有无子时外嫁女才有继承权，有子时外嫁女无继承权。（3）继承财产份额问题，在涉及房产、山林时依据习惯法认定为男子平等继承，涉及承包地继承则看承包到户时女方是否有户籍来决定。

三是物权问题，主要涉及：（1）所有权问题，法院认定合伙饲养牲畜仔畜按照习惯法规定，如无事先约定则谁饲养生下的仔畜归谁。（2）土地使用权转让问题，法官有依据习惯法"卖房搭地"处理农村房产交易引起的承包地转让纠纷，有依据死者"入土为安"来解决坟地占地纠纷。（3）相邻权问题、宅基地使用问题，法官有依照民俗习惯确立宅基地周围的菜地使用权，根据"建筑物风水"解决通行权纠纷。（4）共有权，法官有依据习惯法确定土地、山林的主权利所有与次权利共有来解决物权侵权问题。（5）农村征地补偿费问题，法官依据外嫁女在承包地分配时是否有参与分配、征地时户籍是否外迁两个条件，决定外嫁女是否享有娘家征地补偿金。

四是侵权问题，主要涉及：（1）侵权责任归责问题，法官依据习惯法以"实际管护者担责"决定牲畜侵权责任人和责任。（2）侵权赔偿责任方式问题，法官根据习俗要求名誉侵权者必要时承担敲锣打鼓、放鞭炮、登门当面鞠躬道歉等特殊侵权责任形式。（3）侵权赔偿数额计算问题，法官通常将民间办丧事仪式及做法事费用、购买棺木费用列入丧葬费。（4）习惯权利问题，法官有依据习惯法确认祭奠权等特殊侵权赔偿。

五是执行问题，在涉及民事执行时，法官一般会遵守在被执行人的婚礼、丧葬、除夕和正月初一等特殊时间，避免采取强制执行措施。

案例25：法官推迟执行不搅婚礼案

巴东法院水布垭法庭在执行过程中，尊重当地风俗习惯，该庭以柔情的执行方法圆满和解执行了一起交通肇事损害赔偿案件。

2007年8月，姜某因交通肇事过失将向某之妻夏某致死，后经公安交警部门主持调解，姜某同意给向某赔偿经济损失共计55000元，并分3期履行。达成协议后不久，姜某外出务工，从此杳无音信，向某只得向巴东法院提起诉讼，请求姜某按调解协议给付赔偿费用。此案进入执行程序后，因找不到姜某而成为积案，向某也因执行问题多次申诉信访。

2012年3月13日，据赔偿权利人向某提供信息，姜某准备于3月18日在老家举行婚礼，随后将迁至湖北荆州入赘妻子温某家。水布垭法庭的办案法官得知该情况立刻采取执行措施，为了让当事人举行完婚礼，执行法官决定在姜某门口的树林中等待，等姜某婚礼办完后再采取行动。

婚宴结束后执行法官进入姜某家中，讲明为什么不在婚礼上采取强制措施的用意后，姜某及家人深受感动。执行法官瞅准时机，认真做姜某及家人的思想工作。经过近4个小时的沟通交流，姜某与执行申请人向某终于达成执行和解协议，在向某放弃15000元赔偿款的前提下，由姜某现场支付赔偿费用25000元，余下的15000元定于当年6月底前付清，并由姜某亲属提供担保①。

（二）民事习惯法与国家法的司法互动现状分析

1. 民事习惯法进入司法的路径

老百姓依据他/她们所熟悉，并信仰或抛弃的习惯法规则提出诉讼，这是民事习惯法进入司法的首要条件，法官对民间习惯法下意识认同和分享或无视与否定是习惯法与国家法在司法中能否互动与如何互动的另一个重要条件。

"今天的乡民们并不仅仅依据自己先前熟悉的习惯性规则提出自己的权利主张，他/她们和我们一样都生活在这个现实的迅速变动的世界，同样在主动或被动地适应着这个变动的世界，他/她们同样是选择性地依据对自己最有利的规则以最具合法性的话语提出他/她本来就具有的那种愿望和要求（我们今天称之为权利）。正是通过这种选择，习惯逐步进入了司法。因此，传统和习惯在这里，完全不是如同许多法学家所说的那样，是农民或公民权利意识成长的阻碍；相反，我们看到的是，习惯是权利意识的发展通道之一，甚至是权利获得司法保护所依赖的主要路径。"② 苏力的这段话深刻揭示了民事习惯法与国家法的互动可能性。

在当今社会，老百姓大多是根据自己的利益取舍来选择适用习惯法抑或国家法，法律成为利益的竞技场。在前述民事案件中，主张按照习惯法向法院起诉的只有案例5的彩礼返还案件和案例10的祭奠权案件，其他的案件原告都是要求按照国家法处理以维护自己的合法权利。但是从案件的前因后果看，实际

---

① 法官推迟执行不搅婚礼 柔情执法力促和谐 http：//www.enshi.cn/20111117/ca238280.htm。2012年5月访问。

② 苏力. 中国当代法律中的习惯——从司法个案透视［J］. 中国社会科学，2000（3）：131.

都是因为习惯法影响了他们眼前的利益需求，所以他们选择依据国家法来主张自己权利。那么是否由此可以推定他们信仰国家法而反对习惯法？认可习惯法就是损害权利，国家法就是保护他们的权利呢？单纯从所列这几个案件表面看可能是对的，然而从案件整体事实看，则刚好相反。原因是除彩礼纠纷和祭奠权纠纷的其他案件的原告首先是习惯法的践行者，然后又是习惯法的违反者，是既有社会秩序的破坏者，他们为了自身利益需要祈求得到国家法的保护，并不等于他们本身就信赖国家法。当某一时刻社会情势发生改变，他们依然还会信赖习惯法，所以在某种程度上他们只是一些利益的投机者。如果我们简单地以国家法来取代习惯法，则会带来社会的极不公平，影响社会秩序的稳定。然而，不管如何，他们的行为使习惯法得以进入司法的视野，而不同的法官基于不同的认识对待习惯法的态度有较大的差异，有的全盘接受，有的彻底否定，有的在坚持国家法的基础上采取较灵活的运用，当然最后的司法社会效果有明显差异。

案例 2 的姑舅表婚、案例 3 的姨表婚，都是原被告首先欺瞒婚姻登记机关，违反婚姻法，案例 12 的卖房搭地案，原告在长达 3 年的时间不持异议，原因是他们起诉前在镇上买房开家具店生意好，按照当时卖房已是高价，是利益获得者。在农村习惯法是"卖房搭地，房含地价"，因为农村不比城镇，农民以地为生，无地便不会有人买房，故卖房搭地、搭柴山是习惯做法。后来之所以反悔是因为市场发生变化，家具店生意不好，希望退回农村为生，不好直接主张卖房无效，故以卖地无效来起诉，实则是希望由此主张整个交易无效，参与案件审理的人民陪审员是当地其他村的村支书兼村主任，熟悉民间习惯法，故案件判决最后没有支持原告主张，原告也自知理亏，一审判决后没有上诉。案例 9占地埋坟案件的原告也是首先按照习惯法看中了被告土地的风水，故意违反被告意愿导致被告的过激行为，但是当地确实有"死者为大，入土为安"的习惯法，埋坟后不能随意迁坟，现实中为了防止有人因抢风水，私自改变协商用地而占地埋坟，经过协商取得的坟地在埋坟时双方都会到现场确认，如果一方没到现场，则会视同同意，所以，在一审时因为有两名陪审员参与，一审判决以尊重民间习惯，做了一个无诉请之判，企求在平衡二者利益关系上作出调判，但是它的问题是没有采用调解方式实现对被告方的充分补偿，导致被告上诉。二审完全依照国家法裁判，撤销一审判决，由被上诉人恢复土地原状。从国家法律看，二审适用法律完全正确。可是问题来了，被上诉人肯定不会自觉去履行法院判决的，当上诉人要求履行二审判决时如何执行？强制把坟挖开，坟内的棺材尸骨往哪儿放？让谁去挖？由此引起的民间风俗习惯问题如何解决？强制执行可能引发的社会不安与司法恐怖如何消弭？因此，二审判决适用国家法的正确却不能带来执行的正确，最后该案在执行中仍然是按照一审判决的基本模式，由执行法官组织一审的原被告双方协商，实现和解，由原告向被告支付较高的土地利益补偿费，自行修复坟石，被告不再主张原告迁坟。

2. 法官选择适用习惯法的特点与原因

原告无论基于什么目的，以何种借口将民间习惯法引入司法，法官对习惯法的态度却是根本的。习惯法在武陵山区民事司法中有何规律性特点？广东省高级人民法院与中山大学法学院的调研认为，民事习惯在中国司法适用上有如下特点：在诉讼外程序运用得多，在诉讼程序运用得少；法院调解运用得多，判决运用得少；判决书中转化运用得多，直接运用得少；在民事领域运用得多，刑事运用得少；在传统民事法律关系中运用得多，其他民商事法律关系中运用得少；传统民俗习惯在农村地区和民族地区运用得多，在中心城市和发达地区运用得少；本地和年龄大的法官运用得多，外地或年轻法官运用得少；基层人民法院运用得多，中级或高级法院运用得少①。这种总结对武陵山区司法运用来讲也是恰当的。

为何民事习惯法运用在调解中多，在民族地区多，在本地中老年法官中多，在基层法院多？法官到底基于什么拒绝或适用习惯法？

苏力认为"法官在选择性地允许习惯性规则进入司法，修改或置换制定法时，既不主要是由于他/她们没有正式法律的知识，也并非主要是出于某种文化的认同，或某种文化结构使然（文化认同仅仅在决定以什么规则来修改、置换制定法上起作用），而同样是由于种种涉及他/她们自身一系列合法利益（其中包括对职务责任的考虑）的制约条件促成的"②。笔者认为此种观点有一定道理，他道出了我国目前司法的问题所在，过去国家法不承认习惯法的法源地位，今天民法典第10条虽然规定可以适用，但是，具体的适用还是很麻烦的。法官为了降低自己运用习惯法的司法责任风险，通过在诉讼外的调解适用、在判决中转化适用，可以达到规避风险之目的。但是，还是有一个问题，中高级人民法院为何用得少？外地或年轻法官为何用得少？这很显然和法官的文化认同与地方知识有关。在基层法院运用多，则明显与法官所处的基层社会文化结构有关。

---

① 广东省高级人民法院民一庭，中山大学法学院. 民俗习惯在我国审判中运用的调查报告 [J]. 法律适用，2008（5）：17-18.

② 苏力. 中国当代法律中的习惯——从司法个案透视 [J]. 中国社会科学，2000（3）：131.

基层司法的主要职责是定纷止争、修复关系、传播法治，这些职责的每一项完成都离不开基层的文化结构和经济基础。比如，埋坟占地案件，二审法院虽然按照国家法判了，但是没有办法按照判决书来执行，所以，真正执行时又回到了一审的判决模式，以民事赔偿和解来解决纠纷，二审法院判决实际上彻底打了一张法律白条——案结事不了。再比如，离婚案件，武陵山区普遍存在重男轻女和"嫁出去的女是泼出去的水"思想，夫妻离婚时，若将孩子判归女方抚养，很难得到女方父母支持，如果女方再婚，男孩很可能受到继父家庭的伤害，受到歧视、虐待；而判给男方，则往往可以得到男方父母的鼎力支持。这对于一个熟悉民间习惯的有社会责任感的法官而言就不会完全无视，法官从保护儿童权利出发，就会调查双方的家庭背景与态度来决定判决取向。事实上司法不能定纷止争也就不能修复关系，在基层司法中通过司法来修复当事人之间的社会生产、生活关系，很多时候比解决案件本身更重要，因为当事人之间很多是邻居、乡邻甚至是亲戚，今后还要长期一起生活下去。大多数个案纠纷背后存在各种各样的利益纠葛，案件仅仅是背后症结的表面化，打官司有时只是为了出口气或者是为了向对方炫耀力量，是传统的武斗改文斗的表现，前述案例冤家斗气五年，双方为的是在当地都想树立"谁怕谁?"的强者形象，所以司法化解矛盾应该是基层司法的第一要务。根据案件审理过程中调解与判决的难易程度、案件调解与判决执行的难易程度、案件上诉和上访以及当事人的反馈意见等综合指标衡量，受访的基层法官们结合自身的司法审判经验判断：将国家法与习惯法合理综合运用解决纠纷，当事人的接受、满意程度可高达90%以上。司法无视民间习惯法导致判决不合当地社会普遍价值判断就不能修复关系，自然也无法传播法治知识与观念，特殊时甚至会向社会传递负能量，司法最终成为民间笑柄。

只有平衡好了习惯法与国家法的关系，协调好了中国几千年老百姓心中的天理、国法与人情的圆融无碍，遵从了普通老百姓信奉的法意识，符合公众普遍认同的是非标准，才能解决好社会纠纷，让那些投机者、社会秩序破坏者无利可图，司法才能更好地发挥法治的规范、教育、评价、示范、指引作用，引导和规范社会生活，建构符合国家法意图的法律信仰体系。所以，基层司法不是愿不愿运用习惯法的问题，而是如何运用的问题。法官在民事案件方面，要按照意思自治、定纷止争、修复关系、传播法治理念与原则来处理习惯法与国家法关系。

在涉及习惯法与国家法冲突时只能调和，不能阻隔，通过调和运用展现国家法对民间习惯法的关注，"法律对民间规则的关注，既是法律为了取得社会的认可与接受，而迎合既有民间规则的过程，同时，也是法律对民生态度的一种展现"①。公民生活包括物质和精神生活两方面，将习惯法纳入司法制度规范体系内予以关注，可以修正制度体系在个案处理中的傲慢，增强司法的社会公信力，从而使制度体系更加符合生活实际，增进社会的认可度与信任感，促进民间社会生活成为一种稳定的可预期的正常生活方式。

3. 民事习惯法与司法勾连的方法

司法如何与民事习惯法发生勾连？其具体方法如下：

第一，通过分析案件事实发现进入司法。在中国传统司法中讲究"律例者，本乎天理人情而定"，针对具体案件将国法、民间土俗及常识、常理、常情纳入统一考虑之中，不但要发现形式的法，也要善于发现实质的法，做到辩法析理、胜败皆服，法官将习惯法引入司法的首要方法就必须遵循此规则。买房搭地案件中，案由为请求确认《土地转包协议》无效，法官正是从合同的合意这一关键要素出发，从常识、常理中发现卖房搭地习惯法，推定二者订立合同时当事人双方的真实意思自治。在一个不是集镇、城市的乡村，土地与房产本质上都不是商品，而是生活资料，房与地具有高度关联性，彼此之间要实现商品交换则一定会基于特定的生活目的。对于一个出资明显高于当地市场价格的，本身并不缺耕地的农民买房者而言，其利益需求就在于通过买房改变户籍，重新建立新的房地关系与社会关系，获取新的生存资本，否则是不可能到同样为农村的其他村组买房。而对于卖房者而言，想把房子卖给明显高于当地市场价格的外村人，自然明白只卖房不搭地的这种"飞房"是不可能卖出去的，如果想保留承包地，就只能卖给本村人，自然价格上也就只能是正常的房价，所以，当地农村民间共识的规则是：房、地高度关联，卖房搭地，地在前房在后，买房者能否拥有土地的长期使用权是房屋交易的前提。

第二，习惯法作为法律解释、经验法则，在认定案件事实问题上进入司法。案例买房搭地案，在认定《土地转包协议》，被告向某某到底有无土地转包处分权？即有没有经过原告家庭成员的合意，取得家庭成员同意？关键是看原告对卖房行为有无异议，然而从案件的起诉看，原告只是起诉《土地转包协议》无效，丝毫不提卖房的事，该案中房与地是捆绑关联关系，不可能一部分是合意另一部分家庭成员不知道，通过合同法与农村土地承包法的意思理解，只有引入"卖房搭地"的这一习惯法规则，才能合理解释被告冉某的买房行为与原告家人的卖房行为之间的内在联系。在基层法院，提交给法官的纠纷，往往是一

---

① 谢晖. 大、小传统的沟通理性 [M]. 北京：中国政法大学出版社，2011：172.

系列小事累积起来的矛盾纠纷的总爆发，争议本身只是冰山之一角。如果法官在审理中看不到这个背景，采取头痛医头，脚痛医脚的法律形式主义方法，只会运用专业知识和专业技术将当下案件事实置于一般的法律规范之下，依书本知识去对结果进行法律判断，是不可能一劳永逸地解决好问题的。只有将习惯法知识融入司法之中，很多问题才能迎刃而解。

众所周知，法律规则具有普遍性和确定性，是客观世界具体对象的共性表达，具有较强的包容性。但在司法实践过程中，法官要做的刚好相反，他需要把法律规则适用到具体案件中，把法律术语、范畴和规则进行具体化。在基层法院的案件中，很多案件双方当事人并无多少法律规定的具体证据提供法官认定事实，而法官往往依据的就是对该地区民间的交易习惯、礼俗习惯等地方性知识的了解来对事实予以认定，对案件性质予以判定。当发生在熟人之间、无法或很难获得真实可信的证据，缺少律师对诉讼争议的格式化整理，缺少可靠的公文化材料，而当事人又不熟悉现代法律要求，法官在其纠纷处理过程中对事实的认定，往往不能仅仅依靠法律规定的证据，也要依靠民间习惯、地方性传统知识以及事实常理和规律等多重认知来确定案件事实。在恩施州调查时有法官向笔者描述，有时面对双方都没有足够证据而又争执不下，法官又不得不判的情况，法官也会利用当地祖先崇拜习俗，借鉴习惯法的神判方法要求当事人对着自己的祖宗牌位发誓所说话的真实性，结果很明显，真实一方会立即赞同，愿意发誓，虚假一方则找各种托词拒绝，案件事实很快一目了然。

第三，作为平衡利益关系，补充法律漏洞进入司法。国家立法的滞后性和局限性不可避免，存在一些漏洞或空白也毋庸讳言，国家法的不完善是个世界性难题，没有哪个国家彻底解决。博登海默说过，法律从它被制定那天起就落后了，现实在不断变化中，以不变应万变显然是有问题的，当遇到法无规定时，就需要依据一定的标准来衡平利益关系，法官必须发挥主观能动性和自由裁量权，从民间规范、从天理人情中寻找公平正义规则，才能在具体案件中洞悉法的目的，发现法的社会规律，体会法的内在精神，明白法的规范价值，正确恰当地适用法律规则，维护社会公平正义。否则将使司法裁判脱离民心，背离社会天理国法人情的基本认同，成为维护社会恶行的行为规范。正是在此前提下，民事习惯法得以进入司法，成为司法调判的正当准据。如在最高法院司法解释确认农村彩礼返还之前，有人依据当时国家法，完全无视习惯法中关于彩礼返还规则，不支持彩礼返还，结果就很难处理案件，导致司法威信全失，出现民间二次司法，引发社会秩序混乱。现在最高法院司法解释，确认彩礼返还，使很多民间因为退婚而引起的彩礼返还案件迎刃而解，达到案结事了，息诉和谐。

甚至因为有司法支持习惯规则，而使很多民间纠纷不需要通过司法诉讼也能得到很好处理，达到减少司法运行成本和民间成本的双重效果。

二、民事习惯法运用的完善对策

习惯法司法运用实践之最终目的，"在于襄助法律和司法实现公平正义"，作为一种边缘化的法治事业，"旨在其自身、民间规范和法律、司法等诸种不确定性中来凝练出某种真正的正义"①。因此，如何实现习惯法与国家法的真正勾连是解决习惯法目前适用问题的关键。

第一，细化民法典中适用习惯的具体规定。

2021年实施的民法典第10条承认了习惯的法源地位，明确规定："处理民事纠纷，应当依照法律；法律没有规定的，可以适用习惯，但是不得违背公序良俗。"民法典的确认有利于司法光明正大地运用习惯法。但是不是所有的习惯都能进入司法，需要细化适用条件，甄别优劣，也就是要将其纳入司法审查的监控范围，确保其符合公序良俗，确保司法公正与人民群众感受司法公正的统一。

据美国学者研究，美国的农村与基层法院在处理涉及固定群体邻人之间的社会矛盾时（牧民与农场主有关牲畜越界损害问题、大学教授使用复印资料研究等）也都是运用民间习惯法"自己活别人也活"规则处理，而同样的牧民与高速路上的司机，因公路上车与畜相撞引发的纠纷则适用国家法处理②，可见，何种情形从习惯，何种情形从法律，不是一件简单的事。

这就要求我们在民法典和相关司法解释基础上，进一步在实践中细化、具体化习惯的适用或排除的条件与标准，需要进行类型化研究③和规范化整理。

第二，程序法上确立习惯法运用程序。

要规范习惯法的运用，一定要从程序上进行规范化，防止法官自由裁量权过大造成习惯法随心所欲适用，从而影响国家法实施。在司法运用中应该遵循

---

① 贾焕银. 民间规范司法运用程序研究 [J]. 西南民族大学学报（人文社会科学版），2015（3）：103.
② [美] 罗伯特·C. 埃里克森. 无需法律的秩序——邻人如何解决纠纷 [M]. 苏力，译. 北京：中国政法大学出版社，2001：47-126.
③ 刘智慧. 习惯作为民法法源的类型化分析 [J]. 新疆社会科学，2017（4）.

提出、证成、过滤、适用等基本步骤①，遵循正当程序原则、凸显的条件优势原则和合理性原则②，使习惯法规范本身的实质合理性，和这种实质合理性对法律及其实现活动的合理性证成，成为法院和法官据其在司法过程中裁量当事人的法律权利的合法理由，让习惯法的选择运用变得庄重而严肃，坚持"良俗接纳与恶俗排除"原则，使司法运用的"习惯必须是良俗，不能与法律的原则和精神相抵触"，"为社会受制主体所广泛认同"，具有一定的历史厚度，不违背社会主义核心价值观，不损害国家、社会和第三者利益③。只有这样，司法权力再加上合道德性程序和行使权力者在所管辖事务上的知识优越性，才能使习惯法的运用变成社会认可的不容置疑的司法权威，从而为社会确立规范的习惯行为规则，促成习惯法由民间"活法"规范上升为官方裁判规范。

第三，恰当处理国家法与习惯法之间的位阶关系，正确发挥习惯法在司法裁判中的正向效用。

在司法实践中，任何对习惯法的高估滥用或简单拒绝排斥，都不利于优良民俗习惯的延续发展，不利于法治社会秩序的建构与维系。习惯法本质上是维风导俗，因此，一般情况下"应当把民俗习惯作为制定法的缺位补充，以弥补法律规定的不足"④。特殊时，又要充分尊重风俗习惯，只要习惯法符合法律原则和精神，为了实现社会长治久安，符合公平观念，必要时应优先运用习惯法。但是也要极其慎重运用习惯法，因为习惯本身也处在变化之中，尤其是在当今这个相对开放的社会，社会结构正在发生根本变革，这就要求运用习惯法时一定要因事、因地、因时制宜，将原则性与灵活性有机结合，确保习惯法的运用能够有效补充国家法的不足，实现缓解国家法与社会的冲突，促进国家法与习惯法的融通互动，实现社会公认的正义，切不可希望一蹴而就、一劳永逸，将习惯法运用机械化。

第四，建立习惯法运用的案例审核与指导制度。

规范法学代表人凯尔森认为"司法判决就像立法一样，既是法律的创造又

---

① 广东省高级人民法院民一庭，中山大学法学院．民俗习惯在我国审判中运用的调查报告[J]．法律适用，2008（5）：20.

② 贾焕银．民间规范司法运用程序研究［J］．西南民族大学学报（人文社会科学版），2015（3）：104-105.

③ 王林敏．民间习惯的司法识别［M］．北京：中国政法大学出版社，2011：110-113.

④ 徐清宇，周永军．民俗习惯在司法中的运行条件及障碍消除［J］．中国法学，2008（2）：92.

是法律的适用"①，它是在一般规范基础上创造个别规范，"司法判决的个别规范是抽象的一般规范的必要的个别化和具体化"②，这在西方即是判例法。我国法律不承认判例法，但是根据司法实际需要，我国确立了具有中国特色的司法案例指导制度。

所谓司法案例指导制度，就是一个国家或地区中涉及司法判例的选编、发布、内容、效力、引用、推翻之规则的总和。司法案例蕴含了法律规则的法院判决，我国自明朝开始就重视"成案"的参照作用，清朝的"成案入例"已经具有了案例的属性。在立法能力不足的情况下，司法者通过具体案件的裁判去发现法、填补法是一种理性的选择，而司法案例正是固定这一发现过程的载体。习惯法具有分散性和差异性的特点，一般以不成文出现，具有非明示性。通过法官在裁判中运用习惯法，案例成为习惯法的载体，有利于规范习惯法的形式、内容和适用基准，推进习惯法的理性演化，使之逐步向国家法靠拢。同时，为法官特别是年轻法官、非本地法官提供更为具体、更为明确的裁判规则，防止法官把个人成见、情感等因素带入裁判行为，所以，司法案例指导制度"它是司法者群体自由裁量权的张扬"，更是"司法者个体自由裁量权的约束"③。2010 年 11 月 26 日，最高人民法院发布了《最高人民法院关于案例指导工作的规定》，说明我国建立自己的具有中国特色的案例指导制度已经成为司法共识。"案例指导制度是一种有创新的制度，但不是一种新的造法制度，它在本质上仍是一种法律适用活动和制度。"④

针对民事习惯法运用具有明显的地域性特点，笔者认为，可以建立基层法院适用习惯法规范判决应报请中级人民法院审核制度，由中级人民法院发布和掌控的在司法中涉及习惯法运用问题的案例指导制度，保障民事司法相对统一，防止法官因法律知识、地方性知识、观念差异等而引起司法不公，限制法官个体司法自由裁量权的滥用，同时也可增加社会认同感，增强司法的透明度和司法行为的社会可预期性，保持法律实施中的相对稳定、统一，培育社会的法律信仰。为保证中级人民法院认定案例的慎重性，凡是作为基层司法参考的司法案例应同时报请高级人民法院备案，进入国家司法裁判案例库。

---

① ［奥］凯尔森. 法与国家的一般理论［M］. 沈宗灵，译. 北京：商务印书馆，2013：207.

② ［奥］凯尔森. 法与国家的一般理论［M］. 沈宗灵，译. 北京：商务印书馆，2013：208.

③ 何然. 司法判例制度论要［J］. 中外法学，2014（1）：258.

④ 刘作翔，徐景和. 案例指导制度的理论基础［J］. 法学研究，2006（3）：29.

第五，建立法院运用习惯法规范化制度。

民国时期我国司法领域已经确立了一些适用习惯的原则和判例。例如，最高法院 1928 年上字第 613 号判例，确认习惯法之成立须以多年惯行之事实及普通一般人之确信为基础；1928 年上字第 691 号判例明确，习惯法应以一般人所共信、不害公益为要件；1937 年渝上字第 948 号判例，确立了习惯在特定情况下效力优先原则；1929 年上字第 2265 号判例关于谱牒规则的效力；1930 年上字第 1710 号判例，确认有悖于公共秩序不能认有法之效力①。这些判例确立了习惯适用的标准：多年惯行，一般人共信，不害公益，不与现行法明显抵触，特殊情况下的效力优先。

共产党领导的新民主主义革命时期，在各抗日根据地和解放区是承认习惯法的法律效力，重视习惯法在司法中解决案件中的作用。从立法看，早在 1941 年的《晋冀鲁豫边区婚姻暂行条例》就在第二章与第三章中专门规定了订婚与解除婚约的条件与效力②，承认民间习惯中婚约效力。1944 年 3 月《修正陕甘宁边区婚姻暂行条例》第三条"少数民族婚姻，在遵照本条例原则下，得尊重其习惯法"③，明确肯定少数民族习惯法效力。从司法看，抗日战争时期的陕甘宁边区马锡五审判的甘肃庆阳华池县封芝琴婚姻案④是典型的适用习惯法的案例，该案涉及两个民事习惯的法律效力，一是包办订婚效力，二是抢亲效力，这个在习惯法中都是被认可具有拘束力的，但是该案在一审中都被否定，而在

---

① 刘清景主编：《新编民事法规判例解释决议全集》，台湾大伟书局 1988。转引自：刘作翔. 传统的延续：习惯在现代中国法制中的地位和作用［J］. 法学研究，2011（1）：52.

② 韩延龙，常兆儒. 中国新民主主义革命时期根据地法制文献选编（第四卷）［M］. 北京：中国社会科学出版社，1981：834-835.

③ 韩延龙，常兆儒. 中国新民主主义革命时期根据地法制文献选编（第四卷）［M］. 北京：中国社会科学出版社，1981：808.

④ 甘肃庆阳华池县封芝琴自幼由父母包办与张金才之子张柏订婚，长大成人后曾与张柏见过面，互相许为心上人。但其父封彦贵嫌张家贫寒，为从女儿身上多捞彩礼，便自作主张与张家退亲，准备将女儿卖给庆阳财主朱寿昌。张金才知道后，纠集亲友按照当地抢亲习俗将封芝琴抢到家中与张柏成婚，封彦贵以"抢劫民女罪"将张家告到华池县，司法人员未经深入调查便宣布张柏"抢亲"婚姻无效，张金才判刑 6 个月，便草草结案，张家与封芝琴均不服判决，封芝琴翻山越岭找到马锡五告状，请求他为自己申冤做主。马锡五经过调查研究、广泛听取群众意见后，作出新判决：一、张柏与封芝琴的婚姻，根据婚姻自主的原则，准予有效。二、张金才深夜聚众抢亲有碍社会治安，判处短期徒刑；对其他附和者给予严厉批评。三、封彦贵以女儿为财物，反复出售，违犯婚姻法令，判处劳役，以示警诫。马锡五由此被称为马青天，马锡五审判方式成为陕甘宁边区司法的标杆。

二审的马锡五审判方式中是有选择的承认其法律效力，即一是订婚中自愿的有效，二是抢亲结婚的男女双方当事人自愿的有效，但是抢亲行为违法。解放战争时期，1947 年《关东各级司法机关暂行组织条例草案》第八条规定："关东地区之民刑诉讼案件、非讼事件及其他司法事务之处理，有法从法，无法从理，或根据公正民意及善良风俗。"① 这里规定的司法从民意与风俗，其实就是遵从民间习惯法规范，承认习惯法的司法运用效力。

民法典颁布前，我国不少地方法院已经尝试将习惯引入审判工作。例如，青岛市李沧区法院的"顶盆继承案"，法官实际上直接以"顶盆发丧者可得继承死者遗产"判决死者房产归属②，2004 年 10 月 28 日，江苏省姜堰区法院通过了《婚约返还彩礼纠纷案件裁判规范意见》，要求全院法官参照执行，开我国司法公开运用民间规范进入司法裁判的全国先河，2007 年 2 月 6 日姜堰区人民法院审判委员会讨论通过《关于将善良风俗引入民事审判工作的指导意见（试行）》，对民俗习惯引入司法的相关问题做了规定，为此，该院收集了数十万字的民间规范，分门别类，汇编成册，以便指导法官认真对待民间规范。2007 年 7 月 1 日，泰州市中级人民法院审委会通过《关于民事审判运用善良习俗的若干意见（试行）》，2009 年山东东营中院为了使司法审判贴近民心，收集整理了近 14 万字的民间规范，和姜堰法院一样分门别类整理成册，以便法官选择最恰当的民俗进入司法活动。

2020 年民法典颁布后，适用习惯成为司法的日常工作。对武陵山区而言，民事习惯法内容非常丰富，法院为了使司法调判更具说服力，必须认真收集和研究民间习惯法，将辖区内的多年惯行，一般人共信，不害公益而又零碎的习惯规则整理分类，形成相对规范成形的书面文字，然后将其放入既往案件中进行分析甄别，在司法案例中检验其良善性，去伪存真，最后广泛邀请社会各界代表进行论证，听取他们的意见，形成符合当地实际，体现民众普遍认可的公平正义，又不与国家法明显抵触的，可以直接引入参考的民间规则。这应该是司法的道德性要求。

当下建立司法案例指导制度和司法运用习惯法规范化制度，还有一个重要作用，就是可以有效防范、化解法官面临的司法风险，提高法官合理运用习惯法的积极性。随着我国实行法官员额制、法官司法责任制改革后，法官的个人

---

① 韩延龙，常兆儒. 中国新民主主义革命时期根据地法制文献选编（第三卷）［M］. 北京：中国社会科学出版社，1981：601.

② 关于案件的来龙去脉，参见央视国际《八年前的公证书》，http：//www.cctv.com/program/jjyf/20060417/101904.shtml。2012 年 8 月访问。

社会责任明显加大，这对保障法官依法裁判、强化法官司法责任有好处，使他们少受层层羁绊。但是，由于法官自己可以直接签署判决书，自然也没有了过去的层层保护，由于一个案件的裁判要做到各方满意不是每个案件都能做到，如果运用国家法之外的习惯法处理案件，引起一方当事人不服上诉，那么二审如何认定一审裁判依据，到底是公正还是违法裁判？无形中让法官的责任追究变得直接、现实，法官为了自己的切身利益，尽管有民法典的规定，还是会对适用习惯规则十分谨慎、胆小。这于社会现实极为不利，与国家法的社会认同也不利，可以预见的是将会导致很多人不走司法途径，直接规避国家法适用，甚至可能引发新的刑事案件、治安案件。如果有案例指导和法院的规范化操作，既可以克服法官个人的顾虑，同时，也使习惯法的运用本身变得十分严谨、慎重和规范，克服法官随意置国家法于不顾的任性司法。

第六，充分利用诉讼调解机制，发挥法官主观能动性。

在司法调解中，法官可以较自由地依据各地习惯法对当事人纠纷进行协调，依托国家法，情理法兼顾，以法官自由心正为准则，充分整合各方资源优势，将人民调解、行政调解、司法调解有效衔接，促成当事人之间谦让、妥协，将眼前利益与长远利益相结合，合法与合理相结合，强与弱相平衡，面子与实惠相平衡，从而实现天理国法人情圆融无碍，法官正大光明的"和稀泥"，只要当事人不提出异议，法官可以默认民间通行的村规民约、家规族法、行规、习俗等习惯法，从而在不触犯司法规矩前提下，实现个案的合情合理解决，达到各方彼此较为满意，实现社会关系和谐。

笔者 2010 年调研中获得的一个退婚案例，颇能说明法官在国家法存在漏洞时，如何通过调解与法官的办案技巧处理棘手问题。案例发生在我国最高法院2004 年关于彩礼退还司法解释尚未出台前的恩施州建始县某村，纠纷的内容是各地都存在的退婚。"退婚"是过去婚姻法和今天民法典没有的概念，但是体现了一种独特的地方性知识。

案例 26：同居退婚案

2002 年，建始县某村的向某（男）、彭某（女）经媒人介绍认识，女方 19 岁尚未达到法定结婚年龄，但在农村这个年龄按照民间习惯法可以订婚、结婚，不久双方即按习惯法订婚，男方送给女方打发钱（聘金）20000 元，后又为女方购置了"三金"（金戒指、金项链、金耳环），没有结婚登记也未举办婚礼，之后女方到男方家开始同居生活。后因男方外出广州打工有新的相好而发生矛盾，男方要求解除婚约并要求女方返还聘金。多次协商未果后，男方于2003 年 9 月诉至法庭，要求返还财产。

接案后，新入职的年轻法官认为案情简单，决定开展庭前调解。在进行庭前调解时，女方及其家人情绪非常激动，认为双方已经实际生活在一起，因为男方外出打工期间出现第三者抛弃了女方，现在竟然还把女方告上法庭，应该给女方赔偿精神损失费、青春损失费并在村里公开赔礼道歉，并且按照习惯法，在男方先解除婚约的情况下女方无须返还聘金。这位法官根据当时法律规定，向女方解释男方有权向法院提起诉讼，且女方与男方并未进行结婚登记，更无法定理由向男方要求赔偿精神损失费和青春损失费，反而确实应当全额返还聘金。女方及其家人对法官话异常愤怒，认为法官偏袒男方，审理不公。因为女方及其家人对其十分抗拒，这样该法官已经无法再继续调解该案了。

后该案转由另一名在法庭工作了二十多年的老法官审理。老法官本身是当地人，与该村的许多村民也很熟悉，他接案后下乡走访，耐心听取了女方哭诉，对女方表示同情，认为男方的行为应予谴责。接着又说明法律规定确实是应当在婚约解除后全额返还聘金的，尽管女方没有证据证明是男方出轨，但男方对女方的伤害确实值得同情，他愿意尽量说服男方做出让步。接着，该法官又去给男方做调解工作，一开始法官便指出双方虽未正式结婚，但已共同生活，全村都知道双方的亲事。男方要求解除婚约使女方被视为"二婚"女，给女方造成了伤害，将此事诉诸法院更坏了女方的"名声"。一番话后，见男方已有愧意，该法官又趁热打铁，为男方分析诉讼的利弊，按照农村的习惯，男方提出退婚是不能要求女方退还聘礼的；从法律规定来说，男方要求退还聘礼，还要有充分的证据证明，但下聘礼没有字据，而媒人是村里熟人，很可能不愿出庭作证，且没有其他书面证据，官司的输赢很难说；退一万步说，官司打赢了，但女方在家没有工作，没有个人财产，法院又不能执行她父母的财产，所以执行也很有难度。此时，男方已经对官司的结果开始不自信。老法官看出男方的思想变化，马上提出如果男方愿意向女方道歉并作出让步的话，自己愿意给女方做工作，争取退还部分聘金。

最终，通过法官游走在事实与规范之间的调解，双方达成和解协议，女方当场返还给男方一半聘金，诉讼费由男方承担。男方当庭向女方鞠躬道歉，放弃一半聘金和三金，作为女方精神损失费用，双方都满意而归，并对该法官一再表示感谢。该案老法官利用调解方式，很好地将国家法与习惯法的规定进行融通，最终实现案结事了，取得很好的法律效果与社会效果。

恩施州宣恩县晓关侗族乡的全国模范法官陈升霄便是法官协调国家法与习惯法方面的典型代表，群众亲切地称他为"背篓法官""农民庭长"。8 年来，陈升霄设立流动法庭，办理各类民事案件 2600 余件，就是发挥了诉讼调解机制，充分运用了民间习惯法知识，其在田间地头、街道审理的 986 件民事案件，有 19000 余名群众直接旁听开庭，达到了"审理一案，教育一片"的良好效果。在他办理的案件中，无一上诉改判和发回重审，无一提起再审，无一上访缠诉，无一申诉再审，他办案的最基本最成功的就是调解结案，其调解结案率达 94%，服判率达 100%①。

上述事实充分说明了法官发挥主观能动性，在司法中运用诉讼调解机制，穿梭在事实与规则之间，游走于国家法与习惯法之间，对化解乡村矛盾，实现习惯法与国家法在处理具体案件中的和谐关系，具有重要意义。

第七，加强法官地方性知识学习与培训，广泛吸纳民间司法权威参与司法。

武陵山区现在一方面处于社会转型期，传统文化在消亡、在边缘化，但是，另一方面不可否认，社会的整体变迁与转型是一个相当漫长的历史过程，其乡土性将长期保存，其习惯法知识也会在社会变革中发生变化，但是也不会消亡，而是处于动态的调整之中，传统也将永远处于延续之中，这就要求我们的司法不能脱离乡土要求。因此，加强法官地方性知识学习与培训，广泛吸纳民间司法权威参与司法，增强习惯法知识运用技巧的传帮带，在基层乡土司法中有特别重要的意义。

基层法官们通过地方性知识学习，对当地人情风俗的充分了解、对当事人心理预期的有效掌控、对案件走向的策略性引导，以及为了真正达到"案结事了"的效果而不惜承担协调、调查、解释、咨询、救助等多重任务的努力，其实正是在国家法的实践过程中，通过司法技巧整合、吸收和有效利用习惯法，形成习惯法与国家法多元一体的良性互动实践、实验。

除了法官本身，那些民间司法浓郁的西部民族地区，还需要积极借鉴和吸收民间司法力量参与司法，凉山彝族自治州人民法院所采取的聘任"德古"为"特约人民陪审员"的做法值得借鉴。"德古"作为特邀人民陪审员纳入法院管理后，法院的人均办案率、调解率、结案率、执行到位率等指标都在不断提高，可见，聘任民间习惯法权威为法院特邀人民陪审员，是基层社区实现由传统程序习惯法向现代司法文明过渡的最佳方式，也是民事司法改革中吸收与改造民间程序习惯法的有效途径②。

---

① 大山深处的"背篓法官"，http：//www.enshi.cn/20111117/ca237885.htm，2012 年 3 月 24 日访问。

② 杨永清，王定国．论少数民族民事纠纷解决机制的法治化改造［J］．思想战线，2015（2）：140.

第八，重视人民群众法律意识和素质的培养提升。

"法生于义，义生于众适，众适合于人心，此政之要也。"① 法要合于人心，合于社会文化，才有其合理生存空间。实现民众法律意识和素质的提升，不是通过机械的普法宣传与送法下乡可以实现，而是蕴含在国家法律对每一个矛盾纠纷的有效合理化解中。只有法律深入民间、深入田间地头、深入民众生活的点点滴滴中，以民众喜闻乐见的方式进入不同地区的不同对象的思想意识中，使人们切身感受到国家法对权益的有效保障，才能使人们自愿学法守法，现身说法。人们在这一过程中对国家法权威的认可，对解决问题的新方法的接受，是依靠每一位基层司法工作者在司法实践中充分发挥自身聪明才智，将国家法与生活有效结合，逐步引导人们掌握与其生活息息相关的国家法律，引导人们从畏惧、排斥国家法律转为信任、利用国家法律，实现国家法与习惯法文化的圆融无碍，提升民众自觉自愿遵纪守法，将国家法视为与习惯法一样，成为行动中的法，成为新的习惯法，如此，则习惯法与国家法的新型关系才能真正实现。

三、小结

只有实现现代司法与民俗习惯法规范的良性互动，才能在国家法治的框架下，克服国家法自足性的不足，实现司法的公平正义；当习惯法处于"失控"状态时，司法制度的参与能挽救二者关系陷入困境的僵局之中，成为终极场域的救济保障。当司法调判实现了个案结果在普通人看来、在当事人看来都是合情合理合法的，那司法就能增加当事人和普通公众对司法裁判的认可度，增加社会公众对国家法的信任感，做到案结事了，息诉和谐，引导社会行为良性发展。因而，具有中国特色而又符合现实需要的习惯法与国家法的新型关系应该是以国家法制为核心，以民俗、习惯、禁忌及其他社会自治规范为表现的习惯法为补充，多元一体、和谐互动的复合性规则体系和运行机制。而规则体系运行成败的最终环节在于法官的司法行为，在于司法调判的成功与否，在于司法的社会公信力。

第四节　行政复议与行政诉讼中的习惯法问题

政府依法行政的法源中只有法律、法规和规章，没有肯定习惯法，那么，

---

① 《淮南子·主术训》。

行政行为中习惯法处于什么地位？如果政府行为用或者不用，由此引起行政争议，当相对人提起行政复议、行政诉讼时，则必然牵涉行政复议与诉讼中的习惯法运用问题。

习惯法对于复议机关和人民法院在行政诉讼案件的裁判中处于一个什么地位？是否可以完全无视或者照单全收？从中国裁判文书网载司法实践案件看，涉及习惯法在行政诉讼中应用的案件极少，学者杨丹初步统计仅有 8 件，其中 7 件是山林、草场、土地行政确权案件，1 件是离婚登记行为案件①。而政府在西部资源开发、城市扩容规划、土地征收、社会治安整治、山林草场土地确权、森林与野生动植物保护、招商引资等行为中发生大量行政争议案件，最后不少提交复议和诉讼，由复议机关和法院最终裁判解决。2023 年行政复议法修订，2024 年实施后，行政复议将成为化解行政纠纷的主渠道。这样少的运用习惯法处理案件只能说明一个客观事实，即大量行政诉讼案件的法官要么没有运用习惯法，要么用了但是以法定形式掩盖了习惯法的司法运用问题，就像前文注释中的利川"铁钉棺材案件"②。在已有应用习惯法的行政案件中，人民法院将习惯法作为行政诉讼中的经验法则，这对发现事实真相，辨别证据真伪和对行政行为合理性评价都起到了很好作用，增强了案件裁判的说理性、公正性，平息了习惯法与国家行政执法行为的冲突，案件的裁判获得了很好的社会效果。因此，在行政诉讼中，对涉及习惯法的行政案件，不应简单排斥习惯法的司法运用。而现在行政复议作为化解行政纠纷的主渠道，变更行政行为是解决行政纠纷的主要裁决方式，因此，适用民间习惯法处理行政纠纷自然在情理之中。

当然，复议与司法运用是不能简单照搬习惯法作为裁判行政案件依据的。我国行政诉讼法规定，人民法院裁判行政案件只能以法律、法规为准绳，行政复议法规定，行政复议机关依照法律、法规、规章审理行政复议案件。这就决定了复议机关和法院要引入习惯法裁判案件只能以事实证据、说理依据进入司法，由复议官员和法官依据自由裁量权来平衡习惯法与国家法的关系，实现案件的合法合理裁判。为此，首先要建立习惯法的识别与评价机制。识别习惯法在行政复议、行政诉讼案件中是否真正存在，评价其良莠，按照公序良俗、尊

---

① 杨丹. 少数民族习惯在行政诉讼中的作用、性质和使用指导原则［J］. 湖北民族学院学报（哲社版），2017（2）：62-64.
② 2017 年 8 月笔者调查翻阅卷宗发现，公安、法检三家的立案、公诉书和判决书，写的都是被告产品质量诈骗问题。如果不是新闻媒体的报道，外人从裁判文书中丝毫看不到与民间禁忌习惯有关。但是，私下交谈，司法人员则不避讳是被告触犯民间风俗禁忌引发众怒。甚至二审公诉人及当地群众迄今仍对终审法院判决被告无罪心存疑问。

重习惯原则，排除恶习的应用。其次要建立习惯法的运用规范机制。复议机关和法院应邀请政府部门领导、行政复议专家、民俗专家和民间法杰，收集整理行政实务中的民间习惯规范和运用程序，去伪成真，使其在形式上更加规范。为防止复议机关、法官不用或滥用，应建立案例指导制度和内部请示与纠错制度，允许复议申请人、行政诉讼当事人或第三人对习惯法在案件审理的事实调查阶段举证，或者就民俗习惯进行庭前听证，以期实现同案同判。最后，应加强习惯法与政府行为关系的研究与学习，培育裁决者、法官对习惯法作为经验法则处理行政复议、行政诉讼案件的敏感性与知识能力。

从未来看，要在行政行为、行政复议和行政诉讼中适用习惯法，应该是将来在行政行为程序法的制定时，参照民法典的经验，规定行政行为在法律没有明文规定下，应适用不违反社会主义核心价值观的习惯作为补充法源。

结　语

　　习惯法与国家法新型关系建构是一个漫长而务实的过程；是一个探求社会主义法治理念与实践相一致，国家法与我国地大物博、历史悠久的多民族国家的民情民俗相结合、相和谐，国家法从国家强制力保障实施变为社会自觉行为，成为人民行为的"活"法的过程；也是我国铸牢中华民族共同体意识，建成法治国家的过程。习惯法与国家法多元一体新型关系，最终是要实现国家与社会既有高度统一意志，又有地方个性张扬，使中华民族共同体共性与个性都得到充分的舒展，自由与民主法治高度统一、并行不悖。因此，需要我们坚持理论与实践相结合、顶层设计与底层行为互动相结合，抛弃西方唯理主义法律观，践行实践理性，走中国特色的社会主义法治道路。

主要参考文献

一、著作类:

［1］《中华民族共同体概论》编写组．中华民族共同体概论［M］．北京：高等教育出版社，民族出版社，2024.

［2］中共中央统一战线工作部，中共中央文献研究室．周恩来统一战线文选［M］．北京：人民出版社，1984.

［3］郭道晖．法理学精义［M］．长沙：湖南人民出版社，2005.

［4］杨日然．法理学［M］．台北：三民书局股份有限公司，2005.

［5］洪镰德．法律社会学［M］．台北：扬智文化事业股份有限公司，2004.

［6］林端．韦伯论中国传统法律：韦伯比较社会学的批判［M］．台北：三民书局股份有限公司，2003.

［7］林端．儒家伦理与法律文化：社会学观点的探索［M］．北京：中国政法大学出版社，2002.

［8］最高人民法院，国家民族事务委员会．民族法制文化与司法实践研讨会优秀论文集［M］．北京：人民法院出版社，2016.

［9］苏力．送法下乡：中国基层司法制度研究［M］．北京：中国政法大学出版社，2000.

［10］苏力．法治及其本土资源（修订版）［M］．北京：中国政法大学出版社，2004.

［11］苏力．制度是如何形成的（增订版）［M］．北京：北京大学出版社，2007.

［12］高鸿钧，等．法治：理念与制度［M］．北京：中国政法大学出版社，2002.

［13］江国华．常识与理性：走向实践主义的司法哲学［M］．北京：生活·读书·新知三联书店，2017.

[14] 张文山，等. 自治权理论与自治条例研究［M］. 北京：法律出版社，2005.

[15] 周平，方盛举，夏维勇. 中国民族自治地方政府［M］. 北京：人民出版社，2007.

[16] 吉雅. 民族区域自治地方自治立法研究［M］. 北京：法律出版社，2010.

[17] 宋才发，等. 中国民族自治地方政府自治权研究［M］. 北京：人民出版社，2008.

[18] 付明喜. 中国民族自治地方立法自治研究［M］. 北京：社会科学文献出版社，2014.

[19] 金观涛，刘青峰. 中国现代思想的起源：超稳定结构与中国政治文化的演变（第1卷）［M］. 北京：法律出版社，2011.

[20] 林毓生. 中国传统的创造性转化（增订本）［M］. 北京：生活·读书·新知三联书店，2011.

[21] 张灏. 幽暗意识与民主传统［M］. 北京：新星出版社，2010.

[22] 于建嵘. 岳村政治：转型期中国乡村政治结构的变迁［M］. 北京：商务印书馆，2011.

[23] 瞿同祖. 中国法律与中国社会［M］. 北京：中华书局，2003.

[24] 梁治平. 清代习惯法：社会和国家［M］. 北京：中国政法大学出版，1996.

[25] 梁治平. 法辨：中国法的过去现在与未来［M］. 北京：中国政法大学出版社，2002.

[26] 梁治平. 法律的文化解释［M］. 北京：生活·读书·新知三联书店，2000.

[27] 金耀基. 从传统到现代（卷一）［M］. 北京：法律出版社，2010.

[28] 费孝通. 乡土中国、生育制度［M］. 北京：北京大学出版社，1998.

[29] 费孝通. 中华民族多元一体格局（修订本）［M］. 北京：中央民族大学出版社，1999.

[30] 梁漱溟. 中国文化要义［M］. 上海：上海人民出版社，2011.

[31] 梁漱溟. 乡村建设理论［M］. 上海：上海人民出版社，2010.

[32] 庞朴. 文化的民族性与时代性［M］. 北京：中国和平出版社，1988.

[33] 张晋藩. 中国法律的传统与近代转型［M］. 北京：法律出版社，2005.

［34］马汉宝. 法律思想与社会变迁［M］. 北京：清华大学出版社，2008.

［35］肖扬. 中国刑事政策和策略问题［M］. 北京：法律出版社，1996.

［36］尹伊君. 社会变迁的法律解释［M］. 北京：商务印书馆，2003.

［37］王学辉. 从禁忌习惯到法起源运动［M］. 北京：法律出版社，1998.

［38］刘作翔. 法律文化理论［M］. 北京：商务印书馆，1999.

［39］喻中. 法律文化视野中的权力［M］. 济南：山东人民出版社，2004.

［40］徐昕. 论私力救济［M］. 北京：中国政法大学出版社，2005.

［41］谢晖，陈金钊，蒋传光. 民间法（第17卷）［M］. 厦门：厦门大学出版社，2016.

［42］谢晖. 大、小传统的沟通理性［M］. 北京：中国政法大学出版社，2011.

［43］于语和. 民间法［M］. 上海：复旦大学出版社，2008.

［44］罗平汉. 村民自治史［M］. 福州：福建人民出版社，2006.

［45］牛铭实. 中国历代乡约［M］. 北京：中国社会出版社，2005.

［46］王崇峻. 维风导俗：明代中晚期的社会变迁与乡约制度［M］. 台北：文史哲出版社，2000.

［47］董建辉. 明清乡约：理论演进与实践发展［M］. 厦门：厦门大学出版社，2008.

［48］赵秀玲. 中国乡里制度［M］. 北京：社会科学文献出版社，2002.

［49］范忠信，郑定，詹学农. 情理法与中国人（修订版）［M］. 北京：北京大学出版社，2011.

［50］范忠信. 中西法文化的暗合与差异［M］. 北京：中国政法大学出版社，2001.

［51］马小红. 礼与法：法的历史链接［M］. 北京：北京大学出版社，2004.

［52］范愉. 纠纷解决的理论与实践［M］. 北京：清华大学出版社，2007.

［53］洪冬英. 当代中国调解制度变迁研究［M］. 上海：上海人民出版社，2011.

［54］赵旭东. 法律与文化：法律人类学研究与中国经验［M］. 北京：北京大学出版社，2011.

［55］张晓辉. 多民族社会中的法律与文化［M］. 北京：法律出版社，2011.

［56］张冠梓. 文化多元与法律多元［M］. 北京：知识产权出版社，2012.

［57］张冠梓. 多向度的法：与当代法律人类学家对话［M］. 北京：法律出版社，2012.

［58］严存生. 法的"一体"与"多元"［M］. 北京：商务印书馆，2008.

［59］王伟臣. 法律人类学的困境：格鲁克曼与博安南之争［M］. 北京：商务印书馆，2013.

［60］叶启政. 社会理论的本土化建构［M］. 北京：北京大学出版社，2006.

［61］杜健荣. 卢曼法社会学理论研究：以法律与社会的关系问题为中心［M］. 北京：法律出版社，2012.

［62］李婉琳. 社会变迁中的法律：穆尔法人类学思想研究［M］. 北京：中国人民公安大学出版社，2011.

［63］汤唯. 法社会学在中国：西方文化与本土资源［M］. 北京：科学出版社，2007.

［64］张善根. 当代中国法律社会学研究：知识与社会的视角［M］. 北京：法律出版社，2009.

［65］张洪涛. 使法治运转起来：大历史视野中习惯的制度命运研究［M］. 北京：法律出版社，2010.

［66］曾代伟. 巴楚民族文化圈研究：以法律文化的视角［M］. 北京：法律出版社，2008.

［67］刘伦文. 母语存留区土家族社会与文化：坡脚社区调查与研究［M］. 北京：民族出版社，2006.

［68］龙大轩. 乡土秩序与民间法律：羌族习惯法探析［M］. 北京：中国政法大学出版社，2010.

［69］李鸣. 中国民族法制史纲［M］. 北京：民族出版社，2016.

［70］龚卫东. 西部少数民族民事习惯法治化问题研究［M］. 北京：法律出版社，2016.

［71］徐晓光. 原生的法：黔东南苗族侗族地区的法人类学调查［M］. 北京：中国政法大学出版社，2010.

［72］周世中，等. 西南少数民族民间法的变迁与现实作用：以黔桂瑶族、侗族、苗族民间法为例［M］. 北京：法律出版社，2010.

［73］周世中，等. 民族习惯法在西南民族地区司法审判中的适用研究［M］. 北京：法律出版社，2015.

［74］周相卿. 黔东南雷公山地区苗族习惯法与国家法关系研究［M］. 北

京：民族出版社，2014.

[75] 谭同学. 桥村有道：转型乡村的道德权力与社会结构 [M]. 北京：生活·读书·新知三联书店，2010.

[76] 高其才. 中国少数民族习惯法研究 [M]. 北京：清华大学出版社，2003.

[77] 高其才. 中国习惯法论 [M]. 长沙：湖南出版社，1995.

[78] 高其才. 习惯法的当代传承与弘扬 [M]. 北京：中国人民大学出版社，2015.

[79] 陈金全. 西南少数民族习惯法研究 [M]. 北京：法律出版社，2008.

[80] 田成有. 乡土社会中的民间法 [M]. 北京：法律出版社，2005.

[81] 苏永生. 刑法与民族习惯法的互动关系研究 [M]. 北京：科学出版社，2012.

[82] 杜宇. 重拾一种被放逐的知识传统：刑法视域中"习惯法"的初步考察 [M]. 北京：北京大学出版社，2005.

[83] 吴大华，等. 侗族习惯法研究 [M]. 北京：北京大学出版社，2012.

[84] 吴大华，潘志成，王飞. 中国少数民族习惯法通论 [M]. 北京：知识产权出版社，2014.

[85] 王允武，李剑. 中国民族法学理论与热点 [M]. 北京：民族出版社，2012.

[86] 吴宗金. 民族法制的理论与实践 [M]. 北京：中国民主法制出版社，1998.

[87] 熊文钊. 大国地方：民族区域自治制度的新发展 [M]. 北京：法律出版社，2008.

[88] 王林敏. 民间习惯的司法识别 [M]. 北京：中国政法大学出版社，2011.

[89] 贾焕银. 民间规范的司法运用 [M]. 北京：中国政法大学出版社，2010.

[90] 张晓萍. 论民间法的司法运用 [M]. 北京：中国政法大学出版社，2010.

[91] 卞利. 国家与社会的冲突和整合：论明清民事法律规范的调整与农村基层社会的稳定 [M]. 北京：中国政法大学出版社，2008.

[92] 张济民. 诸说求真：藏族部落习惯法专论 [M]. 西宁：青海人民出版社，2002.

［93］淡乐蓉. 藏族"赔命价"习惯法研究［M］. 北京：中国政法大学出版社，2014.

［94］李剑. 凉山彝族纠纷解决方式研究［M］. 北京：民族出版社，2011.

［95］陈金全，巴且日伙. 凉山彝族习惯法田野调查报告［M］. 北京：人民出版社，2008.

［96］巴且日火，陈国光. 凉山彝族习惯法调解纠纷现实案例：诺苏德古访谈记［M］. 北京：中央民族大学出版社，2012.

［97］孙伶伶. 彝族法文化研究：构建和谐社会的新视角［M］. 北京：中国人民大学出版社，2007.

［98］黄珺. 云南乡规民约大观［M］. 昆明：云南美术出版社，2010.

［99］孙秋云. 社区历史与乡政村治［M］. 北京：民族出版社，2001.

［100］段超. 土家族文化史［M］. 北京：民族出版社，2000.

［101］黄仕清. 土家族地区教育问题研究［M］. 北京：民族出版社，2003.

［102］冉春桃，蓝寿荣. 土家族习惯法研究［M］. 北京：民族出版社，2003.

［103］石伶亚. 西部乡村民间公众利益表达引导机制研究［M］. 武汉：华中师范大学出版社，2012.

［104］石国亮. 服务型政府：中国政府治理新思维［M］. 北京：研究出版社，2008.

［105］姜明安. 行政法与行政诉讼法（第7版）［M］. 北京：北京大学出版社，高等教育出版社，2019.

［106］蔡定剑. 宪法精解（第2版）［M］. 北京：法律出版社，2006.

［107］蔡定剑，王占阳. 走向宪政［M］. 北京：法律出版社，2011.

［108］董皞. 司法解释论［M］. 北京：中国政法大学出版社，1999.

［109］武小川. 公众参与社会治理的法治化研究［M］. 北京：中国社会科学出版社，2016.

［110］陈来. 中华文明的核心价值：国学流变与传统价值观［M］. 北京：生活·读书·新知三联书店，2015.

［111］冉瑞燕. 论民族习惯法与乡村社会治理［A］//谢晖，陈金钊. 民间法，（第八卷）［M］. 山东人民出版社，2009：132-138.

［112］湖北省人大民族宗教侨务外事委员会办公室. 湖北省民族法规汇编［M］. 武汉：湖北人民出版社，2012.

［113］［美］博登海默. 法理学：法律哲学与法律方法［M］. 邓正来，译.

北京：中国政法大学出版社，1999.

　　[114] [法] 孟德斯鸠. 论法的精神 [M]. 张雁深，译. 北京：商务印书馆，2007.

　　[115] [美] 昂格尔. 现代社会中的法律 [M]. 吴玉章，周汉华，译. 南京：译林出版社，2008.

　　[116] [法] 布尔迪厄，[法] 夏蒂埃. 社会学家与历史学家：布尔迪厄与夏蒂埃对话录 [M]. 马胜利，译. 北京：北京大学出版社，2012.

　　[117] [德] 滕尼斯. 共同体与社会：纯粹社会学的基本概念 [M]. 林荣远，译. 北京：北京大学出版社，2010.

　　[118] [日] 千叶正士. 法律多元：从日本法律文化迈向一般理论 [M]. 强世功，等译. 北京：中国政法大学出版社，1997.

　　[119] [美] 穆尔. 人类学家的文化见解 [M]. 欧阳敏，邹乔，王晶晶，译. 北京：商务印书馆，2009.

　　[120] [德] 克内尔，[德] 纳塞希. 卢曼社会系统理论导引 [M]. 鲁贵显，译. 台北：巨流图书公司，2000.

　　[121] [英] 罗伯茨. 秩序与争议：法律人类学导论 [M]. 沈伟，张铮，译. 上海：上海交通大学出版社，2012.

　　[122] [美] 埃里克森. 无需法律的秩序：邻人如何解决纠纷 [M]. 苏力，译. 北京：中国政法大学出版社，2001.

　　[123] [美] 罗森. 法律与文化：一位法人类学家的邀请 [M]. 彭艳崇，译. 北京：法律出版社，2011.

　　[124] [美] 博克. 多元文化与社会进步 [M]. 余兴安，彭振云，童齐志，译. 沈阳：辽宁人民出版社，1988.

　　[125] [法] 阿隆. 社会学主要思潮 [M]. 葛智强，胡秉诚，王沪宁，译. 上海：上海译文出版社，2013.

　　[126] [美] 庞德. 通过法律的社会控制 [M]. 沈宗灵，译. 北京：商务印书馆，2010.

　　[127] [美] 波斯纳. 并非自杀契约：国家紧急状态时期的宪法 [M]. 苏力，译. 北京：北京大学出版社，2009.

　　[128] [美] 伯尔曼. 法律与宗教 [M]. 梁治平，译. 北京：中国政法大学出版社，2003.

　　[129] [美] 伯尔曼. 信仰与秩序：法律与宗教的复合 [M]. 姚剑波，译. 北京：中央编译出版社，2011.

[130] [德] 哈贝马斯. 在事实与规范之间：关于法律和民主法治国的商谈理论（修订译本）[M]. 童世骏, 译. 北京：生活·读书·新知三联书店, 2011.

[131] [美] 黄宗智. 清代的法律、社会与文化：民法的表达与实践 [M]. 上海：上海书店出版社, 2007.

[132] [德] 莱塞尔. 法社会学导论（第5版）[M]. 高旭军, 等译. 上海：上海人民出版社, 2011.

[133] [法] 布律尔. 法律社会学 [M]. 许钧, 译. 郑永慧, 校. 上海：上海人民出版社, 1987.

[134] [美] 奈特. 制度与社会冲突 [M]. 周伟林, 译. 上海：上海人民出版社, 2009.

[135] [奥] 凯尔森. 法与国家的一般理论 [M]. 沈宗灵, 译. 北京：商务印书馆, 2013.

[136] [奥] 埃利希. 法社会学原理 [M]. 北京：中国大百科全书出版社, 2009.

[137] [美] 格尔茨. 地方知识：阐释人类学论文集 [M]. 杨德睿, 译. 北京：商务印书馆, 2014.

[138] [英] 马林洛夫斯基. 原始社会的犯罪与习俗（修订译本）[M]. 原江, 译. 北京：法律出版社, 2007.

[139] [英] 梅因. 古代法 [M]. 沈景一, 译. 北京：商务印书馆, 2011.

[140] [美] 霍贝尔. 初民的法律 [M]. 周勇, 译. 北京：中国社会科学出版社, 1993.

[141] [日] 川岛武宜. 现代化与法 [M]. 申政武, 王志安, 李旺, 等译. 北京：中国政法大学出版社, 2004

[142] [美] 萨拉特. 布莱克维尔法律与社会指南 [M]. 高鸿钧, 刘毅, 危文高, 译. 北京：北京大学出版社, 2011.

[143] [英] 波格丹诺. 布莱克维尔政治制度百科全书（新修订版）[M]. 邓正来, 译. 北京：中国政法大学出版社, 2011.

二、方志和地方文献、古籍：

[1] 湖北省利川市地方志编纂委员会. 利川市志 [M]. 武汉：湖北科学技术出版社, 1993.

[2] 恩施土家族苗族自治州地方志编纂委员会. 恩施州志 [M]. 武汉：湖

北人民出版社，1998.

　　［3］鄂西土家族苗族自治州民族事务委员会. 鄂西少数民族史料辑录［C］. 1986 年 6 月内部刊印。

　　［4］谢华. 湘西土司辑略［M］. 北京：中华书局，1959.

　　［5］湖南省花垣县地方志编纂委员会. 花垣县志［M］. 北京：生活·读书·新知三联书店，1993.

　　［6］湘西土家族苗族自治州地方志编纂委员会. 湘西州志［M］. 长沙：湖南人民出版社，1999.

　　［8］凌纯声，芮逸夫. 湘西苗族调查报告［M］. 北京：民族出版社，2003.

　　［9］中国少数民族社会历史调查资料丛刊修订编辑委员会. 土家族社会历史调查［M］. 北京：民族出版社，2009.

　　［10］《中国少数民族社会历史调查资料丛刊》修订编辑委员会. 侗族社会历史调查［M］. 北京：民族出版社，2009.

　　［11］《中国少数民族社会历史调查资料丛刊》修订编辑委员会，《民族问题五种丛书》贵州省编辑组. 苗族社会历史调查：（一）［M］. 北京：民族出版社，2009.

　　［12］《中国少数民族社会历史调查资料丛刊》修订编辑委员会，广西壮族自治区编辑组. 湖南瑶族社会历史调查［M］. 北京：民族出版社，2009.

　　［13］王晓宁. 恩施自治州碑刻大观［M］. 北京：新华出版社，2004.

　　［14］鄂西土家族苗族自治州民族事务委员会，鄂西土家族苗族自治州文化局. 鄂西谚语集［M］. 成都：四川民族出版社，1991.

　　［15］（清）顾彩. 容美纪游［M］. 武汉：湖北人民出版社，1998.

　　［16］（清）徐本. 大清律例［M］. 田涛，郑秦，点校. 北京：法律出版社，1999.

　　［17］明史·湖广土司列传［M］. 北京：中华书局，1974.

　　［18］中国第一历史档案馆. 雍正朝汉文朱批奏折汇编［M］. 南京：江苏古籍出版社，1991.

　　［19］中华书局. 清实录：高宗实录［M］. 北京：中华书局，1985.

　　［20］谭必友，贾仲益. 湘西苗疆珍稀民族史料集成［M］. 北京：学苑出版社，2013.

　　［21］恩施土家族苗族自治州人大常委会. 恩施土家族苗族自治州法规汇编［M］. 北京：中国法制出版社，2018.

三、期刊：

[1] 谢晖. 论习惯法的国家立场与社会立场 [J]. 政治与法律, 2023 (8)：108-123.

[2] 宋才发. 民间法调解民事纠纷的功能、原则及路径 [J]. 河北法学, 2022, 40 (5)：2-18.

[3] 张晋藩. 多元一体法文化：中华法系凝结少数民族的法律智慧 [J]. 民族研究, 2011 (5)：1-11.

[4] 徐杰舜, 韦小鹏. "中华民族多元一体格局" 理论研究述评 [J]. 民族研究, 2008 (2)：84-92, 110.

[5] 谭志满, 谭玮一. 博弈与互惠：苗族民间习惯法与国家法的互动机制 [J]. 西南民族大学学报 (人文社科版), 2016 (3)：103-107.

[6] 周世中. 民族习惯法进入司法审判的前提条件与路径探讨 [J]. 社会科学家, 2017 (1)：115-121.

[7] 刘彩灵. 民族习惯法与刑法的冲突及协调 [J]. 中南民族大学学报 (人文社科版), 2017, 37 (1)：112-116.

[8] [日] 千叶正士. 重新思考法律多元 [J]. 南京大学法律评论, 1998 (2)：185-189.

[9] 陈兴良, 周光权. 法律多元：理念、价值及其当代意义——尤其从刑事角度的思考 [J]. 现代法学, 1996 (6)：31-38.

[9] 汪习根, 廖奕. 论法治社会的法律统一 [J]. 法制与社会发展, 2004 (5)：110-119.

[10] 刘作翔. 传统的延续：习惯在现代中国法制中的地位和作用 [J]. 法学研究, 2011, 33 (1)：50-57.

[11] 江国华. 转型中国的司法价值观 [J]. 法学研究, 2014, 36 (1)：56-73.

[12] 孙笑侠. 基于规则与事实的司法哲学范畴 [J]. 中国社会科学, 2016 (7)：126-144, 208.

[13] 黄宗智. 道德与法律：中国的过去和现在 [J]. 开放时代, 2015 (1)：75-94, 5.

[14] 刘作翔, 徐景和. 案例指导制度的理论基础 [J]. 法学研究, 2006 (3)：16-29.

[15] 高其才. 当代中国民族自治地方法规中的习惯 [J]. 法学杂志,

2012, 33 (10): 48-55.

[16] 苏力. 中国当代法律中的习惯: 从司法个案透视 [J]. 中国社会科学, 2000 (3): 124-135, 206.

[17] 苏力. 当代中国法律中的习惯: 一个制定法的透视 [J]. 法学评论, 2001 (3): 19-33.

[18] 韦森. 习俗的本质与生发机制探源 [J]. 中国社会科学, 2000 (5): 39-50, 204.

[19] 邹渊. 习惯法与少数民族习惯法 [J]. 贵州民族研究, 1997 (4): 84-93.

[20] 侯斌. 少数民族习惯法的历史与现状 [J]. 云南民族大学学报 (哲学社会科学版), 2008 (2): 38-43.

[21] 徐清宇, 周永军. 民俗习惯在司法中的运行条件及障碍消除 [J]. 中国法学, 2008 (2): 85-93.

[22] 吴大华. 论民族习惯法的渊源、价值与传承——以苗族侗族习惯法为例 [J]. 民族研究, 2005 (6): 14-23, 109.

[23] 朱玉苗. 试论少数民族习惯法的效力 [J]. 西南民族学院学报 (哲学社会科学版), 2002 (7): 224-228.

[24] 何然. 司法判例制度论要 [J]. 中外法学, 2014, 26 (1): 234-258.

[25] 徐勇. 县政、乡派、村治: 乡村治理的结构性转换 [J]. 江苏社会科学, 2002 (2): 27-30.

[26] 高兆明. 论习惯 [J]. 哲学研究, 2011 (5): 66-76, 128-129.

[27] 胡兴东. 西南民族地区多元纠纷解决机制研究 [J]. 中国法学, 2012 (1): 143-158.

[28] 徐晓光. 从苗族罚"3个100"等看习惯法在村寨社会的功能 [J]. 山东大学学报 (哲学社会科学版), 2005 (3): 9-15.

[29] 徐晓光. "罚3个120"的适用地域及适应性变化——作为对黔东南苗族地区"罚3个100"的补充调查 [J]. 甘肃政法学院学报, 2010 (1): 67-71.

[30] 成臻铭. 改土归流与社区危机: 主要以1505年至1949年湘西土司区危机事件为例 [J]. 怀化学院学报, 2005 (1): 1-7.

[31] 段超. 改土归流后汉文化在土家族地区的传播及其影响 [J]. 中南民族大学学报 (人文社会科学版), 2004 (6): 43-47.

[32] 陈绍凡. 我国民族自治地方立法若干问题新探 [J]. 民族研究, 2005

（1）：110-16.

［33］覃乃昌．论民族自治地方立法［J］．民族研究，1995（5）：10-16，107.

［34］谭万霞．村规民约：国家法与民族习惯法调适的路径选择：以融水苗族村规民约对财产权的规定为视角［J］．法学杂志，2013，34（2）：80-86.

［35］管洪彦．村规民约认定农民集体成员资格的成因、局限与司法审查［J］．政法论丛，2012（5）：117-122.

［36］孟刚，阮啸．村规民约的司法审查研究［J］．国家行政学院学报，2011（3）：82-86.

［37］李小萍．法律有效性的界定：兼论哈贝马斯的法律有效性理论［J］．清华法治论衡，2009（2）：317-340.

［38］刘志刚．民事审判中的村规民约与基本权利［J］．中国人民大学学报，2010，24（5）：102-111.

［39］罗昶．村规民约的实施与固有习惯法：以广西壮族自治区金秀县六巷乡为考察对象［J］．现代法学，2008（6）：19-24.

［40］赵文洪．庄园法庭、村规民约与中世纪欧洲"公地共同体"［J］．历史研究，2007（4）：138-149，192.

［41］张明新．从乡规民约到村民自治章程：村规民约的嬗变［J］．江苏社会科学，2006（4）：169-175.

［42］张广修．村规民约的历史演变［J］．洛阳工学院学报（社会科学版），2000（2）：25-29.

［43］卞利．明清徽州村规民约和国家法之间的冲突与整合［J］．华中师范大学学报（人文社会科学版），2006（1）：77-83.

［44］周怡．共同体整合的制度环境：惯习与村规民约——H村个案研究［J］．社会学研究，2005（6）：40-72，243.

［45］杨建华，赵佳维．村规民约：农村社会整合的一种重要机制［J］．宁夏社会科学，2005（5）：63-66.

［46］邹晓红．法律实效与法律效力、法律实施及法律实现的区别与联系：法律实效系列研究之二［J］．松辽学刊（人文社会科学版），2002（5）：29-31.

［47］李朝晖．民间秩序的重建：从乡规民约的变迁中透视民间秩序与国家秩序的协同趋势［J］．学术研究，2001（12）：131-135.

［48］雷振扬．关于"两少一宽"民族刑事政策的三点思考［J］．西南民族大学学报（人文社会科学版），2011，32（11）：27-33.

[49] 蒋巍. 刑事和解与因俗而治: 民族地区刑事司法问题实践研究 [J]. 黑龙江民族丛刊, 2019 (6): 37-42.

[50] 杜贤伟. 关于村规民约设定 "罚款" 事项的法律思考 [J]. 人大论坛, 2006 (9): 28-29.

[51] 徐宗立. 论村规民约规定与实施处罚的法理正当性 [J]. 法治研究, 2010 (11): 48-53.

[52] 侯猛. 村规民约的司法适用 [J]. 法律适用, 2010 (6): 52-54.

[53] 潘弘祥. 自治立法的宪政困境及路径选择 [J]. 中南民族大学学报 (人文社会科学版), 2008 (3): 80-85.

[54] 翟学伟. 人情、面子与权力的再生产: 情理社会中的社会交换方式 [J]. 社会学研究, 2004 (5): 48-57.

[55] 于改之. 我国当前刑事立法中的犯罪化与非犯罪化: 严重脱逸社会相当性理论之提倡 [J]. 法学家, 2007 (4): 54-63.

[56] 杨建军. 司法能动在中国的展开 [J]. 法律科学 (西北政法大学学报), 2010, 28 (1): 54-68.

[57] 王雪梅. 司法最终原则: 从行政最终裁决谈起 [J]. 行政法学研究, 2001 (4): 22-30.

[58] 程琥. 司法最终原则与涉法涉诉信访问题法治化解决 [J]. 人民司法, 2015 (5): 12-17.

[59] 贾焕银. 民间规范司法运用程序研究 [J]. 西南民族大学学报 (人文社会科学版), 2015, 36 (3): 101-106.

[60] 杜文忠. 赔命价习惯的司法价值及其与现行法律的会通 [J]. 法学, 2012 (1): 64-70.

[61] 田钒平. 《刑法》授权省及自治区人大制定变通规定的法律内涵及合宪性辨析 [J]. 民族研究, 2014 (1): 13-25, 123.

[62] 于语和, 安宁. 民间法视野中的村规民约: 以河北省某村的民间调查为个案 [J]. 甘肃政法学院学报, 2005 (5): 6-16.

[63] 孙丽君. 法律多元语境下的法律变通的概念界定 [J]. 河北法学, 2012, 30 (10): 141-145.

[64] 雍海滨. 论民族自治地方立法变通权及其运用 [J]. 民族研究, 2006 (3): 13-23, 107.

[65] 胡启忠. 论民族地区的法律变通 [J]. 西南民族大学学报 (哲学社会科学版), 2002 (7): 82-101, 276.

［66］刘之雄. 我国民族自治地方变通施行刑法之机制研究：以刑事和解为视角的考察［J］. 法商研究，2012，29（3）：106-113.

［67］张殿军. 刑法变通缺失语境的民族自治地方刑事司法路径［J］. 贵州民族研究，2009，29（1）：1-5.

［68］田钒平. 民法变通规定制定权的法源冲突及解决路径：以《民法典》相关规定阙如为切入点［J］. 政治与法律，2021（5）：92-104.

［69］苏永生. 国家刑事制定法对少数民族刑事习惯法的渗透与整合：以藏族"赔命价"习惯法为视角［J］. 法学研究，2007（6）：115-128.

［70］苏永生. 论罪刑法定原则与民族习惯法［J］. 法制与社会发展，2009，15（5）：3-17.

［71］本刊. 民俗习惯在我国审判中运用的调查报告［J］. 法律适用，2008（5）：17-21.

［72］于海涌. 仪式婚的法律保护［J］. 法学，2007（8）：115-121.

［73］岳林. 村庄的宪法［J］. 法律与社会科学，2012，10（2）：298-313.

［74］石伶亚. 近代苗疆商事习惯法研究：基于湘鄂渝黔边区集市贸易的考察［J］. 史学月刊，2013（4）：101-107.

［75］陈益元. 建国初期中共政权建设与农村社会变迁：以1949-1952年湖南省醴陵县为个案［J］. 史学集刊，2005（1）：46-52.

［76］顾梁莎. 少数民族地区民族习惯法的民事司法适用探析［J］. 贵州民族研究，2014，35（7）：20-23.

［77］刘智慧. 习惯作为民法法源的类型化分析：以《民法总则》第10条的适用为中心［J］. 新疆社会科学，2017（4）：109-115.

［78］宋才发.《民法典》与习惯法的契合研究［J］. 武汉科技大学学报（社会科学版），2022，24（4）：410-418.

［79］杨丹. 少数民族习惯在行政诉讼中的作用、性质和使用指导原则［J］. 湖北民族学院学报（哲学社会科学版），2017，35（2）：62-67.

［80］杨蕊溶. 农村彩礼习俗困境与法治出路：基于山西省H县农村的调查［J］. 中山大学学报（社会科学版），2023，39（5）：103-108.

［81］冉瑞燕. 论少数民族习惯法对政府行政行为的影响［J］. 中南民族大学学报（人文社会科学版），2006（4）：80-84.

［82］冉瑞燕. 少数民族习惯法与构建和谐社会［J］. 中国民族，2007（3）：13-14.

［83］冉瑞燕. 清江流域公民行为习惯法研究：以民谚为视角［J］. 中南民

族大学学报（人文社会科学版），2012，32（1）：96-102.

[84] 舟瑞燕，顿德爱. 民族自治地方立法变通权运用中的问题与对策：以恩施土家族苗族自治州立法为例 [J]. 湖北民族学院学报（哲学社会科学版），2016，34（6）：71-76.

四、学位论文

[1] 张利利. 论民间法的规范效力来源 [D]. 长沙：中南大学，2022.

[2] 孙丽君. 法律变通问题研究 [D]. 长春：吉林大学，2009.

[3] 艾尔肯·沙木沙克. 宽严相济刑事政策下的少数民族犯罪控制研究 [D]. 武汉：武汉大学，2013.

[4] 官波. 法律多元视野中的少数民族习惯法 [D]. 昆明：云南大学，2005.

五、报纸

[1] 公丕祥. 能动司法：当代中国司法的基本取向（上）[N]. 光明日报，2010-06-24（9）.

[2] LUHMANN N. Law as a Social System [M]. ZIEGERT K A，trans. New York：Oxford University Press，2004.

后 记

本书是在我主持的国家社科基金资助项目 2017 年结题后，在原有成果基础上进行补充、修正的最终成果。

本书主要以武陵山区的民间习惯法田野调查和实证研究为对象，田野观察时间较长，从 2006 年开始至今。集中调查时间是 2010 年课题获得国家社会科学基金资助后，主要利用暑假回乡避暑机会，先后深入各地进行了七八次田野调查。因此，书中的很多案例都是作者收集的第一手资料，观点也是在长期的观察、调研和实务处理中慢慢修正形成的，2017 年在项目结题后我转作法律实务兼职律师，在不断地处理各类具体案例中，修正了项目结题时的很多观点。

本书中的部分内容曾在一些学术期刊上发表，例如，《村规民约溯源及当代价值》发表在《武汉纺织大学学报》2013 年第 1 期，《论少数民族习惯法对政府行政行为的影响》发表在《中南民族大学学报》2006 年第 4 期，《少数民族习惯法与和谐社会构建》发表在《中国民族》2007 年第 3 期，《少数民族习惯法对民族地区新农村建设的影响》发表在《理论月刊》2007 第 3 期，《民族自治地方立法变通权运用中的问题与对策》发表在《湖北民族学院》2016 年 6 期，《历史上武陵山区民间习惯法与国家法的关系》发表在《中南民族大学学报》2017 年第 3 期。有些文章的发表是应编辑之约，在这个发文章大多要版面费的时代，感谢这些期刊和编辑对我们研究分文不取的肯定与大力支持！

说实在，本书研究的问题不是一件容易的事情。原因一是民间习惯法太散、太杂，有形化的不多，因此，要想体系化很难。但是它又明显表现为一种思维习惯，是实实在在的活法，作为一向关注实务的我是真的放不下！二是学界站在族别习惯法角度研究习惯法转型的多，但是从习惯法与国家法交融视角，系统研究二者互动融通，构建多元一体和谐关系的，我们算是抛砖者。在课题申报前，特别渴望得到国家社科基金的资助，但是申报成功收集几年的资料，发表了几篇论文后，我曾萌生放弃结题念头，是杨程博士不惧湘西调研时深夜 2 点才赶回驻地，是她以推迟读博而连续 3 个暑假顶着武汉酷暑坚持做理论研究，最终以她深厚的法理功底和法社会学知识搭建出本书的理论框架体系，并撰写了重要的理论章节才使项目得以顺利结题。所以，她是名副其实的著作第一作者。

本书的项目得以申报成功和结项，要感谢中南民族大学前副校长段超教授，法学院刘之雄教授、段晓红教授、彭建军教授和民社院柏贵喜教授的帮助和支持。

本书的具体写作分工：杨程完成全书的框架结构和第 2、3、4、5 章；冉瑞燕完成绪论、第 1、6、7、8 章。全书出版的最终定稿由杨程修改完成。

冉瑞燕

2024 年 7 月 5 日